KB202824

李信의 묵시의식과
토착화의 새 차원

# 李信의 묵시의식과 토착화의 새 차원
## ― 슐리얼리스트 믿음과 예술

2021년 12월 2일  처음 찍음

지은이 | 김성리 김종길 심은록 이명권 이은선
　　　　이정배 이혁 조재형 최대광 최자웅 하태혁
엮은이 | 한국信연구소
펴낸이 | 김영호
펴낸곳 | 도서출판 동연
등　록 | 제1-1383호(1992년 6월 12일)
주　소 | 서울시 마포구 월드컵로 163-3
전　화 | (02) 335-2630
팩　스 | (02) 335-2640
이메일 | yh4321@gmail.com
블로그 | https://blog.naver.com/dong-yeon-press

ISBN 978-89-6447-745-8  93200

# 李信의 묵시의식과
# 토착화의 새 차원

## 슐리얼리스트 믿음과 예술

김성리 김종길 심은록 이명권 이은선 이정배
이혁 조재형 최대광 최자웅 하태혁 함께 씀

한국信연구소 엮음

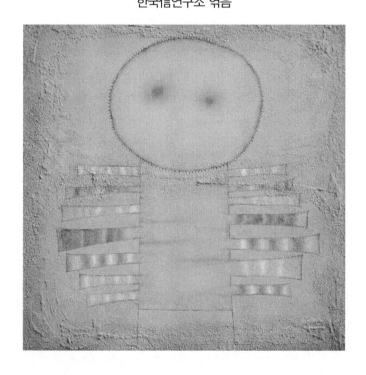

동연

책을 펴내며

**1**

이 책은 본인에게는 육신의 아버지가 되시는 故이신(李信, 1927~ 1981) 목사님의 소천 40주기를 맞아서, 그 정신적 후예들이 그가 남긴 신학과 시, 그림등을 가지고 그를 다시 만난 것을 그린 책이다. 이 말을 써놓고 보니 그렇게 친절하게 들리지 않는다. 아주 밋밋한 설명이 된 것 같다. 왜냐하면 유사한 일은 우리 주변에 많이 있어왔고, 이 말로써 돌아가신 지 40년이나 되는 분에 대해서 왜 오늘과 같이 힘들고, 그렇 지 않아도 할 일 많은 때에 그를 다시 소환하는가가 잘 설명되지 않기 때문이다. 그리고 한 인물에게서 이렇게 신학과 시, 그림을 모두 같이 돌아본다는 것이 과연 가능하기는 한가라는 의구심도 들기 때문이다.

이러한 물음과 의심이 전부 과한 것은 아니지만, 앞으로 이 책을 펴서 읽는 독자들은 그것이 그렇게 현명한 질문은 아니었다는 것을 발 견할 것이다. 아니, 거기서 더 나아가서 이 책을 읽는 분들이, 비록 오늘 날 활자로 읽는 일이 점점 더 어려워지고 희귀하게 되어간다고 하더라 도, 한 번 더 인내심을 내고, 조금 더 찬찬히 그리고 천천히 읽어간다면, 분명 왜 오늘 이 책이 저술되었는지, 어떻게 오늘 우리 시대가 진정 李信을 새로 요청하는지를 스스로 발견해 낼 수 있으리라 믿는다.

오늘 우리 시대에 종교, 특히 한국 개신교는 참으로 웃음거리가 되 었다. 한국 땅에서 기독교가 그렇게 치부되고 희화화되는 것이 단지 오늘 비롯된 일은 아니지만, 요사이 전 세계적으로 환호를 받는 넷플릭스 드라마 〈오징어 게임〉이나 〈지옥〉 등에서도 기독교 신앙이나 믿음의 일이 더 이상 어떤 저급한 추락을 생각할 수 없는 정도까지 된 것 같아서 부끄럽다. 최근 번역 소개된 재독 한국 철학자 한병철의 『리추얼의 종말』(Vom Verschwinden der Rituale)은 서구 기독교 본고장 유럽에서, 오늘 인류 근대 자본주의와 신자유주의가 몰고 온 노동과 자아의 과잉, 현세주의 쾌락의 넘침 속에서 어떻게 리추얼과 종교가 사라지고, 대신 개별적 욕망과 소비, 끝없는 생산을 향한 노동 강제가 만연하는지를 잘 서술해 주고 있다. 거기서는 링크(link)는 있지만 소통과 관계가 사라지고, 끝없는 자기 착취 속에서 쉼과 축제가 없어지고, 그것으로써 인간 공동체가 크게 위기에 빠진 것을 말한다. 이에 대한 저항으로서 그는 다시 우리 삶에서의 진정한 '선험성' 또는 '조건성'과 높은 곳(hoch)의 차원, 공손과 공경의 예(禮, 리추얼)의 소환을 말한다. 다시 함께하는 고향과 집의 회복을 꿈꾸는 것이다.

2

李信의 묵시의식은 이미 20세기 중반부터 자본과 현세의 욕망과 자아주의의 분열 속에서 타락해가는 기독교 신앙을 고쳐보려고 그 탄생부터 검토해 보기 원했다. 신구약 중간기 유대 묵시문학기에서 태동한 기독교 복음의 역동성과 창조성을 다시 회복해서 그 시대적 역할을 할 수 있기 바랐다. 특히 그 복음이 한국 땅에 온 것을 감사하며, 그러나 그것이 참으로 우리 땅과 잘 화합해서 진정한 화해와 평화, 해방의 메시지로 거듭나기를 원한 것이다. 그 일을 위해서 그가 천착한 언어가 '영'

(靈)이고 '믿음'(信)이다. 오늘 40년이 지나서 그러한 사고와 삶의 흔적을 우리는 李信의 '묵시의식'과 '토착화'의 새 차원이라는 두 가지 지평의 일로 간추려서 표현하고자 한다. 그런데 참으로 경이롭게도 李信은 그렇게 시대를 뛰어넘는 영적 자각과 판단, 비전을 단지 우리가 좁은 의미로 생각하는 종교나 신학의 언어만이 아니라 참으로 세간적(世間的)으로, 좀 더 보편적인 이 세상의 언어로 표현하고자 했다. 즉 그의 시와 그림과 글씨의 언어를 말하는 것이며, 그 일에서 나름 성취를 이루었다는 것을 이 책의 저자들은 밝혀준다.

이렇게 우리는 그를 진정 한국 사상사에서 고유한 동서 통합의 묵시사상가이고, 그 일을 통해서 누구보다도 자신의 현실을 아파하며 거기서의 화해와 화평을 구했다는 것을 보여주기 원했다. 그래서 '이신 40주기 준비위원회'라는 모임을 구성했고, 2020년 9월 24일(목) 20여 명의 위원이 처음으로 만나서 함께 공부하기로 했다. 같이 모인 사람 중에는 신학자뿐 아니라 문학평론가, 미술평론가, 이신의 옛 제자 목회자들이 있었고, 이후 여러 기회에 모임은 점점 커졌다. 모인 사람들은 그가 남긴 유고들을 같이 읽으면서 그를 알아가고자 했다. 『슐리얼리즘과 영靈의 신학』(1992/2011), 『환상과 저항의 신학 — 이신(李信)의 슐리얼리즘 연구』(2017), 『李信 詩集 돌의 소리』(2012) 그리고 그가 생전 펴낸 젊은 시절의 설교집 『산다는 것 · 믿는다는 것』(1980) 등이었고, 거기에 그의 번역서 러시아 사상가 N. 베르댜예프의 두 저작 『노예냐 자유냐』(1979/2015), 『인간의 운명』(1984)이 있다. 또한 그 가운데서 이미 지난 10월에 한국 땅에서 첫 번째로 열렸던 그의 유고 그림 전시회의 유작 회화들도 있었고, 막내아들 이경 목사가 그동안 李信의 유고에서 펴내지 못한 몇몇 중요한 문서들을 '이신 목사 유고 목록'으로 엮어

주어서 함께 참조하였다. 이렇게 해서 마지막 저자로 남은 사람들은 공동 공부를 마친 후 올해 7월 말까지 네 차례에 걸쳐서 '故이신 박사 40주기 단행본 출간을 위한 신학콜로기움'을 열면서 자신들의 글쓰기 계획을 발표했고, 거기서 서로의 글 구상에 대한 토론을 거쳐서 오늘의 글이 완성되어 책으로 선보이게 된 것이다.

## 3

이러한 과정을 거쳐서 모인 11편의 글은 총 4부로 나뉜다. 서로 학문 영역이 다르고, 연륜이 다르며, 李信과 그의 시대 그리고 오늘과 앞날을 이해하는 관점과 강도가 같지 않지만, 앞에서도 지적한 대로, 모두 큰 틀에서는 현재에 대한 반목과 저항인 '묵시의식'과 앞날에 대한 상상과 희망인 '토착화'로 엮어질 수 있다고 보았다. 그 가운데서 서론 내지는 총론 격인 1부에 우선 이정배의 글이 있다. 이 글은 "한국 신학 광맥 다시 캐기"라는 부제가 잘 밝혀주는 대로, 지금까지 잘 드러나지 않고 감추어져 있었지만, 李信의 신학과 삶의 실행은 한국신학, 특히 감리교 신학 계통에서 이제까지 인지하지 못한 또 다른 놀라운 광맥을 이루고 있다는 것을 웅장하게 밝혀준다. 즉 그것은 유동식 류의 토착화 신학이나 김창준 류의 기독교사회주의 운동과 같은 차원에서의 제3의 맥이 아니라, 오히려 거기서 더 나아가서 그 둘을 함께 창조적으로 통섭하고 통합해서 앞으로의 한국기독교와 신학이 나아갈 방향타 역할을 할 수 있다고 판단하는 것이다. 이러한 연구가 큰 시사와 의미를 주는 것은 바로 그러할 경우 한국기독교 신학은 이제까지 생각지 못한 또 하나의 한국기독교 열매로써 자본주의 이후 시대를 위한 한국적 주체성의 신학을 세계 신학계에 내놓는 것이기 때문이다. 이어지는 본인 이은선의 글은 좀 더 긴 한국 사상사적 안목에서 李信의 사고를 자리매김하고자 한다. 그리고 그 미래 역할도 단지 기독교나 교회, 종교 안에서의 그것이 아니라 훨씬 포괄적이고 보편적인 의미로 인류 문명사의 관점에서 오늘의 인류세(Anthro-pocene)의 한계를 넘을 수 있는 한국적 보고(寶庫)로 살피고자 한다. 특히 신유교 전통에서의 퇴계 선생이나 이후 동학의 최제우, 한국적 易의 창시자 김일부의 '정역'(正易) 정신과 연결 지으면서 그 미래적 역할을 전망한다. 한국적 묵시문학가로서의 李信의 '영(靈)의 신학'이 담지하고 있는 인간 의식과 인식에 대한 근본적인 물음들을 유교와 기독교의 대화에서 나온 한국 '신학'(信學)과 '인학'(仁學)의 관점에서 언술하며 그의 문명 정신사적 자리를 살핀 것이다.

## 4

2부 세 편의 글은 李信 슐리얼리즘 신학이 어떻게 신학적으로 더욱 섬세하게 관찰되고 전망되어서 앞으로 새 차원의 한국신학으로 재탄생할 수 있는지를 구체적으로 보여준다. 최근 한국 신학계에서 고대 영지주의 연구로 주목받고 있는 신약학자 조재형의 글은 李信이 늦은 나이에 미국으로 유학 가서 수행한 유대 묵시문학 연구가 기독교 복음과 고대 영지주의와의 연결과 관계에 주목한 것을 매우 선취적인 의미로 해석한다. 기독교 복음의 모체로서의 유대 묵시문학 현상에 대한 포괄적이고 인문학적 성찰을 겸비한 李信의 연구는, 그리하여 50여 년이 지난 오늘날에도 한국기독교가 여전히 빠져 있는 자기 폐쇄적인 근본주의 신앙과 이 세상적 물신주의에 대한 강한 경고로 읽힐 수 있다고 시사한다. 다음의 기독교 종교학자 이명권의 글은 동양 미학, 그중에서도 특히 도교적 무위(無爲) 이해에서 출발해서 노자, 맹자, 장자로부터 각기 고유한 '망' 이해, 즉 '노자-望, 맹자-網, 장자-忘'을 얻어서 李信의 슐리얼리즘의 신학과 그의 시들을 해석한다. 저자는 李信이 그의 슐리얼리즘 서술에서 그러한 20세기 서구적 '슐리얼리즘 선언'은 어쩌면 이미 오래전에 동양의 지자들이 '무언지교'(無言之敎)의 묘로서 발설한 것이었는지도 모른다고 한 것을 기억하며, 매우 참신하고 고유하게 이신의 슐리얼리즘 신학과 예술이 동아시아 정신과 깊이 연결될 수 있음을 보여준다. 2부 세 번째 글의 저자 최대광은 李信과 발터 벤야민의 사고를 함께 "초현실주의 신학 프로젝트"라는 제목 아래 연결시킨다. 매우 의미 함축적이고 시의적절한 해석 구도라고 여겨지는데, 이것은 李信과 벤야민 모두 비록 그들이 좁은 의미로는 영적 신학자와 유물론적 철학자로 나뉘지만, 둘 다 모두 초현실주의 예술(회화와 문예)의 정신으로써 통상적으로는 둘로 나누어져 추구되는 신과 세상, 초월과 내재, 정신과 물질, 종교와 예술 등의 차원을 불이적(不二的)으로 함께 긴밀하게 포괄하고자 하는 묵시 사상가들이었기 때문이다.

5

3부는 李信의 시에 집중해서 그의 삶과 사고를 살펴보는 부분이다. 맨 처음의 저자 김성리는 이미 2017년 李信에 대한 첫 번째 연구서인 『환상과 저항의 신학』에 함께 했었다. 이번에는 특히 李信 시를 "현상학적"으로 살피는 것을 말하고, 거기서 발견한 이신의 시는 그에게 "자신의 신학적 사유를 나누어 가지는 '향유'의 장"이자 "고달픈 역사적 삶을 치유하는 놀이터"가 되는 것을 보았다고 밝힌다. 李信이 생전에 쓴 시 중에서 남겨진 38편의 시는 그 전체가 하나로써 한 존재를 이룬다고 해석하는데, 모두가 "진리를 찾아가는 구도의 과정"에서 나타나는 깊은 묵시의식과 초월의식을 그린 것이라는 놀라운 관찰을 토로한다. 다음 글로 저자 스스로가 시인이고 신학자이면서 성공회 신부인 최자웅은 李信의 "내면세계" 탐구를 특히 그의 시 작품에 나타난 "예술적 파토스 와 구도적 누미노제의 지향(志向)"을 고찰하는 것으로 수행한다고 밝힌 다. 참으로 웅장하고 열정적인 기도인데, 시작하는 부분에서 李信과의 첫 인연을 충실히 소개하기도 한다. 이어서 저자가 李信의 38편 시와 마지막 부분에서는 슐리어리즘 회화까지 연결해서 탐구해 나가는 과정 은 거기에 李信과 연결해서 소개되는 수많은 한국 현대 시인들의 면면 을 보더라도, 마치 한 편의 현대문학사를 섭렵하는 것 같은 울림을 준 다. 이신과 앞뒤로 유사한 생애의 시간을 산 수많은 한국 문학가들, 『광 장』의 작가 최인훈을 필두로 해서, 〈님의 침묵〉의 한용운, 〈내 마음은 호수요〉의 작사가 김동명, 〈광야〉의 이육사, 〈풀〉의 김수영, 〈시인공 화국〉의 박두진, 김현승, 마지막으로 『하늘과 바람과 별과 시』의 윤동 주 등이 저자가 함께 논해지는 시인들인데, 이것으로써 우리는 저자가 李信 시의 사상체계를 어느 정도로 웅대하고, 시대의 고통과 아픔, 그 것을 넘어서고자 한 지극한 구도의 수행으로 해석하는지를 볼 수 있다.

3부의 마지막 이혁 글도 참으로 고유하다. 저자 이혁은 저술 등의 학문 활동을 하기보다는 시골 교회 목회자로서 평소 기타를 치고, 노래 를 만들고, 소박한 사람들과 아이들과 참 잔잔한 삶을 사는 분으로 알고 있는데, 이번에 李信의 시를 가사로 해서 노래를 만들면서 글도 함께 쓰게 되었다. 李信은 살아생전 소위 우리가 '민중'이라고 부르는 사람들과 아주 가까이 살았다. 미국 유학 시절에는 장애 아동들의 미술 캠프에 가서 그들과 소통하며 창작을 지도하기도 했고, 그래서 이런 모든 인연 때문인지 저자는 李信이 "나에게로 왔다"라고 하면서 모두 6편의 시를 골라서 그것을 깊이 감상하며 노래로 만드는 놀라운 과정을 소개한다. 그중에서도 특히 李信이 유학 중에 딸의 사망 소식을 듣고 쓴 시 〈딸 은혜(恩惠) 상(像)〉의 노래는 우리를 울컥하게 만들고, 지금은 거의 잊힌 은혜 언니를 다시 우리에게 데려다준다는 점에서 본인에게 특히 아리게 다가온다.

## 6

마지막 4부가 李信의 그림과 예술신학에 대한 글이다. 그 첫 번째 저자가 심은록 박사인데, 이미 지난 10월 16일부터 인사동 도화아트 갤러리에서 있었던 한국에서의 첫 번째 李信 유고 그림 전시회 "이신 SR@XR-초현실이 XR을 만나다"에서 기획자로 역할 했고, 그 오픈식에서 李信 회화의 한국 미술사적 의의를 경이롭게 밝혀주었다. 이번 글은 오픈식 발표에서 다 하지 못한 내용을 소상히 전해주는데, 정말 감탄스럽다. 우리가 익히 들어온 대로 李信은 특히 미국 유학 시절 그곳에서 개인전을 10여 차례 할 정도로 화가로서 활동했다. 하지만 한국에 돌아와서는 그런 기회를 얻지 못했으며, 급작스러운 소천 이후에도 40년이 지나도록 그는 화가로서보다는 신학자로서 자리매김되어왔기 때문에 그 회화가 여기서 저자가 밝혀주는 대로 그러한 미술사적 의미가 있다는 것은 우리로서는 상상하기 어려웠다. 저자는 먼저 한국 미술사에서의 초현실주의의 척박한 위상을 살핀다. 그런데도 그곳에서도 거의 알려지지 않은, 그렇지만 일생 초현실주의 그림만을 그린 李信의 그림이 앞으로 어떻게 이 지형을 바꿀 것임을 시사한다. 이후 저자는 李信이 손수 쓴 몇몇 이력서나 미국에서의 활동으로 남은 신문기사, 전시회 사진과 그림 가격표 등을 근거로 李信의 화가로서의 활동을 크게 도미 이전, 도미 기간(1966-1971), 귀국 후로 나누어서 한국 미술사나 미국 이나 서구의 미술 경향과 연결하여 마치 탐정이 비밀을 밝혀내듯이 그렇게 李信의 화가로서의 활동과 성과들을 유추해내는데, 정말 놀라울 따름이다. 마지막으로 특히 21세기 오늘날 메타버스 등의 '확장 현실' (XR, eXtended Reality)의 시대에 李信이 슐리얼리스트 신학자로서 "상상력의 부패"를 강하게 경고하며 제시했던 신학과 믿음과 예술의 길이 M, Z, C 세대 등 미래의 세대를 위해서 의미 있는 모델이 될 수 있음을 설득한다.

두 번째 경기도 미술관 학예연구가이면서 미술평론가인 김종길의 "이신(李信)의 '님' 회화론"도 매우 독특한 글이다. 원제가 "'하나'로 솟난 감흥의 신명"인데, 이 제목에서도 드러나듯이 특히 다석(多夕) 유영모 선생의 언어와 세계로 李信의 회화를 살핀다. 이것은 李信의 사고와 그림, 시 등이 어느 정도로 한국 사상 속에 깊이 뿌리박힌 것으로 이해될 수 있는가를 보여주는 또 다른 예라고 여긴다. 마무리에서 저자는 李信의 신학적 삶과 미학적 실천을 성리학(性理學)의 '도학'(道學), "길 공부"의 길과 합류한 것으로도 해석하는데, 이러한 관점은 앞으로 더 세밀한 관찰을 요하는 매우 함의적인 언술이다. 4부 마지막 글은 하태혁의 "묵시적 초현실에 비친 자화상"이다. 이 글도 3부 시부분에서의 이혁의 글처럼 농촌에서 예술을 생활화하고 있는 목회자의 글이다. 저자는 시작하는 말에서 李信의 묵시적 초현실의 미술작품을 일종의 "보는 묵상"을 통해서 하나님을 만나고, 오늘날 교회의 존재 이유를 깨닫게 되는 통로로 경험하는 일을 말한다. 그런 가운데서 저자는 李信의 다섯 작품에 대해 수행한 깊고 섬세한 묵상의 결과를 참으로 진술하고 따듯하게, 그러나 날카로운 자아 성찰과 관련된 질문들과 함께 풀어내는데, 놀라운 '평민', 온갖 한계와 경계를 뛰어넘는 기독교 영성가의 묵상이 어떤 것일 수 있는지를 명징하게 보여준다.

## 7

최근에 읽게 된 시인 나희덕의『예술의 주름들』은 "예술이란 얼마나 많은 주름을 거느리고 있는가"라고 하면서 한 예술이 탄생하기 위해서, 한 예술가적 삶이 가능하기 위해서 그 안에 얼마나 많은 주름과 상처, 일렁임이 있었겠는지를 발설한다. 그 언술을 읽으면서 李信의 삶과 예술을 생각했고, 정말 그렇다고, 그 안에 무수히 많은 주름과 상처들이 겹겹이 쌓여 있으며, 진정 그랬을 것이라고 다시 생각했다. 그런 것들을 끝없이 뒤로 하면서 아버지 李信은 또 다른 세상을 그렸고, 아니 그리고 그리워한 것만이 아니라 위의 저자들이 다양하게 명시하고 또한 상상한 대로, 그것을 자신의 몸으로, 자신의 사귐과 웃음으로, 애정과 친절과 유희의 몸짓으로 밝혀내고 살아내고자 무진 애를 쓰셨다. 그런 그가 가신 지 40년이 지나가지만, 아직도 여전히 아쉽고, 계속 그의 말소리와 발소리, 웃음소리가 들리는 것 같다.

올해 탄생 백 주년을 맞이해서 곳곳에서 소환되고 있는 시인 김수영은 "높은 윤리감과 예리한 사회의식에서 태어난 소박하고 아름다운 고도한 상징성을 지닌 민중의 시"를 최상의 시로 꼽았다고 한다(이은정,『김수영, 혹은 시적 양심』). 이런 김수영에 대한 서술을 읽으면서 또다시 아버지 李信을 생각했다. 그런 김수영은 '지식인-시인'에 대한 자의식을 "선비, 사도(使徒), 순교자, 혁명가" 등으로 강하게 의식하며 방황했다고 한다. 다시 슐리얼리스트 영(靈)의 신학자, 시인이고 목회자였고, 화가였던 아버지 李信이 생각난다.

## 8

이런 李信의 40주기를 기릴 수 있게 지금까지 함께 해주신 모든 분께 심심한 감사를 드린다. 40주기 준비모임을 구성해서 음으로 양으로 함께 맞들어 주신 여러분들, 이 책 11명의 저자 모두의 수고는 말할 것도 없지만, 오늘이 있기까지 공부 모임을 뒷받침해주시고, 응원해 주신 어른들, 선생님들, 친구와 제자들이 있었고, 마지막으로 가족들이 있었다. 지금까지의 여러 기림에서처럼 미술의 길을 간 언니 이은화 가족의 함께함이 있었고, 큰아들 이윤 원장 가족의 전폭적인 뒷받침과 사랑하는 사촌 동생 태순의 따뜻한 도움이 옆에 있었다. 저자들 중에서 최자웅 신부님은 늦게 그룹에 합류했지만, 정말 열정적으로 李信을 탐독하며 길고 강한 글을 주셨고, 또 이번 기회를 통해서 李信의 시가 노래로 나올 수 있도록 한 이혁 목사님, 심은록 박사님의 발로 뛰고, 온갖 마음으로 써 내려간 李信 미술에 대한 연구 그리고 글 마무리 단계에서 아내 사모님이 큰 사고를 당해서 위급한 상황이었지만, 그 가운데서도 원고를 마무리해주신 하태혁 목사님의 그동안의 우리 信연구소나 연구 활동을 위해 애써주신 역할을 잊을 수 없다.

작년 7월 13일 '한국信연구소'를 정식 개소해서 아버지 李信의 믿음

(信)을 토대로 그것을 '한국 신학'(信學)과 '인학'(仁學)으로 다듬으며 그 동안 더욱 깊어진 코로나 팬데믹의 묵시를 한국 토착화 여성신학으로 마주하고자 했지만, 그러나 갈 길은 아주 멀어 보인다. 그런 가운데서도 이런 모든 일에 항상 도서출판 동연이 함께 있었다. 이번에도 역시 동연의 김영호 사장님과 그분의 동반자들이 함께 해주셨다. 말로 다 할 수 없는 은택을 입었다. 그리고 가장 가까이서 남편 이정배 교수와 동생 이경 목사는 항상 앞서거니 뒤서거니 하면서 같이 해 왔다. 거기에 무슨 말을 더할 수 있을까? 올 1년 이러한 모든 일을 앞에 두고 하늘에 계신 아버지 李信과 엄마 정애(鄭愛, 1929~2015) 여사의 이름을 자주 불렀다. 하지만 불초한 딸의 무지한 무감각과 완고함과 오그라듦이 날로 더 심해져만 가는 것 같아 한없이 부끄럽다. 어떻게 거기서 벗어날 수 있고, 그래서 믿을 수 있으며, 깨어난 영으로 거듭날 수 있을까? 그래도 마지막 말은 탄생한 새 아기들을 그리며 다시 '천은감사'(天恩感謝)를 말해야 할 것 같다.

2021년 11월 24일
부암동 현장(顯藏)아카데미 언덕에서
이은선 모심

# 차례

1부

미신 신학의 새 차원
— 묵시의식의 토착화

# 토착화, 기독교사회주의, 그리스도환원운동, 이들 통섭의 토대로서 이신의 슐리얼리즘 신학
## — 한국 신학 광맥 다시 캐기

이정배

현장아카데미

## 시작하는 말

이신 박사 40주기를 앞두고 한 편의 논문을 구상했다. 이전에도 한 두 편의 글을 썼던 적이 있으나 이번에는 제목이 적시하듯 틀 자체가 많이 커질 듯싶다. 유학 후 10년 남짓 활동했지만, 54세 이른 나이에 세상을 떠났기에 여느 신학자들처럼 많은 글을 남기지 못했다. 시골 목회를 비롯하여 이 대학 저 대학에서 강의하며 생계를 위한 고된 삶을 살았기 때문이다. 하지만 40년이 지난 지금 그가 남긴 글 속에서 우리 는 작금의 현실과 맞닥트리는 뭇 신학적 주제를 만날 수 있다. 그만큼 이신은 시대를 앞서 고민한 신학자였고 당대가 담아내기에는 벅찬 사 (상)상가였다. 어느 민중보다 가난하게 살았지만, 그는 가난보다 상상 력의 부패를 더 크게 걱정했고, 물질 결핍 이상으로 정신 빈곤을 두렵게 알라고 가르쳤다. 그럴수록 이신의 삶은 정작 가족조차 이해할 수 없을 만큼 역설적일 수밖에 없었다. 70년대 초 미국 내 명문 밴더빌트 대학에서 신학박사 학위를 받고 귀국했음에도 예수처럼 머리 둘 곳 없이 결핍된 이들과 살았던 그를 사람들은 무능하다고 말했고, 주변머리 없다 했을 것이며 홀로 고상한 척 살고 있다고 비난했을 것인 바, 그럴수록 그는 더 자유 한 인격이 되고자 애썼다. 오로지 자유로운 인격으로 사는 것을 하늘이 주신 최고의 은총이자 가야 할 인간의 길(창조성)로 여겼으며 이를 위해 예수를 찾고 믿었던 까닭이다. 밴더빌트 유학 시절에 썼던 〈나사렛의 한 목수 상 — 새 그리스도로지〉란 시에서 기독교에 대한 이신의 이런 시각을 엿볼 수 있다. "… 그러니 그분은 나를 믿어 달라고 요청하시는 것보다 내 속을 좀 알아 달라고 하십니다. 그것은 믿는다고 말할 때는 그에게 기대는 종의 버릇으로 대하기 쉽기 때문입니다.… 이제는 나를 모방하지 말고 네가 서 있는 그 자리에서 너희들 나름으로 사람답게 살아가라고 하십니다. 너희들 나름의 창의력을 가지고 삶을 보람차게 해 보라는 것입니다. 남의 흉내를 내지 말고 너는 네 나름으로 너의 생을 창조해 가라고 하십니다."[1] 그가 말한 예수의 속마음, 그 마음을 아는 것이 창조요 자유이고 환상을 갖는 일로써, 기존 교회가 말한 대속적 예수상과 한없이 거리가 멀다. 그리스도환원운동에 함께했던 동료들 역시 유학 후 돌아온 이신의 '새 그리스도로지'를 수용키 어려웠을 것이다. 1950년대 초 감리교 전도사 옷을 벗고 그리스도환원운동에 참여했지만 이미 보수 형식화된 환원운동은 이신의 창조성과 벗할 수 없었다. 그럴수록 그 또한 내 속을 알아달라고 소리쳤겠

---

1 이신/이경 엮음, 『이신 시집, 돌의 소리』 (서울: 동연, 2012), 66-67.

으나 다수는 그의 속마음과 등졌고 그럴수록 이신은 '돌의 소리'가 되어 고독과 저항 그리고 환상의 길로 스스로를 내몰았다.[2] 시골 오지에서 수도원을 꿈꾸며 고독하게 목회했으며 뜻 나눈 동료들과 한국 그리스도교회 선언을 통해 기존 틀에 저항했고 초현실주의 그림과 글을 통해 창조적 환상을 맘껏 드러내며 다른 세상을 살았던 것이다.

이상 짧막한 글을 통해 필자는 이신 박사를 떠올리며 스치듯 들었던 생각을 서술했다. 미술에 관심했던 부산상고 출신 한 청년이 결혼 후 안정된 작장, 은행 일을 그만두고 가족을 떠나 서울 감리교신학대학교에 적을 두었다. 한국전쟁 시기 전도사로 파송되어 사역하던 중 자생적 그리스도환원운동을 만나 교파를 벗고 새로운 삶을 시작하게 된 것이다. 이신이 미국 대학에서 묵시문학 연구로 박사학위[3]를 제출한 것도 이 시기에 접했던 환원운동에 대한 관심 때문이었다. 하지만 묵시문학을 현상학적으로 연구했기에 그에게 원형으로서의 묵시는 언제든 인간 의식 속에서 반복, 재현 가능한 실재(Reality)였다. 따라서 이신은 묵시의식의 '비동시적 동시성'을 신학적으로 성령의 역사라 일컫게 되었다. 그럴수록 그는 자신이 몸담았던 과거(성서)에 고착된 환원운동을 넘어섰고 원형적 의식의 현재적 재현에 관심했다. 고교 시절 학습했던 슐리얼리즘(미술) 세계가 창조적으로 소환된 결과였다. 이 과정에서 충족히

---

2 이정배, 『고독하라, 저항하라 그리고 상상하라 ― 2017년 종교개혁 500년을 앞둔 한국 교회를 향한 돌의 소리들』 (서울: 동연, 2013). 본 책의 서문 격인 1부에서 필자는 이신의 세 핵심 개념을 다루었다.

3 박사 논문 제목은 1971년 밴더빌트 대학에 제출 된 "전위 묵시문학 현상: 묵시문학의 현상학적 고찰"(*The Phenomenon of Avant-grade Apocalyptic: Phenomenological Resources for Interpretation of Apocalyptic*)이다. 본 논문은 이은선, 이경이 엮은 『슐리얼리즘과 영의 신학』 (서울: 동연, 2011)에 번역되어 실려 있다.

발아되지 못했으나 묵시 의식은 슐리얼리즘 신학으로 재구성되었다. 슐리얼리즘 신학, 영의 신학 혹은 카리스마 해석학의 이름으로 종래 환원운동의 신학 지평을 크게 넘어섰던 것이다. 더 이상 이신은 단순 환원 신학자로 머물지 않았다. 환원운동에 기초했으나 성령 활동에 힘입어 그 정신을 초대교회 지평 밖의 작금의 시공간에서 치열하게 실현시키고자 했던 까닭이다. 이신은 묵시 의식의 본질인 '영적 양극성'4 차원에서 인간 영혼을 멸절시키는 공산주의(유물론)는 물론 자본주의 세계를 그 이상으로 비판했으며 이웃 종교의 영성과도 만날 수 있었다. 이신이 자기 조국 러시아와 서구 자본주의 노예성을 비판했던 베르댜예프 책을 공들여 번역했던 이유도 여기에 있다.5 묵시문학과 연계된 이신의 슐리어리즘 신학을 유대-기독교적 메시아 전통의 빛에서 역사적 유물론을 재해석한 벤야민 사상과 비교하는 글도 생겨났다.6 서로 상이했으나 서구(자본)제국주의에 대한 저항을 공통분모로 삼았기에 가능한 일이었다. 하지만 이신의 슐리얼리즘 신학은 유대적 지평조차 초월했고 동아시아 사상과의 접목을 시도했다. 귀국 이후 70년대 초 생계를 위해 동분서주한 상황에서 썼던 동학 창시자 최제우에 대한 논문이 이를 방증한다.7 묵시 의식이 유대적 토양에서 나왔으나 그것을

---

4 앞의 책, 59. 이하 내용에서 본 개념에 대한 상세한 논의가 있을 것이다.

5 N. 베르댜예프/이신 역, 『노예냐 자유냐』(늘봄출판사, 2018). 동 저자의 책 『인간의 운명』도 이신 사후 친구 변선환 박사의 후기를 첨부하여 출판되었으나 절판상태이다.

6 정혁현, "유대-기독교적인 것: 벤야민과 이신," 현장아카데미 편, 『환상과 저항의 신학: 이신의 슐리얼리즘 연구』(서울: 동연, 2017), 229-266.

7 이신, "최제우 사상," 미간행 논문 1972년 글. 1971년 이신이 귀국 후 만든 '포에티스트'란 모임에서 발표했다. 이 글은 논문으로 완결된 것이 아니라 강의용 자료 형식으로 구성되었다. 이들 서문에서 저자는 한글과 함께 동학을 가장 독창적인 한국적인 것으로 이해했다. 최제우를 전위 사상가로 언급한 대목이 눈에 띄었다.

현상학적으로, 비동시적인 것의 동시화로 이해했기에 수운을 전위 묵시가로 명명했던 것이다. 이 점에서 이신은 유대 기독교 전통을 넘어선, 최종적으로 한국적 그리스도교회를 모색한 토착화 신학자로 불려도 손색이 없을 듯싶다.

주지하듯 지금껏 한국 신학의 광맥을 힘껏 캐내신 분은 선교 신학, 한국 교회사, 토착화 신학을 거쳐 예술 신학 영역을 개척한 소금 유동식 교수이다. 유동식 교수 전집 4권의 부제는 '신학사', 특별히 한국 신학의 광맥이라 되어있다.[8] 누구보다 공헌이 컸으나 필자는 그가 캐낸 한국 신학의 광맥에 결핍을 느낀다. 그의 시각에 잡히지 않았던 다른 주요 광맥도 있다고 봤기 때문이다. 그의 경우 자신이 경험했던 뭇 역사적 사건들—해방과 반공 의식—에 천착하느라 다른 광맥들을 놓쳐 버렸다. 일제로부터 되찾은 한국적 전통, 무엇보다 유불선의 종교 문화적 측면을 강조했기에 1920년대를 전후하여 생겨났으며 1940~50년경 절정에 이른 '그리스도환원운동'은 물론 1910년경부터 발아된 '기독교 사회주의' 광맥을 살피지 못했던 것이다.[9] 최병헌의 자유주의적 문화(종교) 신학과 함께 보수(교회중심)적 복음주의와 진보(정치)적 민중 신학 사조가 그가 캐낸 한국 신학의 주요 광맥들이었다. 주지하듯 이런 도식화는 풍류 사상에 대한 유동식 교수의 이해에 근거했다. 하지만

---

8 『소금 유동식 전집 4:신학사(한국 신학의 광맥)』(한들출판사, 2009). 이하 전집 4권으로 표기.
9 물론 김창준에 대한 항목이 있기는 하다. 하지만 신간회 활동을 비롯하여 이동휘, 전덕기, 손정도로 이어지는 일련의 사상사적 측면을 간과했다. 혹자는 기독교사회주의를 민중 신학의 전신이라고 말하지만, 반공이데올로기에서 자유롭지 못한 민중신학자들과 차이점도 간과할 수 없다. 강원용을 기독교사회주의자라 칭하는 시각도 있으나 그 역시 공산주의에 대해서는 부정적이었다. 전집 4권, 262; 김건우, 『대한 만국의 설계자들』(느티나무책방, 2017), 197. 이외에도 유동식은 유영모, 김교신, 함석헌으로 이어지는 무교주의 사조 역시 광맥에 포함시키지 않았으나 본고에서는 논외로 삼겠다. 김건우, 『대한민국의 설계자들』, 118-172 참조.

다른 광맥을 찾기 위해서라도 풍류도에 대한 그의 이해 역시 비판적으로 성찰할 필요가 있다. 이하 전개를 통해서 필자는 이 땅의 현묘지도를 '한, 멋, 삶'으로 푼 유동식의 '멋' 중심의 풍류 신학과 일정부분 논쟁할 것이다. 한 가지 더 언급할 것은 토착화를 비롯한 환원운동 그리고 기독교사회주의 맹아가 모두 감리교적 배경에서 태동되었다는 사실이다. 이는 굳이 교파 색을 강조키 위함이 결코 아니다. 지금은 잊혔으나 토착화 신학의 '멋 론'으로 환원될 수 없는 치열한 삶의 흔적들이 감리교 초기 역사에 존재했음을 밝힐 목적에서다. 유동식과 더불어 토착화론을 주도한 해천 윤성범이 이신을 '한국적 멋'을 찾았던 신학자라고 평했을 때10 그의 '멋'이 유동식의 범주로 환원될 수 없을 듯싶다. 주지하듯 신학자 이신은 유학기간 내내 그림을 그려 가족을 도왔고 학비를 감당할 만큼 화가로서 활동, 생존했다. 미국에서 10여 차례 전시회를 열었다는 객관적 사실이 이신의 자필로 기록되어 보관 중이다.11 그림을 시로 풀어냈고 신학 속에 그 뜻을 담을 만큼 이신은 시(詩), 서(書) 그리고 화(畵)에 능했다. 문학, 신학 그리고 예술(미술)을 그의 영혼 속에서 하나로 만든 것이다. 그의 그림들 다수가 유실되어 유감이나 남겨진 50여 종의 작품은 그를 소수의 한국 슐리얼리스트 계열의 화가반열에 세울 만큼 가치가 있다.12 여하튼 지금껏 캐내지 못했던 신학 광맥을

---

10 윤남옥 편저, 『성(誠)의 신학자 ― 해천 윤성범 박사의 삶과 신학』(한들출판사, 2017), 108.

11 전람회 경력을 기재한 이신의 이력서는 물론 전시회 소식을 홍보한 미국 신문도 유고로 남겨져 있다. 자신의 그림이 전시회에서 팔린 액수까지 기재되었다.

12 최근 이신과 동시대에 살았던 슐리얼리스트 화가의 화보집을 만나게 되었다. 경복고등학교 미술 교사로 활동한 천병근(1928~1987) 화가의 유고 작품집으로 현직 화가로 활동하는 자녀가 엮어낸 것이다. 화풍이 이신과 흡사한 면이 있으나 이신보다는 덜 추상적이다. 이신은 도서관에서 책으로 그림 공부를 시작한 반면 화가 천병근은 일본에서 슐리얼리즘 사조와 접했다. 양가 유족들이 만나 이신의 작품과 천병근 화백의 그림을 조만간 함께 전

다시 캐내 섞인 불순물을 제거하고 본뜻을 새롭게 통합시키는 것이 이 글을 쓰는 필자의 과제가 되었다. 앞서 말했듯이 '영적 양극성'을 지닌 묵시 의식과 그에 기초한 슐리얼리즘 신학, 즉 영(카리스마)의 신학이 통섭의 추체가 될 것이다. 아울러 이신의 슐리얼리즘 신학과 한국적 미의 상관성을 글 말미에 여백이 있는 한 언급할 생각이다.

　이런 글감을 풀어내기 위해 본고는 다음 절차를 통해 진행될 것이다. 우선 첫 장에서는 유동식 교수가 캐내지 못했던 한국 신학의 두 광맥, 토착화론 외에 기독교사회주의 흐름과 그리스도환원운동을 서술하겠다. 1920년대를 전후하여 이들 세 사조를 이끈 주역들이 감리교적 배경에서 나왔다는 사실도 주목했다. 이 점에서 감리교를 '멋', 즉 자유주의 신학 전통으로 한정한 유동식의 견해와 갈등할 수 있겠다. 필자는 이런 차이가 풍류에 대한 해석 차에서 비롯한다고 봤기에 선생이 이해했던 풍류의 기초이념을 비판적으로 살필 것이다. 둘째 장에서는 이신이 몸담았던 그리스도환원운동의 계보를 서술하고 그 속에서 이신의 위치를 살필 생각이다. 이어 자생적으로 발생한 환원운동과 서구로부터 유입된 환원운동 간의 차이를 논하고 자생성을 한국적 성령 운동의 차원에서 설명코자 누혈의 목회자 이용도와의 연결고리를 모색하겠다. 비록 이용도와의 연결성이 사료적으로 어느 정도 뒷받침될지 염려스럽지만, '영적 양극성'의 개념을 빌어 설명할 수 있다고 생각한다. 셋째 장에서는 이신의 환원 신학이 서구화, 제도(교리)화된 오늘의 교회 상

시할 것을 약속해 두었다. 사료가 없어 밝히지 못했던 초기 슐리얼리즘의 사조를 한국 미술계에 정착시키기 위해서이다. 이외에도 두 사람은 한국전쟁 시기 전남 광주와 목포에서 살았고 해천 윤성범 선생과 친분이 있다는 점에서 공통점이 있다. 천병근 화가의 부친도 목사였다.

황과 크게 변별된 점에 주목할 것이다. 보았듯이 묵시문학(현상)을 연구하고 귀국한 이신은 묵시 의식의 지평을 시공간적으로 확장 재현시키고자 했다. 묵시 의식의 원형을 '영적 양극성'이라 본 이신은 인간을 노예로 이끄는 일체 주의(-ism)들, 예컨대 기독교 교리주의, 자본주의적 기독교에 특히 비판적이었다. 종교 타락에 대한 서기관(신학자)들의 반란에서 비롯했다는 묵시문학,13 그 정신을 자기 방식대로 재현시킨 것이다. 여기서는 이런 묵시 의식이 슈리얼리즘 신학으로 전개, 발전되는 과정과 내용을 서술할 것이다. 마지막 넷째 장에서는 새 차원의 환원운동, 곧 영의 신학이라 불렸던 이신의 슈리얼리즘 신학으로 기독교사회주의를 비롯한 토착화론을 통섭할 여지를 살필 것이다. 주지하듯 당시 기독교사회주의자, 토착화 신학자 그리고 환원운동가들은 민족 독립을 위해 상호 소통했다. 교파의식과 교리화된 교회가 이들 제 사조를 단절시켰을 뿐이다. '비동시적 동시성'으로서의 묵시 의식의 재현을 통해 이들 간 재결합이 가능할 것이라 사료 된다. 여기서 작금의 성령운동은 탈자본주의, 한국적 토착화와 동의어가 될 수 있겠다. 본고의 결론으로 이신의 초현실주의 그림 속에서 한국적 미가 어떻게 드러났는가를 언급할 것이다. 상극을 통섭시키는 '접화 문화'로서의 한국 미학14과 이신의 초현실주의와의 상관성을 찾고자 한다. 상호 이격된 신학의 세 광맥들, 즉 민족(하느님, 토착화)과 교회(영, 환원운동) 그리고 사회(예수, 기독교사회주의)를 통섭하는 초현실주의 신학(그림) 속에 한국적 미학의 본질이 바탕에 깔려 있을 것이다. 우리 미학, 곧 멋의 방점

---

13 리처드 A. 호슬리/박경미 역, 『서기관들의 반란』(한국기독교연구소, 2016) 참조.
14 최광진, 『한국의 미학 ─ 서양, 중국, 일본과의 다름을 논하다』(예술문화, 2015), 1부 4장 참조.

이 삶, 현실 그리고 인간에 있다고 믿는 까닭이다.


## l. 초기 감리교 역사에서 잊힌 신학 광맥들, 기독교사회주의와 그리스도환원운동: 유동식의 '풍류 신학'과 논쟁하며

근 50년간 감리교신학대학에서 배우고 가르쳤던 필자는 스승들로 배운 토착화 신학 전통을 잇고자 애써왔다. 그 일이 내겐 모든 것이었고 오롯이 감당할 과제였다. 민중 정치 신학의 도전을 수용한 일아 변선환 선생의 종교해방신학에 재차 우주, 생태 차원을 확장시키면서 말이다. 우리 것을 빼앗겼던 일제강점기의 경험이 이 땅 종교문화를 존중하는 신학 사조를 만들었고 서구신학과 변별되게 했으니 토착화론은 보물이 담긴 광맥인 것이 틀림없다. 하지만 감리교 전통 속에 결코 이것만 존재 했던 것은 아니었다. 후술하겠으나 1920년대 이후 사회주의를 수용했 던 흐름도 있었고 교파적 기독교를 벗고 그리스도에게로 돌아가려는 환원운동이 감리교 목회(신학)자들 사이에서 의미 있게 시작되었다. 하 지만 유동식에게 이들 두 사조는 광맥일 수 없었고 존재감 자체가 없었 다. 오직 종교, 혹은 문화 신학의 이름으로 발전된 토착화론만이 감리교 신학의 모든 것이었다. 하지만 토착화론 역시 완성된 것도 아니었다. 캐내지 못한 두 광맥, 기독교사회주의, 그리스도환원운동과 통섭되지 못한 탓에 대내외적으로 그 한계를 노정했다.

무엇보다 선교 신학적 관점에서 토착화를 말한 유동식의 그리스도 중심주의(성취설)가 문제였다. 한국의 종교, 문화가 기독교 선교의 수단 으로 전락한 것에 대한 종교(신)학적 반발이 시작되었다. 그럼에도 감리교회 자체는 정작 이런 토착화 논의에 우호적이지 않았다. 급기야 불교적 기독교, 즉 구원의 복수성, 다원성을 말한 변선환의 토착 신학을 출교시킬 정도였다. 유동식은 불교와 씨름한 변선환의 토착화론과 일정부분 선을 그었다. R. 불트만의 비신화론에 바탕한 자신의 성서해석이 비케리그마화(Entkerygmatzierung)에 기초한 변선환의 토착화론을 수용할 수 없었던 것이다.15 한마디로 유동식의 토착화론은 다원적 그리스도 이해를 거부했다. 하지만 변선환의 출교는 재차 한국 종교문화의 주체성(목적성) 물음을 야기했고 기독교(그리스도)와 여타 종교문화의 관계를 신학적으로 재정립할 과제를 남겼다. 토착화론의 한계는 사회정치적 현실 속에서도 여실히 드러났다. 유동식의 경우 지난한 한국의 정치 상황을 주권을 빼앗긴 일제강점기에 견줘 상대화시켰다. 맘껏 한국적인 것을 논할 수 있는 '자유'에 우선적 가치를 둔 탓이다. 물론 민중, 정치 신학을 광맥 중 하나로 여겼지만, 민족 내부의 정치, 경제적 갈등은 그에게 부차적이었다. 계급 갈등, 이념 갈등에 있어 토착화 신학은 결코 사회적 약자 편이 될 수 없었다. 한국전쟁으로 야기된 반공주의가 그의 시각을 가렸던 것도 부정할 수 없는 사실이다. 주지하듯 유동식의 토착화론은 풍류 신학으로 언표되었다. 그는 고운 최치원의 '난랑비

---

15 이 논쟁은 서구신학사에서 대단히 유의미한 토론이었다. 루돌프 불트만(R. Bultmann)과 프릿츠 부리(F. Buri) 간의 이 신학 논쟁은 그리스도 중심(배타)주의, 크게 보아 서구 중심주의를 벗기고 다원주의 사조를 부상시키는 계기가 되었다. 물론 한계가 없진 않았으나 아시아적 종교 전통을 부상시켜 서구 기독교의 그것과 공존시킨 공이 크다. 비케리그마화를 말한 프릿츠 부리는 실존철학자 야스퍼스와 생명 외경의 신학자 알버트 슈바이처의 철저 종말론적 예수 이해를 배경하고 있다. 이들 두 사람의 공통점은 계시실증주의 신학 사조와 갈등한 데 있다. 전자는 '축의 시대'란 역사철학적 관점으로 후자는 '자연생명'의 시각에서 계시 실증주의적 기독교와 맞섰다. 미국 과정신학자 슈버트 오그덴(S. Ogden)은 불트만과 부리의 논쟁에 관해 자신의 *Christ without myth*란 책에서 논리적 차원에서 부리의 손을 들어 주었다.

서'에 기록된 '현묘지도'를 풍류로 봤고 그를 체계적으로 전개시켜 독창적인 풍류 신학을 완성했다. 하지만 앞서 말했듯이 기독교적 성취론의 시각에서였다. 필자가 보기에 풍류 신학은 사회적 보수화에 일조했다. 여기에는 불트만식 실존주의 영향이 컸다. 한국종교 문화사는 물론 우주사 조차 자신의 실존사로 환원시켜 '멋'의 신학, 예술 신학을 펼친 것이다. 영성우주란 유동식의 조어가 그 대표적인 사례라 하겠다. 그에게 멋과 자유는 사회적 책무보다 앞선 것으로서 항시 뜻이 같았다. 이 점에서 유동식의 멋 론을 십자가 없는 예술론이라 평가한 세상 떠난 한 미학자의 말을 떠올려도 좋겠다.[16]

이상에서처럼 유동식이 파낸 신학 광맥, 토착화론은 기독교적 성취론과 사회적 보수성의 두 차원을 태생적 한계로 삼았다. 토착화론의 원조 탁사 최병헌도 이 점에서 예외가 아니었다. 유불선을 긍정했으나 기독교 안에서 여타 종교의 맛을 두루 경험했고(만종일연) 고종의 명을 받아 목사 신분으로 동학군 잔당에게 백기 투항을 요구했던 까닭이다.[17] 이는 수운과 해월의 활동 시기와 그의 생애(1858~1927)가 일정 부분 겹쳤기에 부정할 수 없는 사실이 되었다. 여기서 필자는 토착화론의 모순, 더 근본적으로는 여타 다른 신학 광맥을 캐지 못한 유동식의 한계를 살피고 싶다. 풍류도를 한국 종교기초이념으로 봤고 『천부경』까

---

16 유동식 교수와 함께한 어느 좌담회 자리에서 후일 신학박사가 된 서울대 미학과 재직 중인 김문환 교수가 했던 말이다. 당시 김 교수는 프랑크푸르트학파의 미학을 소개하며 십자가상의 예수를 신학적 미학의 극치라 말했다. 이런 지적에 대해 유동식 교수께서 동의하지 않은 것으로 기억에 남아있다.

17 비록 최병헌은 선교사들이 보였던 기독교의 비정치화에 대해 이의를 제기한 적도 있었으나 정동교회 담임목회(1903~1914) 시절 중 동역하던 현순에게 목회를 맡기고 일정 기간 충청남도에서 고종 임금 명을 전하는 선유 활동을 한 적이 있다. 이때 썼던 <충청남도 선유문안>이 문헌으로 간직되어 있다.

지 소급하여 풍류를 해석, 서술한 유동식의 혜안과 체계적 작업이 경탄스럽지만, 류승국 선생을 중심으로 한 한국(유교) 철학자들의 풍류 사상 견해와 여러모로 달랐기 때문이다. 한국적 기초이념에 대한 신학적 해석은 반드시 필요하겠으나 지나친 격의는 기독교 신학 밖의 영역과 소통을 어렵게 할 수 있다.

주지하듯 유동식은 중국과 다른 이 땅 고유한 도를 풍류라 생각했고 그 연원이 『천부경』까지 닿아 있음을 간파했다.[18] 당시 위서로 폄하된 『천부경』에 의거, 현묘지도로 풍류를 설명한 그의 용기와 통찰이 참으로 경이롭다. "난랑비서"에 기록된 고운 최치원의 문장 셋을 종교사적 시각에서뿐 아니라 신학적 차원, 나아가 교파별 특징으로 그리고 신학 광맥 이해방식으로 풀어낸 것이다. 이 점에서 필자는 유동식에 대한 어느 글에서 성서, 선교신학자이지만 조직신학자 이상으로 체계를 세운 사상가로 평가한 적이 있다.[19] 주지하듯 선생은 현묘지도, 포함삼교, 접화군생, 이 셋을 풍류의 본질로서 각기 '한, 멋, 삶'이라 풀었다. 근원에 있어 이들 셋은 『천부경』의 상경, 중경, 하경의 내용과 중첩된다. 상경은 무시무종한 한(한님)을, 중경은 우주적 조화, 창조(땅)를 그리고 하경은 '인중천지일'(人中天地一)의 인간(삶)을 적시한 까닭이다.[20] 종교사적으로 볼 때 이는 각기 불교, 기독교, 유교에 해당하며 교파적으로는 예수교장로교, 감리교, 기독교장로교였고, 신학적으로는 보수신학, 토착화 신학, 민중(정치) 신학으로 대별시켰다. 신학 내적 언어로는 신

---

18 유동식,『소금 유동식 전집 8권 ― 풍류 신학 II』(한들출판사, 2009), 66-80. 이하 전집 8권으로 인용.

19 이정배,『한국 개신교 전위 신학 연구』(기독교서회, 2003), 200-224.

20 전집 8권, 76-78.

론, 기독론, 성령이 되겠고 학문적으로는 종교, 예술, 정치로도 언표될 수 있다. 종교적 기초이념들 중 어느 하나가 특정 시공간 속에서 더 많은 영향력을 미치며 주도했기에 종교, 교파, 신학사 속에서 이런 구별이 생겼다는 것이다. 하지만 정작 유동식에게 중요한 것은 기독론(교), 감리교, 예술이었다. 유불선을 포함하되 유불선과 변별되는 현묘한 도, 그것을 풍류의 핵으로 봤고 그 역할을 기독교에서 찾았기 때문이다. 성육신이야말로 불교적 '초월'(한)과 유교적 '세상'(삶)을 접목하는 수단이었고 그런 조화의 멋이 자유주의적인 감리교의 몫이었던 바 토착화신학이 바로 그 전형이자 실상이었다. 이런 토착화는 초월과 현실을 연결 짓는 종교성의 중핵으로서 필히 예술(풍류) 신학으로 귀결될 수밖에 없었다.

하지만 '현묘지도'를 기독교적으로 격의 과정에서 무리수가 생겨났다. 유동식의 견해와 달리 『천부경』의 핵심은 중경이 아니라 '인중천지일'을 말한 하경에 있고 '포함삼교'는 궁극적으로 '접화군생'을 위해서 필요한 것이었다. 한마디로 『천부경』과 풍류 사상의 강조점이 멋보다 삶 자체에 놓였다는 사실이다. 물론 그 삶은 멋진 삶이어야 할 것이다. 하지만 현실 삶은 언제나 멋질 수 없었다. 수탈로 인한 고통이 가중된 삶이었다. 이런 삶에 접해 신명 나는 삶을 만드는 것이 『천부경』과 풍류도의 골자이다. '접화'는 '군생'을 목표로 할 뿐이다. 모두를 신명 나게 하는 것이 풍류일 것이다. 하지만 유동식은 풍류도를 멋의 종교로서 기독교 성취론을 위한 틀거지로 사용했다. 성육신을 말했으나 십자가를 결여한 채로 말이다. 기독교사회주의와 그리스도환원운동이라는 광맥을 찾지 못한 것도 여기서 비롯했다. 유동식의 경우 종교사, 신학사, 교파사, 나아가 제 학문 영역에 이르기까지 이런 구조를 확대 재생산시켰기에 풍류도의 본뜻과 멀어졌다. 종교학자 정진홍은 기독교가 종교적 기초이념을 좌지우지할 수 없고 오히려 후자가 전자를 취할 수도, 버릴 수도 말하며 유동식의 기본사유를 역전시켰다.[21] 이에 더해 유교 철학자들은 '난랑비서'에서 중국과 마주하는 주체적인 동인 의식에 주목했다.[22] 여기서 '동'은 빛, 밝음, '새로움' 등의 의미를 지닌 것으로 동이족으로서의 민족 정체성을 적시하는 것이었다. 포함삼교란 말 또한 유불선 삼교가 외래종교가 아니라 이런 동인 정신 속에서 존재함을 보여준 것이라 했다. 여기서 핵심은 유불선 3교의 토착화로서 이는 『천부경』의 정신, 곧 인간 심성에 내재한 천성(인중천지일)으로 귀일할 때 가능하다는 것이었다.[23] 방점이 여전히 인간 삶에 찍혀 있음에 주목해야 옳다. 그렇기에 이들은 수운의 동학을 풍류도의 오롯한 근대적 재현으로 여겼다.[24] 동학의 '포접' 사상이 바로 현묘지도의 두 역할, '포'함삼교, '접'화군생에서 비롯했던 까닭이다. 이 점에서 수운 최제우의 동학을 『천부경』과 고운 사상에서 비롯했다고 말해도 틀리지 않다. 하지만 유동식의 한, 멋, 삶의 체계에서 동학의 비중은 유불선에 비해 아주 적었다.[25] 그에게 동학은 풍류의 재현이자 체현이 아니라 유교의 아류로 이

---

21 두 학자가 이해하는 종교적 기초이념 자체도 상이했다. 정진홍은 전통적인 '하늘 경험'과 샤머니즘의 '힘 지향성'을 기초이념이라 일컬었다. 이는 풍류를 한, 멋, 삶의 기초이념으로 봤던 것과 크게 다르다.

22 고운 최치원 교류 사업회 편찬, 『고운 최치원의 철학. 종교사상』 최치원 연구총서 12(문사철, 2012), 33-54.

23 전집 8권, 31.

24 전집 8권, 304-341. 고운과 수운 모두 경주 최씨 집안으로 풍류도가 가계에서 대를 이어 전수되었을 것으로 추측한다.

25 전집 4권, 157-182. 여기에 수운 최제우에 대한 글이 실리긴 했지만, 이 역시 '한, 멋, 삶'의 구도로 파악했다. 여기서는 날 것으로서의 수운 사상이 실종되었다.

해됐을 뿐이다.

이렇듯 풍류에 대한 체계적 이해와 선택적 의도 탓에 유동식이 캐낸 신학 광맥은 충분치 않았다. 사회주의 이념으로 민족현실과 조우했던 신학과 교파 의식을 초극하며 그리스도환원운동에 몸담았던 이들을 볼 수 없었다. 이런 두 신학 사조가 토착화를 말한 감리교 전통 속에 공존 했다는 사실이 재발견되어야 할 것이다. 말했듯이 감리교라는 교파 의 식을 강조할 목적이 결코 아니다. 단지 '멋'의 차원에서 감리교를 바라 봤던 유동식의 관점을 수정, 보완키 위함이다. 지금껏 유동식은 신학 광맥을 캐는 과정에서 신학 저널과 학자 중심으로 연구를 진행했다.[26] 주로 강단 신학을 자료 삼아 분석한 것이다. 신학 광맥 속에 주요 교단 의 엘리트 신학자, 목회자들이 주 연구대상이었다.[27] 하지만 인물 중심 이 아니라 일련의 사상적 기조를 찾아 나설 필요가 있다.[28] 이런 전제하 에 필자는 1900년 이전에 태어나서 1920년 전후로 활동했던 신앙의 존재들, 지금껏 기존 광맥에 편입되지 못한 채 묻혔거나 왜곡된 채로 방치된 이들 두 신학 사조를 소환할 것이다. 기독교사회주의와 그리스 도환원운동이 발아된 현실에 주목하면서 말이다. 아쉽게도 본 장에서 는 지면 관계로 이 두 사조를 개관하는 것으로 만족해야겠다.

먼저 필자는 토착화론의 선구자 탁사 최병헌(1858~1927)보다 다소

---

26 전집 4권, 41.
27 한국 신학의 태동기의 첫 주자로서 윤치호, 길선주를 언급한 것에 대한 논란이 있을 법하 다. 유동식은 이 시기를 대표하는 인물로 윤치호, 최병헌, 길선주를 말했다. 이 또한 '한, 멋, 삶'의 구조에 맞추려는 시도였다고 보여진다. 유동식 전집 4권, 56-72.
28 유동식은 전덕기나 김창준 등을 언급했지만 이들을 기독교사회주의 흐름 속에서 살피지 는 못했다. 역시나 한, 멋, 삶의 구조 속에서 한 위치를 담당한 인물로 여겼을 뿐이다. 전집 4권, 118-153, 262-277.

늦게 출생한 전덕기(1875~1914)[29]를 비롯하여 손정도(1872~1931), 김창준(1890~1959), 신학교를 다닌 적 없었으나 후일 사회주의자로 변신한 이동휘(1873~1935) 그리고 감리교 밖으로 눈을 돌려 여운형(1887~1947)[30] 등에 이르기까지 이들이 지녔던 신학 사조를 기독교사회주의란 큰 틀로 이해할 것이다. 기독교인으로서 사회주의와 접목된 시점, 원인, 배경 또한 민족주의와의 관계 등에서 차이가 있겠지만 저마다 사회주의와 공존을 꿈꿨던 입지전적 인물들이었다. 3.1선언에 직간접적으로 관여했던 이들은 1920년대 전후하여 반기독교적 운동이 발아, 확대된 현실에서 적대적인 두 축, 민족과 사회주의 그리고 기독교를 융화시키려 했던 당시로선 독창적인 흐름을 일궈냈다.[31] 그렇기에 반공주의에 젖은 이 땅의 교회가 눈길조차 주지 않은 것도 낯설지 않다. 33인 중 한 사람인 김창준 목사는 마르크스 사상과 만났던 처음 의도와 달리[32] 해방공간에서 좌익 활동(민족민주전선)에 몸담았고 한국전쟁 이후 월북하여 북에서 기독교사회주의 이상을 펼쳤으며 김일성과 협치하

---

29 상동교회를 중심으로 신민회를 창간하여 105인 사건 후유증으로 사망하기 활동한 전덕기를 기독교사회주의자라 명명할 수 있다. 민족 해방을 위해서 무장투쟁까지 수용했던 까닭이다. 안세진, "한국 기독교사회주의의 형성과 분류,"「통일 이후 신학 연구」4집 (감신대 한반도 통일신학연구회, 2012), 217-218.

30 여운형 역시 기독교 민족주의 계열에 속했지만, 좌우 합작론을 통해 사회주의와 공존의 길을 택했다. 그는 승동교회에서 조사 역할을 하며 평양신학교에 적을 두었고 자기 고향 양평에서 교회를 여럿 개척한 경험도 있다. 이정배, "몽양 여운형의 좌우 합작론 속의 토착적 기독교성,"『3.1정신과 '이후' 기독교』, 변선환 아키브 편, 모시는 사람들 2019, 115-148. 한규무, "일제강점기 '기독교사회주의'와 손정도 목사,"『손정도 목사의 생애와 사상』(감리교신학대학교 출판부, 2004), 122.

31 한무규, "일제강점기, '기독교사회주의'와 손정도 목사," 113.

32 최초 김창준은 감리교신학대학 교수로서 사회주의에 대한 반감으로 마르크스 사상 연구를 시작했다. 유물론으로서의 사회주의를 기독교와 공존 불가능한 사상체계로 여겼던 것이다. 하지만 이후 길림 목회를 거치면서 생각을 달리하게 되었다.

던 중 그곳에서 죽어 묻혔다. 4~5년간 만주 길림 땅에서 거주하며 민중 현실에 맞닥트렸고 참된 사회주의를 기독교가 일궈야 할 필연적 결과로 생각했기에 가능한 일이었다.[33] 상해 임정의 실패를 경험했던 손정도 목사 또한 만주 길림에서 사유재산을 포기하며 이상촌 운동을 시작했던 기독교사회주의자였다. 경제적 하부토대에 무관심한 당시 교회와 갈등하면서 오히려 그곳 사회주의 이념을 적극 수용했던 것이다.[34] 배고픈 백성들에 대한 오롯한 염려 탓에 무장투쟁을 지지할 만큼 민중해방과 독립을 열망했으며 청년 김일성을 후견했던 존재였다. 강화 지역에서 항일운동을 이끌었으며[35] 이후 북간도 기독교를 태동시켰던 감리교 평신도 이동휘는 놀랍게도 신민회 창건의 주역이었다.[36] 1917년 러시아 혁명을 경험했던 그는 연해주에서 한인 사회당과 고려 공산당을 창당시켜 민족의 독립을 이루고자 애썼다. 그렇기에 한때 총리로서 몸담았으나 당시 민족주의자들이 득세한 상해 임정과의 운명적 갈등을 감내하며 이들과 결별해야만 했다.[37]이처럼 이들 모두는 자본주의 모순에 눈감고 경제적 상황을 경시했던 교회들을 비판하며 물적 토대의 중요성을 환기시킨 기독교인들이었다. 사회주의 이념을 수용하여 새로운

33 유영력, "기독교 민족사회주의자 김창준에 대한 고찰 — 김창준 회고록을 중심으로," 「한국 독립운동사 연구」 (한국 독립기념관 독립운동사 연구소, 2005), 177-224.

34 김홍수, 『손정도, 애국적 생애』 (한국 기독교 문화연구원, 2020), 3부 논문, 99 이하.

35 오늘날 강화도가 감리교 일색으로 선교된 것은 일차적으로 이동휘의 공헌이다. 본래 군인으로서 고종의 신뢰를 받았던 그는 강화도에서 감리교를 수용했고 학교와 교회를 여럿 세웠다.

36 전덕기, 안창호 그리고 이동휘가 신민회 창건의 주역이었다. 이 신민회는 민족 독립을 위해 무장투쟁도 불사했으며 좌우가 함께했던 기독교 단체였다. 일제의 덫에 걸린 105인 사건 이후 급속하게 동력을 잃고 역사에서 사라졌다.

37 반병률, 『성재 이동휘 일대기』 (범우사, 1998).

기독교 운동을 시작했던 것이다. 혹자는 이를 민중 신학의 전신이라 일컫기도 하지만 일정부분 반공을 표방한 민중신학자들과 많이 달랐다. 이들의 경우 민중을 앞세웠으나 민족과 이념에 대해서도 관대했기 때문이다. 민중해방과 나라 독립을 결코 나눠 생각지 않았었다. 물론 이동 휘처럼 추적이 어려운 경우도 있겠으나[38] 이들 대다수는 기독교인이면서 사회주의자였고 민족주의를 표방한 것이다. 여기서 사회주의란 하부구조(경제), 사유재산 포기, 공동체성의 강조를 뜻하는 바, 이는 토착화론의 관심 밖의 사항, 조건들이었다. 이들 기독교사회주의를 세부적으로 분리하는 시각도 존재한다. 복음, 민족, 계급(사회) 등 어느 하나에 방점을 찍는가에 따라 기독교사회주의 양상이 달라질 수 있다는 것이다.[39] 일리 있는 발상이나 필자는 이들 사조를 신학광맥 차원에서 큰틀로 보는 것을 선호한다. 이들 관심이 풍류로 말하면 한마디로 '접화군생'에 있는 까닭이다.

이어 언급할 그리스도환원운동은 기독교사회주의와 달리 한국 신학사에서 전혀 주목받지 못했다. 한국 신학의 광맥으로 인정조차 받지 못할 만큼 존재감이 없었다. 마치 기독교 역사 속에서 성령이 그리스도로 인해 홀대받았듯이 그렇게 무시, 폄하되었다. 그리스도환원운동을 약소교단에서 표방했고 협소한 교리체계로 경직화된 탓이 클 것이다. 대표하는 저명한 신학자가 많지 않았던 것도 주요 이유이겠다. 하지만 그리스도환원운동 또한 앞선 두 사조와 함께 동시대에 시작된 신학 사조였다. 서구에서 유입된 교파적 기독교를 거부했던 그리스도환원운동은 주체적일 뿐 아니라 종교적 기득권과의 단절을 선포할 만큼 급진적

38 한규무, 앞의 글, 123.
39 안세진, 앞의 글, 216-225.

이었다. 이 운동에 몸담았던 이들 중 몇몇은 3.1선언에도 깊게 관여한 흔적이 있다. 이 흐름을 만들어 낸 인물로는 감리교 목사 동석기 (1981~1972)를 비롯하여 역시 감리교신학대학 출신의 최상현 목사 (1891~1950), 감리교와 관계된 구세군 출신의 성낙소 목사(1890~ 1964), 감리교 계통의 일본 관서학원 출신 강명석 목사(1897~1944)[40] 그리고 감리교도들과 협력하며 성령 운동을 이끈 김은석 목사(1902~ 1944) 등을 일컬을 수 있다. 이들 중 대표적 인물 셋을 꼽으라면 동석기, 성낙소 그리고 이신을 이끌어 준 김은석을 명명할 수 있겠다. 먼저 동석기는 하와이 이주 첫 세대로서 시카고 게렛신학교 졸업 후 감리교 목사로 귀국하여 안창호, 김창준, 손정도와 같은 시기 만주 길림에서 목회했다. 그리스도 환원 사상에 심취한 후 고국에서 이 정신에 따라 그리스도의 교회를 세운 인물이었다. 윌슨의 민족자결주의를 한국에 소개했고 독립선언서에 자필 서명했으나 33인 명단에 이름을 올리지는 못해 아쉬움이 크다.[41] 성낙소 역시 1919년 당시 충북 영동에서 동학당 의병에 가담하여 만세운동을 주도했었다.[42] 신사참배를 거부했던 목사로도 잘 알려져 있다. 당대 교회의 비성서적 모습에 좌절했지만, 일본에서 환원운동과 접한 후 자생적인 한국 그리스도교회를 세웠다.[43] 1930년대 중

---

[40] 강명석 목사는 종교 감리교회에서 사역하던 기독교 문장가였으며 동시에 당시 사회주의 연구에 대한 권위자였다. 환원운동으로 방향을 바꾼 이후 사회주의는 하느님 나라 사상으로 대치되었으나 이들 상관성 역시 부정할 수는 없을 것이다. 이 점에서 그리스도환원운동 또한 '접화군생'의 차원에서 접근할 필요가 있다.

[41] 김익진, "동석기와 한국 그리스도 교회," 『한국 기독교와 역사』 (1998) 참조.

[42] 당시 구세군에 가입한 사람들 중에서 구세군을 나라를 구하는 의병 활동의 일환으로 여겼던 사람들이 있었다. 성낙소 목사도 그런 배경의 인물이었을 것이다. NCCK 신학위원회 편, 『3.1정신과 한반도 평화』 (서울: 동연, 2018). 이 속에 실린 구세군 사관 장영주 박사의 글(55-63) 참조.

반 만주 길림성에서 목회했던 김은석도 이 일에 함께했다. 유입된 서구 시조와 구별된 자생성에 역점을 두고 환원운동을 전개시켰던 그는 이 신 목사를 환원운동으로 이끈 성령 운동가이기도 했다.[44] 앞선 인물들 보다 다소 늦었으나 충청, 전라 지역에서 수백 개의 자생적 그리스도교 회를 세웠다. 이후 동석기, 성낙소와 함께 김은석은 환원운동 사역자를 키워내는 신학교도 시작했는데 늦게 합류한 이신의 역할도 작지 않았 다. 이들 환원운동가들은 한마디로 신약시대의 교회로 되돌아갈 것을 역설했다. 신사참배에 굴했으며 자본화되고 문자적이며 활기를 잃은 당대 교회를 비판하면서 말이다. 그럴수록 오직 예수 그리스도, 오직 그리스도의 교회, 오직 그리스도인을 내걸고 초대교회 시절의 침례, 성 찬, 성서를 강조했다. 하지만 이후 환원운동은 그 본뜻과 달리 형식에 치우쳐 그리스도(복음)를 과거로 한정, 소급시키는 오류를 범했다. 교 파마저 초월했던 급진적 환원운동을 시대와 소통할 수 없을 만큼 축소, 폐쇄시킨 것이다. 이는 민족의 주체성, 자생성을 잃었기 때문이며 성령 을 과소평가한 결과였다. 정치적 이권(기득권) 다툼도 한몫했을 것이다. 후술하겠지만 이신은 이렇듯 화석화된 환원 신학을 재차 성령론 차원 에서 소생시킨 창조적 사상가로서 성장, 활동했다. 두 번째 장을 통해 우리는 환원운동의 역사 속에서 목회자 이신, 신학자로서 그의 역할과 위치를 집중적으로 살펴볼 것이다.

---

43 오수강 외, 『성낙소 목사 자서전 — 기독의 교회와 성낙소와의 관계』(그리스도의 교회 연 구소 편, 1999) 참조.
44 조동호, 『한국 그리스도 교회이야기』 수정 증보판 (그리스도의 교회 연구소 편, 2016) 참조.

## II. 그리스도환원운동 역사와 계보에 있어 이신의 위치와
### 역할: 환원운동과 성령 활동의 상관성을 중심하여

본 논문에서 그리스도환원운동에 역점을 둔 것은 일차적으로 신학자 이신과의 연관성 때문이지만, 주류 신학과 교단에서 논외로 취급했던 것에 대한 이의제기 차원에서였다. 근원을 찾아 그곳을 지향하는 일은 아무리 강조해도 지나칠 수 없는 신학의 고유과제이다. 하지만 목하 교회는 자신의 출처(근원)를 잊은 영적 치매의 상태에 빠졌다. 작금의 목회 현실만 중요할 뿐 그리스도교의 처음을 회복시킬 생각조차 없다. 결국 자신만의 성에 갇힌 영적 자폐를 초래했고 세상 속 약자 편에 섰던 기독교사회주의 흐름조차 교회에서 배제시켰다. 하지만 신자유주의적 자본주의 체제가 붕괴 직전에 이른 지금 세상은 기독교사회주의를 요청한다. 영적 방종으로 치닫는 자본화된 교회 현실을 치유할 신학적 대안으로 여긴 까닭이다. 이에 견줄 때 그리스도환원운동은 여전히 답보상태라 하겠다. '환원'이란 말의 형식화에 빠져 신학적 보수주의, 교권주의의 늪에서 허우적거릴 뿐이다. 그럴수록 그리스도환원운동에 몸담았으나 그를 창조적으로 재해석, 재구성하여 자본주의 이후를 염려했던 이신의 슐리얼리즘 신학이 소중하다. 물론 이런 작업은 1970년대 이후 펼쳐졌으나 생각의 단초는 이미 50년대 후반부터 시작되었다. 자생적 환원주의 운동에 몸담았고 기독교의 '처음'을 지금 여기서 실현하고자 성령을 강조했으며 그에 근거한 신학 운동을 펼쳤던 것이다. 그에게서 '환원'은 과거로의 복귀만이 아니라 그의 현재적 재현이기도 했다. 그렇기에 슐리얼리즘의 신학은 기독교사회주의뿐 아니라 그리스도교 토착화론의 가능성을 잉태하고 있었다. 이는 후술할 세 번째 장의 핵심 내용이 될 것이다. 하지만 그의 이른 죽음 탓에, 그의 신학적 전개를 폄하하는 환원 신학자들로 인해 지금껏 이신의 고유성은 묻혔고 환원운동 끝자락의 사람으로만 평가되었다. 그의 유고집[45]과 연구논문집[46]이 출판되기까지 이신의 신학적 작업은 철저하게 묻(잊)혀 있었던 것이다. 그의 소천 40주기를 맞아 이신 신학을 다시 연구하는 것도 오롯이 '환원'의 기독교적, 시대적 의미를 소생시키기 위함이다.

감리교신학교, 그곳은 당시 은행에 취직했고 가정을 가졌으며 더욱이 그림에 심취했던 청년 이신이 더 큰 뜻을 품고 찾았던(1946년) 학교였다. 그런 그가 한국전쟁 직전 졸업과 함께 감리교 전도사로 파송(1950년) 받아 일하던 중 당시 충청도, 전라도에서 일어난 자생적 그리스도환원운동을 접했던 바, 감리교단을 떠나 스스로 이 운동에 몸담게 되었다. 한국전쟁 당시 '감리교'란 울타리는 최소한 안정을 보장하는 기득권이었을 것인데 얼마나 큰 영향을 받았기에 이를 훌쩍 떠날 수 있었는지 가늠하기 쉽지 않다. 특별한 자료가 남아 있지 않지만, 이신이 그리스도환원운동으로 마음 축을 옮긴 이유를 다음 세 가지로 추측할 수 있겠다. 환원운동과 관계된 짧은 글 한 편[47]에서 역 추적한 결과이다. 첫째는 한국 천주교가 조선인에 의해 시작되었듯이 '환원운동' 또한 자생의 방식으로 발아된 것임을 주목했다. 가족과 직장을 뒤로 하고 삶의 근원을 추구코자 신학교에 입학했던 이신, 그에게 교파를 초극한 자생

---

45 이신/이은선, 이경 편, 『슐리얼리즘과 영의 신학』(서울: 동연, 2011). 이 책에 이신 박사의 박사학위 논문, 전위 묵시 의식에 관한 글이 번역되어 있다. 또한 슐리얼리즘 신학의 면모를 알 수 있는 이신의 글 몇 편이 미완성 상태로 담겨있다.
46 현장아카데미 편, 『환상과 저항의 신학 — 이신의 슐리얼리즘 연구』(서울: 동연, 2017).
47 『슐리얼리즘과 영의 신학』 말미에 실린 부록 논문 "한국그리스도의교회 환원운동의 전개"(341-357) 참조.

적 '환원운동'은 그 첫 마음의 연장이었다. 감리교란 이름이 이신에게는 서구가 씌운 일종의 굴레처럼 여겨졌을 것이다. 그에게 서구란 일제의 또 다른 이름일 수도 있었다. 기독교를 천황제에 굴복시킨 일제처럼 그렇게 서구 선교사들 역시 자신들 교리, 생활 습관, 가치관을 강요, 종속시켰다. 그럴수록 이신은 신사참배 이후의 기독교가 지향할 곳은 교파를 초극한 '처음'에 있다는 '환원 신학'의 시각을 수용했다. '환원운동'을 '근원'과 '자생', 양면으로 생각하게 된 이면에 그의 아내 정애 여사의 집안 내력도 한몫했을 것으로 사료된다. 주지하듯 부인 정애의 증조부와 친부가 각기 동학의병과 3.1만세운동의 주역으로서 그 공적이 인정되어 현재 대전 현충원에 모셔져 있다.[48] 그런 삶의 족적들이 환원운동과 접한 당시 이신에게 영향을 미쳤을 것인 바, 이로부터 '스스로 섬'(독립), 또는 '스스로 함'(자생)의 의식이 싹텄을 것이라 짐작한다. 두 번째는 환원운동을 이끌었던 핵심 인물들 다수가 본인이 적을 두었던 감리교신학대학 출신이거나 감리교가 배경인 인물들이었다는 사실이다. 이 역시 이신으로 하여금 감리교 전도사직을 벗을 수 있었던 간접적 요인이 되었을 것이다. 이신은 그리스도환원운동을 시작한 초기의 인물들로 동석기, 강명석 그리고 성낙소, 이 셋을 꼽았다.[49] 앞서 본 것처럼 동석기는 본래 게렛 신학교 출신의 감리교 목사였으나 재차 도미하여 그리스도환원운동을 접했고 이후 한반도 곳곳에 다수의 그리스도의 교회를 세웠다. 상당 기간 만주 길림에 머물렀던 경험이 동석기를 새 길로 이끌었을 개연성이 크다. 강명석 역시 관서학원 졸업 후 한국에서

---

48 이 점에서 이신의 가족, 후손들은 추모예배 시마다 자신들의 삶의 정체성을 기독교 신앙과 민족정신의 결합에서 찾고자 했다.
49 "한국 그리스도 교회의 환원운동 전개," 342-344.

감리교 전도사로 활동하다가 도미, 밴더빌트대학에서 그리스도환원운동을 만났다. 초대교회의 순수성과 단일성을 역설하며 그 역시 감리교 울타리를 벗어날 수 있었다. 한때 문필가이자 사회주의자로서도 이름을 떨쳤던 것도 이런 변신에 도움이 되었을 것이다. 마지막으로 성낙소는 동학에 몸담았지만, 나라를 구할 목적으로 감리교에서 비롯한 구세군에 입문, 사관이 되었다. 백인 선교사들의 인종차별을 경험했기에 그역시 탈퇴했고 순수한(자생적) 의미로 '기독교회'를 구상했다. 이후 일본에서 환원운동을 본격적으로 수학했으며 미 선교사들과의 관계를 구축한 공이 있다. 이웃 교단 목사들과 함께 신약시대 초대교회로의 환원을 요청하는 "기독의 교회 합동 선언문"[50]을 발표했던 인물로도 알려졌다. 이렇듯 문제의식을 공유했고 감리교단과 직간접적으로 관계한 세 사람의 존재가 이신에게 기득권과 결별할 용기를 주었을 것이다. 마지막 셋째 이유는 김은석 목사의 결정적 영향력 때문이었다. 한국전쟁 와중에서 충청도 땅에서 만났던 그의 부흥 집회가 이신의 마음을 움직여 환원운동에 헌신케 한 것이다. 이신은 그를 기도의 사람이자 영감 넘치는 인물로 묘사했다.[51] 성서를 영감으로 터득한 사람이었다고 회상할 정도였다. 환원운동이 곧 성령 운동이었다고 믿었던 이유도 여기에 있다. 이신 자신도 김은석이 인도하는 성경연구회[52]가 조직한 '한국 그리스도 교역자회'(1951)에서 목사안수를 받았고 인격의 큰 변화를 체험했다. 그가 부모로부터 받은 이름 '만수'를 믿을 '신'(信) 외자로 개명한

---

50 "한국 그리스도 교회의 환원운동 전개," 344.

51 "한국 그리스도 교회의 환원운동 전개," 349

52 '신화 신학 성경연구회'란 말이 정확한 명칭이다. 이것이 기초가 되어 후일 교역자를 양성하는 한국 성서신학교가 세워졌다. 이신도 동석기, 김은석과 함께 여기서 가르쳤는데, 이후 이것은 서울 성서신학교로 개명되었다.

것도 이런 연유에서였다. 하지만 1930년대 초중반 만주 길림과 일본에서 사역했던 경험 탓에 그의 환원운동 또한 민족 운동과 무관치 않았다. 그를 남강 이승훈 계열의 독립운동가라 보는 견해도 일면 설득력 있다.[53] 이 점에서 필자는 김은석의 환원운동이 1920~30년대에 활동한 시무언 이용도의 영적 기독교 운동과 견줄 만큼 민족애에 바탕했음을 믿는다. 이용도의 영적 기독교가 김교신의 조선적 기독교에 비견해도 손색없는 독립운동의 표현이었듯이 말이다.[54] 이는 일제강점기 신사참배를 거부했고 가난(청빈)을 사랑했던 김은석의 신앙 행적과 정확히 중첩된다.[55] 이용도가 그랬듯이 그의 성령 운동 또한 이런 연유로 이단 시비에 휘말리곤 했었다. 하지만 이신은 한국전쟁 중에 선포된 그의 환원운동을 민족의 미래를 위한 하늘의 소리로 여겼다. 환원운동이란 그에게 곧 하느님 나라 운동이었던 것이다. 이 점에서 김은석은 '근원'에 대한 갈망을 환기시킨 이신 자신의 직계 스승이었다.

여기서 필자는 기존 환원 신학 연구자들이 결핍하고 있는 한 가지 중요한 사실을 언급하고자 한다. 환원운동이 신약시대 교회로 돌아가려는 영적 각성만이 아니라 민족애, 하느님 나라 의식을 동반했다는

---

53 3.1운동 100주년을 기념하는 행사 일환으로 2019년 경희궁 역사 자료실에 전시된 인물들 자료에서 이 사실을 놀랍게 발견했다.

54 이정배, "이용도의 영적 기독교와 김교신의 조선적 기독교에 나타난 한국적 주체성,"『한국 개신교 전위 토착화 신학연구』(대한기독교서회, 2003), 50-97.

55 필자는 이 점에서 김은석을 돕던 감리교 출신의 정찬성 목사로부터 이용도의 성령 운동, 영적 기독교 운동에 대한 소식을 김은석이 접했을 것이란 조심스런 추측을 해 본다. 이신 역시 이용도 목사를 좋아했고 그의 성령 이해를 따랐기 때문이다. 이 점에서 이용도, 김은석 그리고 이신의 관계를 엮을 수 있을 듯하다. 필자 역시도 이용도의 영적 기독교를 이신의 시각에서 분석한 글을 썼던 적이 있다. 이정배,『한국 개신교 전위 토착 신학 연구』, 17-49, 특히 41 이하 내용을 보라.

사실이다. 이는 주요 환원 신학 운동 주창자들이 만주 길림이란 공간에서 겪었던 독특한 삶의 체험과 무관치 않다. 길림이란 곳은 3.1 선언 이후 일제에 쫓긴 망명자들의 집결지이자 상해 임정의 분열로 좌절한 정치가, 종교인들이 모여들던 곳이었다. 주로 민족주의 운동의 기본 세력들이 주종을 이뤘다. 옛적 부여라 불렸던 광대한 지역으로서 1920년 전후로 한인 50만 명이 거주하던 땅이었다.[56] 1931년 일제의 만주 침입 이전까지 이곳은 한인들의 해방구이자 이상을 펼칠 수 있는 유일한 공간이기도 했다. 미국 북감리회가 이 지역을 선교 요충지로 여겨 많은 선교사를 파송한 것도 이런 지역적 특성 때문이었다. 바로 이곳에 국제 질서에 대한 촉각을 갖고 3.1 선언에 적극 역할을 했던 동석기가 감리교 선교사로 머물렀고 다소 시차(1930 이후)를 두고 김은석 역시 이곳에서 목회를 했었다. 무엇보다 이곳은 손정도와 안창호가 주도했던 길림지역 내 이상촌 운동으로 유명해졌다. 안타깝게 이들이 갈라섰지만[57] 중국인 지주들의 지세 수탈을 막고자 한인들에게 일정량의 농지를 분배하여 민족의 실력양성을 도모했다. 하지만 한인을 탄압하는 중국인들 도가 점차 수위를 넘었고 민족 노선들간 입장 차 역시 두드러져 한인들의 공존과 일치가 힘겨워졌다. 이 시기 손정도와 동기생인 김창준 또한 이곳에서 한인들을 위한 목회자의 삶을 살고 있었다. 당시의 경험이 그를 처음 마르크스 비판자에서 지지자로 만들었을 개연성이 있다. 사실 이곳은 기독교에 앞서 독립운동을 이끌었던 민족종교, 대종교인들이 터를 잡고 영향력을 크게 발휘하던 곳이었다.[58] 3.1선언 이후 피

---

56 김흥수, 『손정도, 애국적 생애』 (한국기독교문화연구원 편, 2020), 100.
57 김흥수, 앞의 책, 127. 상해 임정 시 가장 친분이 두터웠던 이들이 길림서 갈라진 것은 도산이 강조한 무실역행에 반해 손정도가 무장 투쟁론을 수용한 데서 이유를 들 수 있을 것이다.

신한 천도교인들 다수가 이곳에 정착 중이었다. 뿐만 아니라 프롤레타리아 혁명을 목도한 공산주의자들이 자신들 세력을 확장하던 공간이기도 했다. 이렇듯 다양한 집단들이 민족을 공통분모 삼아 저마다 이념투쟁(?)을 하고 있었다. 서로 영향을 받으면서도 각축할 수밖에 없는 특별한 지역이 바로 길림이었다. 어떤 이념과도 공존해야 함에도 이들을 하나로 엮기는 이상일 뿐 결코 현실일 수 없었다. 동석기와 김은석 역시 이곳에서 예외를 살 수 없었다. 환원운동을 접하기 이전이었지만 경찰에 쫓길 만큼 이곳에서 민족적 관심을 불태웠다. 특히 만주마저 점령당한 현실에서 김은석의 고통은 더욱 내면화되었을 것이다. 재차 도미하여 학업을 지속했던 동석기와도 변별되는 지점이다. 이런 경험들이 후일 환원운동을 접한 이후 외형은 달라졌으나 여전히 그들 내면을 지배했다. 이런 점에서 환원운동(가)을 교회적 차원으로 축소, 제한시키는 것은 자신들 자산을 폄하하는 일이다. 여기서 언급 못 한 강명석의 사회주의, 성낙소의 동학적 애국주의 역시 소멸시킬 이유 없고 환원신학 운동의 지평 확대를 위한 소중한 유산으로 재평가되어야 한다.

하지만 안타깝게도 이런 자생적 환원운동의 흐름이 선교사들 중심의 그리스도의 교회에 흡수, 통합되는 과정에서 상당 부분 단절되었다. 물론 작금의 연합 그리스도 교회는 진보적인 교단으로 알려졌으며 그와 세계선교국을 공동으로 운영(1996)하는 그리스도제자회(Christian Church [Diciples of Christ]) 역시 급진적이기까지 하다. 하지만 당시

---

58 중국 상해 임정이 수립되기까지 신채호로 대표되는 민족주의자들, 특히 나철이 세운 대종교(인)의 공헌이 지대했다. 3.1선언 당시 국내에서 천도교가 기여했던 공로 이상으로 중국에서 이들 영향력이 컸던 것인데 이들 공로를 기독교가 정직하게 인정하지 못하고 있다. 이은선, "3.1운동 정신에서의 대종교와 기독교 — 21세기 동북아 평화를 위한 의미와 시사," 『3.1정신과 '이후' 기독교』(도서출판 모시는 사람들, 2019), 15-57, 특히 38-57을 보라.

미국서 유입된 그리스도의 교회는 복음주의 개혁교회의 일파로서 계몽주의적 합리성에 지나치게 경도되었다. 신비적인 성령의 역사를 강조했던 자생적 환원운동가들로서는 수용키 어려웠을 것이다. 전자가 성령 역사가 초대교회 시기에 종료되었다고 믿고 환원운동을 펼쳤다면 자생적 환원운동가들은 지금도 활동하는 성령에 의지하여 초대교회 모습을 지금 여기서 재현하길 심히 원했다. 회귀 자체가 목적이 아니었고 오늘을 개혁하는 데 방점을 두었던 것이다. 황궁 신사에 무릎 꿇었고 이념의 노예가 되어 분리(교파)주의자가 되었으며 민중을 버린 채 마성화된 돈의 힘에 굴복한 교회에 대한 비판이 이들에겐 그래서 중요했다. 이후 미국 선교사들과 결합한 주류 세력과 자생적 성령 운동에 기초했던 비주류가 함께 교단을 일궜으나 방점은 전자에 있었다. 큰 틀에서 하나였지만 내부적으로는 선교사들 의존도, 성령 운동의 강도 차에 따라 신학적, 교회적인 갈등 상황이 생겨날 수밖에 없었다. 이 지점에서 동석기, 성낙소와 김은석이 상호 대별되었고 이신은 후자의 입장을 따랐다. 물론 이런 차이는 본래 옳고 그름의 문제가 아니었겠고 선교사들을 흑백 논리로 평가할 이유 또한 없을 것이다.[59] 하지만 여타 교단과 마찬가지로 교권 의식이 생겨났으며 지배적 권위를 행사하는 서구 선교사들이 문제였다. 그럴수록 성령의 현재적 역사를 불허하는 신학이 득세했고 환원운동 역시 형식화, 교리화되는 모순에 봉착했으며 선교사들 세력에 편승하는 교회 정치가 기승을 부렸기에 역사의 퇴행을 자

---

59 특별히 존 힐(John Hill, 1913~2009) 선교사 같은 경우는 김은석 목사와 함께 목회자 양성하는 성서신학교를 세우는 등 헌신적인 삶을 살았다. 이신과도 신학교에서 활동을 같이하는 등 동역자 의식에 투철했다. 후일 유학 중이던 이신의 첫 딸이 병으로 사망했을 때 그는 부재한 아버지, 이신을 대신하여 성북동 판잣집을 찾아 문상하였다.

초했다. 그 결과 신약시대의 교회 상을 회복하려는 역동성은 성서(문자)적 교회론에 대한 교리적 승인 여부로 축소, 변질되었다. 김은석의 영향을 받은 수많은 제자들이 당시 순복음 교단으로 적을 옮긴 것도 이런 현실과 무관치 않다. 이신은 환원운동을 제도화시킨 그리스도교회(단)에 머물렀으나 김은석의 입장을 좇아 성령 역사를 불허하는 선교사들과 맞섰다. 그들 눈 밖에 났지만 환원운동의 두 축을 근원성과 자생성으로 여겼기 때문이다. 그의 근원 의식은 형식(교리)과 제도를 거부했고 성령을 통해 주체(비서구)적 사유를 토발시켰다. 크고 작은 교회에서 목회했고 신학교에서 가르쳤으나 그는 선교사들에 종속된 그리스도 교단에서 늘 상 자발적 비주류였다. 이른 죽음 탓도 있겠지만 지금도 당시 이신의 족적은 상당 부분 가려졌고 저평가된 상태에 처해 있다. 그럼에도 살아생전 환원운동의 근원성을 주체적으로 회복시키고자 했으며 자생적으로 시작된 환원운동의 본질과 가치를 동시대적 언어로 되살려내고자 애썼다. 이후 그가 신학자로서 유독 성령론에 관심을 집중했던 것도 이런 배경에서였다. 결국 이런 생각이 40을 훌쩍 넘긴 그를 단신으로 유학길로 내몰았다. 네 자녀를 고국에 남기고 떠날 생각을 할 만큼 그렇게 환원운동은 그에게 절실했고 최고의 가치였다. 근원성과 자생성을 연결 지을 정교한 신학적 이론(무기)이 필요했던 것이다. 그는 자생성이 회복될 때 폐쇄적으로 변질된 근원성 역시 옳게 소환될 것을 믿었다. 학위논문 주제인 근원적 묵시 의식을 귀국 후 슐리얼리즘 미술 사조[60]와 연계시킨 초현실주의 신학, 일명 카리스마 해석학이 바로 그

---

60 이신은 감신대 입학 이전부터 부산에 거주하는 동안 도서관이 소장한 미술에 대한 모든 자료를 직접 섭렵한 것으로 유명하다. 이 시기 일본어로 소개된 슐리얼리즘 사조를 접했고 이후 그것이 그가 그린 그림 속에 잘 나타났다. 박사 논문의 주제인 묵시의식(현상)을

얼개와 토대가 되었다. 환원 신학을 재창조, 재활성화시킬 수 있는 확고한 신학 이론을 얻은 것이다. 이를 토대로 이신은 스승, 선배들의 유산, 즉 동석기, 성낙소의 민족적 유산을 되살려냈고 김은석의 성령론적 환원 사상을 확장시킬 수 있었다. 귀국 후 이신이 목회자, 평신도들과 함께 선포했던 〈한국그리스도의교회 선언〉(1974)[61] 속에 이런 실상이 담겨있다. 인습적 환원 신학의 한계를 적시하며 주체(한국)적 성서해석과 유기체적 공교회성을 강조했던 것이다. 이 역시 슐리얼리즘 신학에서 재론될 내용이다. 그러나 그의 환원 신학은 이에 머물지 않았다. 신학의 다른 두 광맥, 즉 종교문화(토착화) 신학은 물론 기독교사회주의를 체계화시킨 민중 신학마저 품어 넘길 수 있을 만큼 폭과 깊이를 지니게 된 것이다. 이는 본 논문 마지막 장에서 다뤄질 내용이겠다.

---

귀국 후 슐리얼리즘 사조와 연계시켜 독창적인 초현실주의 신학을 구성했던 것이다. 안타깝게도 이른 타계로 그의 신학은 미완의 상태로 우리에게 남겨졌다. 이신, 『슐리얼리즘과 영의 신학』, 210-232를 보라.

61 『슐리얼리즘과 영의 신학』, 358-364 참조. 그 일부를 소개한다. "…아직도 한국적 자각 밑에 복음이 수용되었다기 보다는 외국교회가 자기네들의 성서해석과 신앙 양식을 한국교회에 이식시켜 놓은 것에 불과하다. 아직도 한국교회는 우리 나름의 자각으로 복음의 씨를 우리의 풍토에 심고 특이한 신앙 형태로 발전한 것 같지 않다. 다만 외국교회 흉내 아니면 무자각한 외국교회의 전통과 성서해석의 묵수(墨守) 이런 테두리에서 벗어나지 못했다. 과거 한민족의 역사가 정치적으로 외세에 의해서 억압과 침략을 당하는 동안 이 민족의 정신적인 자세가 무자각한 사대주의에 기울어져 그 시정책이 국민적으로 논의되고 있는 마당에 이렇게 신앙마저 남의 나라의 종교적 식민지가 되어서는 안 될 것으로 안다. 한국그리스도의교회 전체가 유기적으로 하나가 될 수 있는 연합 조직체의 형성과 성례전의 재인식 그리고 신앙 내용의 올바른 깨달음이 있어야 할 것을 절감하는 바이다…"

## III. 이신의 묵시 의식 이해와 그의 창조적 재구성으로서 슐리얼리즘 신학: 그리스도환원운동의 새로운 지평 모색

앞선 내용을 토대로 여기서는 이신의 환원 의식이 유학 후 70년대 초엽부터 어떻게 전개, 발전되었는지를 살필 것이다. 그리스도환원운동을 위해 일체 기득권을 버렸고 개명을 통해 삶의 이유와 본질조차 달리 규정했었기에 그는 이 운동의 형식화, 교권주의, 비주체적 태도에 누구보다 저항했고 수정코자 했다. 환원운동의 자생성을 역설했고 성령의 현존성을 의심치 않았기에 그로써 교단 내 비주류가 되었던 이신의 고된 삶이 그 방증이다. 말했듯이 선교사 의존적인 교권주의자들 탓에 당시 그가 추구했던 가치와 행적들은 지금껏 무시되었다. 그의 이름이 언급되는 것조차 교단 내에서 불편한 불편하게 생각했다. 그랬음에도 이신은 환원운동의 정신을 끝까지 붙잡고 그리스도교의 원형을 추구코자 자식을 잃는 아픔을 감내하면서도[62] 지난한 유학 생활을 마쳤다. 미국 내 몇 개의 대학을 거쳐 최종적으로 밴더빌트 신학부에 제출했던 박사 논문 제목은 "전위 묵시문학 현상 — 묵시문학 해석을 위한 현상학적 고찰"이었다. 묵시문학을 기독교의 모체라 여겼던 성서학자들 견해를 쫓아 묵시 의식을 현상학적으로 고찰한 것이다. 기원전 3~4세기에 발아된 묵시문학 제 사조를 연구했고 그에 터하여 기독교의 원형을 탐색했다. 이 작업을 통해 환원 신학의 성령론적 차원을 신학적으로 명쾌하게 정립시켜냈다. 기독교적 원형의 현상학적인 현재적 재현

---

62 이신이 유학을 떠난 지 몇 달 지나지 않아 그의 첫 딸 이은혜가 중학교 3학년 나이로 세상을 떴다. 당시 아픈 마음을 적은 시 한 편이 남아있다. 이신/이경 엮음, 『돌의 소리』(서울: 동연, 2012), 51 이하. 시 제목은 <딸 은혜 상>으로 되어있다.

을 성령의 역사로 봤던 것이다. 이로써 이신은 화석화된 환원 신학의 돌파구를 마련했고 앞선 환원운동 선구자들과 크게 변별될 수 있었다. 환원 신학 대신 슐리얼리즘의 신학, 혹은 환상의 신학[63]이란 말을 즐겨 사용하기 시작한 것이다. 이는 미술이론으로만 알았던 슐리얼리즘 사조의 정신적 가치와 유산을 자신의 묵시 연구와 연결시킨 신학적 작업의 결과였다.[64] 하지만 그에게서 배웠던 제자들조차 그를 환원 신학자로만 알뿐 이런 변화를 알지 못했다. 이신의 유고가 활자화된 시점이 사후 30년가량 지나서였으니 당연했으나 안타깝다. 하지만 그의 확장된 환원 의식을 캐내지 못한 교계 현실이 더욱 슬플 뿐이다. 주지하듯 슐리얼리즘의 신학을 위해 이신은 러시아 사상가 베르댜예프 사상, 특히 그의 인격 개념에 심취했으며 그의 책들을 번역 출간했고[65] 키에르케고르와 본회퍼를 묵시적 의식의 재현자로 예시했다.[66] 이 모든 것을 토대로 슐리얼리즘 신학을 완결시키려 했지만 54세 이른 죽음은 그의 학문을 미정고로 남겼다. 이하 내용에서 필자는 그의 학위논문의 핵심을 정리하고 환원 의식의 확장과 재현 차원에서 슐리얼리즘 신학을 서술하겠다.

최근 연구에 따르면 묵시문학[67]은 포로기 이후 반복적으로 이스라엘을 괴롭혔던 제국 지배 현실에 대한 저항 의식의 산물이다. 이 현실에

---

63 『슐리얼리즘과 영의 신학』, 210-228.

64 『슐리얼리즘과 영의 신학』, 197-209.

65 N. 베르댜예프/이신 역, 『노예냐 자유냐』 (도서출판 늘봄, 2018).

66 『슐리얼리즘과 영의 신학』, 170-196.

67 여기서 말하는 묵시문학의 범주에 다니엘서, 에녹서, 솔로몬의 시편, 바룩의 묵시록 등 기원전 2세기에서 AD 1세기에 걸친 저술들이 속한다. 이 책들은 묵시문학적 요소들—메시야 사상, 하느님 나라—이 내포된 작품으로 이신이 선정한 작품들이다. 이신, 『슐리얼리즘과 영의 신학』, 40-41.

무기력했던 성전 지도자들과 달리 당대의 신학자로서 성전의 조력자였던 서기관들이 제국은 물론 무기력한 제사장 세력에 항거하며 새로운 성서 장르를 개척했던 것이다. 이는 지금껏 묵시문학이 세계 종말을 전제한 이원론적 세계관(존재론적 이원주의)의 산물로 알려진 것과는 달리 오히려 반제국적 작품이라 봤던 신학자 호슬리의 생각이다.[68] 많은 식견을 지녔으나 성전(제사장)권위에 눌렸던 서기관들이 시작한 새로운 신학운동이 바로 묵시 운동이란 것이다. 묵시문학의 생성 및 그 표현 과정에 있어 페르시아를 비롯한 주변국 종교들의 영향도 크고 많았겠으나 당대 현실에 대한 이스라엘 민족의 주체적인 비판이 핵심이라 했다. 이견이 없지 않겠으나 묵시 의식, 혹은 묵시 운동을 기독교의 모체라 여기는 시각은 여전히 유효한 것으로서, 역사적 예수 역시 또한 이와 무관치 않다는 것이 필자의 생각이다.[69] 따라서 그리스도환원운동에 몸담았던 이신이 기독교의 원형을 찾고자 1960년대 후반 묵시문학, 묵시 의식을 주제 삼은 것은 필연적인 일이었다. 이신 또한 묵시문학을 종래처럼 존재론적 이원주의로 여기지 않았고 '영적 양극성'의 차원에서 독해했다.[70] 세계 현실 안에서 동시적으로 절망과 희망을 보려 했기 때문

---

68 리처드 A 호슬리/박경미 역, 『서기관들의 바란 — 저항과 묵시문학의 기원』(2016). 이 책은 2010년에 출판된 책으로서 당시 이신은 이 책을 읽을 수 없었다. 호슬리와 이신에게 있어 묵시문학을 바라보는 시각차가 없지 않겠으나 차이보다는 의미상 일치점을 더 많이 찾을 수 있다.

69 주지하듯 묵시문학을 기독교의 모체로 보는 시각은 에른스트 케제만에서 비롯했다. 하지만 최근 역사적 예수 연구가들을 이점에 의문을 제기하고 지혜서에서 예수 상의 기원을 찾고 있다. 이 역시 가능한 발상이지만 앞의 시각과 무관한 역사적 예수는 상상키 어렵다는 것이 필자의 생각이다. 이신의 박사학위 논문도 케제만의 이 명제로부터 시작했다. 『슐리얼리즘과 영의 신학』, 43. 본 출처는 다음을 보라. E. Kaesemann, *The Beginning of Christian Theology, New Testament Question of Today*(Philadelphia:Fortress Press 1969) 102.

이다. 묵시문학은 파멸 자체가 목적일 수 없고 새 질서 탄생을 위한 것인바, 제국의 뭇 양상, 오늘의 경우 자본주의 체제를 비롯하여 서구화된 비주체적 종교성, 의식의 노예성 일체를 벗는 일을 뜻했다. 물론 이신의 경우 제국적 저항보다는 한계상황에서 비롯한 초월의식으로의 비약을 역설했고 환상의 차원에서 독해했다.[71] 저항보다는 한계상황에 더 방점을 두었으나 궁극적 지향점은 다르지 않았다. 세계 부정을 넘어 새로운 체제를 위한 인간 의식 문제에 관심했던 까닭이다. 물론 이신의 경우 호슬리와 달리 제국은 외형적 체제만이 아니라 내적 정신세계를 뜻했다. 역사적 예수 연구가들이 강조했던 지혜담론과 소통할 여지를 남긴 것이다. 그럴수록 이신은 베르댜예프가 말했던 인간 의식의 노예성에 대해 심각한 우려를 표명했다.[72] 그것은 과거와 습관으로 대변되는 자기 존재에 대한 우상화, 사물화 대상화에 대한 염려 곧 영원(초월)을 자기 존재로 제한시키려는 어리석음을 적시한다. 하지만 여기서도 저항 자체가 약화 내지 무화될 수는 없었다. 초월의식은 저항을 포함하면서도 그 차원을 넘어서기 때문이다. 이 점에서 이신이 묵시문학의 본질을 다차원적으로 확장시켰다고 말할 수 있겠다. 이는 묵시문학을 탈유대적으로 지평 확대시켰으며 그를 '영적 양극성' 차원에서 보편화시킨 결과였다.

말했듯이 '영적 양극성'은 기존 체제, 현실역사를 지속적으로 부정하는 일종의 역사 의식을 일컫는다.[73] 한마디로 묵시 의식은 역사의식과

---

70 Th. P. van Barren, "영지주의의 정의에 대하여," *The Origin of Gnosticism*, Leiden: EG Brill, 1967), 117.
71 『슐리얼리즘과 영의 신학』, 123 이하 내용. 이신은 토인비의 말, '내면적 프롤레타리아'란 개념을 빌려서 이런 세밀한 차이를 설명했다.
72 N. 베르댜예프, 『노예냐 자유냐』.

초월의식의 양극성의 표현이란 것이다. 현실(역사) 부정, 메시아 심판 그리고 새로운 소망(하느님 나라) 등의 내용을 내포한 것으로서 이는 종래 차안적 현실을 중시했던 이스라엘 민족의 세계관과 여실히 구별되었다.[74] 지속된 포로기를 살았던 자신들 역사 경험이 이전과 달랐던 까닭이다. 거듭된 포로 경험, 제국 지배 및 이방화에 대한 두려움 그리고 성전 지배층들의 무능과 타락 등으로 당시 이스라엘은 대내외적 한계 상황에 처해 있었다. 하지만 이런 한계 의식과 돌파하려는 초월, 저항 의식은 자신들 세계에 대한 예민한 감수성을 지닌 소수 사람의 몫이었다. 이신은 이것을 당대의 창조적 소수자의 의식이라 말하였다.[75] 혹자는 이런 시각을 민중 지향적 사유와 대별시켜 비판하기도 했다.[76] 한마디로 민중적이지 못한 부르주아적 사유의 표현일 수 있다는 것이다. 하지만 예나 지금이나 민중의 아픔, 시대의 징조를 앞서 감지한 사람들이 반드시 필요했고, 필요한 법이다. 그들 고통만이 아니라 스스로 대상(물)화된 존재의 예속성에 대한 비판도 이들의 몫이다. 따라서 영적 양극성은 대중적 감각만으로 포착되지 않으며 또한 한 개인의 뛰어난 자의식과도 결코 등치될 수 없다. 영적 양극성은 민중의 아픔을 대변한 역사(번민)의식이자 동시에 물적, 정신적 예속에 대한 저항, 곧 초월의식의 산물이기 때문이다. 이 경우 초월의식은 저항적 환상과 내용상 다를 수 없을 것이다. 이처럼 묵시 의식 소유자들은 제국과 이스라엘, 성전지도자(대제사장)들과 민중 사이에서 고뇌하던 씨알 중 '씨알'이었

---

73 『슐리얼리즘과 영의 신학』, 101.

74 『슐리얼리즘과 영의 신학』, 81-103.

75 『슐리얼리즘과 영의 신학』, 67-68.

76 신익상, "이신의 꿈, 초현실주의 신학," 『환상과 저항의 신학 — 이신의 슐리얼리즘 연구』, 307-341, 특히 317 이하 내용을 보라.

다. 당대 세계에서 스스로를 국외자, 소외자로 느끼며 살던 존재로서 그럴수록 영적, 초월적인 것을 지향했던 '생각하는 백성'이었다. 이렇듯 분열된 현실에서 전체를 품은 개인으로 자신을 자각한 존재 그가 창조적 소수자였고 이신이었다. 이신 자신은 세상 번뇌를 품은 지적 엘리트, 묵시가라는 자각을 갖고 평생 살았다. 기득권을 버렸으며 항시 가난의 길을 걸었고[77] 환원운동에 삶을 걸었기에 묵시문학자들처럼 그렇게 체제와 불화했고 국외자로서 좌절했으며 현실에서 분열(한계)을 경험했던 존재였다. 동시에 묵시자들이 그랬듯이 그의 고독은 저항을 잉태했고 저항은 항시 환상(초월의식)을 요청했다.[78] 전술했듯 이신은 영적 양극성으로서의 묵시 의식을 성서만의 유일회적 사건이 아니라 역사 속에서 반복적으로 재현 가능한 것으로 보았다.[79] 이는 묵시문학에 대한 현상학적 고찰 덕분으로서 이전 환원 신학을 창조적으로 진일보시킨 결과였다. 이신은 후일 이를 카리스마 해석학(상상력)이라 명명했으며 여기서 슈리얼리즘 신학을 탄생시켰다. 묵시문학의 현상학적 연구를 통하여 묵시 의식의 자율성을 확보했고 그의 공시성을 통해 초월적 자기의식에 따른 미래(저항)적 전환을 상상했던 것이다. 이 과정 전체에 대한 서술이 바로 슈리얼리즘 신학이었다. 향후 이 방법론에 대한 집중 연구와 토론이 필요할 것이다. 이신은 묵시적 자의식인 영적 양극성을 일종의 '종교적 변증법'이라 생각했다. 현실 부정을 통해 초월의식으로

---

77 이신은 살아생전 결혼을 앞둔 필자에게 자신은 민중보다 더 가난한 삶을 살았다고 말씀했다. 물질적 가난보다 상상력의 빈곤과 타락을 더 염려할 것을 가르쳤던 것이다.
78 고독, 저항 그리고 환상(상상)은 각기 이신이 좋아했던 키에르케고어, 본회퍼, 슈리얼리즘 (베르댜예프)의 중심개념들이다. 이정배, 『고독하라, 저항하라 그리고 상상하라 — 2017년 종교개혁 500년을 앞둔 한국교회를 향한 돌의 소리』(서울: 동연, 2017). 참조.
79 『슈리얼리즘과 영의 신학』, 76-81.

나갈 수 있다고 여겼기 때문이다. 여기서 필자는 이신의 스승이었던 김은석 목사의 성령 중심적 환원 의식을 이용도의 '생명의 역환'이란 개념과 중첩해 보고자 한다.[80] "세상을 버리십시오. 그리고 온전히 천국에 살으십시오. 육을 버리고 영에 삽시다. 명을 버리고 실에 삽시다. 신을 버리고 행에 삽시다. … 살으십시다. 온전히 영으로 사십시다."[81] 이 말속에서 우리는 이신의 슐리얼리즘 신학과 이용도의 영적 기독교 간의 유사성을 생각할 여지가 적지 않다고 생각한다.

말했듯이 이신은 호슬리와 달리 묵시문학에 대한 현상학적 고찰을 시도했다. 여기서 '현상학적'이란 말은 다음 두 의미를 지녔다. 우선은 묵시문학에 대한 견해를 판단 중지(에포케)시켜 묵시 의식을 현상적으로 잘 드러내는 일이었다.[82] 오롯한 묵시문학(의식)의 자율성을 확보키 위해서이다. 종래처럼 묵시문학을 종교 혼합적(비유대적) 현상으로 보거나 역으로 순수 유대적인 기원으로 설정할 경우 그 자율성은 실종되고 말 것이기 때문이다. 그렇기에 판단중지를 통해 자율성이 보장될 경우 묵시적 현상 혹은 묵시적 자의식이 현재 문화 속에서도 반복 재현될 수 있다고 했다. 이것이 아주 중요한 두 번째 의미일 것이다. 묵시적 현상이 과거가 아니라 현재 경험으로 이해되며 판단될 수 있다는 사실이다. 이로써 기독교 원형을 추구했던 환원 신학자 이신에게 모체로서의 묵시문학은 '과거의 의식'이 아니었고 오늘을 살아가는 '현재적 의식'으로 재탄생되었다. 이런 묵시 의식의 현재성(재현)을 이신은 공시성,

---

80 이정배, "이용도 연구사의 비판적 분석과 묵시문학적인 한 조명," 「신학과 세계」, 2000년 봄(통권 40호), 감리교신학대학교, 314-320.
81 변종호 편저, 『이용도 연구사 반세기』 (초석 출판사, 1983), 107.
82 『슐리얼리즘과 영의 신학』, 62-65.

더 정확히는 '역사적 일관성 없는 유사성'83이라 일컬었다. 역사적으로 일관성이 없지만, 의식에 있어 유사성이 있다는 것이다. 필자는 한 논문에서 가톨릭과 개신교가 금과옥조로 삼았던 기존의 두 유비론(존재유비/신앙유비)에 반하여 '역사유비'란 조어를 만들어 사용했던바, 이신이 말한 '일관성 없는 유사성'과 견줘 볼 수 있다고 생각한다.84 필자의 조어 '역사유비'는 초월의 역사적 지평을 강조한 유대적 사유(W. 벤야민)에 의존한 것으로 실패한 과거와 메시아 사건 간의 상관성을 언급한 것이다. 실패한 과거가 자신의 구원을 위해 메시아 사건과 필히 연루된다는 뜻이겠다. 하지만 메시아 사건을 언급함은 같았으나 '역사유비'의 경우 원형의 의미가 실종되었다. 항시 미래가 원형보다 우선되었던 까닭이다. 반면 이신은 환원 신학자로서 원형을 강조했다. 시간에 중점을 두는 일체 서구적 경향들, 서구 현상학은 물론 유대적 사유 지평과도 거리를 두었기 때문이다. 이런 유사성이 단지 시간(시대)적 차이뿐 아니라 유대-기독교 지평을 넘어선 상호 다른 공간에서도 출현할 수 있다고 여긴 것이다. 피차 동일한 것은 아니겠으나 의식의 지향성에 있어 동서양을 회통하는 유사점을 강조한 것이다. 이 점에서 W. 벤야민과 이신을 대비시키는 것은 대단히 의미 깊다. 이 두 사람은 상호 같으면서 필히 달랐다. 두 사람 모두 슐리얼리즘을 경유했으나 유물론적 변증법을 유대 신학화했던 벤야민85과 달리 후자는 유대적 배경에서 영적 양극성을 배웠으나 그 지평을 아시아적 사유로 확장시켰던 것이다. 이로써 이신

---

83 『슐리얼리즘과 영의 신학』, 107. 여기서 '우연의 일치에 의한 혈족 관계'란 말도 덧붙였다.
84 이정배, "종교개혁 이후 신학으로서 역사유비의 신학, 그 아시아적 의미," 변선환 아키브 편, 『종교개혁 500년 이후 신학』(서울: 동연, 2017), 480-505, 특히 491 이하를 보라.
85 정혁현, "유대-기독교적인 것 — 벤야민과 이신," 『환상과 저항의 신학 — 이신의 슐리얼리즘 연구』, 229-266.

은 그리스도환원운동의 새 차원을 열었고 아시아(종교) 신학의 가능성을 제시했다.[86] 기독교 원형을 아시아의 종교적 상황과 소통시켰던 것이다. 하지만 그의 관심은 이론이 아니라 그 속에 담긴 영적 양극성 차원에 있었다. 역사적으로는 일관성 없겠으나 의식 차원—전위 역사의식—에서 양자가 서로 다를 수 없다고 본 까닭이다. 그럴수록 이신은 한계상황에서 비롯한 저항적 초월의식, 곧 메시아사상, 하느님 나라 개념을 지금 여기, 한국 땅에서 슐리얼리즘 신학의 이름으로 재 활성화하고자 했다. 그가 가난한 자들과 벗했고 정신지체 아동들에게 그림을 가르쳤으며 농촌 오지에서 청년들에게 기독교적 비전을 전하며 목회에 전념한 것도 이런 연유에서였다.[87] 따라서 이신은 묵시 의식과 연결시켰던 슐리얼리즘 정신적 차원을 신학적으로 체계화, 이론화시켜야만 했다.[88]

무엇보다 이신은 묵시적 자의식과 초현실주의의 상관성에 주목했다. 기독교가 메시아(인자)와 하늘나라를 자신의 모체라 여긴 것은 그만큼 타락한 현실 세계와는 다른 세상, 곧 공동체에 대한 원형적 상을 원했던 까닭이었다. 하지만 원형 추구는 기독교만의 전유물이 아니라 이웃 종교는 물론 예술에 있어서도 다를 수 없었다.[89] 특히 핍절한 삶 속에서 그렸던 화가 이중섭의 뭇 어린아이 상에서도 상술한 묵시적 자

---

86 앞서 말했던 수운 최제우에 대한 미간행 연구논문(1972)도 이런 선상에서 쓰였다. 마지막 4장에서 이 논문을 좀 더 상세히 분석할 것이다.
87 조현, 『울림 ― 우리가 몰랐던 이 땅의 예수들』(한겨레신문사, 2014) "이신" 편 참조.
88 이신, 『슐리얼리즘과 영의 신학』, 197-209. 이곳에 실린 글은 1970년대 중반 기독교사상에 5회에 걸쳐 썼던 글이지만 그의 박사 논문 말미에 이미 이에 대한 언급이 있었다. 같은 책, 120-124 참조.
89 『슐리얼리즘과 영의 신학』, 198.

의식을 읽었다. 물론, 이신 본인도 어린아이 상 그림을 여럿 남겨 두었다. 아이의 눈으로 본 세상이 화폭에 담겼던 것이다. 이 점에서 이신과 이중섭은 예술적 상상에 있어 다르지 않았다. 묵시적 자의식은 종종 제3의 눈, 즉 전혀 다른 현실을 볼 수 있는 감각, 곧 초의식과 치환될 수 있기 때문이다.[90] 현상학자 멜로 뽕띠는 이를 '오픈 시크릿'(open secret)이라 불렀다.[91] 초의식의 산물로서 예수가 말한 하느님 나라, 묵시적 현실 또한 마찬가지로 지금까지 공개된 비밀이었다. 이는 슐리얼리즘 예술이 객체주의적 작품(문화)에 반기를 들었던 것과 상응한다. 작품을 값으로 계산된 대상일 수 없다고 생각했기에 슐리얼리스트들은 작품 보존보다 작품행위, 창작 이벤트 자체를 소중하게 생각한 것이다. 따라서 초현실주의자의 시각에서 볼 때 인자, 메시아로서 예수는 창조적 사건을 만든 존재(event maker), 전 생애를 통해 우주 역사에 새로운 뜻을 불어 넣었던 우주적 사건(cosmic event)이었다.[92] 여기서는 도덕적 모범도 구속주로서의 예수가 자리할 여지가 전혀 없다. 서론에서 인용한 시, "나사렛 목수 상"에서 '나(예수)를 믿지 말고 내(예수) 마음을 알아 달라' 썼던 것도 이런 맥락에서다. 이것이 이신의 슐리얼리즘 신학의 출발 지점이었다. 그럴수록 슐리얼리즘은 인간 상상력의 빈곤과 부패에 관심했다. 이를 인간을 죽음에 이르게 하는 치명적 병이라 여길 정도로 가난(마르크시즘)도, 절망(실존주의)도 아닌 상상력의 타락, 이것

---

90 여기서 말하는 초의식은 반의식, 반이성과 다른 개념이다. 상상력, 초의식 자체에 대한 논의는 이전 글에서 충분하게 다뤘기에 여기서는 반목 서술하지 않겠다. 이에 관해서는 필자의 글 "초현실주의 해석학으로서의 이신의 예술 신학," 『환상과 저항의 신학 ─ 이신의 슐리얼리즘 연구』, 80-90을 보라.

91 『슐리얼리즘과 영의 신학』, 201.

92 『슐리얼리즘과 영의 신학』, 203-204.

을 하느님 형상의 몰락이라 본 것이다. 그렇기에 슐리얼리즘은 이념, 물질, 종교 그 어떤 것에 매여 상상력(Imagination)이 노예화되는 것에 저항했다.[93] 전적 자유의 표현인 상상력을 묵시적 자의식과 등가로 여긴 결과였다. 이렇듯 상상력의 종교성을 파악했음에도 이신은 예술 그 자체로는 그 부패를 치유할 힘이 없다고 판단했다.[94] 슐리얼리즘이 예술로서만이 아니라 신학으로 전개될 이유를 찾은 것이다. 하지만 기독교 이후 시대에 이른 지금 예수를 믿는 시대가 지났고 자신의 창의력을 갖고 예수를 따르는 시대가 되었다.[95] 그럴수록 이신은 우리가 져야 할 십자가를 슐리얼리즘이 일깨운 창조력과 연계시켰다. 그가 그리스도를 삶의 그루터기[96]라 했고 성령론에 관심을 집중시킨 이유도 여기에 있다. 기독교가 성령 중심의 신학으로 대전환될 것을 역설한 것이다.[97] 이는 성령 세계를 부정하며 단회설을 주장한 환원 신학자들을 비롯하여 비신화론자들, 말씀 중심의 기독론 등에 대한 비판이기도 했다. 이를 위해 이신은 요아킴 피오레의 시기 분류, 우리 시대를 성령의 시대라 했던 그의 생각을 따랐다. 여기서 핵심은 성령의 시대에 하느님과 인간의 관계를 '노예'(율법)나 '아들'(교회)차원을 넘어 자유로운 '친구' 관계 속에서 봤다는 사실이다.[98] 물론 이런 시대구분은 순복음교회가 추동하

---

93 이 말은 본래 '초현실주의 선언'을 했던 앙드레 브르통에게서 유래했다. 『슐리얼리즘과 영의 신학』, 205. 여기에 슐리얼리즘 선언 핵심 내용이 잘 소개되어 있다.

94 『슐리얼리즘과 영의 신학』, 205-206.

95 『슐리얼리즘과 영의 신학』, 208-209, 고든 카우프만.

96 『슐리얼리즘과 영의 신학』, 300-303.

97 『슐리얼리즘과 영의 신학』, 244-246 여기서 이신이 의지했던 신학자는 캠브리지대학교 신학자 G.W. Lamp교수로서 1976년에 캠브리지대학 출판사에서 출간된 그의 책 *God as Spirit*(영으로서의 하느님)에서 도움을 받았다.

98 『슐리얼리즘과 영의 신학』, 245-246.

는 오순절 운동을 정당화시키지 않았다. 그들은 성령을 인간의지로 부리려고(써먹고자) 했던 탓이다. 성령 역사란 신적 속성이 내 속에 주입되어 인간 의식 자체를 달리하는 일이어야만 했다. 이는 부패된 상상력을 치유하는 것이자 묵시적 자의식의 생성과 동의어이다. 성령을 강조한 것은 그것이 슐리얼리즘이 말한 창조력, 상상력과 공명할 수 있었기 때문이다. 하지만 이신은 오늘의 교회가 영적인 고갈, 파산 상태에 이르렀다고 경고했다. 성령이란 말을 무수히 소환, 소비하지만 정작 교회는 자신의 근원(원형)을 상실한 영적 치매(교리지상주의), 세상과의 소통을 잃은 영적 자폐(교회지상주의), 욕망에 휘둘린 영적 방종(돈지상주의)이란 중병에 걸린 탓이다. 이 점에서 이신은 종래의 성령 운동과 달리 자신의 성령 신학을 카리스마 해석학으로 개칭했다.[99] 슐리얼리즘 사조에 기초한 성령중심의 기독교를 카리스마 해석학이라 일컬었던 것이다. 이런 카리스마 해석학은 슐리얼리즘 핵심과도 잘 조우할 수 있다. 슐리얼리즘 사조에 속한 화가들, 일명 미래파라 불리는 이들 선언의 첫 조항이 이를 잘 방증한다. 오롯이 시대착오적 기독교의 훈습을 벗겨낼 목적에서 예로 들은 것이다. "어떤 형태의 모방이든 이는 경멸해야 할 것이고 어떤 형태의 창의성이든 이는 영광스럽게 높여야만 한다."[100]

이상에서 이신이 추구했던 슐리얼리즘 신학의 윤곽이 얼마간 드러났다. 살아생전 이를 주제로 완결된 책을 썼더라면 더 확연했겠으나 이른 죽음 탓에 아쉽게도 생각의 단초만 남겼다. 그럼에도 짧게 서술된 유고 속에서 이신은 자신의 신학을 묵시적 환상의 신학, 카리스마 해석

---

99 『슐리얼리즘과 영의 신학』, 253 이하 내용.
100 『슐리얼리즘과 영의 신학』, 206-207. 1910년 이탈리아 밀라노에서 9개 조항의 미래파 선언이 발표되었다.

학 최종적으로는 슐리얼리즘의 신학이라 명명하였다. 이하 내용에서는 영의 활동으로서 슐리얼리즘 신학을 좀 더 구체화시켜 볼 것이다. 무엇보다 슐리얼리즘 신학은 인간 의식의 둔화를 죄라 규정했다.[101] 둔화되어 있으면서도 둔화된 줄도 모르는 상태를 죄라 일컬은 것이다. 이신은 이를 반의식이라 말했으며 인간 의식이 거듭 인간 의식을 해치는 자학 행위라고 혹평했다.[102] 의식의 둔화는 인간이 자유에서 필연으로 삶의 축을 옮길 때 발생하는 법이다.[103] 의식(자유)의 물질(필연)화라 말해도 좋겠다. 물질적 타성에 자유를 빼앗겨 자기 아닌 타자 노릇하며 사는 우리들 일상적 삶을 적시한다. '보아도 보지 못하고 들어도 듣지 못한다' 는 성서 말씀이 바로 그 실상이다.[104] 볼 것을 보고 들을 것을 들을 수 있으려면 인격 자체가 달라져야 마땅하다. 여기서 이신은 아주 중요한 사실을 언급한다. 개인과 전체의 관계에 대한 통찰이다. 세상 전체가 어려울 때 한 개인이 쌓은 부(자산)는 실속이 없다는 것이다.[105] 아픈 세상을 보지 못하는 개인, 그의 의식은 죽은 것이라 말했다. 사회, 문화적 풍조가 개인의식의 둔화를 가져왔다는 것이다. 그것을 개인 탓만으로 돌리지 않고 사회 전반의 모순으로 인식했다. 그럴수록 사회문화권 밖의 의식을 지닌 사람이 요청될 수밖에 없다. 초의식(상상력)으로서 묵시적 자의식을 지닌 계시의 사람 말이다.[106] 이신이 슐리얼리즘 신학을 영의 신학이라 말한 이유도 여기서 찾아야 한다. 세상 밖에서 왔기에

---

101 『슐리얼리즘과 영의 신학』, 211.
102 『슐리얼리즘과 영의 신학』, 212-213.
103 『슐리얼리즘과 영의 신학』, 212.
104 『슐리얼리즘과 영의 신학』, 213.
105 『슐리얼리즘과 영의 신학』, 214-215.
106 『슐리얼리즘과 영의 신학』, 215, 155-169.

종래의 의식구조로 볼 때 아주 낯선 신학이었다. 예수 역시 당대 사람들이 납득할 수 없는 말을 쏟아 내지 않았던가? 영의 목소리는 세계 내 어떤 문법, 구조, 체제로도 파악이 불가능하다.107 이런 영의 목소리, 때론 그것을 '돌의 소리'라고도 하는 바, 이것을 듣는 것이 슐리얼리즘 신학의 본질이다. 그래서 슐리얼리즘의 신학은 환상, 상상력 그리고 초의식이란 언어를 선호했다. 현실 부정과 변환108을 통해 생명의 역환을 가져올 목적에서였다. 종래 신학이 말씀(설교), 언어에 머물러 있었던 것에 반해서 슐리얼리즘 신학은—마치 0도와 360도의 차이를 말한 선불교처럼 그렇게— 동일한 현실이지만 그 속에서 전혀 다른 절대세계, 곧 새로운 초월성109을 찾았다. '천국이 너희 안에 있다'는 예수 말씀의 실현을 위해서였다. '신 죽음 시대'에 접어든 작금의 현실에서 초월에 대한 새로운 정의인 셈이다. 이처럼 슐리얼리즘 신학은 말씀이 육신된 것에 머물지 않았고 즉 기독론에 한정된 구속 신학을 넘어서 저마다의 육신이 영이 되는110 성령론적 환상의 신학에 이르렀다. 묵시문학의 원형—메시아사상, 하느님 나라—을 현실에서 구현하는 실천성을 담보한 환상의 신학, 바로 그것이 슐리얼리즘 신학의 본질이다.111 일체 언어 형식을 허무는 방식으로 묵시적 환상, 상상력이 역사를 달리 만들 것을 믿은 까닭이다. 이 점에서 예수는 이신에게 믿음의 대상이기보다 묵시적 자의식의 원형, 곧 창조성의 보고이자 원천이었다. 여기서 노예성을

---

107 『슐리얼리즘과 영의 신학』, 219-220.

108 『슐리얼리즘과 영의 신학』, 160-165.

109 이신은 이를 신-초월주의(Neo-transcendentalism)라 불렀다. 『슐리얼리즘과 영의 신학』, 222-223.

110 『슐리얼리즘과 영의 신학』, 223.

111 『슐리얼리즘과 영의 신학』, 223.

뜻하는 의식의 둔화가 결코 단지 속죄나 회개로 해결될 수 없다는 이신의 생각을 엿볼 수 있다. 예수 삶에서 드러난 묵시적 자의식의 표현들, 곧 그의 창발적 의식 및 행위를 기존 속죄 행위보다 중시한 것이다. 우리가 회복시킬 환원의 대상 또한 기존 환원 신학자들과 달리 예수의 자기의식이어야 하겠다.

앞서 말한 이신의 슐리얼리즘 신학은 다음 세 개념, 즉 고독, 저항 그리고 상(환)상에 근거하여 체계적으로 재서술, 재구성될 수 있다. 여기서 고독은 묵시가들이 처했던 한계상황, 저항은 체제 변환을 위한 부정 그리고 환상은 묵시적 원형(메시아, 하느님 나라)에 각기 해당할 수 있을 것이다. 이신은 고독을 현대 신학자 키에르케고어의 신학적 실존에서 찾았고, 저항을 국가사회주의 체제와 맞섰던 본회퍼 삶에서 보았으며 상(환)상을 러시아 사상가 베르댜예프의 인격 개념과 중첩 시켜 이해했던 것이다. 이들 세 사상가를 우리 시대의 묵시문학가로 일컫고자 했다. 하지만 이 세 개념을 이들 신학자의 고유한 것으로 개별화시킬 이유는 없다. 고독, 저항, 상상이 이들 각각의 주체적 실존 속에서 한 몸으로 엮어졌던 까닭이다. 이들을 상호 견줄 때 물론 어느 하나가 다른 개념들에 비해 강조된 측면은 있을 것이다. 나아가 필자는 이들 세 사상가 속에 중첩된 고독, 저항, 상상을 종교개혁의 근간이었던 3개의 '오직' 교리—믿음, 은총, 성서—의 창조적 왜곡(격의)이라 생각한다. '고독과 믿음,' '저항과 은총' 그리고 '환상과 성서'가 이신에게는 상호 등치될 수 있는 개념이란 뜻이다. 이것은 이신이 묵시적 자의식의 자율성을 강조했고 그로써 기독론 중심 신학에서 성령론 중심으로 전환을 시도했기에 가능한 일이었다.[112] 이신에게 있어 창조성이 자기 십자가를 지고 예수를 따르는 일을 뜻했음을 앞서 말한 바 있다. 여하튼 이런 차원에서 이신의 슐리얼리즘 신학을 고독, 저항, 상상, 이 세 개념을 갖고 약술할 수도 있을 것이다.[113] 주지하듯 키에르케고어에게 있어 고독은 대중적 실존에 반하는 것으로서 절망의 순간을 통해 영원성을 얻는 길이다. 한마디로 역설이다. 단독자의 실존, 고독을 부정하고 인간을 노예화, 평준화시키는 교회 현실에 저항했기에 전통에 대한 항거의 의미도 담겼다. 본회퍼 역시 창조적 소수자로서 국가사회주의는 물론 그에 종속된 국가 교회를 부정했다. 루터파에 속했으나 그의 두 왕국설을 비판했던 것이다. 그럴수록 그가 속한 고백교회의 실존은 고독 그 자체였다. 이들에게 신학은 주류의 길을 포기하고 일체 기득권을 버리는 행위와 같았다. 지독한 현실 부정을 통해 전환을 꿈꾼 것이다. 하지만 이들의 고독과 저항은 환(상)상에 기초했다. 어느 신학자들보다도 기독교적 원형, 곧 하느님 나라(메시아)를 추구할 만큼 초의식(환상)의 존재였다. 이런 원형적 환상 탓에 이들의 고독과 저항은 힘 있고 철저했으며 영적 '동시성'의 이름으로 그것을 역사화 시켜냈다.[114] 이들에게는 원형을 재현, 반복시키는 일이 곧 신앙이었다. 이신은 이런 동시성을 '영적 해석학' 혹은 '카리스마 해석학'이라 일컬었다.[115] 영적 해석학으로서 신학

---

112 이점에 착안하여 필자는 종교개혁 500주년을 맞아 로마서에 대한 새 연구방식에 기초하여 세 개의 '오직' 교리를 고독, 저항, 상상으로 치환하여 글을 썼다. 이정배,『두 번째 종교개혁과 작은교회 운동』(서울: 동연, 2017), 183-207 참조.

113 이하 내용은『슐리얼리즘과 영의 신학』, 170-196의 내용을 창조적으로 재구성하여 약술한 것이다.

114 D. Bonhoeffer, *Act and Being*, Newyork: Haper 7 Row, 1956, 107. *TRE*(*Theologische Realenzyklopaedia*), Walter de Gruyer 1989, Bd. 7, 59. 여기서 말하는 동시성은 현재성이란 말과 다르지 않다. 이를 '그리스도 직관'이란 불러도 좋겠다. 하지만 본회퍼의 동시성이 시간적 차원이라면 이신의 경우 공간성도 제외하지 않았다. 이정배,『고독하라, 저항하라 그리고 상상하라』, 특히 72-83 참조.

115『슐리얼리즘과 영의 신학』, 253-310.

은 결코 존재론이 아니라 행위, 곧 삶이자 실천인 까닭이다.116 이로써 영적 치매, 자신의 근원, 원형을 잃어버린 교회를 소생시키고자 하였다. 하지만 이 경우 동시성은 창조성과 무관치 않다. 이들이 말한 동시성이 서구가 아닌 한국적 토양에서 발생해야 하는 까닭이다. 이는 인간의 귀와 눈이 열리는 영적 차원의 문제일 수밖에 없다. 이신에게 '영적'이란 말은 종종 '인격적'이란 말과 동의어로 쓰였다.117 우리 마음과 하느님의 그것이 일치된 상태를 뜻하기 때문이다. 성서가 말하듯 '그리스도의 마음을 품는' 순간이라 말해도 좋다. 여기서 핵심은 영이신 하느님이 인간을 자유토록 한다는 사실이다. 예수처럼 그렇게 우리 역시 '신뢰의 그루터기'가 되란 것이다.118 이는 종이 아닌 자유의 상태로서 곧 창조성의 다른 말이다. 이제 '존재의 노예성'을 비판한 베르댜예프의 성찰과 대면해 보겠다.119 그에게 인격이란 스스로를 창조할 수 있는 힘(자유)이었다. 그렇기에 인격은 결코 과거에 귀속될 이유가 없다. 설령 기독교라 할지라도 그것이 서구적인 존재 규정인 한, 과거의 한 표현일 수밖에 없다. 이 점에서 창조성은 일체 형이상학(존재론적)적 수동성을 거부한다. 이신이 주도했던 '한국 그리스도 교회의 선언' 또한 의당 이런 자각의 표현이었다. 이처럼 고독, 저항, 상(환)상, 이 세 개념은 슐리얼리즘 신학의 골격이자 원리로서 손색이 없다. 말했듯이 필자는 이를 종교개혁 시기 '오직' 교리 셋을 대신하는 새로운 종교성의 표현이라 확신한다. 중세 천년을 허물만큼 당시의 역할은 컸으나 그 오남용은 작금의 기독

---

116 『슐리어리즘과 영의 신학』, 256-257.
117 『슐리얼리즘과 영의 신학』, 261.
118 『슐리얼리즘과 영의 신학』, 300-301.
119 『슐리얼리즘과 영의 신학』, 300-303.

교(회)를 황폐케 했다. '오직믿음'이 중세의 면죄부 그 이상의 폐해를 가져왔고 '오직은총'이 자본주의적 욕망 실현과 같아졌으며 '오직성서'가 혐오와 차별의 원리로 사용되는 까닭이다. 이런 연유로 슐리얼리즘 신학의 세 차원, 고독, 저항, 상상으로 믿음, 은총 그리고 성서를 대신할 필요가 있다.[120] 주지하듯 로마서가 말하는 '믿음'은 제국 로마 체제와 총체적으로 달리 살겠다는 뜻을 담았다. '그리스도 안의 존재'(Sein in Christo)란 말이 이를 적시한다. 이 개념 속에서 고독과 저항은 동전의 양면처럼 동시적으로 작동한다. 반면 '은총'은 저항 개념을 증폭시킬 수 있다. 지금껏 서구는 은총을 인간 자유의지와 대별시켰고 근대 이후 자본주의적 축복과 등가상태로 여겨왔다. 하지만 은총은 실정법으로 일컬어진 세상 법 일체를 초극하는 개념이다. 체제 밖의 사유(하느님 나라)를 체제 속에 가져오는 하느님의 행위라 할 것이다. 불가능한 것에 대한 열정을 소환하는 하느님의 의, 혹은 사랑이라 말해도 좋다. 이 점에서 성서는 뭇 상상력의 보고라 하겠다. 차별을 극대화시키는 실증주의적 문서가 아니라 매 시대 창조적으로 재현될 '원형'들을 접할 수 있는 곳이다.


## IV. 슐리얼리즘 신학에서 본 토착화(종교) 신학과 기독교사회주의(민중 신학)의 통섭

지금껏 필자는 유동식이 캐내지 못했던 신학 광맥 두 줄기를 찾아냈고 이들 사조의 통섭을 위해 그리스도환원운동을 진일보시킨 슐리얼리

---

120 이정배, 『두 번째 종교개혁과 작은교회 운동』, 197-204 이하는 본 고 내용을 약술한 것이다.

즘 신학의 핵심 내용을 살펴보았다. 탁사 최병헌에서 비롯한 종교 신학 외에 기독교사회주의와 환원운동의 제 사조가 유동식의 안중에서 빗겨 난 이유도 앞서 언급했다. 신학 서적 중심으로 사조를 봤고 주류교단에 초점을 둔 결과였다. 이외에 일제강점기를 경험했던 유동식의 경우, 민족 담론을 능가하는 어떤 것도 용납하기 어려웠을 것이다.[121] 해방을 거쳐 한국전쟁 그리고 작금에 이르기까지 분단고착의 책임을 사회주의 이념에 전가했던 까닭이다. 6~70년대 복음주의 운동보다 수십 년 앞선 자생적 환원운동(신학)에 대한 언급이 부재한 것도 안타까웠다. 이런 문제점은 한, 멋, 삶으로 대변되는 풍류(도)에 대한 자의적 구조화에서 비롯된 것일 수 있다. 어느 조직신학자 이상으로 유동식은 풍류(도)를 갖고 선험적으로 종교를 대별했고 교파를 이해했으며 신학을 특정화시켰다. 이 과정에서 유불선은 과거의 종교가 되었고 기독교는 영성 우주라는 이름으로 한국 종교문화를 완성하는 절대 주체가 되었다. 이와 동일선상에서 그에게는 여느 교파보다 감리교가 중요했고 종교 신학이 여타 사조보다 핵심이 될 수밖에 없었다. 이로써 영성 우주를 말했으나 정작 현실 세계를 잃어버린 책임이 그의 몫이 되었다. 이 점에서 필자는 구조나 체계차원에서가 아니라 역사적 맥락에서 종교 신학은 물론 환원 신학과 기독교사회주의를 관계시킬 책무를 느꼈다. 복음주의 전신이자 민중 신학의 시발점 될 수 있는 이 두 사조가 종교 신학과 함께 엮어지는 새 구조를 만들고 싶었던 것이다. 필자 역시 감리교를 강조했

---

121 소금 유동식을 기리는 어느 좌담회 자리에서 필자는 선생에게 질문을 했었다. 1960년대 초엽 민중 신학이 생기던 시점에서 토착화 신학을 펼치신 이유가 무엇인지를 물은 것이다. 그때 선생은 '일제로부터 우리 것을 찾고 보니 우리 안에서 일어나는 모든 문(난)제는 너무도 작게 보였다'고 답하셨다.

지만 그것은 선험적 구조로서가 아니라 역사적 차원에서 반듯이 살펴야할 과제였다.

이들을 엮어 '한 몸 짜기'—필자는 이를 통섭의 우리말이라 생각한다[122]—를 말하기 전에 이들 세 사조를 이끌었던 신학자, 목회자들 간의 역사(사실) 관계성을 먼저 언급하는 것이 필요할 듯싶다. 앞서 약술했듯이 처음 이들 세 광맥을 팠던 사람들은 초기부터 서로의 사상적 경향성을 감지한 채 직간접적인 방식으로 관계가 있었다. 물론 이들 생각이 당시로선 무르익지 않았겠으나 후일 펼쳐질 생각의 단초들을 피차 나눴던 것이다. 주지하듯 종교 신학의 선구자 탁사 최병헌은 정동교회에서 후배인 손정도와 함께 목회 활동을 같이 했다. 탁사의 저서가 손정도에게 영향을 미쳤으며 후자 역시 전자의 이후 삶에 동력이 되었을 것이다. 마르크스 비판자에서 기독교사회주의자가 된 김창준의 경우 손정도와 협성신학교 동창생으로 만주 길림에서 더불어 지냈다. 당시 길림은 기독교는 물론 동학교도들, 민족주의자, 공산주의, 사회주의 이념이 공존하던 곳이었다. 미 대통령 윌슨의 민족자결주의를 소개했으며 3.1운동에 적극 참여했던 동석기 또한 길림 경험을 공유했고 재차 도미 후 환원 신학자로 재탄생했다. 일본에서 사회주의 운동가로 활동했던 강명석 또한 후일 환원운동에 몸담았다. 앞선 이들보다는 늦었으나 김은석 역시 길림 경험 후 충청, 전남지역에서 성령 운동으로 자생적 환원운동을 주도했다. 앞서 강조했듯이 길림은 상해 임정에 대한 좌절

---

122 통섭에 대한 필자의 생각은 한국 문화신학회에서 펴낸 『한류로 신학하기: *K-Christianity*』(서울: 동연, 2016) 참조. 이 책 첫 번째 실린 필자의 논문 "한류와 K-Christianity- 한류와 한국적 기독교, 그 상관성을 묻다"를 보라. 이 논문을 다소 수정하여 『고독하라, 저항하라 그리고 상상하라』, 4부(427-476)에도 실렸다.

을 딛고 새로운 미래를 꿈꾸던 곳이었다. 1930년대 중후반 일본이 만주를 지배하기 이전까지 그곳에서는 모든 이념이 공존했고 오로지 민족의 앞날만을 위해 서로 경쟁했다. 한국전쟁 연구자 부르스 커밍스는 만주국 설립 이후 친일/반일로 나뉜 한인 집단에 대한 연구에 기초하여 한국전쟁 기원에 대한 자신의 이론을 발전시켰다.123 한국전쟁이 친일파들을 앞세웠던 이승만 정부에 대한 깊은 염려와 불안에서 비롯했다는 것이다. 그만큼 길림서 공유한 이들의 경험이 중요했고 오늘 이 시점에서 그들 관계를 다시 엮어내는 일 또한 의미 깊다. 여기서 거론된 인물들 모두가 직간접적으로 감리교를 배경하고 있다는 사실도 뜻깊게 살펴야 할 것이다. 태생적으로 감리교가 경험주의에 입각하여 교리에 대해 자유로운 입장을 지녔기 때문일 것이다.124 하지만 상술한 이 세 사조들이 저마다 여전히 중요하나 나름 시대적 한계를 지녔다. 종교(토착화) 신학이 지닌 정치적 무기력함, 환원 신학의 문자적 경직성 그리고 기독교사회주의의 이념(현실) 지향성 등이 바로 그것이다. 그렇기에 이들은 복음(성서)과 사회(민족) 그리고 교회를 온전히 통섭시킬 수 없었다. 민중 종교를 매개로 종교해방 신학을 주창했던 신학자 변선환이 토착화론과 민중신학의 합류125를 시도했으나 성서(교회)적 배경의 결핍으로 그 또한 공론화에 실패했다. 본장에서 필자는 슐리얼리즘 신학의 틀에서 이들 간 창조적 결합을 재차 시도할 것이다.

---

123 브루스 커밍스/조행복 역, 『한국전쟁, 전쟁의 기억과 분단의 미래』(현실문학, 2010), 10-11, 82-83.

124 상세한 감리교적 특성에 관해서는 필자의 글 "한국전쟁 발단 논쟁에서 본 통일과 그 신학적 의미," 현장아카데미 편, 『한국전쟁 70년과 '이후' 교회』(2021), 641-648을 보라

125 변선환의 경우처럼 김경재 역시 토착화를 정치적 차원(민중 신학)과 문화 차원(종교 신학)으로 대별했고 이를 통전시키고자 했다.

물론 슐리얼리즘 신학은 앞선 제 신학 사조와 별개의 신학 형태(유형)로도 충분히 서술 가능하다. 향후 슐리얼리즘 신학 그 자체를 좀 더 정교하게 서술할 과제가 후학들의 몫으로 남아 있다. 하지만 필자는 일단 이것을 환원 신학의 창조적 전개로서 수용코자 한다. 환원 신학의 재 활성화로서의 슐리얼리즘 신학이 기존 신학 체계 속에 녹아내려 이들 각각의 한계를 치유하고 극복하는 동력이라 믿기 때문이다. 마치 자신의 형체는 없어진 채로 유불선 속에 담긴 풍류(도)처럼 말이다.[126] 필자가 말했던 통섭의 의미도 이런 맥락에서였다. 마치 소금이 물에 녹아 형체를 잃지만, 소금물로 그 진가를 발휘하듯이 이신의 슐리얼리즘 신학 역시 뭇 광맥들의 가치를 품되 재창조할 수 있을 것이다. 필자가 고독, 저항, 그리고 환(상)이란 말로 슐리얼리즘 신학을 서술했고 종교개혁 신학의 기존 세 원리를 대신할 수 있다고 말한 이유도 여기에 있다. 이처럼 슐리얼리즘 신학의 핵심 개념들은 특정 종교나 신학이 독점할 수 없는 보편가치를 지녔다. 그림을 그렸고 시를 썼으며 논문을 집필했던 이신, 급기야 자신의 신학을 예술 신학으로 전개했기에 그의 신학은 특정 사조 이상의 메타가치로 인정받을 여지가 크다. 이하에서 필자는 이신의 슐리얼리즘 신학 차원에서 그리스도환원운동(신학)은 물론, 종교(토착화) 신학 나아가 기독교사회주의(민중 신학)를 통섭할 수 있는 가능성을 살필 것이다.

한 말 서세동점의 시기에 탁사 최병헌 같은 신학(목회)자가 한국 교계에 출현한 것은 기적 같은 일이었다. 모두가 자신의 생득적 전통을 버릴 때 오직 그만이 평생 몸담았던 유학자의 삶의 바탕에서 기독교를

---

126 한국 문화신학회 편, 『한류로 신학하기: K-Christianity』(서울: 동연, 2016), 이곳에 실린 필자의 첫 논문을 보라.

수용했다. '서양의 하늘과 동양 하늘이 다르지 않다'고 말했을 뿐 아니라, 기독교를 비롯한 유불선 종교 모두가 '저마다 같은 고기 맛'을 지녔다고 여겼다. 한국인 최초 정동교회 담임자로서 기독교가 동양 종교를 완성한다는 성취설을 포기치 않았으나 그 바탕에 유교와 기독교 간 연속성에 대한 이해 역시 항존 했다. 이 점에서 변선환은 탁사 최병헌의 만종일연의 종교관 속에 신 중심인 종교다원주의(종교 신학)의 맹아가 담겼다고 적극 평가했다.[127] 당시 척사파에 근접한 '동도서기'(東道西器) 차원을 넘어 '동도서법'(東道西法)의 틀에서 탁사를 본 것이다.[128] 동서양을 정신과 물질로 대별하지 않고 이들 양자 모두의 정신세계를 인정한 결과였다. 이로써 토착화론은 감리교를 대표하는 신학적 대명사가 되었고 한국 신학의 소중한 광맥으로 자리 잡았다. 1930년대 이후 최초의 조직신학자 정경옥, 그 역시 '특별계시를 인정한다 해서 일반계시를 부정할 이유가 되지 못한다'는 말을 남김으로써 탁사의 뒤를 이었다. 기독교와 아시아 종교 간의 연속성 문제를 여전히 중시했던 것이다. 1950년대 말에서 60년대 초 불거진 토착화 논쟁의 두 주역 '유동식과 윤성범'에 의해 이 광맥의 진가가 발휘되었다. 물론 선교 신학적 관점을 지녔으나 복음과 문화의 접촉점에 무게중심을 둔 감리교 고유한 관점이 적시된 것이다. 그 결과 소위 유동식의 '접목론'과 윤성범의 '종자/토양론'은 직수입된 서구적 기독교와 필연적인 갈등을 초래했다. 서구 기독교 역시 일종의 토착화 산물인 것을 인정치 않았던 보수교단과의 신학적 투쟁이었다. 주지하듯 유동식은 나무의 '밑둥'을 한국 종교문화로, 기독교(복음)를 이에 접붙여져야 할 '가지'로 비유했다. 복음이란

---

127 변선환 아키브 편, 『변선환 전집 3권-한국적 신학의 모색』 (한국신학연구소, 1997), 109.
128 『변선환 전집 3권 ― 한국적 신학의 모색』, 212-223.

새 가지로 인해 활성화되지 못한 한국종교문화의 정신세계가 펼쳐질 것을 기대한 것이다. 뿌리가 지닌 가치를 서구 기독교의 그것만큼 인정했기에 당시로선 대단한 발상이었다. 그것이 바로 전술했던 풍류도, 한, 멋, 삶의 세계였다. 이것을 펼쳐내는 것을 기독교적 선교과제라고 여긴 것이다. 이 땅의 종교문화를 나무의 '밑둥'으로 봤다는 것은 분명 토착화 신학의 새로운 면모였다. 일방적인 주객구조 대신 주체와 주체 간의 만남으로 문화와 복음을 이해했기 때문이다. 하지만, 여기에는 한국 종교문화 스스로 자신의 정신세계를 깨울 수 없다는 발상이 전제되었다. 서구 의존적인 비주체성이 당연시된 것이다. 이는 '밑둥'의 주체(능동)성에 대한 온전한 인정일 수 없다. 서구에 의해 깨어나기를 기다리는 수동적 존재, 즉 수동적 주체성이라 불러야할 것이다. 해천 윤성범의 경우 종자로서의 서구 기독교는 이 땅의 풍토에서 서구와는 다른 형태와 특징을 지닐 수 있다고 강조했다. 같은 씨앗이라도 땅이 다를 경우 피어나는 꽃의 색상 등에서 차이가 날 수 있다고 본 것이다. 서구 기독교에 포로 된 교계로부터 '종교혼합주의'란 혹평을 받았음에도 그는 이를 '성령의 역사'로 응수하며 자신의 '종자론'에서 토양의 능동성을 포기치 않았다. 유동식처럼 토양의 주체성을 인정했던 결과였다. 주지하듯 해천에게 '토양', 즉 복음이란 종자가 뿌려질 '땅'은 주로 유교였다. 이 땅의 삶의 현실이 아니라 경전 속의 유교였던 것이다. 『중용』의 핵심 개념인 '성'(誠)을 계시와 등가로 봤고 계시 없이는 세상이 아무것도 아니라는 신앙고백을 같은 고전 속의 '불성무물'(不誠無物)이란 말뜻과 같다고 여겼다. 이로써 해천 식의 한국적 기독교가 탄생될 수 있었다. 하지만 그의 『성(誠)의 신학』이 계시를 강조했기에 해천 역시 앞서 강조했던 토양의 주체성과 스스로 모순되었다. 유교적 성(誠)에게 신정통주의(칼바르트)식 계시의 의미를 강제했던 탓이다. 이로써 성령의 이름으로 종교혼합주의란 비판을 감내코자 했으나 그 역시 계시신학자로 되돌아갔다. 이점에서 10여 년 늦게 이 논쟁에 참여한 일아 변선환은 토착화론을 한 걸음 진척시켰다. 유럽신학계에서 논쟁된 '비신화화'를 넘어선 '비케리그마화'의 논쟁에 힘입은 바 컸다. 바젤 신학자 프릿츠 부리에 의해 촉발된 '비케리그마화'론은 그리스도 예수 역시 자신들 전통과 관계된 무제약적 상징인 것을 역설했다. 서구 밖의 여타 다른 전통에서는 붓다와 같은 다른 상징이 존재할 수 있다고 보았다. 일체 상징은 자신들 전통에서만 유의미할 뿐 다른 전통에 강요할 수 없다는 것이다. 개별 종교문화의 독자성, 주체성을 온전히 인정한 결과였다. 이로써 변선환은 비신화론에 의존한 유동식은 물론 칼 바르트의 계시론으로 돌아간 윤성범과도 변별되었다. 그의 관심은 예수 그리스도란 상징이 붓다, 공자뿐 아니라 미륵의 상징과도 만나 각기 전통의 한계를 벗고 상호 창조적으로 보완, 변형될 수 있는가 여부에 있었다. 이후 변선환은 미국의 신중심주의 다원주의 신학을 받아들였으며 상호 주체성(독자성) 이론을 심화시켜 나갔다. 이 과정에서 아시아의 종교성, 민중성을 갖고 복음을 재해석했던 바, 앞서 말한 종교해방 신학이란 말도 여기서 비롯했다.[129] 변선환은 아시아의 종교풍토가 본문이고 서구신학이 각주가 되는 신학의 미래, 아시아 중심의 기독교로서 토착화 신학을 기대했던 것이다.

이상에서 필자는 한국 신학의 소중한 광맥인 토착화, 종교 신학의

---

129 박일준, "저항과 탈주의 몸짓으로서 종교해방 신학," 변선환 아키브 편,『올곧이 선생님 변선환』(신앙과 지성사, 2010), 270-308; 신익상, "아아 신학! ― 종교해방 신학의 여명," 변선환 아키브편,『변선환 신학 새로 보기』(대한기독교서회, 2005), 210-251.

흐름을 내재적 비판의 차원에서 서술했다. 하지만 이들 신학의 한계는 외재적 차원에서 볼 때 더욱 심각했다. 토착화론, 즉 한국에서의 종교 신학은 정치 불감증, 이론 편향성, 상부 문화 치중성, 민족개념에 대한 비판 결여 등 내부를 향한 외부의 부정(비판)적 관점들에 옳게 대응하지 못하고 있다. 앞서 말했듯이 탁사 최병헌의 경우 정동교회 목사로 활동하면서도 고종의 명을 받아 동학군 잔당을 굴복시키는 관(국가)의 시각을 대변했다. 국가의 주(정)체성을 세우려 했으나 민중의 편이 될 수 없는 치명적 한계를 드러낸 것이다. 당시 정부 관료, 양반들이 모였던 정동교회 및 한학자로서 선교사들과 동역자로 일할 수밖에 없었던 최병헌 자신의 한계였다고도 말할 수 있겠다. 이런 태생적 한계는 1960년 이후 토착화 신학의 전성기에도 지속되었다. 일제에 나라를 빼앗겼던 뼈저린 경험 탓에 '우리 것'을 우선했던 이들 토착화 신학자들은 정작 우리 속의 부조리와 갈등을 직시할 의지도 능력도 없었다. 심지어 그런 모순을 사소한 것으로 여길 정도였다. 이들은 이론적 신학을 만드는 일에 실로 천재적 소양을 발휘했다. 성육신을 멋의 차원에서 이해하는 사변적 논리에서 그 정점을 이뤘다. 하지만 성육신은 멋이 아니라 삶의 표현이 아니던가? 상부 문화만 중요한 것이 아니라 정치 경제적 실상도 의당 우리 땅의 모습일 터, 그 현실과 마주치지 못한 것이다. 조화의 멋을 토착화론의 최고 가치로 여긴 것은 거꾸로 보면 현실모순에 눈감았다는 방증이다. 소외자, 국외자란 의식을 갖고 살아 본 경험이 부족했기에 고독과 저항이 이들에게 낯선 개념이 되고 말았다. 단지 서양과 구별되는 우리 것에 대한 자의식, 그것만을 독창적으로 표현코자 했다. 종교해방 신학을 설한 변선환에게 다른 면이 보였으나 그 역시 이론에 편중되었다.[130] 해방에 대한 확실한 성서적 전거가 없었다는 것도 또 다른 한계였다. 삶이 이론에서 일탈될 경우 이론은 공허해질 수밖에 없다. 이런 연유로 토착화 신학은 민중 신학과 견줄 때 교회 내에서도 정착이 어려웠고 한국종교사회에서도 홀대를 받는 이율배반적 현실에 처했던 것이다. 향후 토착화론은 슐리얼리즘 신학에게 올차게 세례를 받아 내외재적 한계를 극복하여 지향했던 탈서구적 기독교의 길로 나아갈 것을 요청받는다.

토착화 신학은 그것이 신학이라 불리는 만큼 성서적 근거가 확실할 필요가 있다. 그래서 현실 속에서 재현되어야 할 묵시문학의 두 원형이 중요하다. 필히 새 시대를 요구하는 메시아(인자) 사상과 하느님 나라 이미지가 그것이다. 이것이 환원 신학자 이신이 토착화론에 주는 첫 메시지이겠다. 여기에는 존재론적 이원론과 구별되는 영적 양극성이 전제되었다. 조화를 상정하는 기존 토착화론과 크게 구별되는 지점이다. 더욱이 이는 '역사유비'라는 말도 사용했듯이 유대 기독교 전통과 갈등치 않고 필히 공유된다. 이런 지평에서 이해되는 예수 또한 결코 기독교인들에게 거부될 이유가 없다. 동시에 슐리얼리즘 신학은 이런 상(원형)을 잉태한 묵시 의식이 결코 성서 속에 갇혀 한정되지 않았음을 적시했다. 묵시적, 초의식적 자의식이 비유대적 방식으로 현현할 수 있다고 본 것이다. 이를 이신은 현상학의 용어를 빌어 묵시문학의 자율성이라 일컬었다. 이 자율성을 '역사적 일관성이 없는 유사성' 혹은 '우연의 일치(특별한 의식상태)에 의한 일치'라 언표 한 것이다. 여기서 핵심은 소외, 변방 의식이고 그들로 인해 부정된 현실이 초극될 수 있다는 사실이며 이런 묵시적 자의식이 동서양 양편에서 가능하다는 사실이다.

---

130 이 점에서 민중 없는 민중 신학을 말한 민중 신학자들에게도 동일 잣대가 적용되어야 할 것이다.

이처럼 슐리얼리즘 신학은 토착화 신학이 결핍한 요소들을 충족시키면서 그 과제를 완성시킬 수 있다. 보았듯이 여기서 토착화론 속의 미흡한 (수동적) 주체성은 묵시적 자율성에 의해 재탄생, 재창조되었다. '역사적 일관성 없는 일치성'이란 말이 적시하듯 기독교 서구와 한국, 복음과 종교문화 간 공존(수평)적 토대를 형성할 수 있기 때문이다. 이로써 우리 주체성은 성서 및 서구의 그것과 다를 수 없고 한국 종교문화는 복음에 의해 완성되기를 기다릴 이유가 사라졌다. 오롯하게 자기 방식대로 영적 양극성을 해소하면 될 일이다. 종교문화 속에서 하늘 뜻을 찾고 해방의 길을 얻고자 하면 그것으로 족한 것이다. 이런 이유로 이신은 〈한국그리스도의교회 선언〉에서 한국적 방식으로, 한국인의 눈으로 성서 읽기를 강력히 권했다.131 물론 목회자로서 현실적 한계를 인정했으나 지향성만큼은 분명했다. 그럴수록 슐리얼리즘 신학은 우리에게 변방 의식, 소외자로서의 국외(한계) 의식을 부각시켰다. 부정(된) 현실에서 초의식(상상력)의 길을 열고자 한 것이다. 주지하듯 슐리얼리즘 신학은 철저하게 영적 양극성에 터한 신학이었다. 조화적 이론이 아니라 양극성의 현실에서 비롯했기에 이신에게 유불선 보다 동학이 중요했다. 동학 역시 묵시문학자들이 처했던 상황에서 나왔기에 묵시적 자율성 차원에서 살필 가치가 충분했던 것이다.132 이신과 동시대를 살았던 토착화 신학자들 중에서 동학과 씨름한 사람이 없었고, 있었다 해도 논리로 접근하거나 수행론 차원에서 시도한 것이 고착이었다.133 고독, 저

---

131 『슐리얼리즘과 영의 신학』, 363

132 묵시적 상황만이 기독교적이며 그로부터 자율성이 비롯한다는 이신의 슐리얼리즘 신학은 기독교의 다양성을 축소시키는 누를 범할 수도 있다. 이점을 깊이 고려해야 할 것이다.

133 이정배, "동학의 세계관과 수행론의 기독교적 이해," 『한국 개신교 전위 토착신학연구』, 383-422.

항, 상상의 신학자 이신은 짧은 생을 살면서도 동학에 대한 옥고 한편을 남겼다. 여기서 우리는 토착화 신학의 새 가능성을 엿볼 수 있다. 이신은 1972년에 발표한 '최제우 사상'이란 글[134]에서 동학을 '한글' 창제 이외에 가장 독창적인 한국적인 것으로 평가했다. 조세 이유로 땅을 수탈당해 소작농으로 전락한 몇 대에 걸친 농민들의 비참한 삶이 동학을 이해하는 열쇠이다. 당대 불교, 유교를 막론한 기존 종교들의 타락상, 즉 노동하지 않고 불로소득을 구하는 종교인들의 거짓과 위선도 한몫했다. 수운은 이들 종교의 운이 다한 듯 생각했다. 기존 가치체계를 부정하는 서학, 천주학에 대한 염려도 컸다. 이신에게 창시자 최제우의 생각은 전위적 역사(묵시) 의식과 같게 보였다. 여기서 비롯한 동학, 창시자 수운 최제우의 창의성을 이신은 '시천주'(侍天主), 일명 '천인합일'에서 찾았고, 이를 정신/육체의 합일, 이념/행동의 합일로 풀어냈다. 이 경우 천인합일, 시천주는 의당 묵시적 자의식의 동학적 언표이겠다. 이신은 동학의 핵심 개념 중 하나인 '이천식천'(以天食天)을 이런 합일 의식의 골자라 생각했다. 이천식천은 '한울로 한울을 먹는다'는 말뜻으로서 일체 물(자연)이 하늘인 것을 강조하는 동학적 표현이다. 수운이 그랬듯이 이신 또한 '이천식천'을 물질이 곧 하늘이며 하늘이 다시 물질인 것을 고지하는 천지대법(天地大法)으로 여긴 것이다. 이로써 민중이 물질을 빼앗긴 것은 곧 하늘을 수탈당한 것임을 깨쳐 알게 했다. 최근 이천식천을 생태계 원리로, 생태 신학적 차원에서 적극 해석하는 경향이 생겼으나 당시 70년대 초엽의 글로서 이신의 상기 풀이는 기존 토착화 신학자들에게는 참으로 낯설었다. 이를 근거로 동학은 기존 종교들

---

134 이신, '최제우 사상' 1972, 이하 원고지에 적힌 글이기에 페이지 수 표기하는 것이 무의미하다고 생각하여 생략한다.

의 허상을 여실하게 밝힐 수 있었다. 교리가 민중의 아픔, 시대의 고민을 품지 못하고 오히려 이들과 모순된 현실을 고발하며 생명의 역환을 꾀한 것이다. 노예를 해방했고 여성에게 자유를 주었으며 어린이를 맘껏 높였으니 실로 전위 역사 의식의 현실화라 말할 수 있겠다. 이것이 앞서 말한 정신/육체의 합일이자 이념/행동의 일치, 바로 그 뜻이었다. 조선조 말 나라를 위협하는 왜구에 대한 저항도 이들 몫이었으니 동학은 민중과 민족 모두를 아우르는 큰 틀을 지녔다. 그토록 수탈당했지만 그래도 조선 땅을 아름답다 여겼고 끝까지 지키려 했다. 글 말미에 이신은 전봉준을 언급하며 동학의 민중봉기가 궁극적으로는 개벽을 위한 것이라 적었다. 이신에게 동학의 시천주, 천인합일 의식은 영적 양극성 상황에서 비롯한 한국적 묵시의식, 전위 역사였기 때문이다. 이신은 수운의 동학을 슐리얼리즘 신학의 한국적 표현으로 여겼다.

이제 기독교사회주의 광맥을 다시 캐기 위한 슐리얼리즘 신학의 역할과 과제를 언급할 지면에 이르렀다. 앞서 충분한 논의가 있었기에 긴 글이 필요치 않을 듯하다. 단지 주제가 달라진 만큼 양자 간 상관성에 초점을 맞춰 가능한 대로 약술하겠다. 주지하듯 기독교사회주의의 광맥은 아직까지 제대로 캐지도, 옳게 평가되지도 못했다. 민족대표 33인 중 한 사람이었던 김창준의 얼굴상이 다른 이들과 함께 모교 감신에 새겨졌으나 후일 월북했다는 이유로 유독 그의 것만이 아주 어둡게 새겨져 있다. 바로 여기에 기독교사회주의를 바라보는 한국 기독교계의 시각과 의중이 담겨있다. 3.1선언의 꿈이 좌절된 이래로 기독교 세력, 민족주의 그리고 사회주의자들이 민족 독립을 위해 곳곳에서 협력했고 때론 각축을 벌이기까지 했다. 일제가 조작한 105인 사건으로 역사 이면으로 사라진 신민회 역시 이들 세 집단이 더불어 활동했던 공간이었다. 민족주의자 기독교인이 있었고, 기독교인이지만 사회주의를 수용한 사람들도 생겨났다. 전자가 도산 안창호로 대표된다면 후자의 경우는 몽양 여운형을 들 수 있겠다. 사실 1920년대 당시 일제 치하에서 서구 사회주의가 표방했던 계급혁명 같은 것은 시기상조였다. 프롤레타리아 혁명을 시도할 만큼 산업적(물적) 토대가 갖춰지지 않았던 것이다.[135] 후진적 산업화로 당시 자본주의 모순이 심화, 축적되지 않았던 상황이었다. 하지만 연해주 지역 이주 한인들의 경우, 국내는 물론 상해 임정의 정치인들과 달리 러시아 왕조를 무너트린 볼세비키혁명과 최전선에서 맞닥트렸다. 이런 충격적 경험을 통해 연해주 한인들은 일차적으로 사회주의를 제국 일본을 무너트릴 방편으로 생각했다. 기독교인이었다가 사회주의로 전향했던 이동휘가 대표적인 경우일 것이다. 그럴수록 이런 경험에서 빗겨난 상해 임정, 민족주의 세가 강력했던 그곳 정치인들과의 갈등은 깊어져만 갔다. 기독교인들 또한 무신론을 표방하는 사회주의 대신 민족주의와 손잡는 일을 훨씬 쉽게 생각했다. 감신의 토착화론 역시 이런 선상에서 이해될 여지가 많다. 상해 임정에서 비롯한 이념 갈등은 해방공간에서도 지속되었고 기독교사회주의란 말 역시 옳게 평가될 수 없었다. 좌우 대립으로 해방이 무색해졌던 바, 우익성향을 띤 민족주의자들의 득세로 사회주의가 터부시된 결과였다. 더욱이 민족을 분단시킨 한국전쟁이 사회주의를 부정하는 결정적 요인으로 작용했다. 해방되었으나 아직도 스스로 서지(독립) 못하는 분단 70년 역사책임을 사회주의 탓으로 돌린 까닭이다. 그럼에도 최소한 '기독교사회주의'가 이 시대에 다시 소환될 이유는 충분하다.

---

135 이정배, "몽양 여운형의 좌우합작론 속의 토착적 기독교성," 변선환 아키브 편,『3.1정신과 '이후' 기독교』(모시는 사람들, 2019), 116-147, 특히 129-134를 보라.

사실 사회주의 세력은 일정부분 기독교에 대한 반감을 토대로 성장했다. 3.1선언 이후 좌절한 민초들을 교회 공간에 가뒀고 저세상의 복락을 가르쳤으며 현실과 멀어진 삶을 살게 했던 교회를 비판했던 까닭이다.136 세상 소망보다 하늘 소망에 무게를 둔 채 영적 활동에 치중한 교회, 한마디로 정치영역을 실종시킨 종교는 굶주린 이들의 육적 고통과 민족 해방에 둔감할 수밖에 없었다. 동시대의 한 신문 사설 제목이 '교회여, 가두에 처하라' 즉 교회로 하여금 거리로 나설 것을 주문했으니,137 이로써 당시 교회 실상을 여실히 가늠할 수 있겠다. 이런 기독교에 대한 실망과 좌절이 사회주의자를 양산하는 온실이 되었다. 기독교 사회주의는 바로 이점에 주목했고 그에 대한 응답으로 태동된 것이다. 하지만 이들에게 사회주의 이론보다는 민초들의 고통이 우선이었다. 이론적 사회주의가 아니라 실천적으로 사회주의를 표방한 것이다. 이는 기독교 초기정신으로의 복귀(환원)와 유관한 것으로서 슐리얼리즘적 환원운동과 본뜻에서 다를 이유가 전혀 없다.138

주지하듯 정치적 이념 및 노선투쟁에 지친 상해 임정의 손정도가 만주 길림에 정착하여 펼친 이념이 바로 민초의 삶을 우선하는 '기독교 사회주의'였다. 여기서 사회주의 앞에 붙은 '기독교'란 말은 영이 아니라 '육', 곧 물질을 중시하나 물질주의(유물론)는 물론 자본주의 나아가 민족주의와도 다름을 적시한다.139 손정도는 경쟁하며 독점하는 자본주

---

136 한규무, 앞의 글, 116-120.

137 1920년대 초 동아일보 사설의 제목이다. 필자가 다른 글에서 인용했던 글인데 출처를 찾지 못해 아쉽다.

138 카를 카우츠키/이승무 역, 『새로운 사회주의 선구자들』(서울: 동연, 2018), 1장 내용 중 원시 공산제 부분을 보라.

139 이덕주, "손정도 목사의 생애와 기독교사상," 『손정도 목사의 생애와 사상』(감리교신학대

의보다 분배하되 협동적인 사회주의를 선호했고 나라를 잃은 민족의 죄성을 보았기에 민족주의와도 결을 달리했다. 정동교회 시절 선배 동역자 최병헌과 달리 자신의 유교적 자산과 스스로 결별한 것이다. 민족의 종교문화 유산을 긍정한 토착화론과 맥락이 다를 수밖에 없는 이유이다. 기독교를 통해 독립할 수 있는 민족적 자신감을 회복시키는 것을 사명으로 여겼다. 하지만 이런 의지가 자신의 무의식적 영역까지 지배할 수는 없었다. 마지막 순간까지 민족주의자로서 사회주의자와 손잡고 민족 독립을 위해 애썼던 까닭이다. 그와 동문수학한 김창준의 경우도 이와 다르지 않다. 비록 인생 마지막 후반기를 북쪽에서 보냈으나 일관되게 그는 기독교 자의식을 지닌 사회주의자로 살았다.[140] 인간해방과 민족 독립을 위해 그의 영혼 안에서 기독교와 사회주의가 하나가 되었기에 가능한 일이었다. 하지만 북을 선택했던 이유로 김창준에 대한 평가는 일면 타당한 측면도 있겠으나 지나치게 혹독했다. 허울 좋은 공산주의 신념과 구호를 맹종한 사람, 역사적, 현상적 공산주의를 옳게 직시하지 못한 몽상가로 폄하되는 것은 도를 넘은 비판일 수밖에 없다.[141] 토착화론이 유불선 종교들과 기독교의 관계였고 기독교사회주의가 민족주의, 사회주의 이념과의 상관성 물음이었던 바, 이들 관계는 앞으로도 이 땅의 신학 형성에 있어 거듭 되물어야 할 핵심적인 신학적 과제일 수밖에 없다.

하지만 기독교사회주의 역시 자신 속에 내/외재적 한계, 곧 극복해

학교 출판부), 878-886 이하 내용.

140 한규무, 앞의 글, 123; 김흥수, "김창준의 생애와 사상," 김흥수 편, 『일제하 한국기독교와 사회주의』 참조.

141 유영렬, "기독교 민족사회주의자 김창준에 대한 고찰, 김창준 회고록을 중심으로," 202-203.

야할 과제를 지녔다. 우선 내재적 관점에서 볼 때 일제강점기, 일본과 그에 편승한 자국 지주들에게 정치, 경제적 주권을 정황에서 그 내용과 형식이 제한되었다. 민족주의를 표방했으나 자국 내 종교문화 토양과 불화한 채 외세(마르크스) 이념과 쉽게 조우했고 그를 수용했다. 인간해 방과 민족 독립을 위해 기독교와 마르크스주의에게 우선성을 넘겨준 것이다. 이 점에서 기독교를 등에 업은 민족주의와 사회주의를 표방했 던 기독교 측이 상호 갈등했으나 개벽 사상을 말한 동학과 견줄 때 그 속살에 있어 상호 다르지 않았다. 이들에게 민족은 구원의 대상이었을 뿐 그 고유한 정신적 가치를 인정함에 있어 공히 부정적이었던 것이다. 저마다 민족의 미래를 걱정했지만 정작 민족이 일궈낸 정신문화를 무 시했고 그에 냉담했다. 이 점에서 우리 역사를 아(我)와 비아(非我)의 투쟁으로 봤던 신채호의 역사관을 후일 '뜻', '고난'의 관점에서 본 함석 헌과 비교할 필요가 있다.[142] 비아인 외세와 맞설 주체로서 우리 문화 를 앞세웠기 때문이다. 더욱이 예수고난(십자가)을 민족사 차원에 적용 한 함석헌의 경우 사회주의 에토스를 힘껏 약화시켰다. 자립과 해방을 위해 무장투쟁까지 수용했던 기독교사회주의자들과 달리 '뜻'을 위해 비폭력을 강조한 탓이다. 이는 사회주의 수용 자체를 거부, 부정했던

---

142 박정심, 『단재 신채호, 조선의 아, 비아와 마주서다』(도서출판 문사철, 2019) 200 이하 결론 부분 참조; 이정배, 『토착화와 세계화 — 한국 신학의 두 과제』(한들 출판사, 2007); 동 저자, "함석헌의 뜻으로 본 한국 역사 속에 나타난 민족 개념의 신학적 고찰," 「신학과 세계」(감 신대 출판부, 2006); 동 저자, "저항적 민족주의에서 문화적 민족주의로 — 한일 역사 치유 를 위한 아시아 신학 모색, 토착화 신학의 관점에서," (한국조직신학회, 2007); 동 저자, "함 석헌의 탈민족, 탈기독교적 평화신학 연구," (한국문화신학회, 2008). 이상의 여러 글에서 필자는 함석헌의 역사관을 신채호의 발전적 형태로 평가했었다. 하지만 이번 글에서 그의 고난사관은 단재 신채호의 주체적 역사관과 좀 더 치열하게 대화했었다면 좋았을 것이란 역전된 생각을 하게 되었다.

함석헌의 평소 소신이기도 했다. 고난에 뜻을 부여했지만, 그는 '뜻'의 실현을 민족으로부터 기대하지 않았다. 동학에 대한 그의 부정적 평가도 이를 방증한다. 그의 역사이해는 크게 보아 기독교적 민족주의 맥락에서 비롯했다. 기독교사회주의에 대한 적실한 이해를 결핍한 이유이다. 물론 비폭력 사상은 아무리 강조해도 지나치지 않고 씨알 사상 또한 경제적 관점에서 이해된 계급적 민중론과 크게 변별된다. 하지만 민족을 배제한 민중론, 능동성 및 자발성을 상실한 민족문화론에 동의하기 어렵다. 그의 고난 사관은 북의 주체사상과의 대화를 어렵게 만들었다. 여기서 민중(여성)을 포함하는 민족 개념을 제시한 박순경의 민족 신학[143]은 물론 '신의 육화만이 아니라 육(인간)의 영화'[144]를 역설하며 비동시적 동시성으로서 인간의 창조적 상상력을 강조했던 슐리얼리즘 신학을 재차 소환할 필요가 있다. 성서만큼이나 민족(문화)속에도 허구, 날조된 환상이 아니라 특수한 역사적, 집단적 경험에서 비롯한 인종적인 상상력이 담겨있는 까닭이다.[145] 지금껏 토착화론과 기독교사회주의가 각기 다른 광맥에 속했다고 말해왔으나 실상 이들 간 변별력은 이점에 있어서는 상대적이었다. 적시했듯이 한국문화의 주체(능동)성 인정 여부에 있어 토착화론 역시 정도 차에도 불구하고 동일한 한계를 노정했다.

---

143 박순경, 『민족통일과 여성 신학의 과제』(대한기독교서회, 1988); 동 저자, 『통일신학의 고통과 승리』(한울출판사, 1992); 이은선, "한국 여성신학자 박순경 통일신학의 세계 문화사적 함의와 성(聖)·성(誠)·성(性)의 여성산학," 한국여성신학회 하계 세미나 2019년 6월 9일, 37-64. 여기서 박순경은 『천부경』을 비롯한 『환단고기』, 『삼일신고』 등의 이 땅의 옛 고전을 대단히 중시했다. 실증역사학자들이 평가하듯 단순히 위서라 여기지 않았고 이를 실제 역사로 수용했다.

144 『슐리얼리즘과 영의 신학』, 224

145 앤서니, D. 스미스/이재석 역, 『민족의 인종적 기원』(그린비, 2018), 서문 참조.

이상의 내재적 비판 이상으로 기독교사회주의가 맞닥뜨려야 할 외재적 비판이 중요하다. 주지하듯 기독교사회주의는 일제강점기 상황에서 영육 이원론적 기독교와 지주계급에 반발했던 사회주의 이념에 대한 일종의 기독교적 대응이었다. 그렇기에 사회주의 이념 자체의 수용보다 사회, 경제적 문제를 경시한 기독교적 한계를 수정하는 것이 고작이었다. 오히려 유물론과 무신론을 축으로 자본주의를 비판했던 사회주의는 기독교사회주의를 형용 모순적이라 여겼다. 무산계급의 몫이어야 할 잉여 자본과 투쟁에 기독교는 항시 소극적이었던 까닭이다. 이런 이유로 기독교사회주의는 역사 뒤안길로 사라졌고 자본주의 체제에 굴복, 편입되어 자본주의화 된 기독교만이 실재하는 상황이 되었다. 목하 누구도 지구촌 시장 자본주의를 부정하고 체제를 바꿀 생각이 없다. 민중 신학조차 현 상황에 맞서 체제를 극복할 여력을 갖추지 못했다. 파국이 자신의 시대에 도래치 않기를 바라고 있을 뿐이다.[146] 그럼에도 지구 자본주의가 파산 위기에 처한 역설적 상황을 숨길 수 없다. 자본주의가 초래한 세계적 차원의 양극화(불평등)와 기후붕괴(재난)가 자본주의 체제는 물론 지구 자체가 생존 불능의 공간이 된 것이다. 사회주의(평등)를 잠식시킨 신자유주의적 자본주의가 지구 미래를 실종시킬 것이란 위기의식이 팽배하다. 지구적 자본주의 대신 '탈성장'에 근거한 '생태 사회주의'가 인류 앞날을 위한 새 이념으로 제시되는 중이다.[147] 지난 세기 자본주의에 맞서 '프롤레타리아'(사회주의) 이념이 절실했듯이

---

146 박일준, "저항의 주체, 환상의 주체 ― 이신의 슐리얼리즘에 대하여,"『환상과 저항의 신학』, 302-303.

147 프레시안 2021년 4월 21일 자에 실린 장석준의 글 '지구 자본주의가 극한에 다다랐다'를 보라. 디트리히 볼레스/안기순 역,『성장의 종말』(더퀘스트, 2021) 참조; 가이 스탠딩/안효상 역,『공유지의 약탈』(창비, 2021).

작금의 현실은 생태 위기와 양극화를 동시에 해결할 더 큰 거대 이념으로서 '생태 사회주의'가 절박하게 요구되고 있다. 이신의 말로 바꾸자면 목하 현실은 지구 자본주의와 생태 사회주의 간의 영적(이념적) 양극성에 처해 있는 바 그럴수록 새로운 이념, 묵시적 원형 의식이 더없이 필요한 시대가 된 것이다. 이런 지구적 재난에 직면하여 과거의 기독교 사회주의 역시 의당 재탄생될 필요가 있다. 과거처럼 기독교가 중심인 사회주의가 아니라 생태, 자연에 근거한 사회주의 시각에서 기독교를 재구성하라는 뜻이다. 자연이 공적이듯 기본소득을 비롯하여 공공성을 우선하는 경제체제를 만들라는 것이다. 이를 위해 기존 기독교적 표상에서 해방되는 것이 일차적 과제이겠다. 대재난에 빠진 지구가 지금 고통받는 신의 모습이 되어 인류에게 '네 삶을 달리 만들 것을 요구하고 있으니 말이다'.[148] 여기서 필자는 기존 사회주의가 표방했던 유물론과 무신론의 재 영성화 혹은 육화된 세계를 영적으로 이끄는 묵시적 자의식을 새삼 발견한다. 지금껏 외부환경으로부터 자신을 지키고자 내 것/네 것을 나눴던 인류가 영적(이념적) 양극성에 직면하여 생태 사회주의 구체화로서 '공-면역'체계를 만들 수 있기 때문이다.[149] 이런 상태를 묵시가들이 상상하던 메시아 왕국의 작금의 현실/이념적 표현이라 말할 수 있겠다.

기독교사회주의 내/외재적 한계에 대한 설명이 부족한 듯싶어 좀 더 부연 설명이 필요하겠다. 주지하듯 의식의 자율성에 입각한 슐리얼리즘 신학은 개별 종교문화의 독자성, 주체성을 긍정했다. 반면 기독교

---

148 페터 슬로터다이크/문순표 역, 『너는 너희 삶을 바꿔야 한다 ― 인간 공학에 대하여』(오월의 봄, 2020).

149 페터 슬로터다이크, 『너는 너의 삶을 바꿔야 한다 ― 인간 공학에 대하여』, 27-37.

사회주의의 경우 한국의 제 종교문화와 결별을 전제했다. 이전 종교로는 해방과 독립의 길을 이룰 수 없다고 생각했기 때문이다. 항시 기독교를 우선한 까닭에 사회주의 수용 또한 선택적이었다. 하지만 사회주의가 목표였다면 기독교 외 다른 종교 유산을 품어도 좋았을 것이다. 실제로 민족, 민중해방의 길은 기독교에 앞서 대종교, 동학/천도교가 닦았으니 말이다. 기독교란 특정 종교에 고착된 사고방식은 오히려 해방과 독립의 길을 어렵게 할 수 있다. 이 점에서 기독교사회주의는 토착화사조를 넘어 의식의 자율성을 강조한 슐리어리즘 신학과 연계될 필요가 있다. 여타 종교문화와의 공존과 협력의 길을 편견 없이 보장하는 까닭이다. 무엇보다 일제강점기 상황에서 비롯한 기독교사회주의는 작금의 지구 자본주의에 한없이 무력하다. 거주 불가능한 지구 위기[150] 현실에서 '기독교'가 아닌 '사회주의'에 방점을 둔 상태로 재고되어야 옳다. 앞서 말한 바, 지구 자본주의와 맞선 생태 사회주의는 실상 영적 양극성을 지닌 묵시문학자들의 한계 및 저항 의식에서만 가능할 수 있겠다. 기독교적 세계관만으로 이룰 수 있는 과제일 수 없다. 그럴수록 영적 양극성을 담지 한 묵시적 자의식들을 이/저곳에서 캐내는 일이 화급하다. 자본주의 폐해를 극복할 힘을 여기서 기대할 수 있기 때문이다. 이 점에서 이신의 슐리얼리즘 신학이 곧잘 유대 사상가 W. 벤야민의 정치사상과 비교되는 것에 주목한다.[151] 역사적 유물론과 유대 신학을 연결시킨 벤야민의 경우 그의 메시아사상은 실패한 역사, 자본주의

---

150 데이비드 월러스 웰즈/김재경 역, 『2050 거주 불가능한 지구』 (추수 밭, 2020) 참조.

151 정혁현, "유대-기독교적인 것 ― 벤야민과 이신," 『환상과 저항의 신학 ― 이신의 슐리얼리즘 연구』, 229-266, 특히 239-247을 보라. 이신이 그린 '돌의 소리'란 작품을 보라. 이신의 시집, 『돌의 소리』 부록 편 '이신의 그림' 참조.

구원을 위해 그를 정지 시키는 존재로 서술되었다. 지배자의 승리에 대한 부정과 치유, 곧 영적 양극성을 유대적으로 언표한 것이다. 현실 이상을 상상 못 하는 의식둔화를 비판했던 슐리얼리즘의 신학이 그와 비교되는 것이 낯설지 않다. 하지만 유대적 사유에 집중한 벤야민에 견줄 때 아시아적 사유로 중심축을 옮긴 이신의 주체(창조)성에 새삼 경의를 표하고 싶다. 생태 사회주의라는 새 이념의 창출 주체로서 아시아적 사유가 주목되기 때문이다.


## 마무리하는 말: 슐리얼리즘 신학으로서 예술 신학
### – 이신의 한국적 미론에 대하여

생각보다 길어진 논문을 마칠 시점에 이르렀다. 긴 과정을 거쳐 토착화 전통뿐 아니라 환원 신학, 기독교사회주의 사조를 환원 신학의 창조적 변형인 슐리얼리즘 신학으로 통전시키고자 했다. 저마다 교회(환원), 민족(토착화), 사회(기독교사회주의) 각각에 방점을 둔 탓에 통전이 불가능했고 그 역기능으로 본뜻이 손상된 상황에서 슐리얼리즘 신학의 역할을 살핀 것이다. 토착화 신학의 반역사성, 기독교사회주의의 상상력 빈곤, 환원운동의 교리적 형식화, 성서우상주의에 대한 비판을 날카롭게 적시했다. 주지하듯 이런 정황에 대한 교회실천적 대안이 〈한국그리스도의교회 선언〉에 잘 드러났다. 아쉽게도 이른 타계와 견제 세력으로 인해 신학적으로는 물론 교회 개혁적 차원에서도 충분한 결과를 내지 못했다. 그럼에도 의식의 자율성에 기초한 묵시적 원형의 재현과 그 역사화—역사적 일관성이 없는 유사성, 우연의 일치에 의한 혈족 관계—에 대한 생각은 한국기독교 신학과 교회에 새 역사가 되었다. 필자는 이를 '존재유비'(토미즘)와 '신앙유비'(루터)를 넘어 '역사유비'의 차원에서 이해할 수도 있다고 생각했다. 물론 이신은 유대 신학적 차원을 넘어섰고 아시아 종교들뿐 아니라 사실 예술과의 유사성도 강조했다. 예술의 한계를 적시했으나 예술 역시 자율적으로 초의식을 담고 있다고 생각한 것이다. 슐리얼리즘 신학이 본래 동시대적 예술적 자각에서 비롯했다는 사실도 한몫했을 것이다. 이신도 자신의 그림을 통해 하느님 영의 활동으로서 슐리얼리즘 신학 내용을 수없이 표현해냈다. 그가 그렸던 그림 수십 점이 실종된 탓에 충분한 서술이 어렵지만 슐리얼리즘 신학을 표방한 이신을 한국 최초의 기독교 예술 신학자로 일컫는 데 주저할 이유는 없을 것이다.152 이신과 교감했던 해천 윤성범이 그를 '한국적 미'를 추구하는 신학자로 명명한 것도 기억하면 좋겠다. 그가 생각했던 한국적 미란 것이 과연 어떤 것이었을까? 그가 생각하던 것과 이신의 생각이 동일했을지도 의문이다. 그 역시 현실보다는 이론, 갈등보다는 조화의 멋을 중시하는 토착화 신학자였기 때문이다. 여하튼 이 주제를 위해서 '한국적 미'와 슐리얼리즘 신학으로서 예술 신학 간의 상관성을 탐색해야 할 것이다. 본 사안은 별도의 주제로 여기

---

152 지금껏 소금 유동식을 한국 최초이자 독보적인 기독교 예술 신학자로 여겨왔다. 그의 공헌과 위상을 생각할 때 틀린 평가는 아니라고 생각한다. 하지만 이신의 경우 그보다 앞서 그림을 그렸고 미국 유학 중 화가로서 활동했다. 수차례 전시회도 열었으며 그림을 팔아 생활하기도 했다. 특별히 슐리얼리즘 사조를 토대로 그림을 그렸고 신학을 전개했기에 유동식과 변별력에 있어 이런 평가도 가능할 것이라 생각한다. 밴더빌트대학 유학 시 로버트 펑크의 신약성서 해석학 강의(1969년 5월 21일)에서 수강자였던 한 동료(Herold Bales)가 1967~1969년에 걸쳐 그렸던 이신의 작품에 대해 10페이지 분량으로 발표한 원고가 유고로 남아있다. 역사적 예수 연구에서 중요한 주제인 '비유'의 중요성을 갖고 이신 작품을 이해, 분석한 내용이다. 이신의 그림 테크닉에 대한 상징성에 초점을 맞췄다.

서 다룰 내용은 아니겠으나 짧게라도 언급할 필요를 느낀다. 예술 신학자 유동식의 풍류도 해석과 거기서 비롯한 조화미의 의미와 확연한 차이가 있다고 판단한 까닭이다.

주지하듯 묵시 연구가로서 이신은 메시아(하느님 나라) 의식과 변방(소외자) 의식에 주목했다. 한마디로 대한 영적 양극성을 묵시 사상의 핵심이라 여겼고 역사 부정을 통해 새 역사를 상(환)상한 것이다. 새 하늘, 새 땅의 비전은 소외(저항)자의 묵시 의식, 곧 영적 양극성의 표현이었다. 이곳에서 설명할 수 없으나 그가 그렸던 뭇 그림에서, 특히 앞서 말한 '돌의 소리'란 그림에서 그 느낌이 생생하다. 그렇다면 이것이 '한국적 미'와 무슨 관계란 말인가? 당연히 한국적 미가 묵시적 환상과 등치될 수는 없을 것이다. 하지만 풍류(도)에 대한 유동식 이해와 견줄 때 그 상관성이 분명해진다. 지금껏 접화는 인간이 일궈야 할 상생, 통합 그리고 묘합의 뜻으로만 여겨졌다.[153] 하지만 여기서 접(조)화는 동서, 남북 간 거리 차만큼의 깊은 갈등을 전제로 할 때 유효, 타당한 개념이다. 유동식 역시 접화의 멋을 풍류의 핵심이라 생각했다. 하지만 그의 '멋'론에서 정작 다차원적인 삶의 갈등, 부조화가 희미해졌다. 갈등 없는 조화에 방점이 찍힌 탓이다. 그렇기에 필자는 풍류(도)의 핵심 축을 접화로부터 '군생'으로 이행시킬 것을 촉구했다. 물론 접화를 강조할 수 있겠으나 그것의 존재 이유가 군생에 있어야 할 것이다. 하늘과 땅, 사람과 사람 간, 그 '접화'의 목적은 궁극적으로 '생'이자 '삶'이어야 한다. 민중들의 현실적 삶 그 자체가 어찌 하늘과 쉽게 조화될 수 있을 것인가? 일상이 억압이자, 두려움이었고 국외자로 살고 있는 존재들이 바로

---

153 최광진, 『한국의 미학』 (예술문화, 2016), 8장, 특히 347-350.

민초들이었다. 그렇기에 이 땅의 종교사상가들은 예외 없이 다시 열리는 세상, '개벽'을 꿈꾼 동학을 풍류도(사상)의 체현이라 여겼다. 동학 천도교에서 비로소 원형으로서의 풍류(도)가 실현되었다는 것이 이들 종교, 철학자의 기본 생각이다. 여기서는 성육신 사상이 풍류를 완성시킨다는 기독교적 성취론의 고백적 자리는 없다. 오히려 핵심은 하늘과 만나 땅을 다르(옳)게 만들려는 인간 의식에 있다. 그것이 바로 동학 천도교가 말하는 시천주, 인내천의 자각이자 깨침일 것이다. 풍류도에는 물론 그에 앞선 『천부경』 속의 '인중천지일' 바로 그 뜻의 역사적 실현이라고 말 할 수 있다. 이신은 이 개념을 영적 양극성에서 비롯한 전위 역사 의식의 소산이라 여겼다. 영적 양극성을 의식한 국외자들의 삶의 자리에서 자각되고 체현될 때 원형은 역사가 된다. 따라서 수운 최제우의 전위 역사의식은 조화의 '멋'으로 설명되기 어렵다. 삶이 달라진 현실에서 '멋'을 말할 수 있을 뿐이지, 조화의 멋', 그것 자체가 삶이자 생일 수 없기 때문이다. 이 점에서 신인 묘합의 시천주 사상은 성서가 말하는 묵시적 자의식(상상력), 슐리얼리즘이 말하는 초의식 그리고 민족 고유한 신명 의식과도 흡사하다. 해천 윤성범이 이신에게서 봤다던 '한국적 미'는 어쩌면 그조차도 알아채지 못한 영적 양극성의 산물일 수밖에 없다. 말했듯 성육신을 천인 조화의 멋으로 본 것은 군생의 뜻을 방기했고 세상 갈등에 눈감았던 방증이다. 예수의 현존 역시 영적 양극성의 현실에서만 이해될 수 있다. 자신의 그림 속에서 이신은 이런 예수를 다양한 방식으로 표현했다. 때론 고독한 예언자로, 어느 경우는 천진한 어린아이로, 소리치는 돌로 상상한 것이다. 이신이 남긴 뭇 그림에 대한 소개 없이 이런 말 하는 게 많이 안타깝지만 소천 40주년을 맞아 전시회를 계획하고 있는 바, 그의 슐리얼리즘 신학과 그림을 함께 생각할 여지가 생길 것이다. W. 벤야민의 다음 말이 이신 예술 신학을 가늠할 수 있도록 일조한다. 예술이란 "과거 세대가 꿈꾸었던 이미지를 다음 세대가 의식적으로 기억해 내는 통합적 과정 속의 실천…. [154]이어 한국 미학자의 말을 인용하는 것으로 생각보다 길어진 본 글을 매듭짓겠다. "… 만약 우리에게 신명의 미의식이 있다면, 억압된 감정과 맺힌 한을 풀어 버리고 신적인 영감으로 우주와 공명하며 창조적인 자기 세계를 개척할 수 있을 것이다."[155]

---

154 강수미, 『아이스테시스 — 발터 벤야민과 사유하는 미학』 (글항아리, 2011), 314.
155 최광진, 『한국의 미학』, 349.

# 참된 인류세(Anthropocene) 시대를 위한 이신(李信)의 영(靈)의 신학
## ─ N. 베르댜예프와 한국 신학(信學)과 인학(仁學)과의 대화 속에서

이은선

한국信연구소 대표, 세종대 명예교수

## 시작하는 말

코로나 팬데믹이 시작된 지 2년여가 되어가지만, 아직도 그 기세가 꺾일 줄 모르고 있다. 그래서 사람들은 더욱 지구 인간 문명의 전환에 관해서 이야기하고, 올여름 세계 곳곳에서 목도한 세계 기후 위기 앞에서 무엇인가 근본적인 변화와 전환이 일어나고 있다는 것을 느끼며 두려워하기 시작했다. 그래서 그것이 무엇인지, 어떻게 우리가 그와 관계해야 하는지를 묻고 있다. 아니면 이미 우리 감각과 의식이 기존 삶의 방식에 너무도 익숙해져서 더는 돌이킬 수 없을 정도가 되었는지도 모른다. 왜냐하면 그런 가운데서도 대부분 사람의 관심이 '눈에 보이는' 자산과 영역의 확장에만 몰리고, 서로 갈등하며 편당을 나누고, 마치 오늘 생이 무한히 지속되기나 할 것처럼 한껏 욕심을 내고 있기 때문이다.

지금부터 40년 전 1981년 겨울에 소천하신 아버지 이신(李信, 1927~ 1981)은 이미 그때 오늘 우리가 들어도 전혀 기시감이 들지 않는 시대에 관한 이야기를 많이 하셨다. 인간이 물질과 기계에 경도되어 너나 할 것이 없이 노예처럼 살면서 그 고유성과 인격성, 창조성을 잃어버리고, 신앙 없이 불쌍한 존재로 뿔뿔이 흩어져 서로 심하게 갈등하며 싸우고 있다고 안타까워하셨다. 그는 어떻게 해서든지 인간이 다시 그 안의 인격성을 회복하고, 하늘 하나님에 대한 신앙을 회복해서 서로 화해하고 사랑하며 살 것을 "죽기까지" 역설하셨다. 그가 1981년 12월 17일 오산리 순복음 기도원의 한 허름한 침대에서 소천하시기까지 마지막으로 쓰신 글이 "이단이란 무엇인가"였는데,[1] 거기서 그는 한국 속담에 '싸움은 말리고 흥정은 붙이라'라는 말이 있다고 하면서 "한국의 역사적인 현실에서 살필 때" 그리스도교는 "우리의 살림 가운데서 싸움을 말리고 끊어진 대화를 다시 잇게 하는 흥정을 붙이는 자의 역할을 해야 한다"라고 역설하셨다.[2] 결국 오늘 우리가 겪고 있는 코로나 팬데믹도 인간과 자연, 사람과 동물, 우리 몸과 외부로부터 오는 낯선 바이러스 사이의 갈등이고 싸움인데, 그로부터의 치유란, 또는 오늘 상황의 언어로 하면 '면역'이란, 한 마디로 자아와 세계와의 화해일 터인데, 그렇다면 오늘 우리가 겪고 있는 이와 같은 모든 문제도 바로 교회와 신학의 긴요한 문제가 된다는 것을 부인할 수 없을 것이다. 그런데도 왜 오늘의

---

1 李信, "이단異端이란 무엇인가," 「순복음」 (1981. 12): 55-62 이하. 당시 이미 병이 깊을 대로 깊어져서 매우 힘든 상황에서 연재하시던 "카리스마적 신학"에 더해서 이 글을 쓰셨는데, 당시 감리교신학대학원에 재학 중이던 나는 아버지의 부탁으로 원고 교정을 위해 읽었던 기억이 난다.

2 李信/이은선 · 이경 엮음, 『슐리얼리즘과 영靈의 신학』 (서울: 동연, 2011), 337.

한국교회와 신학은 그와 같은 현실에서 이토록 무력한지, 이에 대해서 40년 전 소천하신 이신의 영의 신학은 무엇인가 하실 이야기가 있는지 살피고자 하는 것이 본 논문의 첫 번째 의도이다.

이신은 1950년 한국전쟁이 일어나기 전 감리교신학대학을 졸업하고 충청북도 전이에서 감리교 전도사로 일하던 중 전쟁을 맞았다. 그래서 고향인 전라도 광주 지역에 내려간 그는 그 지역에서 일련의 성령운동을 만났고, 거기서 모든 교파와 교단의 분리를 넘어서 순수한 초대 그리스도의 교회로 환원하자는 환원운동을 접하면서 그에 동조하여 감리교회를 나와서 그리스도의 교회 목사 안수를 받았다. 그때 자신의 이름을 이만수(李萬修)에서 이신(李信)으로 바꿨다. 이후 이신은 전쟁 중에 부모님을 잃고 동생들의 보호자가 되어야 했고, 일찍 결혼해서 이룬 가족과 함께 어려운 한국사회의 현실에서 개척교회 목회자로서, 미국 그리스도의 교회 선교사들과 함께 하는 군소 신학교 강사와 방송 설교가로서 전후 시간들을 살았다. 그러다가 1966년 도미해서 미국 테네시주 밴드빌트 신학대학원(Vanderbilt University Divinity School)에서 신학박사(Doctor of Divinity)를 받고 1971년 귀국했지만, 여전히 어려운 시간을 보냈고, 10여 년을 일하시다가 돌아가셨다. 하지만 그는 우리가 쉽게 생각하듯이 단지 한국의 한 변방 교회 목회자이거나 이제 막 제국주의 식민지에서 벗어나 동족상잔의 전쟁을 치른 한 가난한 동아시아 국가의 일반적인 경계에 머물지 않았다. 특히 해방 전부터 함께 닦아온 '슐리얼리스트 화가'로서 예민한 감수성과 시대 감각으로 그는 이미 당시 인간 기계문명과 부르주아 자본주의의 노예성을 깊이 인식했고, 한국 민족과 교회의 정체성을 염려하면서 그 주체성을 세우는 일에 몰두할 정도로 그의 의식과 정신은 특별했다. 그 가운데서 그는 뛰어난 시적 감수성과 언어로 시작(詩作) 활동도 이어 나갔다.

이신은 1979년 4월 20일 날짜로 그를 위시해서 다섯 명이 시작한 '한국쉬르리얼리슴연구소'를 소개하는 4면짜리 비매품 팸플릿을 내기 위해서 "돌의 소리"라는 글을 썼다. 그 팸플릿의 맨 뒷면을 보면 이 모임은 1979년 3월 10일 다섯 명(이신, 이기문, 강성원, 김대승, 김성영)의 인원이 김성영 사무실에서 모여서 시작했다고 하는데, 이 글에서 이신은 1924년 서구에서 앙드레 브르통이 쉴리얼리즘 선언을 냈지만, "또 옛날 우리네의 그림이나 글들은 쉬르적이 아닌 것이 없다"라고 말하고, 또한 "원래 초현실 사상의 발설자라는 사람들이 동양인이었다고 말함 직하지마는"이라고 말한다.3 그리고 "그중에서도 허균(許筠)인가가 쓴 『홍길동전』(洪吉童傳) 같은 것은 초현실의 세계를 왕래하는 영웅들을 그렇게 거침세 없이 그려냈으니 여간 장관이 아니다"라고 하면서, 쉴리얼리즘 선언 일부를 앙드레 브르통 등이 제2차 세계대전 이후 미국으로 건너가서 세 개의 V선언(VVV선언)으로 발표한 것을 가져와서4 다음과 같이 소개한다:

말하자면 쉬르레알리슴은 「인간의 전면적인 解放해방」 이라는 것을 내세우는 것이기에 V 字 세 개를 합친 VVV 字를 創造창조하고 「사람이 살기에 알맞은 당연한 세계로 돌아가자는 열망으로서의 V(승리) 곧 현재 지상에 猛威맹위를 떨치고 있는 逆行역행과 죽음의 勢力세력에 대한 勝利승리뿐만 아니

---

3 이신/이경 엮음, 『李信 詩集 돌의 소리』 (서울: 동연, 2012), 147.

4 심은록, "이신(李信), 묵시적 미술과 돌소리의 미학," 현장(顯藏)아카데미 편, 『환상과 저항의 신학: 이신(李信)의 슐리얼리즘 연구』 (서울: 동연, 2017), 202 이하.

라 이중의 V, 즉 이 최고의 승리를 극복한 V, 인간에 의한 인간의 奴隷化노예화를 永久영구히 存續존속시키려는 것에 대한 V, 또 이 VV, 二重이중의 승리를 넘어서 인간의 해방이 그 先決條件선결조건이라는 精神정신의 解放해방에 對立대립되는 一切일체에 對대한 V(VVV 선언)를 선언하기에 이른 것인데…[5]

여기서 분명히 드러나듯이 이신은 지금으로부터 40여 년 전인 1970년대에 세계 역사에서 가장 파멸적인 전쟁 중 하나였던 제1차 세계대전 후에 서구 예술가들이 주도한 슐리얼리즘 선언을 가져온다. 그러면서 그것을 오래전 동양적 사고와 연결하면서 자신이 마주한 인간성 상실과 인간에 의한 인간의 노예화 그리고 그로부터의 해방을 위한 정신의 해방을 선언하고자 했다. 당시 그가 몸담았던 한국 사회는 박정희 독재가 종국을 향해 치닫고 있었지만 부르주아 물질문명의 진보가 여지없이 선호되고 있었고, 세계의 일반적인 정황도 마찬가지였다. 하지만 그는 돌이 소리치는 것을 들을 수 있을 정도로 예민한 감각을 가지고, 당시의 "생활의 어려움"이나 "요즘 세상 같은 풍요"를 넘어서 더욱더 근본적으로 "무엇인가 결정적인 것을 구하는 것을 넘어서 절대의 것을 탐색하는 사람들에게 문제"가 되는 것을 느꼈다.[6] 그것은 다른 것이 아니라 다시 살피면 "그거 때문에 분열이 생기고 싸움과 다툼이 생겨서 온통 야단법석들이니 이때야말로 사람들의 의식 혁명이 요청된다고 말할 수 있을 것"[7]이라고 보면서, "예술이라는 것 종교라는 것이 하나의

---

5 여기서 본인의 인용은 이신의 수기 원고에서 직접 가져온 것인데, 그래서 철자와 떼어쓰기가 오늘과 다른 것이 있고, 또 한문이 많이 쓰였지만 그대로 가져왔다. 오늘의 독자를 위해서 한글을 토로 달았다. 이신, 『李信 詩集 돌의 소리』, 148.

6 같은 글, 146.

7 같은 글, 148.

매개체를 담당하고 있지마는 종전의 것들은 사람들의 병에 약효가 잘 나는 것 같지 않으니 이런 새로운 처방"[8]인 초현실을 말하는 것, 돌이라도 소리치게 하는 방식으로 그것을 밝히기를 원한 것을 말한다. 이것은 "미래의 귀에만 낯익은 소리"일지 모르지만, "현재의 귀에도 어떤 사람들에게는 들릴 수 있는 소리"일 것을 믿으면서 "좌우간 발설해 보는 것"이라고 이신은 1979년의 「돌의 소리」에서 선언한다.

본 논문은 이상과 같이 참으로 궁벽했던 변방의 한 신앙인과 지성인이 전 우주와 온 인간과 한국 사회와 그 그리스도교회가 참으로 '영적으로 되지 않으면 안 되게끔 되었다'라는 것을 절실히 느끼면서 어떻게 하면 그것이 가능해지도록 할 수 있을까를 "필사"(必死的) 또는 "필생적"(必生的)으로 찾으며 살아온 흔적들을 살펴보려는 것이다. 그는 그것을 자신의 시와 그림 그리고 명민한 철학적 신학적 언어, 또한 열정적인 설교로 쏟아 냈다. 가난하고 고독했지만 나름의 뛰어난 긍지 속에서 살다간 생활인이었는데, 본 논문에서는 특히 그의 신학 언어에 주목하면서 오늘 우리 시대에 다시 '파국'(팬데믹)과 '문명적 전환'(The turning Point), '개벽'과 새로운 '신세계'(후천)가 말하여지는 때 그가 남긴 삶과 사상의 편린들이 어떤 역할을 할 수 있는지를 살펴보려고 한다. 그의 의식을 크게 점유했던 말들이 '영'(靈)과 '정신', '초현실'과 '사실' 그리고 '묵시', '환상과 저항', '창조적 자발성', '자유와 인격', '화해와 평화' 등이었다면, 오늘 우리 시대야말로 바로 이러한 언어들로 다시 추슬러지지 않는다면 그 절망과 파국을 넘어설 수 없어 보이기 때문이다.

---

8 같은 글, 149.

이 가운데서 이신 신학의 핵심 동력 중 하나는 한국인 고유의 정신적 주체성을 세우는데 그리스도교 신앙이 어떠한 역할을 할 수 있는가를 찾는 일이었다. 그는 오늘 크게 다시 관심을 끌고 있는 수운 최제우(崔濟愚, 1824~1864) 선생의 동학(東學)이 그렇게 주목받지 못하던 시절, 이미 1960년대 자신의 박사학위 논문에서 그에 주목했고,[9] 귀국해서 1970년대 초(1972년경) 그가 결성한 '포이에티스트' 연구회에서 최제우에 대한 긴 발표 원고의 초고를 남겼다.[10] 뒤에서 좀 더 자세히 살필 것이지만, 그런 의미에서 이신 신학은 이미 한 고유한 '한국 토착화 신학'일 것인데, 본인은 여기서 특히 유교와 기독교의 대화가로서 조선 말기 19세기 서세동점의 격동기에 동학운동을 창시한 최제우나 최시형(崔時亨, 1827~1898), 또는 같은 시대 중국 중심의 易을 조선의 '정역'(正易)으로 전환하며 후천개벽을 꿈꾼 김일부(金一夫, 1826~1898) 그리고 한민족 古사상의 중흥을 통해서 대종교(大倧敎)를 일으키며 그 일을 사상적으로 기초한 저항운동가 해학 이기(海鶴 李沂, 1848~1909) 등에 연결하면서 [11] 이신의 추구를 이들의 의식과 서로 연결하여 견주어 보고자한다. 이들은 모두 이신의 언어로 하면, '한국적 묵시문학가들'이고, '미래파 선언가'일 것이다. 이들처럼 이신도 한민족 고유의 초월 의식과 인간과 세계 이해를 항상 염두에 두었으므로 오늘 이신의 토착화 신학,

---

9 李信, 『슐리얼리즘과 영靈의 신학』, 118; 1971년 8월 미국 테네시 밴드빌트신학대학원(Divinity School of Vanderbilt University)의 신약(New Testament) 전공의 박사학위 논문으로 제출된 그의 논문 제목은 정확히 *The Phenomenon of Avant-Garde-Apocalyptic: Phenomenological Resources for the Interpretation of Apocalyptic*(전위 묵시문학 현상 — 묵시문학 해석을 위한 현상학적 고찰)이다. 신약 전공으로 명시되어 있었지만, 지금까지 그의 전공이 조직신학인 줄 알 정도로 매우 통합적인 유대묵시문학적 고찰이다.
10 이경 엮음, 『이신 목사 유고 목록』, 미간행, 2021에 수록.
11 이은선, 『동북아 평화와 聖·性·誠의 여성신학』(서울: 동연, 2020).

영의 신학을 그러한 한국 사상의 긴 흐름 가운데 자리매김하고 싶은 것이다. 그것은 이제 한국사상사의 맥을 서구 기독교와의 만남의 시간까지 확장시켜서 함께 살펴보려는 것이기 때문이다. 이 일을 위해서 본인이 그동안 한국 토착화 여성 신학자로서 특히 한국 유교전통과 기독교사상 사이의 대화를 통해서 구성해보려고 하는 '한국 신학'(信學)과 '한국 인학'(仁學)의 관점을 자주 가져올 것이다.[12] 이에 더해서 우리가 보통 알고 있는 서구 현대 사상가와는 달리 매우 영적이면서도 동시에 급진적으로 사회주의적인 인격주의의 사상가, 러시아 정교회 전통의 니콜라스 베르댜예프(N. Berdyaev, 1874~1948)를 자주 소환할 것이다. 주지하다시피 이신은 1979년 베르댜예프 최고 성숙기의 작품 『노예냐 자유냐』(Slavery and Freedom)를 번역출판했다. 그리고 다시 『인간의 운명』(The Destiny of Man)을 옮기던 중 하늘의 부름을 받았기 때문에 이 연결은 자연스럽고, 베르댜예프의 언어와 함께 이신이 꿈꾸었던 새로운 역사와 영원이 오늘 우리 시대와 세계를 위해서 어떤 의미로 다가올지 기대가 된다.

## I. 이신의 '영(靈)의 해석학'과 묵시문학

아버지 이신이 돌아가신 해인 1981년 즈음해서 그가 손에 들고 읽

---

12 본인은 지난 1월부터 온라인 기독교 저널 에큐메니안에 '사유와 信學'이라는 제목 아래서 본인의 한국 信學과 仁學을 선보이고 있는데, 특히 그 일을 아버지 이신의 사상적 파트너였던 N. 베르댜예프와 더불어 대화하면서 행하고 있다. 이신 40주기를 맞이하면서 그를 기념하는 의미이기도 한데, 이러한 작업을 토대로 해서 본인은 이신의 신학적 유산이 어떻게 한국적 토착화 신학으로 거듭날 수 있는지를 살피고자 한다.

으시던 책이 아서 피콕(A.R.Peacocke, 1924~2006)의 *Creation and the World of Science-The Bampton Lectures*(1978)였던 것이 기억난다. 까만색의 바탕에 여러 생명체의 흔적이 그려진 지구본이 나타나 있고, 노란색 책 제목 중에서 특히 저자 이름 Peacocke이 나에게는 '공작새'로 읽혀서 더욱 기억난다. 그 책에 대해서 나중에 알게 되었는데, 영국 성공회 신학자이자 생화학자인 저자의 이 책은 그로부터 본격적으로 세계 지성계에서 종교와 신학이 어떻게 과학과 연결될 수 있는지를 성찰하도록 하는 기폭제가 되었다고 한다. 이 책 VI장의 제목이 "진화된 인간과 육화한 신"(Evolved Man and God Incarnate)인 것에서도 잘 드러나듯이 신의 창조와 우주와 생명 진화가 어떻게 서로 연결될 수 있는지를 묻는 신학적 탐구에 불을 붙인 것을 말한다.[13] 그즈음에 아버지는 떼이아르 드 샤르댕 식의 우주 생명 진화표를 손수 그린 그림을 남기셨고, 본인도 그 덕분에 샤르댕 신학에 입문하게 되었으며, 그렇게 이신은 당시 한국 사회는 박정희 대통령 사후 사회정치적으로는 더욱 암울한 시간 속으로 빠져들고 있었지만, 위의 슐리얼리스트 〈돌의 소리〉 선언 등에서도 보듯이 그는 더욱더 근원적이고 우주적인 세계 전망과 사고의 전환을 촉구했고, 그것을 특히 "영적으로 되지 않으면 안 되게끔" 하는 일이라고 표현했다.[14]

사실 이 '영적'(spiritual)이라는 표현은 기독교 신학에서 어쩌면 가장 낡고 통속적인 표현인지도 모른다. 하지만 그는 이 언어를 인간 문명이 더는 어찌해 볼 수 없는 막다른 국면에 도달했을 때, 그 절망의 상황

---

13 A. R. Peacocke, *Creation and the World of Science-The Bampton Lectures 1978* (Clarendon Press · Oxford 1979), 187ff.
14 李信, 『슐리얼리즘과 영靈의 신학』, 70.

을 참으로 획기적으로 타개해 보려는 깊은 번민과 자기 포기, 역설의 언어로 받아들였다. 그래서 그가 박사학위 주제로 삼은 유대 묵시문학 (The Apocalyptic) 연구에서부터, 아니 그 이전에 1940년대 후반 20대에 신학의 길을 가기 위해서 안정된 은행원 자리와 화가의 길을 포기했을 때로부터 마지막 하늘길을 떠나기까지의 그의 "슐리얼리즘의 신학"이나 "카리스마적 신학"에 이르도록 이 영적이라는 단어를 자신 탐구의 핵심 구술어로 삼았다. 그는 자기 신학, 아니 더 근본적으로는 자신 시대의 일이 "영적 해석학"의 일이라고 파악했으며, 그 한 가지 진실한 모형이 유대 역사에서 신구약 중간기인 유대 묵시문학에 표현되었다고 보았다. 그리하여 그 모형을 찾아 밝혀내면서 어떻게 거기서의 영적 깨어남이 그 시대의 절망을 딛고 새로운 질적 도약, 즉 우주적 대변형의 모멘텀으로까지 연결되는지를 알리고자 했다. 즉 기독교 예수 탄생 복음의 길을 연 것을 말한다.

## 1. 유대 묵시문학

주지하다시피 유대 묵시문학의 배경은 기원전 587년 유다 왕국의 멸망과 더불어 야기된 바빌론 유수 체험까지 소급된다. 이후 알렉산더 원정으로 시작된 헬레니즘의 확산 아래서 일련의 유대인들은 아테네적인 것뿐 아니라 이란과 페르시아 종교, 인도 이원론 등의 여러 가지 설이 혼합된 헬레니즘 영향으로부터 자신들 유산을 지키려는 저항 운동을 일으켰다. 기원전 167~142년까지 자신들 신정 정치체제와 야웨 유일신 신앙을 지켜내기 위해서 치열하게 치른 마카비전쟁(Maccabees war)이 잘 말해주듯이 이러한 역사와 시대 배경에서 자라난 유대 묵시문학은 당대의 깊은 분열과 좌절 경험들로부터 나온 열매들이다. 그런데 이신이 그와 같은 유대 묵시문학 현상의 본질을 더 생생하게 알아보기 위해서 그것을 오늘 현재의 문화적 체험으로 가져다 놓은 작업이 필요하다고 하면서 인용한 구약학자 폰 라드(Gerhard von Rad)에 따르면, "묵시문학의 신경중추"는 "지식"이다.15 즉 그것은 묵시문학가가 자신들 세계의 위기와 다가오는 대파국에 대한 예민한 감각을 가지고 다른 사람들은 눈이 있어도 보지 못하고, 귀가 있어도 듣지 못해도 어떻게든 전하고자 하는 것이지만, 그들의 근본 문제는 바로 인간 '인식'과 '의식'의 문제라는 것을 지적해주는 의미이다. 그런 뜻에서 묵시문학가들은 전통적인 이해에서의 '학자'는 아니지만 "지적 엘리트"에 속한다고 한다. 그들은 평범한 사람들의 세속화된 지식에 반대하고, 당시의 대중적 기호와 절대로 타협하지 않으면서 시대를 재해석하는 작업을 맡은 것이다. 그래서 그 인식은 "카리스마적 지식" 또는 "영적 해석학"이라고 불린다. 하지만 그 지식과 해석의 일에서 인간적 사고와 상상이 함께 역할 한다는 것을 부인할 수 없기 때문에 이신은 서구 중세 토마스 아퀴나스(Thomas Aquinas)를 다시 불러온다. 그 이유는 아퀴나스가 인간의 환상 경험은 인간 상상력과 지성을 배제하지 않고, 오히려 "지성의 자연적 빛은 은혜로운 빛의 개입으로 강화된다"라고 하면서 환상 경험의 과정에서 인간 지성이 신적 조명에 의해서 더욱 강화되고 새롭게 구성되는 일이 요청된다고 밝혔기 때문이다.16

그런데 여기서 이렇게 "신적인 빛의 개입"에 힘입어서 다르게 보고, 새로운 인식을 찾고자 하는 사람들이 저항하고, 거부하며, 고독한 물러

---

15 같은 책, 108.
16 같은 책, 126.

남 속에서 새 출구를 상상하며 투쟁하는 대상은 두 가지이다. 그것은 먼저 자신이 몸담고 있던 전통의 체계와 가치에 대해서이다. 그것들이 지극히 퇴락했고, 부패했으며, 불의한 것을 보고 그에 대해 반립하는 것이다. 그러나 다른 하나는 현재 처한 상황에서 물밀듯이 외부와 외국으로부터 밀려오는 낯선 것, 생소한 것, 힘 있는 타자로서 침략해오는 것에 대한 저항이다. 그러므로 그들은 단순한 민족주의자가 아니며, 보통의 유대인으로 불리기가 어렵고, 그보다 훨씬 더 근본적인 차원에서 이 세상의 분열과 갈등, 파국과 종말을 넘어서려는 것이라고 이해할 수 있다. 그렇게 "본질적으로 권위에 대한 일종의 저항문학"으로서 "전통 종교와 국가 모두에 대해서" 경고를 보내는 것이므로, 거기서 묵시문학의 저자들은 종종 그로 인한 위험성으로 자신들이 구술하고 저술한 것의 원본을 없애기도 하고, 대신 구전으로 전하기도 한다. 일종의 시대적 "이단"으로서 유대 전통과 헬레니즘 문화 모두에 대해서 저항한 것이다.[17]

그렇다면 이렇게 자신들 현재까지의 삶의 뿌리에 도전하고, 동시에 위협적인 낯선 다양함의 도전 앞에서도 저항하면서 유대묵시문학가들이 자신들 삶의 축을 놓지 않을 수 있던 근거와 토대는 무엇이었는가? 그것은 바로 그들의 '종말론적 이원론'의 인식이었다. 여기서 이신은 1960년대 선구적인 고대 영지주의 연구가 한스 요나스(Hans Jonas)의 고대 영지주의 연구에 주목한다.[18] 이와 더불어 1947년부터 발견되기 시작한 사해(死海) 두루마리(Dead Sea Scrolls, DSS) 쿰란문서 속에 묵

---

17 같은 책, 72.

18 Hans Jonas, *The Gnostic Religion* (Boston: Beacom Press, 1967), 3-7; 李信, 『슐리얼리즘과 영靈의 신학』, 50 재인용.

시문학과 관련된 수많은 자료가 발견되었다는 것을 들어서 유대 묵시문학과 영지(靈知, gnosis) 사상이 깊게 상관되고, 이들이 유사하게 현재와 다가올 시대를 명확히 구분하고, 초월의 저세상과 이세상, 신과 악마, 정신(영혼)과 육체, 내세의 삶과 지상의 삶 등을 뚜렷한 종말론적 이원론으로 나눈 것에 주목한다. 이들이 역사 전체의 과정을 함께 묶어서 결정론적으로 객관화하고 개념화하려 한 것을 말한다. [19]

## 2. 고대 영지주의와 묵시문학적 의식

최근 신약학자 조재형은 초기 그리스도교와 영지주의의 상관관계를 여러모로 연구하며 그리스도교 형성과 전개에 있어서 영육 이원론의 영지주의적 관점이 핵심적으로 역할한 것을 밝히고 있다. 그는 고대 '영지' 사상과 2~4세기의 기독교 '영지주의' 운동을 서로 구분할 것을 요청하며,[20] 바울서신을 포함해서 요한복음서는 물론 이려니와 기독교 신약성서 안에 내포된 고대 '영지' 내지는 '영지주의'의 영향력을 크게 강조한다. "영육 이원론은 그리스도교가 기초를 두고 있는 가장 중요한 토대이며, 사실 이 이원론이 없었다면, 그리스도교도 없었을 것이다"라고 한 라일리(G. Riley)의 말을 인용하는데,[21] 이러한 연구는 이신이 선취적으로 지적했듯이, 신약성서 기독교의 핵심이 지금까지 한국교회가 배타적으로 거부하고 이단시한 고대 동서양 제반 영적 추구와 내적으로 깊이 연결되어 있는 것을 잘 드러내 준다.[22] 하지만 이신에 의하면

---

19 같은 책, 69.

20 조재형, 『초기 그리스도교와 영지주의』 (서울: 동연, 2020), 41 이하.

21 그레고리 라일리/김준우 역, 『하느님의 강-그리스도교 신앙의 원류를 찾아서』 (한국기독교연구소, 2005), 82; 조재형, 같은 책, 146 재인용.

이 묵시문학과 영지주의에 대한 여러 학문적 연구들은 자칫하면 오히려 그들 사고의 고유성과 본질에 다가가기보다는 "불명예"를 가져다줄 수 있다.23 왜냐하면, 오랜 박해 콤플렉스와 역사에 대한 절망으로 허무주의와 비관주의가 밑바탕에 놓여 있는 이들의 이원론적 세계관이란 바로 그러한 학문 연구의 대상이 되는 감각 가능한 세계와 정의 가능한 어떤 인간 본성을 본질적으로 거부하고 무효로 하는 특성을 가지기 때문이다. 그래서 이들의 이원론을 좁은 심리학적 개념이나 인간적 인지나 지식만으로 접근해서는 안 되며, 그럴경우 그 고유한 영역과 정체를 놓칠 수 있다는 것이다. 즉 이들의 이원론은 보통의 논리나 합리적 분석으로는 이해할 수 없는 "초심리적 부정성"을 주창하는 것이고,24 그래서 '영'(spirit/pneuma)이나 '환상'(fantasy/imagination)이라는 언어를 가져오고, 여기서 이신은 "묵시문학의 모호성"이라는 제목과 함께 "판단 중지"(Epoché)를 말한다.25

이신이 이렇게 묵시문학의 핵이란 우리 인간적 논리나 언어, 여러 학적 방법으로는 잘 잡을 수 없다고 강조한 것은 영이 단순히 통상적인 영육 이원론에서의 영도 아니고, 또는 오늘날 우리 언어 사용에서 유행하는 것처럼 모든 눈에 보이지 않는 기운을 기(氣)라는 언어로 통칭해서 말하는 것과 같은 것이라고 해버려서는 안 된다는 것을 지시한다.26

---

22 조재형의 연구는 이신이 초기 기독교 신학의 모체로 보면서 고대 영지 사상과의 관련성을 말하는 묵시문학에 대해서는 별로 주목하지 않는다. 이에 반해서 이신의 연구는 유대묵시문학 자체에 주목하면서 거기서의 영지주의의 영향을 언술한다.

23 李信, 『슐리얼리즘과 영靈의 신학』, 63.

24 Hans Jonas, *Ibid.*, 333; 李信, 같은 책, 64에서 재인용.

25 같은 책, 62.

26 앞으로도 이 '영'(靈, spirit)이라는 단어에 대해서는 더 살필 것이지만, 靈, 魂, 精神, spirit, soul, mind, 理, 氣, 神 등의 언어와 함께 진정으로 여기서 영이 무엇을 말하는 것인지, 히브

묵시문학의 이원성은 궁극적인 '한계상황' 체험의 기술인 것이다. 그것을 저자들은 역사의식과 초월의식으로 분열된 환상과 비의와 극단적인 절망이나 저항 의식으로 드러냈고, 이러한 "묵시문학적 의식"은 종종 '나'(I)라는 일인칭 언어로, 또는 '익명'이나 '가명', 짜라투스트라나 에녹, 솔로몬 등 위대한 인물들을 재등장시켜서 자신의 실존적 한계 체험을 "자기 서술"(Self-description) 방식으로 "표상화"(presentification)하고자 했다.27 이신은 이러한 묵시문학의 이원론이 지시하고자 하는 영과 환상과 초월, 또는 내세의 세계에 대한 표상을 철학자 야스퍼스가 "대상들이 우리의 사고하는 의식을 위한 것이라면, 초월은 실존(Existenz)을 위한 것이다"라고 한 말을 들어서 일종의 "초월의 암호"로도 읽어낸다. 다시 말하면 묵시문학가들이 현세와 내세, 지금과 나중, 자아와 세상, 주체와 객체 사이 등의 극한 대립으로 체험한 환상 체험은 그 초월적 체험을 여기 지금의 의식 언어로 나타낼 수밖에 없는 상황에서 드러낸 '암호 언어'이고, 그렇게 초월적 실재와의 만남은 깊은 내면의 실존적 체험을 동반한다는 것을 밝혀주는 의미라는 것이다.28

---

리어, 그리스어, 라틴어, 영어, 한문, 한글 등의 동서양 언어가 서로 시대와 나라, 저자 등에 따라서 다르게 연결되어 번역 사용되면서 많은 혼돈과 모호함이 중첩되고 있다. 또한, 한국 사상에 와서도 불교와 유교, 또한 한국 古사상(환단고기) 등에서의 용어 사용에도 또다른 선호와 나름의 의미가 덧붙여져서 어려움은 더욱 가중된다. 본 연구에서는 영(pneuma)을 정신(spirit)과 등치 해서 쓸 것인데, 이것은 영이 우리가 보통 알고 있는 氣, 즉 魂(soul)보다는 理(spirit)에 가까운 것으로 보는 것을 말하지만, 또 다른 면에서는 그 모두를 함께 포괄하는 더욱더 전인적이고 통전적인 인격적 특수성을 드러내는 의미로 쓰는 것을 말한다. 이은선, "'사유와 信學' 3, 인격(人格)이란 무엇인가?," 에큐메니안, http://www.ecumenian.com/news/articleView, 2021.03.07.

27 李信, 『슐리얼리즘과 영靈의 신학』, 82 이하.

28 같은 책, 104.

## 3. 한국적 묵시문학가 수운 최제우와 이신의 묵시문학적 초의식

이신에 따르면 그러한 신구약 중간기 유대 묵시문학가의 영적 감수성과 그에 의해서 표현된 종말론적 이원론의 세계 해석은 단지 그때 그곳에서만 나타난 것이 아니다. 지금까지 전개된 인류 문명사의 곳곳에서 그 유사한 현현을 보는데, 그가 학위논문에서 많이 언급하는 니체는 말할 것도 없고, 귀국해서 70년대에 단독 논문으로 발표한 키에르케고르나 본회퍼의 의식 세계, 또한 1972년 10월부터 다섯 차례에 걸쳐서 「기독교사상」 월간지에 "그림이 있는 에세이"라는 제목으로 소개한 20세기 서구 현대 회화의 미래 전위파 운동에서 특히 그 뚜렷한 분출을 보았다. 그러나 이번에 본인이 주목하고 싶은 것은 비록 그것이 완결된 논문이나 책 저술로 밝혀지진 않았지만, 이신이 1972년경 '포이에티스트회'라는 일종의 시인 그룹 모임을 구성해서 이끄는 가운데[29] 발표한 동학의 창시자 최제우 사상에 관한 것이다. 200자 원고지 40매가량의 원고이며, "崔濟愚최제우 思想사상 포이에티스트 會회서 發表발표"라는 제목과 함께 "서론 꽤벗은 한국문화 한국말과 한글 밖에 뭣이 있는가 독창적인 한국 사상"이라는 언술이 처음 보인다. 여기서 이신은 먼저 최제우 사상이 나오게 된 "사회적 배경"을 다루면서 성호 이익이나 정다산 등을 거론하며 전제(田制)의 문제와 영조 말부터 일어났던 민란(民亂)에 대해서 살핀다. "사상적 배경"에 들어가서는 고려로부터 조선 역사에서의 유교와 불교에 의한 사상적 종속 상황에 대해서 언술하고, 1784년

---

[29] 이 모임의 형성은 이신이 귀국해서 곧 이루어지는데, 그 그룹의 멤버 가운데 이신과 함께 초현실주의 시 운동에 관심하던 장시 <祖國>의 작가 김소영(金昭影, 1922~ )이 있었던 것으로 기억한다.

한국인 최초로 세례를 받은 이승훈을 말하며 서학의 유입 배경 속에서 '유도 불도 누천년에 운이 역시 다했던가'라는 말과 함께 최제우 선생이 도학군자의 유교서적을 불사르고 출가해서 10년간 주유한 이야기, 귀향해서 울산 유곡동에 정주하여 금강산 유고사의 스님으로부터 『(을묘)천서(天書)』를 얻었다는 설, 천성산 적멸동에서 수도하며 49일 기도했고, 37세 된 철종 11년(1860년) 4월에 "신의 계시"를 받은 것 등이 나와 있다. 계해년(1863년) 12월에 체포되어서 갑자년(1864년) 3월 10일에 대구 감옥에서 교수형을 당했다는 말로 최제우 선생 소개를 마친다.[30]

이신은 다음의 "동학의 사상구조"로 "최수운이 그 수제자 최시형에게 가르친 것"이라고 하면서 '도원'(道原), '도체'(道體), '도요'(道要), '도용'(道用)에 대해서 차례차례 설명한다. 그중에서도 도원에 대한 설명에서 「천도문답」(天道問答)에 "古人 소위 天道천도라 함은 인류 밖에 따로 最高無上최고무상의 神一位신일위를 說하여 그를 인격적 上帝상제로 爲해두고 인류는 그 하위에 거하여… 나의 이른바 天道천도는 이를 위하여 사람이 한울이요 한울이 사람이라고 한 것이다. 사람이 한울이라 함은 무엇이뇨? 有形曰유형왈 사람이요 無形曰무형왈 한울이니 유형과 무형은 이름은 비록 다르나 이치는 하나니라"고 했다는 말을 가져온다. 수운의 21자 주문에 대해서도 비교적 소상히 설명하는 이신은 마지막으로 "동학의 창의성"을 말하면서 "천인합일", "사회의식"을 들고 "전위적 역사의식"을 말하며 전봉준까지 언급한다. 그러면서 수운의 여러 노래, '안심가'(安心歌), '교훈가', '검가'(劍歌), '용담가'(龍潭歌), '몽중가'(夢中歌) 등을 불러오는데, 이런 모든 서술이 이신이 동학의 최제우를 어떻게

---

30 이경 엮음, 『이신 목사 유고 목록』, 미간행, 2021에 수록.

조선 말기의 묵시문학가, "지적인 엘리트"와 시대를 위한 "번민가", 미래를 향한 역사의 전환을 위해서 현재를 부정하는 깊은 "소외" 속에서도 "투쟁의 열정"을 가지고 새로운 "원형"을 꿈꾸는 "환상의 미래파"로 파악했는지를 밝혀준다.[31]

최근 한국 사회에서 동학의 '다시 개벽' 정신이 큰 주목을 받고 있다. 그것을 주도적으로 이끄는 도올 김용옥은 자신의 『동경대전』 연구서, 『동경대전1-나는 코리안이다』를 열면서 1960년대 한국 사상계 풍토에서 철학이라고 하면 무조건 서양철학만이 있는 줄 알던 때에 자신이 다녔던 고려대학의 상황은 달랐다고 소개한다. 그중에서도 신일철, 최동희 등이 당대 한국 철학계의 최고 스승 박종홍(朴鍾鴻, 1903~1976), 이상은(李相殷, 1905~1976) 두 분을 모시고 천도교의 지원으로 '한국사상연구회'를 조직하여 단기 4292년(1959년)으로부터 학술잡지 「한국사상」을 내기 시작했고, 그 창간호에 시인 조지훈은 다음과 같이 선구적으로 선언한 것을 밝힌다:

> 실학 운동이 서학 운동으로 변질하면서 민족 내부에서 일어난 커다란 사상이 있었다. 외래의 종교와 외래의 사상을 포섭하여 하나의 자체적인 종교사회 사상을 이루었으니 이것을 한국 사상사에 있어서 세종 때의 사상적 흐름에 비견할 바가 있다. 이는 최제우가 창도한 것이다.… 그 교리의 출발이 한국에서 받은 천명天命이므로 한국 민족의식이 강렬하였기 때문에 우리 역사상 잊지 못할 3·1혁명(3·1운동이라는 말을 쓰지 않았다)을 주도한

---

31 李信, 『슐리얼리즘과 영靈의 신학』, 107-121.

세력이 천도교였고, 그 중심인물이 교주 손병희였음은 다만 우연한 일이
아니다. 최제우는 한국 사상사에 있어서 최대의 인물이라 할 것이니, 그 사상은
이 민족정신문화 수천 년에 걸쳐 형성된 주체를 발양한 것이기 때문이다.
이 민족을 위한 이상의 싹을 지니고 있으며, 우리 현실에 직접 연결된 살아
있는 사상이기 때문이다. 그러므로 동학의 연구는 현대 한국사상연구에 가장
중요한 과제가 된다.[32]

앞에서 언급한 대로 이신은 1971년에 귀국해서 곧바로 결성한 '포
이에티스트' 모임에서 최제우 사상을 발표했고, 그 이전에 이미 1960년
대 학위논문에서 최제우를 "한국의 묵시문학가이자 '근대 한국 사회의
선구자'"로 지목하면서 동학 운동을 "전위파 운동"으로 밝힌 바 있는데,
이것은 참으로 시대를 앞선 주목이었다.[33] 그런 의미에서 최제우뿐 아
니라 이신 자신도 지적인 엘리트와 "내면적 플로레타리아트"(internal
proletariat)의 영적 눈을 가지고 어떻게든 한국의 정신적 주체와 창조
성을 회복하고자 한 것으로 이해할 수 있다. 올해(2021년) 도올 김용옥
책의 출판을 계기로 출판사 창비가 마련한 특별 좌담회, "다시 동학을
찾아 오늘의 길을 묻다"에서 동학 연구가 박맹수 교수의 전언에 따르면,
수운이 대각한 후 자신 집 여종 중에서 수양딸로 삼은 주 씨 할머니는
수운은 "잠들기 전에도 계속 책을 읽고 일찍 일어나서 또 책을 읽고,
저렇게 책을 많이 읽는 분은 처음 봤다"라고 증언했다고 한다.[34] 이것으

---

32 도올 김용옥, 『동경대전 1 — 나는 코리안이다』 (통나무, 2021), 63-65.
33 李信, 『슐리얼리즘과 영靈의 신학』, 118.
34 김용옥·박맹수·백낙청, "특별좌담 다시 동학을 찾아 오늘의 길을 묻다," 「창작과 비평」
   193 (제49권 제3호, 가을 2021), 96.

로써 우리가 보통 쉽게 생각하듯이 최제우 동학의 탄생은 결코 어떤 한두 번의 비의적 체험만으로 이루어진 것이 아니고, 이신이 아퀴나스나 야스퍼스 등의 연구를 들면서 묵시적 환상가의 의식을 "초의식"(超意識Trans-consciousness)이라고 하며 인간적 지성과 그것이 신적 조명과 구성으로 강화된 열매로 보았다면, 그 적실성을 이 증언이 말해주고 있다고 하겠다. 도올은 "동학은 고조선의 부활이다"라고 하면서 그것이 고조선이라는 한 국가체제의 부활이 아니라 "인류사회의 가장 완만하고도 개방적인 질서의 완성을 의미하는 것"으로서 "홍익인간"의 다른 이름이라고 의미화하는데,[35] 이신이 유사하게 선취적으로 줄기차게 강조한 것도 묵시문학의 영적 초의식이 "제3의 눈"을 가지고 단순한 현재 것의 반동이 아니라 그 둘 모두를 넘어선, 아니 그 모두의 기초와 기반이 되는 "보편적 모체" 또는 "원형" 상을 지향했다는 것이었다.[36]

안타깝게도 이상과 같이 시대를 앞선 1970년대 초 이신의 최제우 사상 발표가 어떤 자료를 근거로 하고 참고해서 이루어졌는지 그 기록의 부재로 잘 알 수 없다. 하지만 오늘 한국 古사상의 기록으로 새롭게 부각되고 있는 『환단고기』 등의 원자료가 그의 고성(固城) 이씨 집안과 깊은 관련이 있다는 것도 이신의 그러한 한국적 주체와 한국적 인간 공동 삶의 원형을 찾고자 하는 추구와 서로 내적으로 연관되어 있는 것이 아닐까 생각해 본다.[37] 이번에 소천 40주기를 맞이하여서 막내아

---

35 도올 김용옥, 앞의 책, 340.

36 Mircea Eliade, *The Quest, History and Meaning in Religion* (Chicago: University of Chicago Press, 1969), 41; 李信, 『슐리얼리즘과 영靈의 신학』, 78 재인용.

37 이은선, "해학 이기의 신인(神人/眞君) 의식과 동북아 평화," 「儒學硏究」 제50집(2020. 2): 153-208; 이은선, 『동북아 평화와 聖·性·誠의 여성신학』, 211-280.

들 이경(李經)이 찾아 엮어낸 『이신 목사 유고 목록』에는 한 귀중한 자료가 실려 있다. 그것은 한국 사회에서 그의 사후 한참 후에 '역사적 예수' 연구가로 더 잘 알려진 로버트 펑크(Robert Funk) 교수가 1969년 봄학기 밴더빌트 신학대학원에서 개설한 한 수업(The Study of the Proclamation of Jesus)에서 배일즈(Harold Bales)라는 이름의 저자가 발표한 이신 회화에 대한 한 논평문이다.

같은 저자의 다른 글로 누가복음 2장 11-12절의 베들레헴 마굿간 그리스도 탄생 비밀에 관한 "크리스마스 이야기의 패러독스"(The Paradox of Christmas Story)가 있는데, 아마 그 스스로가 화가이지 않았을까 추정되는 저자 배일즈는 이만수(Lee Mann Soo: 이신의 원래 이름)가 1967년에서 1969년 봄까지 그린 그림을 중심으로 논평한다고 하면서 자신의 연구가 "비유의 기능"을 이해하는 데 의미 있는 기여가 되기 바란다고 밝힌다.[38] 그에 따르면 이신의 그림은 예술적 인습의 주어진 세계를 돌파하고 모두를 위한 비유적 작업을 수행한다. 그리고 특히 이신 회화의 의미를 그는 이신이 그리고 있는 비유적 내용에서보다 그 "테크닉"에서 더욱 발견한다고 밝힌다(But I think the import message is to be found in the creative technique that he uses). 그 한 예로 배일즈는 이신이 색을 선택해서 사용하는 데서도 매우 전복적이고, 보통 화가들이 잘 사용하지 않는 적갈색이나 황색, 검정, 회색 등의 사용으로 "색을 가지고 비유적 기능을 수행하고 있다"(he is performing a parabolic function with color)라고 평한다. 화가 폴 클레(Paul Klee)와의 연관성도 지적하면서 특히 이신이 '공간'(space)을 다루는 방식이 아주 독특하

---

38 이경 엮음, 「이신 목사 유고 목록」, 미간행, 2021에 수록.

다고 평한다.39 그는 이신의 회화에서 어떤 대상이 아닌 공간 자체가 회화의 주제가 되고, 그래서 캔버스를 대상들로 채우지 않는 것은 분명 서구 회화에 대한 반립이지만, 이신은 거기서 더 나아가서 그의 독창적인 회화 기법으로 "공간 자체를 그리려는", 즉 "그릴 수 없는 것을 그리려 하면서"(paintings of space itself. … In his fascination with space, he has undertaken to paint the unpaintable nothinness of space), 서양 기법은 말할 것도 없고 전통적 동양 기법도 넘어서는 길로 나아간다고 지적한다. 그래서 이신은 대상을 그리는 것이 아니라 공간에 형태와 실체를 줌으로써 공간 자체를 만들어내는 기법을 쓴다고 하는데(he gives form and substance to vacancy), 이렇게 "그 자체가 하나의 비유적 메시지인 테크닉의 창조적 사용"을 통해서 "부정적인 효과"(negative effect)를 얻어서 이신의 회화는 "공간 자체 속에서 또 다른 공간으로 통하는 창을 제공해주는"(in the substantial space that provides a window on another space) "하나의 열림"(an opening)이라고 밝힌다.40

이렇게 이신은 베일즈가 읽어내는 방식에 따르면, 자신의 회화를 통해서도 동양과 서양 기법의 이분을 넘어서 그 모두의 근본인 '공간'이라는 "보편적 모체"를 그리고자 했다. 그리고 그것을 바로 여기 지금의 공간 안에서 비유로 지시했다. 이러한 모든 것은 묵시문학가의 영의 환상이 단순한 역사와 시간의 부정도 아니고, 또한 추구하는 근본적 '원형'이 여기 지금의 현현과 상관없는 것이 아니라는 것을 잘 보여준다. 그것은 오히려 모든 현현의 내재와 내면으로서 '종말론적'으로 실존하

---

39 같은 글.
40 같은 글.

는 "영"(靈)이라는 것을 지시한 것과 같다고 하겠다. 그런 의미에서 이신이 매우 중시하는 러시아 사상가 N. 베르댜예프가 그의 『노예냐 자유냐』에서 인간 인격과 우주의 진정한 현실에 대해서 다음과 같이 말했다면, 그것은 이신이 묵시문학적 환상의 근본 구조를 밝힘으로써 그 이원론과 거기서의 초의식의 진정한 의미를 드러내고자 하는 것과 잘 연결된다고 본인은 이해한다.

> 보편(the universal)은 일반적인 것(the common)이 아니다. 추상적(abstract)인 것도 아니다. 구체적이며 충실한 것이다. 보편은 독립의 존재가 아니다. 단독적인 사물 속-옛날 용어를 빌리면, 여러 사물 속in rebus-에서 발견된다는 점을 생각한다면 더욱 일반적인 것이 아니다. 개인은 결코 보편의 일부가 아니다. 보편과 단독의 대치는 올바른 것이 못 된다. 인격은 결코 부분적인 것이 아니고 보편에 대치되는 의미로 특수한 것이 아니다. 인격을 보편이라고 말하는 것이 오히려 타당하다. 개인의 단독성도 개인적인 것이 아니고 보편적인 것에 의해서 침투되어 있다.[41]

## II. '하나님은 영이시다': 이신의 하나님과 한국 信學(fideology)

이신의 유작에는 그가 아마도 해방 후 감리교신학대학 입학을 위해서 제출해야 했던 '신앙고백서' 같은 글이 있다. 이신은 "信仰經過신앙경과"라는 200자 원고지 6장의 짧은 글로 어린 시절부터 그때까지(20살 정

---

41 니콜라스 A. 베르댜예프/이신 옮김, 『노예냐 자유냐』(늘봄, 2015), 49.

도) 자신의 신앙 경과를 간략하게 소개하는 글이다. 거기서 그는 맨 먼저 당시 해방 직후의 한국 사회 상황과 연결하여 지금 "朝鮮조선"이 "解放해방"되었다고 하지만 자신은 "그것을 믿지 못하겠습니다"라고 하면서 자신이 생각하는 "참다운 해방"은 "사람의 손으로가 아니고 다만 하나님의 뜻으로 이때 하나님의 나라가 建設건설될 때"라고 언술한다. 그러면서 "더러운 罪人죄인이나마" 자신을 "하나님의 學校학교"에 들어가게 해주실 것과 "하나님을 通통하야 뭇사람에게 봉사하는 저가 되게" 해주실 것을 간곡히 기도한다.[42] 그 글에 따르면, "우리 집의 믿음은 나의 할아버지 때부터 믿어나려왔다"라고 한다. 그 할아버지는 "儒敎유교에 아주 通하야 소위 兩班양반다움을 숭상하고 禮儀예의를 지키고, … 요샛말로 舊式구식이 탱탱한" 분이었는데, "不時불시에 方向轉換방향전환하야 직심있게 믿으시다 돌아가셨다 한다." 자신의 아버지는 젊은 시절에는 잘 믿으시다가 도중에 "生活생활의 억매임"으로 그만두시었고, 자신도 어린 시절부터 부모의 강권으로 예배당에 다녔지만, 외우기를 강요하고 이해하기 어려운 교리만을 강조하는 신앙에 일찍 싫증을 내서 그가 14살 무렵 보통학교를 졸업하고 도시로 나와서 학업을 계속할 무렵에는 "아무것도 믿지 아니하였다"라고 밝힌다. 하지만 그는 도시에서 처음 그 화려함에 빠져서 한껏 "더러운 欲心욕심"대로 살았지만, 곧 "敎養교양과 努力노력"이 "사람다움을 멘든다는 것"을 알아차렸고, 그래서 "말을 삼가고, 몸가짐을 똑바로 하고, 성을 내지 말고, 和平화평한 얼골을 지니고, … 責任책임을 重중히 녁히고" 등 열심히 그 교양을 쌓기 위한 노력을 "繼續계속"하였지만, 그 모든 것이 "虛事허사"였고, "나는 여기서 信仰신앙

---

42 이경 엮음, 『이신 목사 유고 목록』, 미간행, 2021에 수록.

을 떠난 道德的도덕적 修養수양이란 것이 헛된 것임을 깨달았다"라고 적고
있다.43

## 1. 이신 삶의 진정성(誠)과 하나님 존재 증명

이러한 자각 이후 그는 성경 읽기를 계속했고, 마침내 신학 공부를
하게 되었다고 고백하는데, 이렇게 이신은 당시 자신의 '믿음'의 일을
"죄"와 "더러운 탐욕"에서 벗어나고, "天堂천당" 가고 "永生영생"을 얻는 일
등으로 이해하면서 매우 인습적인 언어로 단순하게 표현하고 있지만,
그의 믿음에 대한 추구는 일찍부터 시작되었다는 것을 뚜렷이 보여준
다. 본인은 그것이 그가 삶에서 정녕 '진정성'(誠, authenticity)을 추구
한 것이며, 그것이 이후 그의 여러 행보, 그림이나 시 등의 예술을 거쳐
서 신학으로 전환하게 하였고, 거기서 인간적인 안목의 교단이나 교파
의 분리를 넘어서 순수한 '그리스도의 교회'로 환원하도록 한 것이라고
이해한다. 또한, 더 나아가서 모든 논리와 방법론, 인간적인 의식을 넘
는 '초의식'과 '묵시', '초월'과 '환상', '카리스마' 등에 천착하도록 했다고
생각한다. 이것은 곧 진정한 자아와 그 내면, 실존적 자아에로의 집중이
기도 하다. 이신은 일찍이 키에르케고르와 본회퍼에 대한 논문을 쓰면
서 인간 내면에 대한 서구 문예 부흥기적 발견은 성서적 의미로는 거기
서의 마음이 단지 내면생활을 의미하는 것보다는 "하나님과의 관계에
서 본 '전체 인간'을 의미하는 것"이라고 지적하였다.44 즉, 더욱 전일적
인 의미에서의 우리 삶과 믿음의 진정성과 통전성(誠)을 추구하는 것을

---

43 같은 글.
44 李信, 『슐리얼리즘과 영靈의 신학』, 192.

말하는 것이고,[45] 그가 계속해서 놓지 않는 '한국적', '한국인'이라는 화두도 본인은 같은 맥락의 관심에서 나온 것이었다고 이해한다.

이신은 소천하기 2년 전 1979년에 젊은 시절 1960년대 5.16쿠데타 앞뒤의 시간에 부산 문화방송국에서 설교한 방송 원고를 모아서 "산다는 것·믿는다는 것"이라는 제목으로 책을 펴냈다.[46] 이 제목에서도 잘 드러나듯이 이신에게서 제일 관건이 되는 것은 인간이 어떻게 '사느냐'의 물음이었고, 그 일에 대한 답에서 어떻게 하나님을 '믿느냐'의 문제였다. 여기서 이신은 그 첫 설교문으로 나온 "사람되는 것"에서 "우리 눈앞에 현실적으로 손해가 있더라도 우리가 사람 되자는데 손해를 입어서는 안 된다. 나날의 우리의 활동과 경험이 어떻게 하든지 우리가 사람 되는 데 조금이라도 도움이 되는 일이 아니고는 여하한 구실을 붙이더라도 그것은 손해다"라고 말하며,[47] 결국 그에게 가장 궁극적인 문제는 우리가 어떻게 하면 참된 사람이 되는가라는 문제인 것을 보여 준다. 하나님과 그에 대한 신앙도 바로 우리의 '사람 되기'와 '삶'을 위해서라고 밝히는 것이다.

그는 책 2부 격인 "믿는다는 것" 부분으로 들어가서는 '하나님은 존재하는가'라는 근본적인 물음을 그 짧은 설교에 담고자 했다. 그러면서 돌멩이와 식물, 동물 그리고 인간의 존재 방식이 서로 엄연히 구별되는 것을 지적하고, 돌멩이는 공간, 식물은 그에 더해서 생명의 존재 여부에

---

45 이은선, 『한국 여성조직신학 탐구 — 聖·性·誠의 여성신학』 (대한기독교서회, 2004), 37 이하.

46 李信, 『산다는 것·믿는다는 것』 (기독교문사, 1979).

47 李信, 『산다는 것·믿는다는 것』 (기독교문사, 1979), 13.

관계되며, 동물과 인간의 경우는 더욱 "복잡 미묘"해서, 특히 사람의 경우는 "정신적인 요소가 구비되어야" 참으로 그가 존재한다고 규명할 수 있는 것처럼, "하나님의 존재 여부"를 논할 때는 "인간 감각의 세계에서 포착될 수 있는 그런 존재로 오해"해서는 안 된다고 강조한다. "사람들이 자기가 낳게 된 어머니의 출처를 볼 수 없듯이 지음을 받은 인간은 그 지음을 받게 된 궁극(窮極)을 절대로 볼 수는 없는 것이다"라고 하며, 하나님의 존재를 바로 인간의 선험적인 존재 조건(conditioned being)으로 제시하는 것이다.[48]

이러한 이신의 방식은 서구 여성 정치철학자 한나 아렌트가 오늘날 인간이 모든 것의 척도로 등장하는 '세계소외'(world alienation)와 '지구소외'의 현실 앞에서 인간 모두는 '누군가에 의해서 탄생 되었다'라는 사실의 "탄생성"(natality)의 조건적 존재임을 밝히는 것을 생각나게 한다. 즉 인간은 조건 없는 존재가 아니라 누군가에 의해서 탄생되어진, "조건 지어진"(conditioned) 존재라는 것이다. 그 탄생성은 각 사람의 고유성과 창조성의 근거이기도 하지만, 우리 모두는 선험적으로 '조건 지어진' 존재로 태어남을 밝히는 의미이기도 하다.[49] 이신은 같은 글에서 그렇게 탄생 되어진 조건적 존재로서의 인간에게 하나님이 "그 지음을 받은 감각을 가지고 볼 수 있는 존재라면 하나님은 결코 만물을 그리고 특히 인간을 창조하신 궁극적인 하나님은 될 수는 없는 것이다"라고 하면서 자신의 하나님 존재 양식을 밝힌다.[50]

---

48 같은 책, 209.

49 한나 아렌트/이진우·태정호 공역, 『인간 조건』(한길사, 2001), 54; 이은선, "21세기 인류 문명의 보편적 토대로서의 誠과 孝 — 오늘 우리 삶을 정의롭게 만들기 위한 토대로서의 孝," 곽진상·한민택(편), 『빛은 동방에서-심상태 몬시뇰 팔순기념 논총』(수원가톨릭대학교출판부, 2019), 583 이하.

## 2. N. 베르댜예프의 예(例)와 살아계신 인격의 하나님

서구 근대 자본주의와 공산주의(사회주의)가 모두 그 내면에서는 한 가지로 유물론적 무신주의일 뿐이라고 갈파해낸 베르댜예프는 그 무신론의 비인간성과 허무를 극복하기 위한 번민과 투쟁에서 '인격주의'(personalism)를 제안한다. 그러면서 인간 내면의 정신과 자유 원리로서의 '인격'(personality)을 이 무신성 시대에서의 참된 초월(Transcendence)로 밝힌다. 하지만 그는 현실에서 그 인격은 동시에 신적인 "보증"(guarantee)이 필요하다고 말하면서 다시 神(God)을 끌어들이는데,[51] 그러나 그 가운데서 베르댜예프에 따르면, 자신의 인격주의가 일반 휴머니즘과 다른 것은, 후자는 인간의 본래성에 오히려 충분히 주목하지 못하여 거기서의 인격의 형상이 단지 인간적 형상만이 아니라 동시에 신의 형상(Imago Dei)도 포괄하고 있는 "신적-인간성"(divine humanity)이라는 것을 파악하지 못한 것이라고 한다. 그에 반해서 자신의 인격주의는 인간 인격이 "신적-인간적"(divine-human) 인격일 때만 참된 인간적인 인격일 수 있다는 신비와 역설, 모순을 받아들이는 것이라고 강조한다.[52] 그래서 그의 인격주의는 전통의 신 또는 신의 형상, 신적 보증이라는 언어를 그 전통적 한계에도 불구하고 다시 가져온다고 밝히고, 본인은 이신도 이와 유사한 방식으로 자신의 '영의 신학'(神學)을 전개시켰다고 생각한다.

이신은 무신성의 시대에 신학 한다는 것의 위험성을 "신학이라는

---

50 李信, 『산다는 것·믿는다는 것』, 13.

51 니콜라스 A. 베르댜예프, 『노예냐 자유냐』, 35.

52 같은 책, 57-58; 이은선, "'사유와 信學' 5, 참된 인격주의와 휴머니즘의 차이는 무엇인가?," 에큐메니안, http://www.ecumenian.com/news/articleView, 2021.04.04.

아카데미즘에 빠져 버리는 일"이라고 적시했다. 그러면서 키에르케고르나 본회퍼가 했던 것처럼 다시 기독교 신앙의 역동성과 창조성을 회복하기 위해서 그는 '영의 신학'을 제안한다. 그것은 '하나님은 영(靈)이시다'라는 말로 하나님의 두 속성, 즉 하나님의 '살아계심'과 '창조적 역동성'을 대표적으로 밝히기 위한 것이다. 이신은 그러한 자신의 신학적 추구를 여러 가지 이름으로 표현하고 전개 시켰다. "슐리얼리즘의 신학"이나 "카리스마적 신학"이 그것이고, 그 신학의 구체적인 모습을 미국 유학으로부터 귀국해서 1981년 12월 17일 급작스러운 소천까지 10여년 동안 여러 번의 시도로 좀 더 구체적으로 밝혀보고자 시도했다. 먼저 장정판의 두꺼운 무선 노트에 쓰인 첫 번째 글은, 비록 충분히 전개되지 못했지만, 1974년 1월 14일 날짜로 "슐리아리즘의 神學"(Theology of Surrealism)이라는 제목으로 "意識의식의 鈍化둔화"라는 항목에서 5번까지 써 내려갔다. 거기서의 다음과 같은 첫 문단은 그의 영의 신학이 무엇을 지향하는지를 가늠하도록 한다:

슐리아리즘(Surrealism)의 神學신학은 日常生活일상생활에서 쓰는 意識의식은 한갓 쓰다남은 쓰레기에 불과하다고 말하드래도 무방하다고 생각하지마는 그러면 쓰레기 아닌 意識의식은 무엇을 말하는가 하는 것을 찾아보는 학문이라 말할 수 있는데 이 쓰레기 아닌 意識의식이란 것이 날개가 돛인 날짐생 같아서 잘 놓치기 일수이고 김(煙氣)처럼 잘 증발해 버린다고나 할까 하는 것이니 어떻게 하면 이것을 붙들 것인가 하는 것인데 或者혹자는 이것을 無意識무의식(unconsciousness)이라고 말하든지 이메지네이션의 領域영역이라고 말하드래도 될것이지마는 이것을 옳게 捕捉포착한 사람은 〈영원을 向해서 열린 門〉이라고 말하든지 〈啓示계시〉라고 해도 무방하다고 말하는 것보다 더 深刻<sub>심각</sub>한 意味<sub>의미</sub>에서 쓰레기 아닌 의식이라고 말한다.[53]

두 번째 서술의 슐리얼리즘의 신학은 유사한 종류의 새 노트에 "쉬르리어리슴의 神學 李信 씀 1980年 2月 14日"이라고 적혀 있으니 소천하기 1년 반 정도의 시점에서 시작한 것 같다. 그 첫 페이지에 "緖論"(서론)이라고 쓰고, 행을 바꾸어서 "쉬르리어리슴의 神學<sub>신학</sub>의 言語<sub>언어</sub>"라는 제목 아래 그는 맨 먼저 "쉬르리어리슴의 神學은 한마디로 말해서 靈의 神學이다"라는 선언을 앞세운다.[54] 그러면서 다시 더 나아가서 "앞에서 靈의 神學이라고 했지만 실은 또 靈의 목소리를 붙잡으려는 神學이다 라고 말하면 좋을 것이다"라고 언술하는데, 본인은 이 문장에서 이신이 자신의 영의 신학을 통해서 어떻게 하나님이 '살아계신가'를 말하려는 지향이 참으로 적실하게 드러나고 있다고 여긴다. 왜냐하면, 여기서 그는 "목소리"를 말하는데, 목소리란 참으로 개별적이고, 현존적이며, 실존적이어서 하나님을 '영'으로 만나고, '목소리'로서 만날 때는 그는 살아계시지 않으면 안 되기 때문이다. 목소리를 알아차린다고 하는 것은 "인격의 그윽한 데 숨어 있는 심정"(heart)을 나누는 것이기 때문에 그것은 곧 너와 나와 내밀하고 구체적인 '실존의 관계'(pro me)에서 소통하는 것을 말한다. 그러므로 거기서의 하나님은 어떤 부동의 관념이나 실체론적인 객관의 존재로서의 하나님이 아닌 것이다. 그는 '살아있는' 하나님, '영'으로서의 하나님, 그래서 '목소리'로서 말 걸어오

---

53 이 글은 2011년 본인과 동생 이경이 도서출판 동연에서 새로 펴낸 李信 지음, 『슐리얼리즘과 영靈의 신학』, 210쪽부터 실려 있다. 이 책에서는 원래 이신이 표기했던 한글 맞춤법이나 띄어쓰기 등을 오늘의 독자가 편하게 읽도록 고쳤지만, 본 논문에서는 되도록 이신이 썼던 원본 그대로의 표기를 가져오고자 한다.
54 같은 책, 216.

고, 따뜻한 인간적인 색조의 목소리와 어머니나 어린애들을 부르는 소리 같은 친밀성으로 다가오시는 하나님을 말하고자 한 것이다.[55]

이신은 더 전개되는 서술 속에서 '소리'와 '언어', '말', '목소리' 등을 구분하면서 목소리야말로 단순한 소리나 형식적인 언어(Sprache)가 아닌 참된 사람의 "말"(Rede)이 되어서 진정한 실존적 소통과 관계를 가능하게 한다고 적시한다. 그래서 그에게는 사람의 목소리가 진정한 영의 소리, 언어의 "초월적인 층"과 "초월적인 면"을 담지하는 언어가 되는 것이다.[56]이신이 잘 지적한 대로, 아닌 게 아니라 오늘 우리 시대의 상황을 보면, 한편으로는 소위 영에 취했다고 하고, 매우 영적이라고 주장하는 사람들이 바로 여기 이곳에 함께 하는 사람들에게는 관심이 없고, 저 멀리 높은 곳, 아니면 혹시 죽음 이후에나 간다고 하는 저세상에만 관심하는 모습을 보이니 그들이 자신들은 참으로 영적인 삶을 살고 있다고 하지만, 실제로는 영의 목소리를 듣지 못하는 것이라고 할 수 있다. 또 다른 한편에서는 옆에 다른 사람의 몸과 목소리가 있어도 오늘날 사람들은 온통 그 관심과 시선을 스마트폰이나 TV, 컴퓨터 등, 기계나 생산물에 두고서 정작 사람이나 옆 사람의 목소리는 듣지 못하고 산다. 그래서 여기서 이신이 말한 대로, 우리 시대에 사람의 표정이 들어가고, 개인적인 사정과 톤이 담긴 목소리는 점점 소외되고, 그 안에 담지되어 있는 심정을 알아채고 듣는 일이 점점 어려워지니, 진정 사람의 목소리와 이웃의 목소리를 영의 소리, 초월의 소리로 듣는 일은 드물어진다.

앞의 베르댜예프는 그의 『노예냐 자유냐』에서 "존재에 대한 인간 노

---

55 같은 책, 218.
56 李信/이경 엮음, "소리, 연어, 목소리," 『돌의 소리』(서울: 동연, 2012), 158-159.

예성"과 "신에 대한 인간 노예성"을 아주 잘 연결해서 밝혀주었다. 그에 따르면 서구 형이상학은 모두 존재론이 되려는 추구이고, 변화란 없다라는 유명한 말의 파르메니데스나 플라톤의 이데아론은 모두 초월 또는 神을 '존재론'(ontology)으로 표명하기 위한 구상이다. 서구 중세로 넘어와서 신의 존재 증명에 대한 긴 논쟁과 그러한 존재론적 사고의 극단인 유명론(唯名論, nominalism)은 생명을 존재론화하고, 대상화하며, 객체화하려는 '존재에 대한 인간 노예성'의 적나라한 표명이라고 이해한다.[57] 이와 같은 인간 존재에의 노예성은 기독교 성서 전통에서 선악과 설화도 잘 전해준다. 거기서 인간은 자신 삶의 선험적 조건인 선악과를 따먹음으로써 자기 존재를 영속화하려 하고, 또한 아벨과 가인 이야기도 가인의 도시 문명은 과거에 한 번 이룬 것을 도시의 문명으로 영속화하려는 욕망이었기 때문에 '살아계신 하나님'은 그의 제사를 용납하지 않은 것으로 해석할 수 있다.[58] 이렇게 존재에의 노예성은 하나님과 그 형상을 입은 인간 정신을 살아있는 영과 자유, 실존과 창조의 힘으로 보지 못하고 과거의 결정론이나 실체화된 일반자, 관념적인 필연과 고정불변의 원칙으로 보게 하는 것이다.

이러한 존재에의 노예성이 구체적으로 신에게 적용되어 표현된 것이 특히 '의인擬人신론'(신인동형론, anthropomorphism)이나 '의사회신론'(擬社會神論, sociomorphism)으로 나타난다고 베르댜예프는 밝힌다. 여기서 의사신론은 절대적인 신론을 사회계급적인 관점에서 규명하려는 논리로서 특히 서구 기독교적 신에 대해서 알고 있는 대부분의

---

57 니콜라스 A. 베르댜예프, 『노예냐 자유냐』, 97-99.

58 이은선, "'사유와 信學' 6, 존재에 대한 인간의 노예성과 자유," 에큐메니안, http://www.ecumenian.com/news/articleView, 2021.04.18.

개념, 즉 주인(Master)과 왕, 상전과 지배자, 가부장 등과 같은 개념이 그것이다. 베르댜예프에 따르면, 신은 결코 상전이 아니고 지배자가 아니며, 그러한 주인과 노예의 관계에서 드러나는 권력의지는 결코 신의 속성이 아니다. 대신에 "자유"이고, "해방자"이며, "자유의 감정"을 주는 자이지 "굴종의 감정"을 주지 않는다. 그런 맥락에서 베르댜예프는 "하느님은 존재한다. … '나는 존재한다'라는 말에서 주요한 역점은 '나'에게 있는 것이지 '존재한다'에 있지 않다. 나와 인격은 범주적 사유의 결과인 '존재'보다도 더 우선적이다"[59]라고 갈파한다.

## 3. 이신의 슐리얼리즘 신학(神學)과 한국 신학(信學)

이렇게 정신과 자유, 주체와 행위로 만나는 神은 이신의 언어로 하면 한 마디로 살아계신 "영이신 하나님"이다. 이신은 그 하나님을 만난 사람들의 언어를 "새 술에 취한 사람들"의 언어라고도 하며, 예수 당시 가까운 가족이나 제자들까지도 예수의 말을 잘 이해하지 못한 것처럼 그렇게 "괴이하게" 들리고, 말하는 사람들도 "사실 말이지 … 言語언어의 語法어법에 매여서 자기가 할 말을 다 하지 못하는 경우가 너무나 많다"라고 말한다.[60] 하지만 이신은 한 가지 방법을 알려준다. 슐리얼리즘의 방식으로, "左右間좌우간 쉬르리어리슴은 자기의 마음을 털어놓아야 한다"라고 말하는데, 그러나 곧이어서, 또 "마음을 털어놓기 싫으면 싫은 대로 表現표현하면 되는 것이고 그렇게 하면 마음을 털어놓지 않으려는 그 마음이 表現된 것이니 그것으로 족하다"라고 한다.[61] 그의 표현대로

---

59 니콜라스 A. 베르댜예프, 『노예냐 자유냐』, 100.
60 李信, 『슐리얼리즘과 영靈의 신학』, 192.

참으로 "알쏭달쏭"하고 난감하다. 그래서 이신도 "사실은 쉬르리얼리슴 (Surrealism)이란 참으로 〈主義주의〉라고 하기에는 너머 한계가 넓고 媒介體매개체라기에는 너머 부끄러움을 타기를 잘하기 때문에 이렇다 저렇다 말하기 어렵다고 할 것이나 〈靈의 목소리〉를 전달하는데 다른 도리가 없다고 생각된다'라고 고백한다. 그에게 있어서 시대의 무신성에 맞서고 비인간적 기계문명을 넘어서기 위해서는 어떻게든 하나님이 '살아계시다'는 것을 밝히고, 그가 '목소리'로서 우리에게 다가오신다는 것을 알아듣도록 해야 하지만, "이 세상에 아무리 正確정확한 文法문법이 있다 하드레도 〈목소리〉를 表現표현하는 文法문법은 없다. … 원래가 슐리얼리즘의 신학은 超現實초현실의 方法방법인데 사실은 方法방법이 없다는 말로도 말할 수 있는 것이다. … 超現實의 方法은 方法이 아니다'라고 고백할 수밖에 없도록 만든다.62

본인은 여기서 이러한 모든 설왕설래가 결국 이신의 '영의 목소리의 신학'이 마침내 맞닥치는 문제는 다른 것이 아니라 바로 우리 '인식'과 '의식'의 문제라는 것을 밝혀준다고 본다. 즉 그것은 이제는 어떻게 신(神)을 말하고, 무엇으로 神의 이름을 정하느냐의 문제가 아니라 그와 같은 목소리를 들을 수 있는 우리 '마음'과 '정신'이 문제라는 것, 우리가 그것을 살아있는 하나님의 언어로 알아차리고, 그것을 믿고 따를 수 있는 '믿음'과 '신뢰'의 문제라는 것을 드러내 주는 일이라고 본다는 의미이다. 또다시 말하면, 이신에게도 결국 하나님의 문제, 신의 존재의 물음, 그의 살아계심의 실존성의 문제는 다름 아니라 바로 믿음(信),

---

61 같은 책, 217-218.
62 같은 책, 219-220.

우리의 인식과 의식의 문제("의식의 둔화")이고, 그것은 이제 영이라는 언어로 하나님을 참으로 포괄적이고 "알송달송"하게 표현하고 있지만, 그 언술의 바탕에는 우리 믿음과 언어, 말, 그것을 알아채고 그의 심정을 파악하여 다시 인간답게 대답하고 응대하는 것 등의 '신학'(信學)에 대한 의문이 놓여 있다는 것이다. 그래서 이제 우리 시대는 더는 '신학'(神學)이 아니라 '신학'(信學)이 관건이라는 것이고, 따라서 오늘의 신학은 더는 직접적인 '神-이야기'(God-Talk)가 아니라 '신학'(信學), '우리의 믿음에 대한 학'으로 거듭나서 여기 지금의 '인간답고'(仁), '정의롭고'(義), '착하게'(禮) 사는 인간 '행위'(智)에 대한 '인학적'(仁學的) 물음으로 새롭게 태어나는 일을 찾아야 함을 보여준다.63 그런 의미에서 본인이 한국 여성 토착화 신학자로서 우리 시대를 위한 새로운 신학의 모형으로 제안하고자 하는 '한국 信學'(Korean Feminist Integral Studies for Faith)이 그의 슐리얼리즘 신학에 깊게 연결되는 것을 보고, 이 점에서 아버지 이신의 슐리얼리즘과 카리스마적 영의 신학이 새로운 한국적 토착화 신학, '한국 信學'으로 전개되는 일을 의미 있게 탐색하고자 한다.64

---

63 이은선, 『사유하는 집사람의 논어 읽기』(도서출판 모시는사람들, 2020), 8 이하.

64 본인은 지난 2018년 2월 재직하고 있던 대학을 명예퇴직하면서 이 '한국 신학(信學)'에 대한 구상을 언표했었다. 또한 작년 7월 14일 '한국信연구소'를 개소하면서 분명하게 이신 사상과의 연결을 말했고, 거기서 나아가서 '한국 신학(信學)'에 대한 구상을 말했다. 이것은 일종의 '한국 여성 통합 학문적' 구상으로서 초월과 인간과 우주의 미래적 삶을 매우 불이적(不二的)이고 통전적인 시각에서 파악하여 어떻게 우리 삶이 참된 믿음과 신뢰의 삶(誠·敬·信)으로 거듭날 수 있을까를 탐구하는 노력이라고 말할 수 있겠다. 이은선, 『세월호와 한국여성신학 ― 한나 아렌트와의 대화 속에서』(서울: 동연, 2018); 이은선, "한국적 聖·性·誠의 믿음의 통합학을 지향하며,"「한국信연구소를 열다-개소식 및 출판기념회 기록집」, 한국信연구소·현장(顯藏)아카데미, 비매품, 2020. 8. 30.

그런데이목소리를듣는다는것이중요한일이고그렇기때문에'카리스마적 해석학'이란이목소리를풀이하는것이아니라이목소리를어떻게하면들을 수있는냐하는문제인데더말하자면요즘사람들은'어떻게'란말을하면곧장 방법론을생각하는데그것은기술사회가가져온의식의오염으로서소위말 하는방법론이아니라실존적인것으로근원적인것과생명적인것은인간이 만드는것이아니고창조자의소관으로서누가이것에대해서감히왈가왈부 할수있단말인가.[65]

본인은 '한국 信學'과 관련해서 특히 한국사상 전통 속의 조선 신유 학자 퇴계 선생을 생각한다. 그는 16세기 조선의 학문을 신유학으로 꽃피우면서 바로 한국사상이 중국의 것과는 달리 오랜 고유성으로서 궁극(太極 또는 理)의 '살아있음'(生)과 '인간 중심적 관점'(心學) 그리고 그 생동성과 창조성, 주체성(活理)의 시선으로 유학의 새로운 차원을 열었기 때문이다. 그것을 지금 우리가 살펴보는 이신의 언어로 하면 '살아계신 영이신 하나님'을 밝히려는 의미와 같은 것이라고 본인은 생 각한다. 이것은 앞에서 보았듯이, 이신이나 베르댜예프가 강조한 '살아 계신 하나님'과 '정신'과 '영', '자유'와 '주체'로서의 神이 전통적인 서구 의 존재론적 의사회(擬社會)신론적 神 이름보다 동아시아 전통의 '역' (易)이나 '무극', '태극' 등으로 이해된 초월과 훨씬 더 잘 만날 수 있다는 의미에서도 그러하다. 거기서 더 나아가서 그 '생생지위역'(生生之爲易, 낳고 살리는 것이 역이다)의 易 우주론인 〈태극도〉(太極圖)에 관한 연구 에서도 퇴계의 이해는 중국의 주렴계(周濂溪, 1017~1071)나 주희(朱熹,

---

1130~ 1200) 등과 구별되게 태극을 훨씬 더 인간학적으로 살아있는 인격적 '하늘의 명령'(天命)에 집중하는 방식으로 전개 시켰다는 것을 보아도 그러하다(퇴계의 〈天命圖〉 또는 〈天命新圖〉).[66] 퇴계 선생은 그의 〈천명신도〉가 왜 중국 주염계의 〈태극도〉와 일체의 방위가 서로 반대로 왼쪽이 음이 되고 오른쪽이 양으로 되며, 앞뒤가 서로 바뀌었는지를 묻는 물음에 대해서, "이것은 방위를 바꾸어 놓은 것이 아니고, 다만 보는 사람이 그림에 대하여 손님(賓)의 위치에서 보는가, 주인(主)의 위치에서 보는가의 차이가 있을 뿐이니… "라고 답변하였다.[67] 이것은 그 이전의 여러 도(圖)는 대체로 천(天)을 중심으로 이 세계를 내려다보는 입장에서 그려진 반면, 자신의 〈천명신도〉는 인간이 이 세상에서 天命을 우러러본다는 관점에서 그린 참된 주체와 인격의 발견을 말하는 것이라고 할 수 있다.[68]

이렇게 퇴계 선생은 하늘의 명령을 받는 존재로서의 인간을 우주의 중심으로 놓으면서(〈천명도〉)[69] 자신의 궁극 이해와 세계와 인간 이해인 '이기론'(理氣論)을 심화시켜 나갔고, 거기서의 궁극(理)을 더욱더 살아있는 '능동적 생명력'(活理)으로 알아갔다.[70] 그는 우리가 많이 들었듯이 58세의 노대가(老大家)로서 33세의 신진학자 고봉 기대승(奇大升, 1527~1572)과 더불어 논의하면서 자신의 理(하늘 또는 하나님)에 대

---

66 金鐘錫, 『퇴계학의 이해』 (일송미디어, 2001), 113 이하.
67 滉曰, 不然, 此非方位之易置也, 第因觀者之於圖, 有賓主之異耳(『退溪集』 권 41. 「天命圖說後敍附圖」, 金宗錫, 앞의 책, 115쪽에서 재인용).
68 같은 책, 115.
69 이황지음 · 이광호 옮김, 『퇴계집-사람됨의 학문을 세우다』 (한국고전번역원, 2017), 223.
70 최봉근, "退溪의 '天命圖說'에 비친 理의 全一的 生命性," 한국양명학회, 「陽明學」 11(2004. 2): 257-285.

한 이해가 그동안 너무 전통적 존재론의 테두리에 갇혀있었다는 것을 고백한다. 그러면서 온 우주의 생명과 창조 원리로서 각 사람의 마음속에서 활발히 역할 하는 '理의 역동성'(理動說)을 더욱 인식하기에 이른다. 그로부터 구성된 것이 그의 유명한 '리도설'(理到說), 또는 "사단은 리가 발동하나 기가 따르고 있으며, 칠정은 기가 발동하나 리가 타고 있다"(但四則理發而氣隨之, 七則氣發而理乘之耳)의 '호발설'(互發說)이다. 이것은 서구 기독교적인 언어로 하면 理(하나님)를 더욱더 살아있는 인격체로 이해하는 것을 말하는데, 즉 점점 더 전통의 신론보다는 성령론이 강조되는 의미인 것이다. 퇴계의 말을 들어보면,

> 전에는 (나는) 단지 本體(본체)의 無爲(무위)함만을 알고 妙用(묘용)이 능히 드러나 행할 수 있음을 알지 못했으며, 거의 리를 죽은 것(死物)으로 생각하기까지 했다. 도를 떠남이 또한 멀고 심하지 않았는가!"[71]

이러한 퇴계 선생이 참다운 사람(聖人)이 되는 성학 공부(聖學之道)의 핵심 방식으로서 그와 같이 '살아있는 초월'(리겸동정, 理兼動靜)을 "내가 그 앞에서 대하고 있는 상제"(대월상제, 對越上帝)로 여기며 그에 대한 지극한 존숭과 경외(敬)를 말했는데, 이것은 바로 그 "지극히 신묘한 작용"(至神之用)의 궁극과 초월(하나님)에 대한 깊은 종교성과 영성이 표현된 것이라고 할 수 있다. 20세기의 한국기독교 신학자 이신의 슐리얼리즘 신학은 살아있는 하나님의 목소리를 들으려는 자세를 그러한 조선의 유학자와는 다른 언어로 말하지만, 본인은 그것이 매우 유사한

---

71 『퇴계선생문집』 권18, 「答奇明彦別紙」, 최봉근, 앞의 글, 274쪽에서 재인용.

초월에 대한 경외를 표현한 것이라 여긴다. 이신은 그 경외를 다음과 같이 그려준다:

> … 사실 靈영의 世界세계에서는 人間인간의 現實的현실적인 方法방법이 盡진해버리고 하나님 앞에서 두 손 번쩍 들었을 때 하나님은 비로소 움직이시는 분이시기에 普通보통으로 생각하는 意味의미로서의 方法論방법론은 안 되고 方法論방법론 없는 方法방법이랄까 또는 方法방법이 完全완전 끊긴 그런 神學신학이라고도 말할 수 있는데 元來원래가 쉬르리얼리슴의 神學은 超現實초현실의 方法방법인데 사실은 方法방법이 없다는 말로도 말할 수 있는 것이다. … 超現實초현실의 方法방법은 方法방법이 아니다."[72] "事實사실 말이지 사람이 참으로 이룬 일 중에 〈祈禱기도〉 없이 이룬 일이란 없는 것이고 〈祈禱기도〉 없이 이룬 일이 참으로 이룬 일이 못 되고 또 이루었다고 해도 그것은 허무한 데 도라갈 수밖에 없는 것들이다고 말할 수 있는데…"[73]

## III. '신뢰의 그루터기': 이신의 예수와 한국 仁學(humanology)

주지하다시피 이신은 한국전쟁 와중에서 초기 '한국그리스도의교회' 역사에서 큰 역할을 한 김은석 목사(金銀石, 1902~1963)를 만나고, 그의 주도로 전라도 광주 지역에서 일고 있던 그리스도 성령 운동을 접하여 그리스도의 교회로 환원하였다. 이렇게 이신의 신앙적 전환과 이후의 행보에 많은 영향을 끼친 김은석 목사는 이신의 소개에 의하면, "기

---

72 李信, 『슐리얼리즘과 영靈의 신학』, 220.
73 같은 책, 220.

도의 사람이요 영감적인 사람"이다. 그는 일제강점기 기독교 신앙에 입교하면서 중국 등지에서 전도하였고, 태평양 전쟁 말기에는 일본에 가서 노동하고 전도하며 한인들의 저항 의식을 고취시켰다고 한다. 그는 "한국의 바울"로 불려질 정도로 전국을 다니며 성경 공부와 전도에 열심이었는데, '경천애인'(敬天愛人)이라는 말을 무척 좋아하여 자신의 성서 연구를 '경천학'(敬天學)으로 했다가 다시 "성령으로 거듭나는 체험의 장이라는 의미로" '신화신학'(神化神學)으로 개명했다고 한다.[74] 이신은 그에게서 큰 영적 체험과 감화를 받고 감리교회에서 나와서 그리스도의 교회로 환원했고, 목사안수를 받으면서 자신의 이름을 李信으로 개칭했다. 그가 미국 유학에서 귀국해서 1974년경에 쓴 "한국그리스도의교회 환원운동의 전개"를 보면, 그는 한국그리스도의교회 출발이 한국 가톨릭교회처럼 외국 선교사들의 선교 활동으로 된 것이 아니라 매우 자생적으로 자발적인 의식에서 시작된 것이었다고 강조한다.[75] 그런 의식 있는 한국 그리스도인 중에 이신이 첫 번째로 소개하는 사람은 동석기 목사(董錫琪, 1881~1971)인데, 그는 환원 전에 감리교 목사로서 3.1운동 당시 33인 중 첫 서명자인 오산학교 창시자 이승훈(李昇薰, 1864~1930) 계열의 독립운동가로 구분될 정도로 독립운동에 투신했던 인물로 전해진다.[76] 또 다른 사람인 성낙소 목사(1890~1964)도 동학당 출신의 독립운동가로 그는 기독교 신앙을 조국의 주권 회복과 관련하여 군사 훈련이 가능할 것으로 여겨진 구세군에서 시작했다고 하는데, 이

---

74 http://kccs.info.bbs.tb.php.persnon in 김은석 목사 자료모음 코너.

75 李信, 『슐리얼리즘과 영靈의 신학』, 341.

76 2년 전인 2019년 3.1운동 백 주년을 맞이해서 서울역사박물관에 전시된 "3.1운동 계보도"에서 본인이 직접 확인한 것이다.

후 순수하고 주체적인 '기독교회'를 개척한 사람이었다.

## 1. 살아있는 하나님에 대한 응답으로서의 환원운동

이렇게 이신이 매우 강조하는 신앙의 주체성이란 바로 하나님의 살아계심에 대한 직접적인 응답이다. 한국그리스도의교회는 그와 같은 주체적인 의식에서 개교회주의적으로 전개되어왔다. 그런 맥락에서 일제강점기 태평양전쟁 때 조선총독부가 조선의 모든 교회를 통째로 '일본기독교 조선교단'에 가입시켜서 신사참배를 강요하자, 그리스도의 교회는 자신들은 하나의 교파가 아니고 오히려 신약시대의 참 교회를 지향하는 사람들이기 때문에 어떤 인위적인 단체에도 가입할 수 없다고 버텨서 신사참배를 면할 수 있었다고 한다.[77] 이신은 이러한 살아계신 하나님에 대한 순수한 믿음의 환원운동에 함께한 후에 김은석 목사의 성경사경회 여행에 십수 차례 동행하면서 참된 신앙의 전파를 위해서 애썼고, 이후 상황과 처지에 상관하지 않고 어떻게든 배움의 자리를 마련해서 모든 종파적인 기원과 인간적인 교권적 권위를 버리고 순수하게 예수 그리스도에게로 귀의하는 "한국적 자각"의 교회를 세우자고 주창했다. 그 가운데서 그가 겪은 어려움과 고통, 냉대와 이단 시비 등은 이루 말할 수 없다.

참된 그리스도의 교회에 대한 추구로 40세의 늦은 나이에, 어린 자식들과 아내를 두고 떠난 미국 유학을 마치고 그는 1971년에 귀국하였다. 그중에서도 그는 앞에서 보았듯이 한편으로 최고의 미의식과 예술 감각으로 그림 그리는 일과 슐리얼리스트 시운동 등을 하면서도, 다른

---

77 김홍철, "한국그리스도의교회 성장사," 「한국목회대학원 석사학위 논문」, 1986년, 42-43.

한편으로는 궁벽하고, 여전히 한국 사회에서 이해받지 못하는 그리스도의 교회 목회자와 신학자로 살면서, 1973년 뜻을 같이하는 목회자와 평신도를 모아서 우선 그리스도의 교회가 당면한 현실적인 어려움을 공동으로 타개하고자 '한국그리스도의교회 연합회'를 결성하고자 했다. 그리고 다음 해 1974년 3월 25일 날짜로 '한국그리스도의교회 선언'을 발표했다.78 하지만 이 선언은 당시 그리스도의 교회 실권자이기도 했던 대한기독교신학교(현 서울기독대학)의 최윤권 목사 등이 1975년 또 다른 조직인 '한국그리스도의교회 교역자회'를 따로 구성하면서 현실화할 기회를 잃었다. 이후 한국그리스도의교회는 양분되었고, 이신은 더욱 극심해진 생활고와 여러 가지 어려움에도 불구하고 고투하다가 1981년 소천했으며, 그렇게 큰 뜻으로 시작된 한국그리스도의교회는 이후 오늘의 모습으로 남게 되었다. 그것은 하나의 작은 변방 교파 교회로 전락한 모습이며, 그것도 극단적으로 보수적이고, 미국 추종의 근본주의적 성서문자주의에 빠져서 매우 폐쇄적이며, 몇몇 지도자들의 사적 욕심과 전횡에 휘둘리는 교회가 되어서 그 본래의 뜻이 크게 퇴색되었다. 참으로 안타까운 일이다.

## 2. 이신의 하나님의 역사성과 신뢰의 그루터기 예수

이신 영의 신학이 밝히고자 하는 하나님의 속성 중 그 첫 번째인 '살아계심'에 이어서 두 번째는 그의 '창조성'이다. 하나님의 살아계심이 진정한 것이라면, 그 살아계심의 힘은 지금 이곳에 다양한 형태로 드러난다. 전통적인 기독교 성서의 언어로 하면 '말씀이 육신이 되었다'라는

---

78 李信, 『슐리얼리즘과 영靈의 신학』, 358-364.

뜻이 되어서 그것은 이신 영의 신학의 '기독론'을 말하는 것이고, 더욱 포괄적이고 보편적인 세계 이해의 관점에서 보면 그의 인간 이해와 역사이해(仁學)를 여기서 볼 수 있다. 이신은 여러 곳에서, 이미 그의 초기 설교에서부터 '말씀'이라는 언어가 히브리어로 '다마르'라고 지시하며, 그것이 '행위' 또는 '사건'을 뜻하는 것이라고 계속 지적해 왔다.[79] 히브리 성서 창세기가 바로 '말씀'으로 '세계'를 창조해 나갔다고 하는 것은, 하나님이 바로 말씀이고, 그 말씀은 구체적인 창조력을 지니는 것을 보여주는 것이다. 또한 이신이 애독하던 신약성서 요한복음의 첫 문장이 하나님이 '말씀'이라고 밝히며, 세상의 모든 것이 말씀으로 말미암아 태어난 것을 주창하듯이, 그렇게 하나님은 그저 가만히 있는 분이 아니고, 저세상 어디엔가 부동의 초월로서, 또는 이념이나 관념의 추상으로서가 아니라 구체적으로 여기 이 시간 속에서 인간적 '언어(말씀)'로 말 걸어오시고, '사건'과 '역사'를 일으키시는 역동적 창조자이시며, 그럼으로써 이 세계를 바꾸어나가시는 역사적 행위자라는 것을 밝히는 것이다. 그의 슐리얼리즘 신학은 ΛΟΓΟΣ(로고스)라는 제목 아래서 그렇게 하나님 초월의 급진적인 내재성과 창조성, 역사성(인간성)을 매우 성서적이면서도 동시에 보편적인 인문의 언어로 다음과 같이 밝혀주고 있다:

말씀은 말씀에 머물러 있는 한 그 實效실효가 아무것도 없다고 말할 수 있는데 그것은 항상 다른 곳을 向해서 志向的지향적이기 때문에 그런데 우리가 〈말씀이肉身육신이 됫다〉는 말씀만 想起상기해도 쉽사리 알 수 있다. 다시 말

---

79 李信, 『산다는 것·믿는다는 것』, 283.

하면 말씀은 肉身육신의 方向방향으로 志向性지향성을 갖이는 것이고 또 그렇게 될 때 實效性실효성이 있다는 말이다. 〈말씀이 肉身육신이 된다〉는 것은 超現實的초현실적 事實사실의 具體的구체적인 事例사례인데 이것은 前無後無전무후무하게 PARADIGMATIC한 歷史的역사적 事件사건인데 事實사실은 이 事件사건처럼 〈말씀이 肉身육신이 되는〉 事件사건이 여기서 저기서 벌어져야만 하는데 이것은 言語언어가 言語언어로만 머물러 있어서는 안 된다는 것을 단적으로 말하고 있는 것이리라고 생각한다.[80]

이신은 이러한 말씀 사건을 표현해주려는 것이 슐리얼리즘이고, 그것을 다시 "NEO-TRAN-SCENDENTALISM"이라고도 표현한다. 그리고 설명하기를,

여기는 超越초월이 있기는 있으나 그 前 모양으로 먼데 있는 초월이 아니라 가장 가까운데 있는 超越이고 우리가 보고 들을 수 없는 世界세계에의 超越이 아니라 우리가 보고 듣고 만지면서도 우리가 意識의식 못하고 가장 가까이 있으면서도 먼 그런 것이다. 다시 말하자면 그렇게 멀리 떨어저 있는 世界가 아니라 내 눈앞에 보고 있는 事物사물 가운데서 그 絶對절대의 世界를 意識하는 것이고 또 다른 말로는 〈너희 안에 天國천국이 있느니라〉하는 그런 경지인 것이다고 말할 법한데 그것은 자칫하면 또 因襲的인습적으로 생각하기가 일쑤이기 때문에 여기서는 NEO-TRANSCENDENTALISM이라고 말하는 것이 무방하다 라고 밝힌다.[81]

---

80 李信, 『슐리얼리즘과 영靈의 신학』, 221.
81 같은 책, 222.

이렇게 '너희 안에 천국이 있느니라' 하면서 이 세계 속에, 인간 내면 안에 하늘의 씨앗을 보는 이신은 그러므로 "인간의 언어는 역사적이 아닐 때가 있는데 그것은 한갓 공론에 그치는 그런 경우일 것"이라고 지적한다. 이 말은 여러 가지로 해석될 수 있다. 먼저 하나의 언술이 행해진 후 그것이 어떠한 사건이나 의미도 일으키지 못하는 경우 그 말은 단지 헛말에 불과하다는 것이고, 또 다르게 말하면, '역사적'이라는 말은 어떤 구체적이고 실효적인 일이나 사건이 일어났을 때만 그렇게 지칭할 수 있으므로 실효를 내지 않는 하나님이나 인간 말은 진정한 의미에서 그 본래에서 빗나간 것을 지시하는 의미라고 할 수 있다. 이신은 이사야서 55장 10절을 들어서 "하나님이 기뻐하시는 뜻을 성취하고야 마는" 말씀에 관해 말하는데,[82] 그렇게 "산 역사적 현장으로서의 말" 또는 "산 목소리"로서 하나님의 인간성(언어성)과 역사성, 창조성을 강하게 강조하고 있는 것이다.

그는 소천하기 1년 반 전인 1980년 6월부터 "카리스마적 신학"이라는 제목의 신학 연재 칼럼을 당시 그가 강사로 나가고 있던 순복음신학교와의 인연으로 '순복음중앙교회청년선교회 카리스마 편집실' 발간으로 나오던 「카리스마」지에 실었다. '카리스마'(charisma)라는 말 자체가 '은사'(恩賜) 또는 '은총'을 의미하는 데서도 드러나듯이 이신은 살아계신 하나님이 구체적인 은총의 힘과 능력으로 현현되는 것을 중시했다. 그래서 자신의 신학을 "카리스마적 신학"이라고 부를 정도로 궁극의 하나님이 여기 지금 이곳을 위한 구체적 은총이 되심을 강술하면서 오늘 우리의 무신성과 허무, 방향 없음과 무의미의 시대에 신앙의 역동

---

82 같은 책, 227.

적 창조성과 계시성을 더욱 분명하게 밝히고자 했다.

이신은 그런 가운데 인간이 언어를 만드는 것이 아니라 말씀에 의해서 인간이 지어졌고, 말씀으로 인하여 그 실존이 조명되는 순차가 됨을 먼저 지적한다. 즉 앞에서 지적했듯이, 인간의 선험적 조건성으로서 탄생성을 밝히는 것이다. 그래서 인간의 언어는 하나님의 말씀에 의해서 다시 언어의 힘을 회복해야 하고, 제자리를 찾아야 한다고 강조한다.[83] 여기서 이신이 인간 역사가 하나님의 말씀으로부터 받은 가장 큰 은총으로 보는 것은 바로 '예수 그리스도'다. 이 예수 그리스도 사건은 하나님 자신이 육신으로 되신 사건으로서 하나님이 '인격적'으로 자신을 드러낸 사건, 그것도 '종의 모습'으로 '지극히 작은 자'의 모습으로 오신 것이 "인간의 어떠한 지혜로도 이해하기 어려운 역설"이라고 강술한다.[84] 이신의 이러한 예수 그리스도 이해는 그러나 보통 인습적인 기독교 교리에서처럼 어떤 형이상학적 본체론적인 유일회성 논란으로 진행되지 않는다. 대신에 그 인격의 고유한 특성과 내용, 즉 낮은 자, 지극히 작은 자, 나중에 다시 갚을 것이 없는 자에게 베푸는 사랑을 통해서 하나님을 만나는 자, 마음이 청결한 자, 기도로 하나님의 얼굴을 뵙는 자 등의 인격의 구체적 내용에 강조점을 두면서 우리가 그와 같은 예수의 "얼굴"(person)을 만나야 한다고 역설한다.[85] 물론 이신도 '독생자'라는 개념도 쓰고, "'독생자-예수-하나님'을 통한 경험"이야말로 "참다운 의미의 하나님을 뵙는 경험"이라고 말하기도 한다.[86] 그러나 본인의

---

83 李信, 같은 책, 254.

84 같은 책, 280.

85 같은 책, 280.

86 같은 책, 294.

이해로는 이렇게 자칫 기독론적 배타성으로 들릴 수 있는 표현은 예수가 어느 정도로 하나님과 친밀한 '인격적인' 관계를 맺었는가를 밝히는 언어이지 어떤 존재론적 실체론의 입장에서 발설하는 언어는 아니라고 본다. 뒤에서 더 살필 것이지만, 그의 성령 이해로 가면 더욱 분명하게 그는 이 '역사적 예수'도 넘어서서 영에 의해서 인도되는 하나님과의 만남을 강조하는 것을 볼 수 있다.[87] 다음과 같은 글에서 이신의 역사적 예수 이해에 대한 관점을 잘 볼 수 있다:

> 그런하나님이나에게접근하실때에과거의족장들에게나모세에게나예언자에게나타나셨던것처럼나타나시는것이아니라또는역사적예수를통해서나타나신것처럼나타나는것이아니라성령을통해서나타나는것인데이것은우리의인격의가장중심부에서작용하실뿐만아니라만물萬物가운데에서작용하시는데여기서중요한것은'주의영이계신곳에는자유함이있느니라'(고후 3:10)고한것이다.[88]

예수에 대한 이신의 강조는 그의 '인격성'에 있다. 인간의 언어와 삶 자체가 하나님의 말씀에 의해서 항상 조명받지 않고서는 그의 인간성

---

87 같은 책, 258, 272.

88 같은 책, 272. 아버지는 이 "카리스마적 신학"을 쓰실 때 모든 통상적인 한글 띄어쓰기를 해체하고 자동기술법적으로 쓰기를 원하셨다. 그래서 그렇게 쓰인 원고를 잡지 편집부에 주면 그곳에서 그대로 싣기도 했지만 때로는 독자들의 항의와 편집의 어려움 등으로 그러한 글쓰기 방식을 포기해 줄 것을 요구받았다. 그러나 아버지는 굽히지 않았고, 그래서 한두 호가 걸러지기도 했지만, 그때 편집부가 얼마나 힘들었고, 그 글을 오자 없이 싣는 일이 어떻게 힘들었을 것이라는 사실을 본다. 당시 발행인으로 강용옥, 주간은 박형선, 편집장에 홍성경, 편집인으로는 오복숙, 염두철, 정혜림, 고효선 등의 이름이 나와 있는데 자손으로서 이제라도 감사한 마음을 표한다.

을 유지 또는 고양할 수 없다고 보는 이신은 예수의 인격을 그 일을 기초적으로 가능케 해주는 "신뢰의 그루터기", 즉 근원적인 인격의 모형으로 보는 것을 말한다. 그는 이 땅에서 '죽기까지'("성실하게") 하나님을 신뢰한 사람으로 살다 갔고, 진정 '다시 갚은 것이 없는 가난하고 작은 사람들'을 초대하고, 사랑하고, 그들을 위해서 목숨을 내어놓기까지 했는데, 이 예수의 모습이 참 인격, 참된 인간의 모습이라는 것이다. 이신에 따르면, 인류의 단 하나의 소망이 "하나님을 보는 것"일 터인데, 바로 그러한 예수에게서 구체적인 인격으로 나타나신 분이 하나님 자신이라는 것을 말하는 것이야말로 "그리스도교가가르치는가르침의중심이요본질적인것"이면서 그것이 "그리스도교최대의역설(逆說)"이라고 지적한다.[89] 이것이 역설이지만 이 역설에 걸려 넘어지지 않을 때 참 인간이 되는 것임을 밝히려는 것이 그의 영의 신학이고, 카리스마적 신학이라는 것을 이신은 다음처럼 분명히 한다:

하나님의영이야말로우리를인격의중심에서결단을올바로내리도록하시며또우리의'사람됨'을조성하는근원적인힘이기때문에어떻게보면'카리스마적해석학'이란우리를사람되게만드는일에또는우리를하나님의자녀답게하는데필요한문제를다루는일이라고말함직한데…[90]

이신은 예수의 인격을 설명하는 마무리에서 "성실성"(誠實性)이라는 단어를 쓴다. 그런데 이 '성실'이라는 언어는 퇴계 선생이 그 사상의 마지막 총론이라고 할 수 있는 자신의 『성학십도』(聖學十圖)에서 인간

---

89 같은 책, 280.
90 같은 책. 261.

마음의 다섯 가지 원리와 덕인 '인 · 의 · 예 · 지 · 신'(仁義禮智信)을 설명할 때 바로 '인간성'(仁)의 마지막 열매인 '신'(信)을 설명하면서 쓴 단어이다. 즉 퇴계 선생은 '信', '믿음'이란 우리 인격의 '실지리'(實之理)로서 우리 인간 됨을 끝까지 성실하게 밀고 나가서 실효성 있는 인간 됨의 '열매'(實)를 맺게 하는 힘으로 밝혔고, 그래서 그것을 "성실지심"(誠實之心)이라고 설명하신 것이다.[91] 본인은 이러한 모든 연관성과 맥락에서 이신 영의 신학의 또 다른 이름을 다른 것이 아니라 바로 '인학'(仁學), '한국적 인학'이라고 할 수 있다고 여긴다. 그것은 이신이 하나님과의 관계란 모든 관계에서 "근원적 관계"(根源的關係)가 된다고 여기며, 다른 인간관계를 이어주는 "접착체"와 같은 것이라고 비유하고,[92] 거기서 예수는 바로 그 하나님과의 근원적 관계, 퇴계의 언어로 하면 우리 안의 '인간성'(仁)을 '끝까지 성실히 밀고 나간 성실의 인격'이라고 이해했기 때문이다. 그것으로써 예수는 우리에게 사람이 어느 정도까지 그러한 관계를 성실히 지속할 수 있는 구체적 예를 보여주었기에 진정한 "신뢰(信)의 그루터기"가 되는 것을 밝힌 것이고, 이신은 다음과 같이 고백한다는 점에서 이러한 호칭이 결코 무리가 아니라고 본다:

> 오늘날허물어진'사람과사람과의관계'와'사람과자연과의관계'의정상적
> 인회복回復의기대는다른데서얻어질아무곳도없는것이고다만신뢰할수있
> 는한인격에게서그'그루터기'를발견하고그런영에감동感動되는일인데오
> 늘날소위성령을받았다는사람들에게서그런'신뢰의그루터기'를찾아볼수

91 퇴계 이황/이광호 옮김,『성학십도』(홍익출판사, 2001), 72 이하; 이은선, "코로나 팬데믹 이후 종교와 교육-한국 信學과 仁學의 관점에서,"「종교교육학연구」2021년 7월호, 106.
92 李信, "카리스마적 신학,"『슐리얼리즘과 영靈의 신학』, 286.

없다면그것은그분의영이라기보다오히려다른영이나다름없는것이고'불신의영'에틀림없는것이다.참으로'예수그리스도'그분의인격은우리가갖고있는모든것을거부해도또그것들이우리를배반해도우리를끝까짚지않고사랑하시는신뢰할수있는'그루터기'시다.[93]

그렇게 예수는 진정한 의미에서 '말'과 '행위'가 완전한 일치를 이루고, 그 행위가 온전히 '사랑'(仁)에서 나왔다는 점에서[94] 그는 '성실지심'의 '인자'(仁者) 또는 '인자'(人子)라는 것이다. 한국 인학의 또 다른 결정체인 동학의 해월 최시형 선생(海月 崔時亨, 1827~1898)도 말씀하시길, "인의예지(仁義禮智)도 믿음(信)이 아니면 행하지 못하고 금목수화(金木水化)도 토(土)가 아니면 이루지 못하나니, 사람의 믿음 있는 것이 오행의 토가 있음과 같으니라. 억천만사가 도시 믿을 신(信) 한 자뿐이니라. 사람의 믿음이 없음은 수레의 바퀴 없음과 같으니라"(人之無信如車之無轍也)고 했다.[95] 이러한 한국 전래 해월 선생의 지극한 마음을 이어받아서 21세기의 학자들은 이 '인학'(仁學)을 특히, 한국의 '님학', 즉 만물을 지극한 존경과 사랑으로 부르는 '님'의 "님학"으로도 전개하는데,[96] 본인은 이러한 모든 일이 바로 살아계신 하나님을 여기 지금에서 예민하게 느끼고 만나는 한국인 특유의 특성에서 나오는 것이라 여긴다.

---

93 같은 책, 303.
94 같은 책, 303.
95 「해월신사법설 海月神師法說」, 165.
96 조성환·허남진, "인류세 시대의 새로운 존재론 모색-애니미즘의 재해석과 이규보의 사물 인식을 중심으로," 「宗教教育學研究」 제66호(2021. 07), 77 이하.

## 3. 퇴계의 〈천명도〉와 이신의 그림 〈자유로운 善〉 그리고 한국 인학(仁學)

주지하다시피 이신은 1979년에 러시아 사상가 베르댜예프의 『노예 냐 자유냐』(*Slavery and Freedom*)를 당시 도서출판 인간에서 번역 출판 했고, 돌아가시기까지 베르댜예프의 또 다른 주저 『인간의 운명』(*The Destiny of Man*)을 번역하였다. 베르댜예프야말로 서구 정신사에서 그 의 '인격주의'(Personalism)를 통해서 인간의 인격을 새롭게 다시 발견 하고, 그 인격의 초월적 근원성을 밝힘으로써 20세기 인류가 당면한 극단의 유물주의와 왜곡된 인간과 자아 중심주의를 타개하고자 분투한 사상가이다. 그런 의미에서 베르댜예프에게서의 '인격'이란 그저 온 우 주 생명의 한 생물학적 또는 심리·사회적 단계이거나, 또 다르게 말하 면 진화 단계의 최고 수준 등을 표시하는 언어가 아니다. 그보다는 오히 려 이 우주가 인격의 부분이라고 말할 정도로 인격이란 질적으로 전혀 다른 세계의 이 세계에로의 "침노"(a breaking in upon this world)이고, "돌입"(a break through)이라고 밝힌다. 그래서 그는 "우주의 매혹과 자 연에 대한 인간의 노예성"을 경고하면서 인간 인격을 자연과 우주의 산물로 환원하려는 모든 시도를 거부하면서[97] 말하기를, "근본적인 이 원론은 자연과 초자연의 이원론이나 물질적인 것과 심리적인 것, 또는 자연과 문명의 이원론이 아니라 자연과 자유, 자연과 정신, 자연과 인격 의 이원론이다."라고 하면서 인간 인격의 초월성과 그 초월성의 핵심이 바로 인간 정신의 "자유"(Freedom)라는 것을 크게 강조한 것이다.[98]

---

97 니콜라스 A. 베르댜예프, 『노예냐 자유냐』, 125 이하.

98 같은 책, 127; 이은선, "'사유와 信學' 8, 자연과 자유-우주의 매혹과 자연에 대한 인간의

이신도 유사한 의미에서 그 모든 초월의 역사성에 대한 강조에도 불구하고 한편으로 지치지 않고 하나님과 인간, 이 세상과 저 세상, 초월과 내재 사이의 질적 이원성을 강조한다. 그가 지금까지 그렇게 '말씀이 육신이 되었다'라는 것을 강술하며 지극히 낮은 자, 이 세상의 가장 비천한 곳으로의 하나님의 개입을 말하지만, 여기서 그와 같은 역설이 믿어지는 것은 결코 인간의 힘이 아니라 "하나님으로부터받은것이고믿음에의해서순간적으로생성(生成, becoming)되는것이다"라고 언표한다.[99] 다시 말하면 역사적인 예수가 하나님이었다는 것을 믿을 수 있는 것은 "엄청난비약(飛躍)"이며, "우리의오성(悟性)은깨달을수만없고다만그렇기때문에분노를느끼고반대하든지그렇지않으면신앙(信仰)의비약이있을따름이다"라는 것이다.[100] 나는 이렇게 이신이나 베르댜예프가 그들의 인격주의를 통해서 이 세상에서의 신의 계시, 이 세상에서의 인격의 창조와 자유를 강조하지만, 그러나 동시에 신과 인간, 초월과 내재 사이의 간격을 다시 강조하는 것을 들으면, 또 새롭게 앞에서도 여러 가지로 살펴본 조선의 퇴계 선생이 생각난다. 그도 세상의 존재를 훨씬 더 氣的인 측면에서 살피는 신진학자 기대승의 논박을 들으면서 理가 결코 죽어있는 사물 같은 것이 아니라 '살아있는 리'(活理)가 됨을 인정했다. 그러면서도 퇴계 선생은 理와 氣의 서로 다름을 보는 "분개"(分開)를 말하며 결코 理의 주재성(主宰性)과 근원적 토대성(所從來)을 포기하지 않으려고 했다.[101]

---

노예성," 에큐메니안, http://www.ecumenian.com/news/articleView, 2021.07.04.

99 李信, "카리스마적 신학," 『슐리얼리즘과 영靈의 신학』, 297.

100 같은 책, 298.

101 이은선, "어떻게 '행위'할 수 있고, '희락'할 수 있는 인간을 기를 것인가?—퇴계 '敬의 心學과 양명 '致良知'의 현대교육철학적 비교연구," 「退溪學論集」 제6호(2010. 06); 王晩霞(왕

본인이 보기에 이신이 1975년에 그린 그림 중 퇴계 선생의 〈태극도〉(太極圖) 아니면 〈천명도〉(天命圖)를 연상케 하는 그림이 있다. 5호 정도의 작은 유화 그림인데, 앞에서 언급한 해롤드 베일즈가 이신의 그림에서 공간을 표현하는 방식의 시대적 전위성을 평한 대로, 이신은 아시아의 태극도를 연상케 하는 원들의 현현을 수직으로 배치하며 인간상 같은 것을 그린다. 그중에서도 특히 그 형상의 가운데 원 공간 속에서 흔히 쓰지 않는 주황색과 연두색을 씀으로써 인간의 마음, 그 가운데서도 또 그 핵심이 되는 양심, 퇴계의 언어로 하면 理의 현존성을 상상케 하는 작은 공간을 드러냄으로써 보는 이로 하여금 그 속으로 빨려 들어가게 한다. 신진 퇴계 연구가 황상희는 퇴계 선생의 〈천명도〉에 대한 고유한 성찰인 『천명도설후서』(天命圖說後敍, 1553년)의 말을 들어서 특히 퇴계 선생이 자신의 〈천명신도〉(天命新圖)를 그리면서 예전 중국의 주렴계 등의 〈태극도〉 중에서도 네 번째 그림의 동그라미 윗부분을 '천명'이 내려오는 자리로 부각시킨 것이라고 지적했다. 즉 〈태극도〉의 네 번째 동그라미의 확대가 〈천명도〉가 되는 것이며, 이곳이 바로 "상제"가 인간의 "속마음"(衷)을 내려주는 곳이라는 지적을 말한다.[102]

> 〈太極圖〉가 이미 만물에 命하는 것으로 주를 삼았으니 圓(원)의 上面(상면)이 바로 上帝(상체)가 본성(속마음衷)을 내려주는 최초의 源頭(원두)요 모든 종류의 根底(근저)의 極致(극치)가 된다.[103]

---

만하), "퇴계의 주돈이 사상 계승적 측면," 「退溪學報」 제149집(2021. 06), 25-28.

102 황상희, "退溪의 太極論 연구," 「退溪學論集」 제16호(2015): 19-20, 뒤 페이지의 천명도 그림 표시.

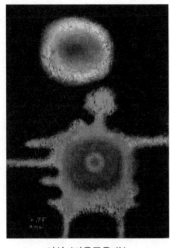
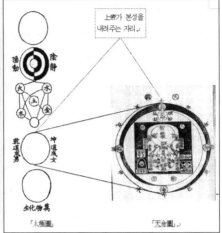

이신 〈자유로운 善〉　　　　　　퇴계 〈천명도〉

　　본인은 2018년 이신의 삶과 그림을 「기독교세계」 잡지에 짧게 소개
하는 연재 글에서 나름대로 이 그림의 제목을 〈자유로운 善〉이라는 이
신의 시에서 따왔고, 그 시의 다음과 같은 첫머리를 가져왔었다:

　　우리가 하고 있는 무슨 도덕률의 기준이 그러니 거기에 따라서 행하는 것도
　　아니요 하나님이 강요하시니 그렇게 하는 것도 아니다. 하나님은 우리에게
　　그렇게 노예의 입장에서 섬기기를 원치 않으시고 자원하는 마음으로 그를
　　섬기기를 원하시는 것이다. 착하고 아름답고 참된 마음을 우리에게 주셔서
　　그것을 스스로 원하는 마음으로 행하기를 즐겨하시는 것이다. 이 주시는
　　자는 그런 것을 가장 좋은 선물로 우리들에게 주셨다….[104]

103 『退溪全書』 「天命圖說後敍」, 같은 글, 19에서 재인용.
104 이신, 『李信 詩集 돌의 소리』, 145쪽; 이은선, "초현실주의 신학자 李信의 삶과 그림―자유
　　로운 선(善)," 「기독교세계」(2018년 3월호), 54.

본인은 이상과 같은 퇴계 선생이나 이신의 말을 또다시 러시아 베르댜예프의 다음과 같은 말에서도 생생하게 듣는다. 베르댜예프는 이 첫마디로 자신의 『노예냐 자유냐』를 열었는데, 이들은 모두 나름으로 동서의 뛰어난 '인학'(仁學)의 창조자들이면서 전승가들이었다고 본인은 이해한다. 이들에 의해서 인간은 다시 우주에서의 자신의 위치가 무엇인가를 깨닫고, 자신의 참된 힘과 능력이 어디에 있는지를 알기를 원한다. 만약 인간이 이 외침을 듣지 못한다면, 돌들이라도 소리쳐서 듣게 하고픈 것이 이들의 심정이었고, 이신의 마음이었다고 본인은 생각한다:

인간은 하나의 수수께끼이다. 그리고 아마 세상 최대의 수수께끼일 것이다. 인간이 수수께끼인 것은 그가 하나의 동물(動物)이기 때문도 아니요, 그가 사회적인 존재(存在)이기 때문도 아니며, 또 자연(自然)과 사회의 일부란 이유 때문도 아니다. '인간'이 수수께끼인 것은 하나의 '인격person-ality'이기 때문이다.[105]

---

[105] 니콜라스 A. 베르댜예프, 『노예냐 자유냐』, 24; 청나라 말기의 사상가 담사동(譚嗣同, 1865-1898)은 청일전쟁 등을 겪으며 몰락해 가는 구 왕조 중국을 혁신하기 위해서 가장 중국적인 개념 중의 하나라고 생각한 '仁'을 가져와서 자신의 『인학(仁學)』을 세우고자 했다. 그에 따르면 두 '이(二)' 자와 사람 '인(人)' 자가 결합한 '仁' 자는 시작을 말하는 '원(元)' 자나 없음의 '무(无)' 자와도 모두 같은 구성으로 서로 잘 통한다. 담사동/임형석 옮김, 『인학(仁學)』(산지니, 2016), 11, 21. 그런데 한국 유학자 류승국(柳承國, 1923-2011) 교수의 갑골문자 연구에 따르면, 이 人이나 仁자가 원래 고대 세계의 동이족(東夷族)을 지칭하는 고유명사였다가 나중에 한문 세계에서 인간 일반을 가리키는 보통명사가 되었다고 한다. 다시 말하면 고대 한민족의 이름인 동이족의 인간성과 인격이 인간의 보편적 특성으로 지시된 것을 말한다. 이러한 모든 것은 우리가 퇴계 선생이나 이신의 영의 신학을 '한국 仁學'으로 살피는 일을 더욱 의미 있게 하고, 그것이 베르댜예프의 인격주의와 잘 통하는 것을 보도록 한다. 이은선, "'사유와 信學' 4, 왜 오늘 다시 인격(人格)인가?-우리 시대의 인학(仁學)과 신학(信學)," 에큐메니안 http://www.ecumenian.com/news/articleView, 2021.03.09. 류승국, "한국 사상의 본질과 평화의 이념," 『한국사상의 연원과 역사적 전망』(유교문화연구소, 2008),

## IV. '복음은 예수가 우리와 함께하심'
### : 이신의 성령과 동학적 불연기연(不然基然)

온전히 잘 기억하는지는 몰라도 본인이 오랜 유학 기간을 보내고 1971년 귀국하신 아버지에게 들은 첫 설교가 마태복음 7장 7-8절, "구하여라, 주실 것이요, 찾아라, 찾을 것이요, 문을 두드려라, 열어주실 것이다…"에 관한 것이었던 것 같다. 그런데 당시 중학교 1학년 어린 학생으로서 그 성경 말씀과 설교를 듣고서 약간 실망스러워했던 기억이 난다. 왜냐하면 그 말씀은 그동안 많이 들어왔고, 많은 사람이 그렇게 선포하지만, 어린 마음에도 그 말씀대로 이루어진다고 실제로 믿는 사람이 과연 얼마나 있는지 그리고 실지로 이루어지지 않는 일이 다반사일 것인데, '그렇게 공부를 많이 하고 오신 분이 새롭고, 신기하고, 지금까지 듣지 못한 것을 알려주시는 것이 아니라 지금까지 누차 들어왔고, 누구나 알고 있는 평범한 말씀을 들어서 다시 어쩌면 헛말이 되어버릴지 모르는 설교를 하신다'라고 생각했기 때문인 것 같다.

그런 아버지에 대해서 나만 실망했던 것 같지는 않다. 당시 이신은 한국전쟁 당시 어머니를 잃었고, 아버지도 그 후 병을 얻어 곧 돌아가셨고, 세 동생의 장남으로서 일찍 결혼해서 다섯 자녀가 있었으며, 처가도 매우 어려운 처지였으니 그의 귀향은 모든 친척들에게도 그런 어려움 가운데 참고 기다리던 것이었을 터이지만, 그 이후의 상황이 그렇게 나아지지 않았기 때문이다. 이신은 당시 어렵게 '부자 나라' 미국 유학을 다녀왔어도 그가 부재했을 때 마련된 명륜동 산동네 판자촌 집에서

---

507 이하.

여전히 거주하게 되었다. 더군다나 거기서 동네의 가난한 사람들과 아이들을 불러 모아 '교회'라고 모였고, 성사되지 않는 거취 문제로 끼니도 어려울 정도가 되었다. 그러다가 급기야는 그 무허가 판잣집도 1975년 서울시 도시개발로 헐렸고, 그는 1950년대 후반 그리스도의 교회 환원운동의 열기 속에서 그가 개척한 충북 괴산군 소수면 수리 그리스도의 교회로 다시 내려가셨다. 집이 헐리기 전에는 1972년경(?)부터 짧게 담임으로 있었던 성북구 삼선동의 '서울 그리스도의 교회' 목회자로서, 앞에서 밝힌 대로 '한국그리스도의교회 선언'도 하셨다. 그 교회를 떠나서는 서울 성균관대학교 정문 앞 2층 건물에 세를 얻어서, 이후 미국으로 가신 김은미 전도사님의 헌신과 함께 조그만 교회를 시작하셨고, 그 들어가는 입구에 '한국성서원전연구소'라는 손수 제작한 목판 패도 달아 놓으셨었다. 그러다가 집이 헐리자 아버지는 엄마와 함께 소수 그리스도의 교회로 내려가서 거기서 3년여를 서울을 오가시면서 여러 신학교에서 강의도 하며 서울에 남겨두고 간 자식들 교육을 담당하셨다. 그러던 중 1978년 힘들게 서울 원효로 고모네 집을 근거지로 다시 올라오셨는데, 이후에도 또 자신 뜻에 맞는 신학교를 열어보고자 여러 가지 탐색을 하셨던 것으로 보인다. 그런 가운데 1981년 여름 일군의 학생들과 충남 논산군 벌곡면 만복리 독뱅이골로 가서 여름 성서학교를 하시다가 거기서 위장병을 얻어 1981년 12월 17일 발병 3개여월만에 급작스럽게 소천하셨다. 미국에서 귀국해서 10년 만의 일이었고, 54세의 이른 떠남이었다.

## 1. 이신 성령론의 삶의 자리

본인은 당시 그런 아버지의 죽음을 받아들일 수 없었다. 그때 대학을 어렵게 졸업하고 감리교신학대학원에 들어가서 아버지의 뒤를 이어 신학을 공부하고자 했던 대학원생이었지만, 상상조차 할 수 없던 아버지의 죽음을 현실로 인정하기 어려웠다. 그래서 이번에 처음 고백하는 일이지만, 아버지가 돌아가셔서 집에 빈소가 차려진 후, 나는 늦은 밤중에 고모와 함께 택시를 타고 당시 죽은 사람도 살려낸다는 조용기 목사를 만나고자 여의도 순복음교회로 향했다. 아버지를 살려달라고 부탁해보려고는 생각이었다. 한밤중에 여의도 교회에 도착해서 안으로 들어갔지만, 수위 외에는 아무도 없었고, 둘러보았지만 헛수고였다. 매우 절망스러운 마음으로 다시 집으로 돌아왔고, 이후 그 일에 대해서는 지금까지 한 번도 입 밖으로 발설하지 않았다. 고모와도 서로 그에 관해 이야기를 나누지 않았다. 아버지가 돌아가시기 바로 전에 가까스로 결혼한 남편 이정배 교수와 나는 아버지가 돌아가신 후 그와 호형호제하시던 변선환 선생님의 배려로 스위스 바젤로 유학을 떠났다. 엄마와 동생들은 결혼한 언니네 가족과 함께 어려운 시간을 보냈다. 아버지가 돌아가실 때까지 친척들 사이에서도 갈등과 어려움이 있었으며, 아버지의 독자적인 행보에 실망한 동생 목회자도 등을 돌렸었다.

그런데 이신은 어떻게 그 모든 시간을 견딜 수 있었을까? 그의 삶이 진정 하나의 실패와 무능의 이야기가 아니라면, 그는 그 어려움 가운데서도 계속해서 창조하고, 참된 한국적 교회와 신학을 구축하기 위해서 분투했고, 개인적 또는 사회적 소외와 냉대, 가난과 외로움에 맞서 나간 것일 터인데, 그가 그렇게 할 수 있었던 토대와 근거가 무엇이었을까를 상상해 본다. 그리고 그로부터 오늘 우리 시대를 위해서 건질 수 있는 신앙의 보편적 가르침이 무엇일까를 새겨본다. 왜냐하면, 오늘 우리 시대 한국기독교가 그가 예민하게 감지한 대로 본래의 영적 창발력을 잃고서 철저히 기득권화되어 물질과 자아 욕망 실현에 몰두하고 있고, 오늘과 같은 기술과 자본의 시대에 인간 문명은 모든 것을 할 수 있는 것같이 보이지만, 그러나 현실의 인간은 그 고유한 존엄성과 자유를 잃고서 한갓 자본 생산의 하찮은 부속품처럼 전락한 모습이며, 그에 비례해서 온 지구 생명 공동체는 지금 우리가 겪고 있는 코로나 팬데믹 상황이 보여주는 대로 크게 신음하고 있기 때문이다.

나는 매우 부끄러운 일로 여기지만, 당시 아버지 육신의 떠나감을 받아들일 수 없어서 그때 한국교회 '성령' 운동의 기수로 여겨졌고, 그 영의 도움으로 모든 것을 할 수 있을 것처럼 보이던 한 목회자를 찾아가서 아버지의 즉각적인 '몸의 부활'을 요구하려 했다. 그 일이 지금 어떻게 해석될 수 있는지, 기독교 성령론의 메시지와 연결해서 무엇을 말할 수 있는지, 앞서 이신의 영의 해석학과 신론, 기독론에 이어서 여기서 더욱 집중하여 그의 (성)령론을 살펴보고자 한다. 그는 진정 영을 어떻게 이해했는지, 또한 "현대신학과 성령론"이라는 비교적 긴 논문과 함께 그가 당시 강의를 나가던 순복음신학교에서 강연을 하며 그는 왜 기독교 역사에서 성령론이 소외되었고, 그러나 오늘 다시 성령론 중심의 신학을 세운다는 것이 어떤 것인지, 돌아가시기 얼마 전에 "하나님의 영과 적그리스도의 영"이라는 글을 통해서 "영을 다 믿지 마라"고 하면서 당시 한국교회에 퍼져나가던 성령 운동에서 무엇을 경계해야 하는지를 밝히셨는데, 그런 모든 것들 속에 위의 나의 질문에 대한 답이 들어 있기를 소망해본다.

이것은 결국 한편으로 우리 삶의 '종말'과 '미래'와 관계되는 일이다. 또한 '부활'을 말하는 것일 터이다. 그가 '죽음'을 무엇이라고 이해했고, '부활'을 어떻게 보았으며, 우리 삶과 역사의 나아갈 방향, 그가 생각하는 궁극적인 해방과 새로운 시작, 미래가 무엇이었는지를 살펴보고자 하는 것이다. 또 다르게 말하면 오늘 심각한 위기와 위험으로 지적되는 '인류세'(Anthropocene) 시대의 새로운 방향과 나아갈 길을 모색하는 일이라고도 본인은 이해한다. 이러한 모든 일에서 동아시아의 전통은 '종말'(終末) 보다는 특히 '종시'(終始)를 말하는데, 이 의식이 이신의 성령론과 어떻게 관계되며, 또한 '다시 개벽'의 이야기와도 어떻게 서로 연결될 수 있는지를 좀 더 살펴보고자 한다.

## 2. 이신 성령론의 참 의미와 영(靈)의 편재

일찍이 이신은 그의 본회퍼 연구에서 본회퍼가 "자유주의적 신학의 약점은 그들은 세상에서 그리스도가 가진 결정권을 세상에 내어주는 것이다"라고 한 지적을 중요하게 여겼다. 그는 그 말을 들어서 한편에서의 모든 세속화 노력에도 불구하고 세상과 그리스도 영 사이의 간극에 주목하도록 했고, 거기서 영이 쉽게 어떤 자연이나 인간 조작의 산물로 환원되는 것을 경계하였다. 앞에서도 언급했지만 베르댜예프도 유사하게 '인격'으로서 인간 안에 내재해 있는 신적 영을 자연과 우주, 또는 사회의 산물로 여기고자 하는 인간 노예성을 강하게 비판하면서 그와는 달리 인격과 영, 인간 정신의 자유는 하나의 전혀 다른 돌입이며, 진화에 대한 창조이고, 그 정신은 어떠한 자동 작용(automatism)에 대해서도 반대하는 독립임을 강술했다. "정신적 원리의 승리는 인간이 우주에 종속된 것

이 아니라 우주가 인격에 계시가 되는 것을 의미한다"라는 강조인 것이다.106

이신의 영에 대한 강조는 점점 더 심화하였다. 앞에서 누차 이야기했지만 젊은 시절 영의 현재적 활동과 역동성에 대한 강조로 한국그리스도의교회로 환원해 들어갔지만, 그는 거기서도 미국 선교사 환원운동가들과의 관점 차이로 어려움을 겪는다. 그의 〈한국그리스도의교회 선언〉(1973년)에 따르면, "미국 환원운동자들의 오류는 그들이 세례(洗禮)나 성만찬(聖晚餐) 등의 초대교회의 의전적(儀典的) 방식을 강조한 나머지 신앙의 내면성의 충실을 결하였다는 점"이라고 한다. 다시 말하면, 영의 현재성과 실존성, 창조성에 대한 인정이 온전하지 못하다는 것인데, 그리하여 이신은 "초대교회에로의 환원은 세례와 성만찬과 교회의 이름 등의 외면적인 환원에만 주력해야 할 것이 아니라 초대교회 특히 사도행전에 나타난 성령의 내면적인 '역사'(役事)가 따라야 하는 것이다"라고 역설한다.107 이것은 매우 어려운 요청이다. 우리가 보통 오늘 여기에서의 성령의 역사를 쉽게 말로는 하지만, 그것을 실제로 그렇게 '믿고'(信) 있는지, 그러면서 진정으로 그에 대해서 발설하면서 그것의 역사(役事)를 우리 몸과 삶으로 증명하고 있는지(誠), 또한 그 현재의 살아있음 앞에서 참으로 존숭과 경외를 가지고 집중하고 있는지(敬) 등의 일이 모두 중첩적으로 이루어져야 하는 일이기 때문이다. 이미 알듯이 한국 종교사에서 이 영의 현존성을 가장 급진적으로 표현("시천주侍天主/지기금지至氣今至")했다고 할 수 있는 동학의 최제우 선생도 그래서 바로 자신 도의 결론적 메시지를 이 세 가지 '誠・敬・信'의

---

106 니콜라스 A. 베르댜예프, 앞의 책, 37.
107 李信, "한국그리스도의 교회 선언," 『슐리얼리즘과 영靈의 신학』, 361-362.

일로 밝혔고,[108] 이 영의 실재와 현존에 대한 깊은 자각으로 당시의 온갖 고초와 절망적 상황을 견디면서 5만 년 이상의 시간을 넘나들며 다시 5만 년 이상이 지속될 대개벽 이후의 새로운 시간을 내다본 것이다.

이신은 지금까지 과거의 모든 신학 사상에서 "성령론이 가장 경시"되어 왔다는 것에 응답하면서 서구 중세 12세기 플로리스 요아킴(Floris Joachim)이 역사 전체의 과정을 삼위일체 신론적으로 세 단계로 구분한 것에 주목한다. 즉 '성부의 시대, 성자의 시대, 성령의 시대'가 그것인데, 거기서 첫째 시대는 율법의 노예 시대이고, 둘째 시대는 아들로서의 예속의 시대라 하고, 셋째 시대는 성령의 시대로서 하나님과의 관계가 노예나 아들의 예속 관계가 아니라 "아브라함이 가졌던 하나님 친구로서의 자유 상태 관계로서 노인(老人)의 시대요, 기름(oil)의 시대요, 열매의 시대"라고 밝혔다.[109] 본인은 이신이 주목한 이 성령의 시대에 관한 서술을 보면서 매우 놀랐고 신기하게 여겼다. 바로 동아시아 易의 우주론과 시간론도 '동북방'을 가리키는 '간'(艮) 괘에 대한 해설로 "만물이 끝맺음을 이루고 다시 시작함을 이루는 까닭에 간에서 (하늘 또는 하나님) 말씀이 이루어진다"(艮東北之卦也, 萬物之所成終而所成始也, 故曰成言乎艮. 『주역』「설괘전」 5장)라고 하면서 우주와 시간의 큰 변화와 대변혁을 고시한 것이 생각났기 때문이다. 특히 조선의 묵시문학가 김일부 선생(金一夫, 1826~1898)은 그 『주역』의 세계관을 '정역'(正易)으로 바로 잡으며, 동북방 산(山)의 나라 조선의 '평범한 일인'(一夫)으로서 각고의 사유와 환상을 통해 근본적인 새로운 시간, 큰 개벽

---

108 "대선생주문집," 도올 김용옥, 『동경대전 1 — 나는 코리안이다』, 147; "포덕문," "좌잠" 등, 도올 김용옥, 『동경대전 2 — 우리가 하느님이다』, 92, 186, 230.
109 李信, "현대신학과 성령론," 『슐리얼리즘과 영靈의 신학』, 246.

을 통해서 봄과 여름의 선천(先天) 시대가 지나가고 열매의 계절 가을에서 시작되는 '후천'(後天)의 시간이 시작됨을 예견했기 때문이다.[110] 여기서 그의 『정역』을 통해서 예시되는 후천의 시간과 거기서의 새 인간상에 관한 서술이 요아킴의 '성령의 시대'에 관한 서술과 오버랩되는 것을 본다.[111]

이신은 이러한 성령의 시대에 대한 전망을 말하기 전에 서구 현대 신학에서의 후기 불트만주의자 에른스트 푹스의 말 "예수의 행위의 결단이 나의 현재의 결단일 때 진정 예수는 나의 구주가 된다"라는 말을 인용한다. 이것은 푹스가 그의 스승 불트만이 경시했던 예수 그리스도의 '역사성'을 중히 여기는 표현이라고 평가하지만, 그러나 이 역사성에 대한 강조도 다시 "과거의 역사성의 회고주의"를 면할 길이 없다고 비판한다. 그 이유는 바로 그 역사적 예수의 결단을 여기 지금의 나의 결단으로 만들 힘, 즉 '성령'이라는 말을 기피했기 때문이라고 밝힌다.[112] 이신에 따르면, 거기서의 결단은 단지 인간적인 실존적 결단이 아니라 "성령이 우리의 연약한 것을 도우시는 결단"이어야 하는바, 푹스 류의 역사적 예수에 대한 강조는 그것을 회피했고, 과거의 역사성, 과거 성령의 역사에 의해 기록된 말씀만을 강조했다고 한다.[113] 그래서 이신은 말하기를, "그러나 사실은 성령이야말로 하나님과 인간을 만나게 하는 장본인이다"라고 밝히면서,[114] 이러한 예수 그리스도의 역사성에 대한 강조보다는 "성령 중심의 신학을 말하게 될 때 비로소 신학은

110 양재학, 『김일부의 생애와 사상』(상생출판, 2020), 77.
111 이정호, 『원문대조 국역주해 정역』(아세아문화사, 1996), 112-120.
112 李信, "현대신학과 성령론," 『슐리얼리즘과 영靈의 신학』, 241.
113 같은 책, 242.
114 같은 책, 242.

살아 움직이는 말이 된다. 여기서 역동적인 것이 가능하게 되기 때문이다"라고 역사적 예수 연구를 넘어서는 자신의 입장을 분명히 밝힌다.[115]

하지만 본인은 이러한 말들로써도 이신의 '역사적 예수'가 아닌 '예수의 영'에 대한 관점은 정확히 잘 드러나지 않는다고 여긴다. 그 이유는, 그가 바울의 생애를 언급하며 바울이 항상 '예수의 영이 허락지 아니하더라' 등의 말을 하면서 역사적 예수가 아닌 '예수의 영'에 의해 인도받는 생을 살았다고 말하는데,[116] 거기서 그 '예수의 영'이 무엇을 말하는 것인지가 잘 드러나지 않기 때문이다. 다시 말하면, 본인은 그 예수의 영이 '하나님의 영'으로서의 '성령'과 같은 것을 말하는 것인지, 아니면 이신이 강조해서 성령을 "하나님의 선물로서 카리스마로서 생각해야 한다"라고 하고, 오늘의 성령 운동은 "과거에 있었던 그 오순절 운동에서 한 단계 더 올라서서 이러한 카리스마 운동으로 지향해야 한다"로 말했다면,[117] 그동안 세계교회와 특히 한국교회에서 인습적으로 별 의식 없이 '하나님의 영', 즉 '성령'과 '예수의 영'을 그대로 일치시켜서 말하는 것은 삼가야 한다고 보기 때문이다. 그것은 이신도 한편으로 비판한 대로, 성령의 역사를 과거 역사적 예수 한 사람에게만 한정시키고, 그에 실체론적으로 매이는 위험에 빠뜨리며, 그것이 오늘 서구 기독교, 특히 그에 추종하는 한국교회가 포괄적으로 빠져있는 배타적 그리스도 우상주의의 근거가 되기 때문이다.[118] 분명 이신은 같은 글에서

---

115 같은 책, 245.

116 같은 책, 242.

117 같은 책, 251.

118 이은선, "세월호 5주기의 시간에 셰리 램보의 『성령과 트라우마』를 읽다," 「에큐메니안」 2019. 04. 20.

자신의 마무리 강조점으로 "요한복음에서 말씀이 육신이 됐다고 말씀하는데, 말씀이 육신이 됐고 육신이 된 그 역사적 예수 그리스도가 이제는 성령이 되셨다고 하는 것이다"라고 밝힌다.[119] 이 말대로 하면 이신에게서도 예수의 영을 그대로 하나님의 영, 성령으로 등가화시키는 서구 성령론의 거친 한계가 보인다. 그러나 이신은 또 한편에서는 "원래 기독교는 동양적인 것으로서 영적인 것인데, 서구 사람들은 이것을 공연히 분석하고 공연히 논리적으로 캐려고 했기 때문에 하나님의 말씀과 기독교의 역동적인 특성을 다 놓쳐 버리고 말았던 것이다. 그래서 단회설을 주장하여 성령의 세례를 부인하게 되고 이러한 이론적인 신학을 확립하게 되었으며 그러다가 결국 사신(死神, 신의 죽음)의 신학으로 종말을 내린 것이다"라는 놀라운 말을 한다. 그렇다면 이신은 이 지점에서의 섬세한 차이에 대한 인식을 분명 가지고 있었던 것으로 보인다.[120]

본인은 이신의 이러한 언술을 21세기 그의 다음 세대 신학자로서 기독교 성령론을 더욱더 실천적이고 역사적이게 하고, '성령의 세대'가 더욱 꽃피게 하도록 전래의 서구적 기독교 중심주의 또는 배타적 그리스도 중심주의를 뛰어넘는 가능성으로 읽고자 한다. 또 다르게 말하면 그것은 아주 급진적으로 거룩함과 영의 영역을 온 우주와 시간으로 확대해서 '거룩(聖/神)의 평범성'과 '보편(理/靈)의 편재성'을 크게 확장하는 것을 말하는 것이다.[121] 그래서 이 장의 서두에서 말한대로 이신이

---

119 李信, "현대신학과 성령론," 『슐리얼리즘과 영靈의 신학』, 252.
120 같은 책, 248.
121 같은 책, 249.

오랜 유학에서 돌아와서 처음 행하신 설교, '구하라 주실 것이요, 찾으라 찾을 것이다'가 너무도 '평범'하다고 느꼈다는 것이 어쩌면 가장 적실한 파악이었는지도 모르겠다는 생각을 한다. 거기서의 평범은 결코 영의 구체적 체험 이전의 관념적 평범이 아니라, 오히려 그 이후 온 시간과 공간의 영역이 거룩과 영의 영역으로 화하고, 새롭게 보이고, 들리는 경험 이후의 평범을 말하는 것이라 여기기 때문이다.

이신이 "이그나티우스(Ignatius)의 영 분별법"을 말하면서 '하나님의 영은 예수가 육체로 오신 것을 시인하는 영이고, 그렇지 않으면 적그리스도의 영이다'라는 요한1서의 말씀을 가져오는 것은 바로 '말씀이 육신이 되었다'라는 것과 '육신이 영이 되었다'라는 것을 동시에 함께 말하는 것이지 결코 한 부분에 얽매이는 것이 아니라는 것을 밝혀준다. 만약 그러할 경우 참된 하나님의 영이 아니고, 자유의 영으로서의 그리스도 영이 아니라 마치 자신이 성령을 "소유한" 것처럼 자아를 부각시키고, "성령의 말씀에 순종하고 성령의 뜻을 존중하는 것이 아니라" 점점 더 폐쇄된 자아 중심주의와 이기주의의 노예성에 빠지는 경우가 되며 이신의 성령론은 그것을 경고하는 의미라는 것이다.

## 3. 다시 새로운 영의 기준으로서의 경(經)과 일상의 도래

여기서 이신 영의 신학을 위해서 '성경', '경'(經)이라는 보편과 객관이 다시 돌아온다. 이신은 이미 앞에서 언급한 본회퍼 연구에서 본회퍼가 급진적인 사회 참여가이지만 "우리는 매일 말씀과 명상하는 것과 중재적 기도와 성서를 공부하는 일과를 유지하십시다"라고 한 것이나 "나는 말씀의 전도자이기 때문에 매일매일 성서로 하여금 나에게 말씀하도록 하지 않고는 성서를 해석할 수 없는 것"이라고 한 것처럼 매일의 經공부를 중하게 여기는 것을 밝힌다.

이신의 연구에 따르면 본회퍼는 역사 속에 감추어진 예수의 현실을 인정하고, 역사 비판적인 연구 과정을 수락해야 한다고 말했다. 그러나 동시에 그것이 다가 아니며 절대적이지 않고, "부활하신 그분은 그러한 결점에도 불구하고 성서를 통해서 우리와 만나신다"라는 것을 역설했다.122 거기서 더 나아가서 오히려 본회퍼는 "역사의 은닉성은 그리스도의 겸허의 일부이고", "역사적으로 파악할 수 없는 예수는 부활 신앙의 주제"라고 했으며, 이 말을 이신은 역사적 예수와 부활의 그리스도에 대한 신앙이 결코 둘로 나누어질 수 없는 기독교 영성의 두 중심임을 밝히는 의미로 가져온다.123 이신은 그의 "카리스마적 신학"에서 다음과 같이 분명하게 성령을 받는다는 것이 무엇인지를 밝히면서 그의 성령론의 참 의미를 드러낸다:

성령을받는다는것은… 말하자면모든것속에하나님의손길이와서닿아있는것을발견하는것이요하나님의영靈의편재를발견하면서모든것이신기神奇롭고모든것이기이奇異하고모든것이기적奇蹟으로보이는것이다.모든것속에하나님의임재臨齋를의식한다.이말은모든만물자체가신으로보이는범신론汎神論의자리를변호하는것이아니라모든것들속에하나님의임재를보는인격의눈그것을말하는것이다.124

---

122 李信, "고독과 저항의 신학," 『슐리얼리즘과 영靈의 신학』, 186-187.
123 같은 책, 190.
124 李信, "카리스마적 신학," 같은 책, 295.

더할 수 없이 급진적인 초월의 내재화로 '다시 개벽'의 문을 연 최제우 선생은 1863년 잡히시기 한 달 전에 「불연기연」(不然其然)이라는 유언과도 같은 짧은 글을 지었다. 이 글에 대한 해설에서 도올은 인류 지성사의 전개는 바로 "불연을 기연화하는 과정"이라고 하면서, 이 '불연기연'을 '불연은 기연이다', 즉 불연을 주어로 보고, 기연을 술부로 하는 '그렇지 아니한 세계는 결국 그러한 세계로 설명이 된다'라는 의미로 해석할 수 있다고 말한다.[125]

지금까지의 이신의 언어로 하면, 즉 '불연'의 초현실과 영과 말씀의 세계가 곧 '기연', 육신과 역사와 만물 안에서 체현되는 일을 말하는 것이라고 여긴다. 그러한 수운 선생의 비유적 사유가 좀 더 명확히 드러나는 글로 같은 시기에 지은 것으로 전해지는 「팔절」(八節)이 있는데, 여기서 수운은 우주적 큰 道와 命, 밝음(明)과 성실함(誠) 등이 모두 여기 지금의 나(我)와 내 몸(吾身), 내 마음(吾心), 나의 믿음(吾信)과 성실성, 공평함 등에 드러나는 것을 깨우친다.[126] 이러한 수운 사상의 한 뿌리로도 이야기되는 퇴계 선생도[127] 앞에서 우리가 살펴본 대로 우주의 태극(太極)과 천명(天命)의 비전으로 시작한 그의 『성학십도』를 「숙흥야매잠」(夙興夜寐箴), '일찍 일어나고 늦게 잠자는 일에 대한 가르침'이라는 지극히 평범하고, 보편적이며, 보통 사람(一夫) 누구나의 일에 대한 교훈으로 마무리한다. 우리가 익히 알다시피 수운을 이은 최시형 선생은 바로 우리의 삶 전체를 "하늘로써 하늘을 먹는 일"(以天食天)이

<hr>

125 도올 김용옥, 『동경대전 2 — 우리가 하느님이다』, 199-200.

126 같은 책, 288-289.

127 도올은 수운의 아버지 근암(近庵) 최옥이 영남지방의 퇴계학통을 잇는 대상 이상정(李象靖) 그룹이라고 설명한다. 도올 김용옥, 『동경대전 1 — 나는 코리안이다』, 359-366.

라고 하면서 "만사를 안다는 것은 밥 한 그릇을 먹는 이치를 아는 데 있다"(萬事知 食一碗)라고 했다.[128]

최해월 선생은 수운 스승이 전해준 동학의 도를 구체적으로 민중들과 특히 여성과 어린이들에게 펼치기 위해서 그 지극한 일상을 경계하는 〈내수도문〉(內修道文)을 지었고,[129] '자신이 일상으로 말하는 모든 말'(人語)이 곧 "천어"(天語), 즉 '하늘의 말'이라고 하며 사람을 대할 때 늘 어린이같이 하면서 "우(愚, 어리석은 체하는 것)·묵(黙, 침착하게 하는 것)·눌(訥, 말조심하는 것)"의 세 가지를 일용의 원칙으로 삼아서 생활할 것을 권고하였다.[130] 이렇게 한국 정신사의 전통에서 면면히 살아있어서 때에 따라서 돌출하는 초월의 현현은 그것을 깊이 체험한 인격으로 하여금 자신을 잊고, 아니면 진정 스스로를 시간과 공간의 참된 중심으로 깨달아서 이제는 영원과 시간, 無와 有, 신념과 자유, 너와 나 등의 구분과 이분을 문제 삼지 않고, 참된 자유 속에서 큰 희락을 품고서 안심하며 살아가도록 한다. 여기서 그의 죽음과 삶, '부활' 또는 '영원'에 대한 의식도 크게 변하는 것이다.

## V. '영원에의 전진': 이신의 부활과 한국적 종시론(終始論)

이신의 도미 전 1965년 작(作)인 긴 詩 같기도 하고, 그가 연구한

---

128 "해월신사법설(海月神師法說)," 이규성, 『최시형의 철학』(이화여자대학교출판부, 2011), 134.
129 이은선, "한국 페미니스트 신학자의 동학 읽기," 변선환 아키브·동서종교신학연구소 편, 『동서 종교의 만남과 그 미래』(도서출판 모시는사람들, 2010), 302.
130 『해월신사법설』(海月神師法說), 152.

묵시문학의 한편으로 읽을 수 있는 「병든 영원」(永遠)이라는 글이 있다.131 읽어내기가 그렇게 쉽지 않은 많은 상징과 환상의 표현들이 들어가 있는데, 그는 첫 문장으로 "그처럼 어두운 밤이 연속되면 하나의 형상도 산천의 수려함을 닮아서 더욱 우습게 영원성을 부각해 내는데…"라고 쓰고 있다.132 이신은 지금 시간이 깊이 병들어 있고, 그 병듦이 너무도 깊어서 "산천"도, "기묘한 물새 소리"도 어떻게든 '영원'을 드러내고 소리 지르지만, 그것을 볼 수 있고, 듣는 사람이 없어서 깊이 탄식한다. 그는 "종말론적인 웃음거리"를 말하고, "삼라만상은 태양에 의해서 조명되는 듯하지마는 사실은 더 밝은 빛에 의해서 개발되어 가는 것을 시각적인 면에서는 도무지 알지 못"하는데, 그러나 이것도 "그렇게 비극적인 것은 아니"고, "보다 비극적인 것이란 시각이 시각 노릇을 하려면 빛 보다도 오히려 빛 아닌 것에 의해서 보장을 받아야 한다는 것"이라고 한다.133 이 "빛 보다도 오히려 빛 아닌 것"이 무엇인지 여러 가지로 생각해 볼 수 있지만, 이신은 여기서도 한 번 더 반전해서 "그것도 너무 어리석은 일"이라고 하고, 오히려 "지금쯤은 그런 긴장된 이론을 그만두고 보다 선명한 체질적 규명부터 먼저 해나가야 할 것"이라고 말한다. 그에게 "종교적 정열은 하나의 식은땀과 같은 것"이라고 일갈하는 것이다.134

---

131 이 글에서 이신이 미국 유학도 마치고 한참 후 1979년에 번역해낸 N. 베르댜예프『노예냐 자유냐』의 역사 이해와 시간 이해 등과 유사한 점을 많이 보는데, 이신이 그렇게 유학 전부터 베르댜예프를 알고 있었는지 분명치 않아서 이미 이 글에서 서로 간의 직접적인 연관성을 말할 수 있을지 잘 모르겠다.

132 이신, "병든 영원(永遠)," 『李信 詩集 돌의 소리』, 125.

133 같은 글, 125.

134 같은 글, 126-127.

## 1. 삶과 죽음, 이신의 부활과 한밝 변찬린의 부활

이신에게 있어서 시간은 깊이 병들어 있다. 그 시간은 '필사적'(必死的)으로 죽음을 향해 돌진하고 영원과 대립하기 때문이다. 아니 "시간은 변화 없이는 일어나지 아니"하는 것이고, "일체의 변화 그것을 시간"이라고 하므로, "영원은 결코 무변화(無變化)를 의미하는 것이 아니"고, "오히려 더 찬란한 변화가 있는 것"이라고 지시한다. 이신은 "묵시록"(黙示錄)이란 "이런 병든 시간 안에서 이 병든 것을 치유해 보려는 부단한 투쟁이 벌어지는 Paradox를 엮어 보이는 책"이라고 매우 인상 깊게 서술한다. 그 묵시록의 투쟁은 "필사적" 아니면 "필생적"(必生的)인데, 여기서 그 둘 중 하나의 길인 필생의 길이란 "영원한 풍토에서 새로운 열매 맺음을 위한 발아(發芽) 혹은 개화(開花)"인 것을 말하는 것이라고 밝히고,[135] 본인은 이 서술에서 앞에서 우리가 김일부『정역』(正易)의 '후천개벽'에 대한 선포에서 들었던 시간의 대역전에 관한 술어를 다시 듣는다.

이신은 병든 시간의 역사 가운데서도 앞으로의 치유를 위한 "취침으로서의 죽음"이 있다고 밝힌다. 하지만 이 시간에서 영원으로의 길은 결코 "연결된 길"이 아니며, 그것은 "하나의 단층(斷層)"이고, "비약"(飛躍)이며, "돌연변화"(Mutation)라는 것인데, 즉 그것은 이 병든 시간을 치유할 "새로운 약이 투입"되는 것이며, "새로운 성질의 것이 시간 밖에서 새로이 투입"되어서 마치 "새로운 폭탄이 있는 것처럼 생명을 위한 다이내믹한 힘"이고, "생명을 위한 폭발력"이라는 것이다.[136] 이신과 베르댜예프, 한국 인학(仁學)이나『정역』이 밝히고자 하는 것이 이렇게

---

135 같은 글, 130.
136 같은 글, 131.

바로 청천벽력과도 같이 병든 시간을 치유할 '영원'이 돌입하고 침노하는 곳이 '인간'(人)이고, 그 '인격'(仁)이며, '주체'(忍)이고, '정신'(認)이라는 것을 본인은 생각한다.[137]

이신에 따르면, 시간이 병들어 있다는 것은 그것이 과거와 현재, 미래로 분열된 것이고, 그 분열로 시간 내에 있는 모든 것은 비참하며, 이 비참은 그러나 객체적이라기보다는 주체적이고 인격적이어서 주체의 분열이 '죽음에 이르는 병'이다. 그러므로 이 병의 치료는 외면적인 투쟁이 아니라 "어디까지나 정신적인 투쟁"인 것을 강술한다.[138] 묵시록은 바로 이 시간의 병에 대한 "정신적인 투병기"(鬪病記)라는 것이다. 그래서 그에 따르면 '종말적' 또는 '종말론'이라는 것을 진정으로 이해할 수 있는 것은 결코 시간 내에서는 되지 않고, 바로 이 시간의 병듦을 논하는 것, 마침내는 영원에 의해서만 처음과 종말이 있다는 것을 아는 주체적이고 인격적인 일이 되는 것이다.[139]

여기서 이신이 우리 육신의 생리적인 죽음을 어떻게 보는가가 드러난다. 즉 그에게서 우리 육신의 죽음은 자연스러운 외적인 죽음이 되는 것이고, 거기서 더 나아가서 반복되는 그와 같은 외적인 죽음과 새로운 탄생으로 "우주는 생(生)의 대체 혹은 갱신으로 이만큼이라도 유지되어 왔다"라고 이해한다.[140] 이신은 "사람을 인격적인 주체자로 볼 때 인간은 불사(不死)다"라고 밝힌다. 또한 "부활과 영생은 인간을 이런 주체적

---

137 이은선, "'사유와 信學' 8, 자연과 자유-우주의 매혹과 자연에 대한 인간의 노예성," 에큐메니안, http://www.ecumenian.com/news/articleView, 2021. 06. 22.

138 이신, "병든 영원(永遠)," 『李信 詩集 돌의 소리』, 131-132.

139 같은 글, 133.

140 같은 글, 132.

인 인격으로 볼 때 말하는 소리이다"라고 한다. 다시 말하면, 인간은 "나의 손 나의 머리 나의 발 나의 몸이 곧 그런 객체적인 것이 죽는 것이지 나는 언제나 나대로 인격적인 주체자로서 생존하고 있는 것이다"라는 관점이라는 것이다.[141]

하지만 한편 이신은 생애 마지막 글쓰기라고 할 수 있는 그의 "카리스마적 신학"의 마지막 파트인 "삶과 죽음"(「카리스마」 1981년12월호, 통권16호) 부분에서는 이와는 정반대의 이야기를 한다. 즉 그에 의하면, "사실은사람은생리적(生理的)으로종족적(種族的)으로혈통적(血統的)으로죽지않고영속적으로목숨을이어가기마련인데그것은하나의개인이죽는다고할지라도그를통해서유전(遺傳)된종족에의해서그의생리적인목숨은여전히살아가는것"[142]이라고 하기 때문이다. 그러한 생리적인 불사에 반해서 "'사람은생리적으로죽고사는것이아니라인격적으로죽고산다'고말해야하는데이것은마치어떤정치하는사람들에게정치적생명운운하는것과마찬가지여서… 이런것과는비교도안되게심각한인격적으로죽는다는것은사실은이런말로도우리들의머리에쏙들어오도록그의미가통하는것은아니다"라고 밝힌다.[143] 다시 말하면 여기서는 사람은 생리적으로는 설사 자신의 친자식이 없더라도 여전히 형제나 친족을 통해서 그의 생리적인 생의 유전자가 이어지는 것이므로 사실 죽는 것이 아니라는 것이다. 대신에 진정으로 죽은 일은 인간은 인격이라는 유일회적인 독특성과 고유성의 존재이므로 죽음이란, 바로 그 인격의 죽음을 말하는 것이고, 영원이라고 하는 것도 연속적인 관계에서 영원한

---

141 이신, "인격," 『李信 詩集 돌의 소리』, 135.
142 李信, "카리스마적 신학," 『슐리얼리즘과 영靈의 신학』, 304-305.
143 같은 책, 307.

것이 아니라 "연속성과는대립되는순간성때문에질적으로는영원한그런 것"이라고 설명한다.[144]

본인은 이처럼 이신이 우리 육신과 인격, 몸과 정신이 한편으로는 모두 죽고, 또한 동시에 한편으로는 모두 영원하기도 하다고 하고, 다른 말로 하면 여기서 죽음과 영생의 의미가 서로 같이 호환되어 말해지는 것을 보여준다는 것은, 그에게 있어서 몸과 정신, 육신과 영혼 등은 우리의 통상적인 이해에서처럼 서로 배타적인 이원론으로 나뉘는 것이 아니라 오히려 이 두 차원을 모두 포괄하는 보다 통전적인 제3의 인간적 모습과 생명적 삶으로 고양되고 극복되는 것을 지향하고 지시하는 것이라고 이해한다. 즉 그것을 베르댜예프나 이신의 언어로 하면 '인격'이나 '정신'(spirit), '영' 등으로 표시할 수 있겠는데, 그런 뜻에서 이들에게서 "근본적인 이원론은 자연과 초자연의 이원론이나 물질적인 것과 심리적인 것, 또는 자연과 문명의 이원론이 아니라 자연과 자유, 자연과 정신, 자연과 인격의 이원론이다"라는 선언은 적실하다는 의미이다.[145] 거기서의 이원론은 '자유'(freedom)와 '필연'(necessity), 영의 자유와 객체화의 노예성 사이의 그것이어서, 참된 삶은 결코 몸을 압박하지도 무시하지도 않고, "매일의 빵의 문제도 곧 정신의 문제"가 되는 것이기에 이러한 관점에서 부활은 결코 기독교 정신사에서 왜곡된 영지주의가 추구하듯이 육으로부터의 탈출이나 해방이 아니라는 것이다.

그런 면에서 본인에게는 예를 들어, 한국의 또 다른 대안적 기독교

---

144 같은 책, 306.
145 니콜라스 A. 베르댜예프, 『노예냐 자유냐』, 126; 이은선, "'사유와 信學' 8, 자연과 자유 ― 우주의매혹과자연에 대한인간의노예성," 에큐메니안, http://www.ecumenian.com/news/articleView, 2021. 07. 04.

사상가 한밝 변찬린(邊燦麟, 1934~1985) 선생이 추구하듯이 기독교 죽음과 부활 이해에서 두 가지 종류의 "맥"(脈)을 구분해서("선맥僊脈"과 "선맥仙脈"), 하나는 유대 성서의 에녹이나 엘리야처럼 '살아서 죽음을 보지 않고 하늘로 옮겨진 경우'("우화등선羽化登仙의 선화僊化")로 말하고, 다른 하나는 예수처럼 '죽어서 몸이 사라져 옮겨진 경우("시해선尸解仙의 선화仙化")의 부활을 말하는 것이[146] 먼저 살펴본 이신이나 베르댜예프의 이해와는 달리 여전히 과거 좁은 의미의 '영육 이원론'에 사로잡혀 있는 모습으로 보인다. 즉 육과 이 세상과 역사와 인간 자연에 대한 깊은 무의식적인 거부와 부정, 혐오가 변찬린의 경우에는 들어가 있는 것으로 보여진다는 말이다.[147]

여기에 대해서 이신이 위에서 밝힌 바와 같이 서로 호환되는 두 가지 죽음과 영생 이해는, 결론적으로 자연적 몸으로서의 인간은 오히려 이 세계에 머무는 동안에 남겨지는 유전자 등으로 불사이고, 그래서 진정 두려워해야 할 것은 우리 인격이 객체화의 노예로 전락하는 인격과 영의 죽음이라는 것을 가르쳐준다. 또한 영혼 불멸에 관한 통속적인 주장이 말하듯이 인간 몸의 구조가 분해하는 시점에서 몸의 형상이 상실되면서 (영)혼이 몸에서 분리하는 것이 결코 불사를 의미하는 것이 아니고, ― 변찬린의 시해선은 이와 유사한 입장을 가지는 있는 것으로 보이는데, 진정한 불사는 인격의 부활이라는 것이고, 그 인격이 우리 몸과 혼과 영 전체를 관통하는 통전적 정신체이고 영이므로 그것이 몸

---

146 邊燦麟 述,『聖經의 原理』(文岩社), 99 이하 참조; 이호재, "선(僊)이란 무엇인가?― 변찬린의 선맥신학과 유동식의 풍류신학(1)," 에큐메니안, 2020. 02. 18.

147 김선하,『아브젝시옹과 성스러움」줄리아 크리스테바와 폴 리쾨르로 프로이트 넘어서기』(늘봄, 2021), 18 이하.

의 부활이기도 한 인격의 부활이라는 것을 말해준다고 본인은 이해한다.[148] 그래서 이러한 이신의 이해가 변찬린의 그것보다 훨씬 더 진정성 있게 21세기 오늘 우리 삶에서의 몸의 죽음과 그 몸의 마지막이 모든 것의 마지막이 아니라는 것, 진정한 부활이란 무엇을 의미할 수 있는가를 말해준다고 여긴다.

## 2. 21세기 프스트휴머니즘 시대의 몸의 마지막과 부활 신앙

이신의 시에 '사실'(事實)이라는 제목의 〈사실 I. II〉가 있다. 시 I에서 이신은 "아무리 부정하고 또 부정해도 그것이 사실이라면 어떻게 하겠습니까"라고 물으며 시작해서 여러 단계를 거쳐서 "모든 사람이 다 모를 뿐만 아니라 나도 다 잊어버렸어도 그것이 사실이라면 또 어떻게 하겠습니까… 정말 어떻게 하겠습니까"라고 물고, 그다음에 "사실이 그렇게 강인(强靭)한 것이라면 나도 그와 반대되는 사실을 만들어서 싸움을 붙여 전취(戰取)하는 길밖에 어디있겠습니까" 하면서 나름대로 죽음을 넘어서 부활로의 길을 제시한다. 그러면서 그다음 시 II에서는 다시 온전히 새롭게 시작하기를, "아무리 부정하고 부정해도 그것이 사실이니 좋습니다"라고 하고, "어떤 증거를 하나라도 세울 수 없어도 그것이 사실이니 좋습니다"라고 하면서 "모든 사람이 부정할 뿐 아니라 모든 사람이 그 사실을 잊어버렸어도… 내가 그 사실을 잊었을 뿐만 아니라 나도 내가 한 일을 모른다고 할지라도 그것이 사실이니 좋습니다"라고 말한다. 그러면서 마침내는 "좋습니다. 좋습니다. 그것이 사실이니 좋

---

148 이은선, "세월호, 고통의 빛, 영생에 대하여,"『세월호와 한국 여성신학-한나 아렌트와의 대화 속에서』, (동연, 2018), 97-116

습니다. 남이 몰라도… 내가 잊어버렸어도… 좋습니다. 좋습니다… 그
것이 사실이니 좋습니다"라는 말로써 진정으로 나를 잊고서, 또한 세계
를 잊고서, 한 진정한 객관, 한 진정한 초월, 한 진실한 지속함(誠)에
대한 믿음과 희락을 깊이 고백하면서 정말 '좋습니다'라는, 인격이 부활
한 자의 기쁨의 노래를 부른다. 나는 이것이 진정한 부활이고, 종말이
며, 아니 새로운 시작함(終始)이라고 본다. 그런 의미에서 '부활은 명멸'
하는 것이고, '보편화'하는 것이며, 종말과 종시는 서로를 끌어당기면서
참된 자아와 세계, 우주, 새하늘과 새땅을 향해 순간에서 비약하며, 영
원을 가져오면서 세상과 필연과 죽음을 돌파해 나아가는 것이라고 여
긴다.[149]

그런 의식에서 이신은 나사렛의 한 목수였던 예수가 우리에게 진정
으로 하고 싶은 말은 "그전처럼 남에게 붙여 살지 말고 독립해서 살아
보라"는 것이고, "종으로 살 때처럼 남의 눈치나 보고 살아가지 말고
너희 속에 무한히 퍼져나가는 힘이 부여되어 있으니 그것을 마음껏 창
의력을 가지고 활용하라"라고 조언하는 것이며, "죽음도 의미 있는 것
으로 전환시킬 수 있느니라 죽음도 삶으로 전환시킬 수 있느니라… 그
러니 세상에 억울한 일은 사람이 사람답지 못한 일을 하다가 죽은 것이
아니겠습니까. 비굴한 일을 하다가 죽는 것이 아니겠습니까…"라고 한
것이라고 그의 또 다른 시 〈나사렛의 한 목수상(木手像) ― 새그리스도
로지〉에서 호소한다.[150] 본인은 이것으로써 진정한 인격 의식과 자유의
정신, 부활과 영원에 대한 새로운 인식이 2천 년 전 과거에는 이 세상과
육신과 물질을 천하게 여겨서 어떻게든 육적인 것은 거룩의 영역으로

---

149 이신, "사실(事實) I, II,"『李信 詩集 돌의 소리』, 55-64: 이은선, 같은 책, 115.
150 이신, "나사렛의 한 목수상(木手像)," 같은 책, 65-73.

끌어올리는 것이 중요했으므로 '말씀이 육신이 되었다'라는 것을 강조했고, 더불어서 예수 '몸의 부활'을 역설하는 여러 부활 현현 이야기를 중시한 배경이 되었다고 생각한다. 하지만, 21세기 오늘날은 오히려 영과 정신의 영역이 철저히 무시되고 육신과 물질이 중시되는 시대가 되었으므로 이제는 오히려 반대로 인격과 정신의 죽음과 노예성이 얼마나 심각한가를 밝히고, 거기에 초점을 맞추어서 '육신이 말씀(영)이 된다'는 것을 밝히는 일이 긴요하고, 그래서 이신 영의 신학의 삶과 죽음 이해가 훨씬 적실하게 다가온다는 것이다. 이것이 바로 최근 신약성서 부활 연구도 지적하고 제안한 대로, 오늘날 4차산업에 따른 트랜스 휴머니즘의 시간 속에서 "인간 생명에 대한 최첨단의 지식과 이론을 수렴하여" 새롭게 기독교 부활 신앙을 변증하는 일이라고 여기고, "전통 신앙의 기본 틀에 충실하면서 동시에 새로운 발전론적 해석의 지평을 개척"하는 일이 된다고 보는 바이다.[151] 이신은 이미 1968년 미국 유학 중에 다음과 같은 시를 썼다. '영원에의 전진'을 말하는데, 우리 몸의 마지막과 참 부활이 무엇일 수 있는가를 제시해준다.

늙는 것과
세상을 더나는 것을
우리는 슬퍼하고
좋지 않게 생각한다.
그러나
그러지 말고

---

151 차정식, "생성기 기독교의 '부활' 신앙 모티브와 그 전개 과정 ― 신약성서 자료에 대한 '발전론적' 분석을 중심으로," 「신학과 사회」 33-4(2019), 27.

참된 인류세(Anthropocene) 시대를 위한 이신(李信)의 영(靈)의 신학 _ 이은선  |  171

시간의 경과를

전진으로

그리고

더 드높은 지경으로

고양되는 것으로

생각하면

얼마나 좋겠는가.

영원한 자리에로의

옮김으로

드높은 곳으로의

올라감으로

생각하면

얼마나 좋겠는가.[152]

_ 이신, 〈영원에의 전진〉 전문(1968/6/23)


## 3. 모두가 우주의 중심이 되는 참된 인간세(人間世, Anthropocene) 와 한국적 종시(終始)

이신은 유대 묵시문학가들의 희년에 대한 환상과 추구에서 "달력이 재구성되기까지" 하는 것을 지적하였다.[153] 한국 땅에서 김일부 선생은 우주 변화의 이치와 해와 달, 일월(日月)의 움직임을 '윤력'(閏歷, 1년 365일)의 탈락과 '정력'(正曆, 1년이 360일)의 회복으로 크게 혁신시키며

---

152 이신,『李信詩集 돌의 소리』, 63-64
153 李信,『슐리얼리즘과 영靈의 신학』, 99, 102.

〈정역팔괘도〉(正易八卦圖)로 그려내면서 자연변화와 함께 인간의 근본적 개조와 인간성의 혁명을 외쳤다. 『정역』은 "자연과 인문이 조화된 역이요 세계 인류의 신화(神化)의 역"이고,[154] 선후천의 인과와 만유 생명의 종시(終始)를 세밀히 관찰하여 '태극'(太極)을 강조하는 선천의 『주역』에 비해서 인간의 주체적인 역할이 중시되고, 거기서 음양의 조화와 균평이 강조되는 '황극'(皇極)을 표방하는 역이라고 한다.[155] 그런데 여기서 이 황극과 거기서의 주체자인 '황극인'에 대한 이상이 우리가 앞에서 살펴본 이신의 새그리스도로지인 새로운 인간 이상과 새 하늘 새 땅의 이상과 많이 연결됨을 보면서 놀란다. 즉 여기에서 황극 정신은 과거 선천의 황극이 "오직 임금만이 극(極)을 세우고 복을 펴던" 것과는 달리 "사람이면 누구나 그 완성을 기하여 태극에서 황극으로 진출하게 되는" 것을 말하는 정신이고,[156] 황극인은 "무엇에도 갇힌 사람이 아니"고, "융통 자재하고 팔달무애한 자유인"으로서 우주의 자기 집에서 하늘 부모의 뜻(天工)을 대행하는 대업을 이루는 사람이라고 보기 때문이다. 그래서 천지와 일월도 그러한 황극인을 기다리고, "산천과 초목이 그와 같은 인간의 완성으로 인해서 각자의 해원(解冤)을 하게 될 것"이라고 밝힌 것이다.[157]

본인은 이러한 이야기를 들으면서 이신이나 베르댜예프가 강조하는 인격적 사회주의와 우주주의가 이와 잘 연결됨을 본다. 베르댜예프의 인격주의는 실존적 세계에서 태양을 우주의 중심으로 볼 것이 아니라

154 이정호, 앞의 책, 105.
155 곽신환, "학산 이정호의 역학과《正易》," 학산 이정호 연구 간행위원회 엮음, 『학산 이정호 연구』(지식과교양, 2021), 224.
156 이정호, 앞의 책, 116.
157 같은 책, 119.

인간의 인격을 중심으로 보아야 한다고 밝힌 것이며,158 인류 근대 과학적 지동설(地動說)의 단차원적 외재화의 위험을 지적했다. 그래서 참된 인격의 실현과 현실화는 "태양을 자기 속에 가져오는 것"이라고 역설한다. 본인은 이것을 인격주의의 실현을 통해서 근대의 '지동설'(地動說)을 넘어서, 다시 고대 중세의 '천동설'(天動說)로 돌아가는 것도 아닌, 참다운 인격 중심의 '인동설'(人動說)로 초월해 가는 것임을 밝히는 의미라고 지적했다. 한국 인학(仁學)과 신학(信學)이 그에 대한 대답이라고 생각한 것이다.159 이러한 관점은 이미 여러 번 지적했지만, 수운 최제우나 그 전수자 최해월 선생에게도 분명하게 나타났다. 본인은 이렇게 한국 사상 속에 면면히 흐르는 이 마음("一分爲二合而爲一의 방법론" 또는 "人中天地一")이160 바로 인간이 자연의 부분으로 돌아가기도 하지만, 결코 그 자연의 일부만이 아니라는 것(理 또는 人格과 靈)에 대한 깊은 신뢰이며, 그래서 참으로 죽는 것이 무엇이고, 영원과 영생이 무엇인지를 알면서 그것을 살아내는 일에 근거한 이해와 신앙이라고 말하고자 한다. 이신은 다음과 같이 그의 "삶과죽음"에서 마지막 유언처럼 말한다:

> 이런중대한문제를착각하고있다면문제가운데서도여간큰문제가아닐수
> 없는데이것은길을가는사람이길을잘못잡아들었기때문에잘못된길을걸
> 어가면걸어갈수록더문제가커지는것과는비교가안될만큼큰문제요기껏

158 니콜라스 A. 베르댜예프, 앞의 책, 54.
159 이은선, "코로나 팬데믹 이후 종교와 교육-한국 信學과 仁學의 관점에서," 108.
160 이은선, "'사유와 信學' 8, 자연과 자유 — 우주의매혹과자연에대한인간의노예성," 에큐메니안, http://www.ecumenian.com/news/articleView, 2021. 07. 04.

살아봤자허탕을치는삶을사는것이될것이니여간정신을차려야할문제가
아니다.[161]

인간의인격은생리적인삶에관계하지마는또생리적인것을가로지르는말
하자면생리적인것을초월하는그런것으로생리적삶의요구를인간이인간
으로살기위해서거부할때도있고도생리적인요구를거슬러올라가서삶의
방향을다른곳으로틀어놓을때도있는데이것은마치돛단배가바람이부는
방향으로가기도하지마는또어떤때는바람을거슬러서가야하는경우가있
는것처럼인간의인격은자기의주체성이주체로서의제놀음을하기위해서
는생리적인측면에서볼때손해가가는일을해야할때가있는가하면또우리
들직접적인욕구를강력히억제하고인격이'제놀음'을해야하는것이다.[162]

　　이러한 신뢰와 이상은 결코 섣부른 주관주의가 아니고, 왜곡된 인간
중심주의가 아니다. 오히려 인간은 "소우주"이지 우주의 계층적 단계나
일부가 아니고, '전체'는 구체적인 인격의 자유와 영(spirit) 속에서 발견
되는 것이지 관념적 보편이나 자연 일반에서가 아니라는 것을 깊이 통
찰하는 데서 나온 것이다. "보편적인 것은 추상적인 것이 아니라 구체
적인 것이고, 또한 가장 구체적인 것은 부분적인 것이 아니라 보편적인
것이다"라는 관점을 말하는 것이다.[163] 그리하여 본인은 이러한 통찰들
에 근거해서 오늘 우리가 진입한 인간세를 '자연의 종말'이나 '지구의
종말' 등과 같은 언어로 극단적으로 비관적으로 보는 것을 넘어서야 한

---

161 李信, "카리스마적 신학," 『슐리얼리즘과 영靈의 신학』, 304.
162 같은 책, 307.
163 니콜라스 A. 베르댜예프, 앞의 책, 152.

다고 본다. 그래서 그 비관의 인과론으로 "지구탈출"이나 "인간탈출"을 말할 것이 아니라164 다시 인간에 의해서 참된 지구 생명 공동체가 회복되고, 그래서 지구 생명체의 '마음'(心)으로서의 인간의 회심과 역할을 통해서 지구 생명 공동체가 함께 '정신화'(靈化)하고, '인격화'하며, 보다 포괄적이고 심층적으로 '주체화'하는 방향으로 나아가는 것을 희망하며 제안한다. 즉 '좋은 인류세', '참된 인간'에 대한 지시이고, 그 방향으로서의 '명'(命)을 말하는 것이며, 그 일에서의 '믿음'(信學)과 '인격의 일'(仁學)을 놓지 말라는 설득이라고 생각한다.

이러한 한국 인학과 신학은 절망의 '탈지구'과 '탈인간'와는 달리 지금 지구 집과 온 생명에 대한 깊은 우환 의식으로 살지만, 그것을 넘어서는 시간에 대한 새로운 신념의 상상과 환상 속에서, 그러므로 진정 큰 소망과 희락 속에서 환상과 저항의 일을 지속해 나간다. 김일부 선생은 다가오는 후천의 정역(正易)을 펼치는 일에서 당하는 온갖 고초와 고난에도 불구하고 스스로 "사람이 없으면 홀로 지키고, 사람이 있으면 전하리로다"(无人則守, 有人傳)라고 했으며, 그는 "아침마다 뒷동산에 올라가 '복 받아 가거라'고 외쳤을 뿐"이었다고 한다.165 최해월 선생의 다음과 같은 말도 바로 오늘 우리가 어디에 서 있으며, 왜 우리가 한국 신학(信學)과 인학(仁學)에 근거해서 참된 인류세를 말해야 하는지를 잘 밝혀준다:

이 세상의 운수는 개벽의 운수라. 천지도 편안치 못하고, 산천초목도 편안

---

164 김상준, 『붕새의 날개, 문명의 진로 ─ 팽창문명에서 내장문명으로』 (아카넷, 2021), 860.
165 이동준, "鶴山全集解題를 대신하여," 학산 이정호연구 간행위원회 엮음, 『학산 이정호 연구』, 86.

치 못하고, 강물의 고기도 편안치 못하고, 나는 새 기는 짐승도 다 편안치 못하리니, 유독 사람만이 따스하게 입고 배부르게 먹으며 편안하게 도를 구하겠는가. 선천과 후천의 운이 서로 엇갈리어 이치와 기운이 서로 싸우는 지라, 만물이 다 싸우니 어찌 사람의 싸움이 없겠는가.[166]

## 마무리하는 말: 참된 인류세의 시대를 위한 한국 仁學의 역할

이번 글을 쓰면서 참 놀라운 사실을 알게 되었다. 2018년 북경에서 제16회 세계철학자 대회를 통해서 개인적으로 알게 된 이화여대 철학과의 故 이규성 교수님 책을 통해서이다. 그는 동양 철학자로서 평소 유영모나 함석헌, 동학사상을 다루었다. 그런 그가 『한국현대철학사론』과 그와 한 쌍을 이루는 『중국철학사론』을 지으면서는 바로 본 논문이 주요 대화 상대자로 삼은 러시아의 베르댜예프를 자신 사고의 중요한 길잡이로 삼고 있다는 것을 알았기 때문이다.[167]

특히 『중국철학사론』에서는 '들어가는 말'부터 베르댜예프에 대한 신뢰를 보였으며, 책 전체를 통해서 중국 대륙에서 19세기부터 강하게 서세동점 하던 서구 현대에 대해서 응전하고 도전했던 중국 현대 철학가들을 살피면서는 특별히 마지막 대상자인 장세영(張世英, 1921~현재)을 베르댜예프의 인격주의적 사회주의와 긴밀히 관계시키는 것을 보았다.[168] 이규성 교수는 그의 결론 "상실과 전망"에 도달하기 전에 중국의

---

166 『해월신사법설』(海月神師法說), 178.
167 이규성, 『중국현대철학사론 — 획득과 상실의 역사』(이화여자대학교출판문화원, 2020), 1075.

현대철학자들이 어떻게 19세기부터 거대하게 위협적으로 몰려오는 서구 기독교 문명에 맞서서 다시 자신들 고유의 사상 전통을 찾아내어 재해석하고, 새롭게 정비하여서 스스로의 처지에서 답을 제시하는가를 큰 틀로 밝혀준다. 그런 후 바로 베르댜예프를 들어서 그를 "진정한 존재는 나의 내면에서 근원적 무에 대한 통찰을 통과해서 직관적으로 이해되는 것이다"라는 의식을 가지고, 현대 인류 문명의 두 흐름인 자본주의와 공산주의에 동시에 투쟁한 사상가로 밝힌다. 또한 이러한 베르댜예프의 인격주의는 결코 주관적 관념론이 아니고, 오히려 그가 "나의 철학은 언제나 갈등의 철학이었다"라고 고백하며 사회주의 혁명이 인격주의 철학으로 보완되지 않으면 안 되는 것을 밝힌 창조적 자유의지의 철학자였다는 것을 강조한다.[169]

오늘 코로나 이후의 세계가 미국과 시진핑의 중국으로 나누어져서 그 갈등이 점점 더 심해지며, 거기서 한반도의 미래가 크게 좌우되고 있다. 이러한 상황에서 본인은 이러한 이규성 교수의 마무리, "계급의식만 가지고는 봉건적 노예의식을 극복할 수 없었다"라는 것을 강조한 장세영 교수의 성찰, 그 한 계기가 되어준 베르댜예프와 그것을 벌써 40여 전에 한국의 현실에 가져와서 진정한 영과 인격과 참된 공동체에 대한 이상으로 거듭날 것을 촉구한 이신의 사고에 깊이 감사한다. 그러면서 이번 본인의 시도인 이신의 연구를 특히 동아시아의 사상 전통과 연결하고, 그중에서도 한국 고유의 사상 전통인 인간에 대한 깊은 신뢰와 그 본성의 하늘과의 한 몸 됨(天我無間)과 온 천지 만물을 생명과

---

168 같은 책, 1061.
169 같은 책, 1075-1076.

변화와 살아있음으로 보는 깊은 생명의식(活理/生理), 그래서 지금 큰 위기에 빠져있는 인류세를 위해서 그와 같은 한국 사상의 열매가 선한 역할을 할 수 있다고 보는 것에 대한 증거를 얻은 것 같았기 때문이다.

얼마 전 문재인 대통령 유엔 연설에서 함께 했던 한국의 젊은 예술가 BTS도 그런 의미에서 자신들의 세대는 결코 "잃어버린 세대"(lost generation)가 아니라 앞으로 해야 할 역할이 큰 "환영받는 세대"(welcome generation)라고 언술했다고 본다. 그것은 한국의 새로운 세대가 참된 인간의 세기, 모든 사람이 착한 사람으로 거듭나서 후천의 '유리세계'(琉璃世界)를 준비하고 있음을 선포한 것이라 여긴다. 정역 연구가 이정호 선생은 「정역과 우리나라」라는 짧은 글에서 동북방, 중국의 동북에 위치하고 있는 한국이 바로 한 세기 전에 김일부 선생이 창시한 정역의 주인공의 나라인 것을 밝히며 '간(艮)괘'의 방을 가리키는 동북방의 한국이 그 새로운 후천 인류세의 새로운 시작이 되는 새 마당이라고 언표했다. 그래서 그는 한반도의 38선은 우리나라의 38선일 뿐 아니라 "세계의 38선이며", 한국의 정역을 세계인의 정역이라고 하면서 지금까지 세계의 막내로서 극동의 한구석에 있는 조그마한 나라였지만, 그 많은 슬픔과 고통 이후에 "인류 최고의 복지사회인 유리세계 건설에 앞장을 서"는 나라로 거듭날 것임을 주창하였다.[170] 새로운 사명과 의무를 지니고서 "생명의 못자리 터"로 역할 하는 일을 말하는 것이다.

이신의 영의 신학은 그런 일이 가능해지는 길로서 지금까지 한국기

---

170 이정호, 앞의 책, 120-124.

독교가 일상으로 평범하게 많이 들어왔지만, 그 평범하고 가장 기초가 되는 것을 잃어버린 초월의 가르침으로서 다음과 같이 말해준다:

> 그러므로요한일서에는'누구든지하나님을사랑하노라하고그형제를미워하면이는거짓말하는자니보는바그형제를사랑치아니하는자가보지못하는바하나님을사랑할수가없느니라'(요일4:20)고하였는데이것은사람과사람의관계에서하나님의인격과의만남을의식하는것을말하는것으로참다운'영적하나님'은무슨환상幻像이나무슨환청幻聽현상을통해서나타나는것보다이런인격과인격과의관계에서찾아볼수있으니이것은역사적으로오셨던예수그리스도를통해서계시啓示된 것이다.[171]

그러면서 그는 우리 시대에 이런 일에 걸려 넘어지지 않은 참다운 살아있는 신앙의 그루터기와 성실의 사람으로서 그가 죽기 전 여름방학 동안 학생들과 더불어 성경을 연찬하면서 두 달을 보냈던 충남 논산 독뱅이골의 한 일부(一夫)였던 '벌꿀 치는 임 씨 할아버지'의 이야기를 전해준다. 임 씨 할아버지는 그 깊고 깊은 두메산골에서 오십 년 전부터 재래종 꿀벌을 쳐오던 사람이었다고 한다. 하루는 가을 산에 가서 꿀통을 집으로 가져와 꿀을 따려고 하다가 그 꿀을 따려면 벌들을 모두 죽여야 하는 것이 너무 마음이 아파서 그 일을 그만두고 다른 일을 하기 시작했다고 하는데, 그것에 대해서 이신은 다음과 같이 전해주고 있다:

> 아닌게아니라사람이꿀을따기위해서그들이봄여름내에애써채집採集한것

---

171 李信, "카리스마적 신학," 『슐리얼리즘과 영靈의 신학』, 285.

을빼앗아버리고그들을모조리죽인다니사람처럼지독한것이없다고느껴
지기도한다. 요금세상에서사람의목숨도파리목숨보다더쉽게죽이는것을
볼때그것쯤은무엇이그렇게문제될것이있겠는가하고말할것이나이것이
우리들의의식구조의그릇된방향에로퇴화退化를말하는것이요또잇속(利
害打算)에는무척밝아가는세상에서어쩌면생명경외生命敬畏라든지영적세
계에대한민감도敏感度는둔화鈍化되어가는것인지알수없는노릇으로서그런
둔감한마음으로영원하신하나님을만나뵌다는것을얼토당토않은일인것
이다.[172]

참으로 특히 오늘 코로나 팬데믹의 시대에 많은 것을 시사해 주는
인간 행위(仁)와 모습(人)에 대한 이야기이다. 그런 맥락에서 본인은
이 이야기를 읽고, 『주역』의 「계사전」 말씀이 생각났다. 즉 그것은 천지
의 도는 '인격 속에서 드러나고, 우리 모든 삶과 행위, 언어, 믿음, 고백
속에 숨어 계신다'("현저인顯諸仁 장저용藏諸用,"「繫辭上」4)로 풀 수 있는
말씀이다. 짧게 '현장'(顯藏)이라는 두 단어로 축약될 수 있는 이 말씀
안에 다시 '묵시'와 '토착'의 두 뜻이 함께 들어 있음을 본다. 그리고 이
러한 맥락에서 다석 유영모 선생이 그의 참 인간이 되는 공부의 방도로
서 '일좌식'(一坐食)과 '일언인'(一言仁)을 말했고, 그중에서도 마지막
'일인'(一仁)을 '늘 걷기'로 풀면서 어디를 가든지 걸어 다니신 일의 이유
를 알 수 있을 것 같았다.[173] 그 이유는 바로 인간을 비로소 인간 되게
하는 일은 걷는 일, 직립보행이야말로 그 출발이고 시작이 되어서 그런

---

172 같은 책, 287-288.

173 이정배, "기독교적 입장에서 본 유교적 孝 ─ 다석 유영모의 시각에서 그 의미와 한계 그리
고 재구성," 임종수 외, 『효孝와 경敬의 뜻을 찾아서』(도서출판 문사철, 2019), 207.

것이 아닌가 하는 것이다. 그렇게 다석도 '걷기와 함께 하는(一仁) 인간 되기의 일'(仁學)을 우리 삶의 토대와 기초로 본 것이라고 여긴다. 이렇게 해서 이제 지금까지의 모든 성찰을 이번 글을 쓰면서 더욱 또렷하게 떠오른 다음의 세 가지 언어 쌍의 일로 밝히면서 길어진 글을 마무리하고자 한다. 그것이란 다름 아닌 '聖·性·誠·成'과 '神·身·信·伸(新)' 그리고 '仁·忍·認·人'의 일을 말하는데, 이렇게 기이하게도 우리 한글 소리로 모두 같은 음으로 발음되는 이 말들이 앞으로의 참된 인류세로 나가는 길에 선한 길라잡이가 될 것을 기대해본다.[174]

---

174 이은선, "21세기 인류 문명의 보편적 토대로서의 城과 孝," 『빛은 동방에서 — 심상태 몬시뇰 팔순 기념 논총』(수원가톨릭대학교출판부, 2019), 601-603

## 2부

이신의
슐리얼리즘 신학의 전개

# 묵시문학과 영지주의
## ― 이신(李信)의 전위 묵시문학 현상 이해를 중심으로*

조재형

그리스도대학교

## 시작하는 말

이 논문은 묵시문학과 영지주의를 이신(李信)의 '전위 묵시문학 현상'을 중심으로 고찰하여, 이 두 종교 사상이 헬레니즘의 혼합주의(syncretism) 안에서 서로 영향을 주고받았음을 연구하는 것이다.[1] 한국 학계에서 많이 알려지지 않은 이신(1927~1981)은 목사와 신학자이

---

* 이글은 필자가 2021년 10월에 「기독교신학논총」122(2021), 191-124에 게재했던 것을 수정한 것입니다.

1 이신의 본명은 이만수인데, 그의 사상과 삶에 대한 글은 다음의 두 권의 책으로 출판되었다. 이신, 『슐리얼리즘과 영靈의 신학』(서울: 동연, 2011); 현장아카데미 편집, 『환상과 저항의 신학 ― 이신(李信)의 슐리얼리즘 연구』(서울: 동연, 2017). 전자는 이신의 박사학위 논문과 그가 쓴 글들(기독교사상과 순복음교회 청년 선교지 「카리스마」에 쓴 글들과 미발표 작품)을 모은 것이며, 후자는 이신에게서 영향을 받은 학자들이 다양한 관점에서 이신 사상을 연구한 글들을 모은 것이다. 이신이 20년 동안 문화방송에서 했던 설교를 모아서 이신, 『산다는 것·믿는다는 것 ― 지성인을 위한 크리스찬 메시지』(서울: 기독교문사, 1980)가 출판되었다. 또한 이신의 시와 에세이를 모은 책이 그의 아들 이경에 의해서 편집되어 2012년에 동연출판사에서 출간되었다. 이경 엮음, 『돌의 소리 ― 李信 詩集』(서울: 동연, 2012).

면서 동시에 전위 예술 화가이자 시인이었다.2 이러한 네 가지 그의 경력을 모두 아우르는 용어는 "상상력"과 "지성"(지식)이다.3 그는 지식과 영성을 겸비한 창조적 사상가로서 "인간에게 '죽음에 이르는 병'은 이매지네이션(imagination)의 부패다"라고 외쳤다.4 그의 창의적 사고와 시대를 앞선 정신은 한국기독교의 '일치 운동'과 토착화 운동뿐만 아니라 민중신학과 문화 신학과 예술 신학이 지향하는 방향을 위한 길잡이의 역할을 한다.5 특히 손원영은 이신이 70년대 초부터 화가로서 적극적인 창작활동을 하면서 영의 신학을 함께 추구했기 때문에 그를 "예술신학의 선구자"로 평가한다.6

이신은 감리교신학대학을 졸업한 후, 한국감리교회의 전도사로 있다가 "모든 교파의 분열을 거두고 신약시대의 교회로 돌아가자는 교회의 순결과 일치 운동에 깊이 공감하여" 환원운동(Restoration Movement)을 주창하는 '한국그리스도의교회'(유악기)에서 목사 안수를 받았다.7 그는 한국교회의 분열을 아파하다가 그 해결점을 19세기 미국에서 교

---

2 이신에 관한 논문들은 다음을 참조하라. 이정배, "이신의 예술 신학연구 ― 묵시문학적 상상력과 슐리얼리즘의 해석학," 「신학과 세계」 44 (2002), 346-389; 손원영, "이신의 신학 사상과 한국교회의 위기 극복 방향에 관한 연구," 「신학논단」 71 (2013), 99-134. 이정배 논문은 나중에 대폭, 손원영의 논문은 소폭 수정되어 이신에 대한 본격적인 연구서라고 할 수 있는 『환상과 저항의 신학』에 포함되었다. 현장아카데미, 『환상과 저항의 신학 ― 이신(李信)의 슐리얼리즘 연구』 (2012).

3 이신, 『슐리얼리즘과 영靈의 신학』 (2011), 130.

4 앞의 책, 204.

5 이정배, "이신의 예술 신학연구," (2002), 346-350.

6 손원영, "이신의 신학 사상과 한국교회의 위기 극복 방향에 관한 연구," (2013), 101-102.

7 이은선, "머리말," 『슐리얼리즘과 영靈의 신학』, 이은선·이경 편, (서울: 동연, 2011), 13; 환원운동은 세계교회협의회(World Council of Churches)가 주도하는 교회 연합과 "교회일치 운동과 유사하면서도, 교파나 교리 대신에 오직 성서에 근거한 순수한 삶만을 강조한 점에서 새로운 교회일치운동으로 평가받고 있다." 손원영, "이신의 신학 사상과 한국교회의 위기 극복 방향에 관한 연구," (2013), 103.

회일치 운동과 신약교회로 돌아가자는 환원운동에서 찾았지만,8 단순히 그것을 모방한 것이 아니라 '성령의 신학'으로 한국적 기독교를 모색하여 토착화 신학을 추구하였다.9 그의 신학은 '영(성령)의 신학'을 중심으로 "나름의 기독교의 '한국 토착화' 운동"10이었고 "외국 선교사의 입김으로부터 벗어난 한국적 교회로서 일치하자는 성령 운동"11이었다고 평가된다. "한국토착화신학의 형성사"를 연구한 김광식은 한국인이 예수를 믿고 신학을 하게 될 때 "이미 그의 인격과 사상 속에서 토착화신학이"12 일어난다고 본다. 이러한 과정은 "어떤 기계론적인 의미에서 필연적인 것"이 아니라 "성령의 역사"이다.13 율곡의 성(誠) 개념으로 한국토착화 신학을 설명했던 윤성범은 이신이야말로 동양적 미학을 넘

---

8 원래 '환원운동'은 18세기 미국의 발톤 스톤(Barton W. Stone)과 토마스 캠벨(Thomas Campbell)에 의해 시작된 '스톤-캠벨 운동'의 한국적 이름이다. 이 운동은 모든 교파들의 교리보다 성서의 가르침에 근거하여 분열된 교회의 일치와 순수한 신약시대 교회의 모습을 회복하는 것을 목적으로 하였다. 미국에서 이 운동은 그리스도의 교회(Church of Christ, 무악기), 그리스도의 교회(Christian Church, 유악기), 제자교회(Disciples of Christ)로 분화되었고, 한국에는 그리스도의 교회(무악기)와 그리스도의 교회(유악기)만 들어왔다. 전자는 현재 케이씨대학교(구 그리스도대학교)를 중심으로 한국에 약 120여 교회가 있고, 후자는 서울기독대학교를 중심으로 약 250여 교회가 있다. 초창기에 주일 예배 시에 악기 사용의 문제로 유악기파와 무악기파로 나뉘었지만, 현재는 무악기 소속 교회도 예배 시에 피아노를 사용하는 교회가 반 정도 된다. '스톤-캠벨 운동'에 대해서는『스톤-캠벨 백과사전』을 참조하라. 특히, xxi-xl쪽은 전반적인 개요를 제시한다. Douglas A. Foster et al. eds., *The Encyclopedia of the Stone- Campbell Movement* (Grand Rapids: William B. Eerdmans, 2004); 이 사전은 2015년에 케이씨(그리스도)대학교의 후원으로『그리스도의 교회들 운동 대사전』이라는 제목으로 번역 출판되었다. 더그라스 A. 포스터 외 3명,『그리스도의 교회들 운동 대사전』(서울: 대한기독교서회, 2015).

9 이은선, "머리말"(2011), 14-15.

10 앞의 논문, 15.

11 조현, "기독교 영성가, 그 흔적과 자취를 찾아서(11): 한국적 그리스도교회를 꿈꾸던 창조적 삶-이신 목사,"「기독교사상」624 (2010), 158.

12 김광식, "한국토착화신학 형성사,"「기독교사상」35/6 (1991), 13.

13 앞의 논문.

어서 한국적 미학을 탐구하여 신학도 가장 한국적인 신학을 추구하였다고 평가한다.[14] 그러므로 이러한 이신의 신학을 관통하는 한국적 그리스도교에 대한 갈망은 치열한 그의 삶의 현장 속에서 경험했던 것들과 미국 유학 시기에 완성된 '전위 묵시문학 현상'이라는 그의 연구 주제에서 이미 싹을 틔우고 있었다. 귀국 후 윤성범이 이끌던 '한국종교사학회'의 연구 위원으로 한국적인 신학에 대한 연구를 계속했으며,[15] 한국토착화 운동에 앞장섰던 변선환과 깊은 학문적 교류뿐만 아니라 호형호제하는 인간적 관계를 가진 것은 우연이 아니었다. 본격적으로 그의 묵시문학 연구를 살펴보기 전에, 영지주의와 비교해보면 왜 이신에게 '상상력'과 '지식'이 중요한지 알 수 있다.

## I. 묵시문학과 영지주의의 관계

일반적으로 학계에서는 묵시문학과 영지주의를 서로 다른 종교적 배경에서 이해하려고 한다. 예를 들면, 케제만(Ernst Käsemann)은 묵시문학이 그리스도교의 모체라고 지적하면서, 그리스도교의 기원에 대한 유대교적 배경을 드러냈다. 원래 묵시문학은 주로 바벨론 포로기 이후 유대인들이 겪었던 박탈과 파국적 경험 속에서 그러한 현실을 돌파해 보려는 신앙적 표현으로 나타났다고 본다. '묵시'라는 용어 자체는 그리스어 '아포칼립토'(드러내다, 밝히다)에서 온 것으로 "마지막 때가 계시적으로 드러나는 것을 의미하며, 초자연 세계라는 또 다른 부분의

---

14 윤남옥 편집, 『윤성범의 삶과 신학: 성의 신학자』(서울: 한들, 2017), 108.
15 이은선, "머리말"(2011), 17.

개입을 묘사하는 단어"이다.16 구약성서의 다니엘서와 에스겔서와 신약의 마가복음 13장과 요한계시록이 대표적인 그리스도교의 묵시문학 작품들이다. 이 중에서도 에스겔서와 다니엘서와 요한계시록은 성서에 포함되어 있는 가장 중요한 묵시문학 작품으로 간주되고 있다.17 신약 성서 기자들은 구약의 묵시문학 사상을 받아들여서 이것을 로마제국의 박해에 대항하고 이단 사상(영지주의)들과 투쟁의 방편으로 활용하였다. 월터 바우어는 유대 그리스도인들이 박해받는 현실 속에서 영지주의자들과의 투쟁을 통해 자신들의 신학과 사상을 묵시문학이라는 장르로 요한계시록을 기록했다고 본다.18

반면에 하르낙은 정통 그리스도교가 완만한 헬레니즘의 산물이라면, 영지주의는 그리스도교의 급격한 헬레니즘의 산물로 보기 때문에 그리스도교 기원을 헬라적 배경에서 보았다.19 1945년 12월에 발견된 나그함마디 서고는 2~4세기 영지주의자들의 사상을 잘 드러내고, 구약성서에 대한 많은 인용과 구약의 하느님을 물질적인 신으로 묘사하기 때문에 유대교적 배경에서 연구되기도 한다. 하지만, 나그함마디 서고의 철학적 배경은 피타고라스와 플라톤을 정점으로 하는 그리스 철

---

16 스티븐 L. 쿡/이윤경 역, 『예언과 묵시-포로기 이후 묵시 사상에 대한 사회학적 연구』 한국 구약학연구소 총서 (서울: 새물결플러스, 2016), 54.

17 Morton Scott Enslin, "Apocalypticism," in *An Encyclopedia of Religion,* ed. Vergilius Ferm (Patterson: Littlefield, Adams & co., 1964), 30.

18 Walter Bauer, *Orthodoxy & Heresy in Earliest Christianity,* 2 ed. (Mifflintown: Sigler Press, 1996), 87-88; Elisabeth Schüssler Fiorenza, "Apocalyptic and Gnosis in the Book of Revelation and Paul," *Journal of Biblical Literature* 92/4 (1973), 567.

19 Hans Jonas, *The Gnostic Religion: The Message of the Alien God & the Beginnings of Christianity,* 3rd ed. (Beacon Press: Boston, 2001), 36; Kurt Rudolph, *Gnosis: The Nature and History of Gnosticism,* tr. by R. McLachlan Wilson (San Francisco: Harper & Row, 1987), 31-32.

학이고, 그 종교적 배경은 그리스의 신비(밀의)종교이다.[20] '영지주의'(Gnosticism)는 초기 그리스도의 교회 당시부터 정통 그리스도교의 교리를 위협하는 위험한 사상으로 간주되었지만, 원래 영지주의가 지향하는 바는 영적인 지식이라고 하는 '영지'에 대한 집요한 관심에서 출발한다. '영지주의'라는 용어 자체가 가지는 다의성과 모호성 그리고 오해로 인해 1966년 이탈리아의 메시나(Messina)에서 세계의 주요한 영지주의 학자들이 모여서 '영지'와 '영지주의'를 구분하였다. 즉, '영지주의'는 2세기 이후 그리스도교에서 가장 크게 꽃을 피웠고 정통 그리스도교에서 이단으로 정죄 받았던 사상을 말하고, '영지'는 그리스도교 이전부터 존재했던 깨달음과 구원을 가져다주는 영적인 신비한 '지식'(gnosis)을 의미한다. 이 영적 지식을 중요하게 여기고 보이지 않는 영적이고 완전한 신과, 이 신으로부터 방출된 인간의 영혼에 대한 사상을 '고대 영지 사상'이라고 부른다.[21]

묵시 사상과 영지주의 사이의 단절성이 아닌 연관성에 대해서 학자들은 후기 유대교와 그리스도교의 묵시 사상이 영지주의화 되는 과정에 초점을 맞추거나, 또는 그것에 저항하는 방향으로 나아간다고 주장한다.[22] 보다 많은 신약성서 학자들은 묵시 사상이 열광적인 영지주의 경향에 대항하는 측면을 바라보고, 소수의 학자들만이 둘 사이의 공통점을 발견하고 그 의미를 찾는다. 예를 들면, 묵시문학 사상과 마찬가지로 그리스도교 영지주의 종파들도 선과 악, 빛과 어둠, 영혼과 물질의

20 조재형, 『그리스-로마종교와 신약성서 ― 그리스도교의 기원에 대한 사상사』 개정증보판 (서울: 감은사, 2021), 358-359.

21 Rudolph, Gnosis: *The Nature and History of Gnosticism* (1987), 56; 조재형, 『초기 그리스도교와 영지주의』 (서울: 동연, 2020).

22 Fiorenza, "Apocalyptic and Gnosis in the Book of Revelation and Paul," (1973), 581.

이원론을 특징으로 한다.[23]

　한국 학계의 묵시문학이나 묵시 신학에 대한 연구는 대부분 유대주의적 배경에 초점을 맞추고 있으며, 영지주의에 대항하는 도구로서 탐구되어왔다. 이러한 풍토 속에서 국내에서 많이 알려지지 않은 "고독과 저항의 신학자 이신 박사"[24]는 이미 50년 전에 '전위 묵시문학'에 대한 그의 박사 학위 논문에서 묵시문학의 혼합주의적 특징을 간파하여 헬레니즘의 영향력을 적시(摘示)했다.[25] 그는 그 당시 한국 학계에서는 중요성이 거의 알려지지 않았던 나그함마디 서고의 중요성을 인식했으며, 이것의 발견과 함께 본격적으로 알려지기 시작된 '영지주의' 연구의 기념비적인 한스 요나스(Hans Jonas)의 『영지의 종교』를 많이 참고하여 묵시문학을 연구했다.[26] 필자는 이신이 비록 직접적으로 언급하지는 않았지만, 그의 저서는 영지주의를 포섭하는 '영지 사상'의 틀 안에서 묵시 사상을 고찰하였다고 판단한다. 먼저 "전위 묵시문학 현상-묵시문학 해석을 위한 현상학적 고찰"의 주요 내용을 살펴봄으로써 그의 사상적 맥락을 영지주의와 관련해서 추적해 보려고 한다.[27]

---

23 Birger A. Pearson, *Ancient Gnosticism: Traditions and Literature* (Minneapolis: Fortress Press, 2007), 319.

24 이은선, "머리말"(2011), 12.

25 Mann Soo Lee, "The Phenomenon of Avant-Garde-Apocalyptic: Phenomenological Resources for the Interpretation of Apocalyptic," (D.Div. diss. Vanderbilt University Divinity School, 1971).

26 Jonas, *The Gnostic Religion: The Message of the Alien God & the Beginnings of Christianity* (2001).

27 이신의 박사학위 논문은 "전위 묵시문학의 신학"이라는 제목으로 번역되어『슐리얼리즘과 영(靈)의 신학』의 1부로 들어가 있다. 이신, 『슐리얼리즘과 영靈의 신학』 (2011), 41-150.

## II. 이신의 "전위 묵시문학 현상"

이신은 "묵시문학은 모든 기독교 신학의 어머니이다"[28]라는 케제만의 진술에서 출발해서 묵시문학이 성서 연구에서 매우 중요하다고 역설한다. 그에 따르면, 묵시문학은 현재 세계의 파멸이라는 비관적인 역사관을 가지면서도 현재 세계에 대한 저항과 전복을 통해서 역사에 대한 희망을 품는다.[29] 묵시문학에 대한 이신의 기본적인 이러한 관점은 "'묵시 사상'은 세상의 종말에 관한 것"으로 "역사에는 희망이 없고, 역사는 악한 세력의 지배 아래 있으며, 세상은 타락해서 다가올 '우주적 대파국'에 의해 파멸한다"[30]라는 비관주의 일변도와는 다르다. 또한 현재까지도 "묵시"에 관련된 많은 대중적인 서적들이 '이 세상의 끝(파멸)'에 초점을 맞추고 있는 것과도 차별화된다.[31] 1947년에 발견된 쿰란의 사해사본은 랍비 유대교 이전(pre-rabbinic Judaism)의 묵시문학 연구에 중요한 기여를 하고 있다.[32] 어떤 문서가 묵시문학에 포함되는 가에 대해서는 학자들 사이에 차이는 있지만, 이신은 다니엘서, 에녹서, 희년서, 무녀의 신탁서(The sibylline Oracles), 12족장의 언약서, 솔로몬의

---

28 Ernst Käsemann, *New Testament Questions of Today*, tr. by W. J. Montague (Philadelphia: Fortress Press, 1969), 102; "On the Topic of Primitive Christian Apocalyptic," *Journal for Theology and the Church* 6 (1969), 99-133.

29 이신, 『슐리얼리즘과 靈의 신학』(2011), 43-45.

30 리처드 A. 호슬리/박경미 역, 『서기관들의 반란: 저항과 "묵시문학"의 기원』(고양: 한국기독교연구소, 2020), 371.

31 Catherine Keller, *Apocalypse Now and Then: A Feminist Guide to the End of the World* (Boston: Beacon, 1996), xi-xii.

32 John J. Collins, "Apocalypse: Jewish Apocalypticism to the Rabbinic Period," in *Encyclopedia of Religion*, ed. Lindsay Jones (Detroit: Macmillan Reference USA, 2005), 417.

시편, 모세의 승천서, 이사야의 순교사, 아담과 이브의 생애, 아브라함의 묵시록, 아브라함의 언약서, 제2에녹서, 제2에스드라서, 제2바룩서, 제3바룩서 등과 사해사본에 포함된 외경문서들을 제시한다.[33] 오늘날 대부분의 그리스도교 묵시문학에 대한 연구는 구약성서(다니엘 7-12장, 에스겔 38-39장, 스가랴 1-8장, 요엘서 등)와 몇몇 구약외경서(에녹서, 솔로몬의 시편 등)들을 중심으로 진행되고 있는 것과 비교해볼 때 이신의 연구는 구약성서 묵시문학 본문의 몇 배가 되는 많은 외경문서들을 포함시켰다.[34] 그의 연구는 구약성서 본문에만 한정되지 않고 많은 외경문서까지 포함하기 때문에 묵시 사상에 대한 전문적이고 인문학적 안목을 보여준다.

이신이 보는 종말론적 이원론에 근거한 묵시문학의 특징은 ① 바빌론 포로기라는 "역사적 환경," ② 하나님의 개입을 기원하는 "역사에 대한 호소", ③ 유대인 "민족주의"에 대한 강조, ④ "익명과 가명"을 이용한 글쓰기, ⑤ 비옥한 초승달 지역의 "신화적 요소"의 사용, ⑥ "심볼리즘"(symbolism)의 강조와 "언어의 상징성" 등이다.[35] 이신은 묵시문학의 기원에 한스 요나스와 오스터리(W. O. E. Osterley)의 관점을 따라 그리스 철학과 헬레니즘 문화가 머독(William R. Murdock)의 연구에 근거해서 이란-바빌로니아의 혼합주의가 영향을 주었다고 보았다. 심지어 그는 에세네파에 끼친 헬레니즘의 강한 영향력과 그리스 사상이 오리엔트 정신을 계몽시킨 '힘'에 대해서도 주목한다.[36] 물론 그는 묵시문

---

33 이신, 『슐리얼리즘과 영靈의 신학』(2011), 49-50.
34 이에 관해서는 쿡, 『예언과 묵시』(2016), 148-229를 참조하라.
35 이신, 『슐리얼리즘과 영靈의 신학』(2011), 52-55.
36 앞의 책, 55-58.

학 연구에서 제기되는 문제를 해결하기 위한 심리학적 접근을 할 때 히브리의 심리학과 그리스의 심리학을 구별한다. 이신은 명확하게 자신의 입장을 피력하지 않았지만 플라톤의 영육이원론과 영혼불멸 사상과 선재론이 어느 정도 묵시문학의 인간 의식과 인격을 연구하는 데 관련되어 있다고 생각하는 것 같다.[37] 왜냐하면 이신은 "묵시문학적 문서들이 저술된 문화적 풍토는 헬레니즘의 영향을 현저하게 받은 것이었다"[38]라고 보기 때문이다. 그럼에도 이신은 묵시문학가들은 보통의 유대인이나 "헬라화된 계급"에 동화된 사람들이 아니라 토인비가 언명한 "내면적 프롤레타리아트" 혹은 "창조적 소수"자들로 본다.[39] 이들은 (palingenesis) "당대의 분열과 좌절 경험들로부터 나온 열매"로서의 이원론을 가지고 허무주의적 세계관 속에서 급진적으로 고대의 전통을 재해석하였다.[40] 그래서 이신은 토인비의 역사관을 받아들여서, "역사를 합리성의 관점에서가 아니라 문화적 실체의 관점에서 고찰한다." 즉, "문명적 발전은 도전에 얼마나 성공적으로 응답하는가 하는 능력"[41]에 달려 있기 때문에, 묵시문학가들과 같은 창조적 소수자들의 반항이 분열된 사회에서 재생 또는 '윤회'로 나타난다. 예를 들면 이신은 "저항적 풍토와 결정론적인 역사관 그리고 메시아적 미래상으로 등장한 조로아스터교, 유대교, 기독교 등의 묵시문학과 마르크시즘의 유형 사이에는 본질적인 '형식적 일치성'이 나타난다"라고 주장한다.[42]

---

37 앞의 책, 59-61.
38 앞의 책, 67.
39 앞의 책, 68.
40 앞의 책, 70-72.
41 앞의 책, 79.
42 앞의 책, 80.

이신은 묵시문학에 대한 다양한 견해들을 '판단 중지'시키면서 묵시문학가들의 '자기 기술'하는 방식에 주목한다. 묵시문학가들은 자신들이 경험한 것들과 자기의 상황에 대해서 과거의 유명한 인물들을 통해서 말하기도 하며, 때로는 일인칭 시점으로 묘사한다(무녀의 신탁서, 솔로몬의 시편 등).[43] 묵시문학가들이 가지고 있었던 '의식'(consciousness)의 기초는 자신들을 "국외자"로 느끼고 이 세계가 그들에게 매우 이질적인 곳이라는 것이다.[44] 이러한 "그들의 의식은 초월의 지점"[45]으로 그들 자신을 이끌었기에 그들의 의식은 "환상의 의식"[46]이 된다.

이신은 묵시문학적 의식에 대한 고찰을 한 후(3장), "묵시문학적 현상을 현재의 체험에 적용하는 과정"[47]을 설명하기 위해서 전위파와 비교를 시도한다(4장). 그는 전위파들과 마찬가지로 묵시문학가들은 역사적 현실에 대단히 민감하게 반응하는 "지적인 엘리트"[48]들이었다고 주장한다. 이들은 다니엘서의 묘사처럼 "현인"이며, 에녹과 같은 지혜의 "대표자"이며, 에스라와 같은 "지극히 높으신 이의 지식의 기술자"들이었다. 즉, 묵시문학가들은 "지식이 묵시문학의 신경중추"라고 이해했다.[49] 이신이 언급한 "지식"의 구체적인 범위는 추정해야 하지만, 그가 '성령의 신학'에서 보여준 것들을 감안하면, 그것은 '하느님의 영'과 관련된다.[50] 또한 이신에 의하면, 묵시문학가들은 동시에 전위파들과 같

---

43 앞의 책, 82-87.
44 앞의 책, 101.
45 앞의 책, 101.
46 앞의 책, 103.
47 앞의 책, 106.
48 앞의 책, 107.
49 앞의 책, 108.
50 이 부분에 대해서는 후반부에서 좀 더 자세히 다루겠다.

이 "미래에 있을 비극적 세계의 사건들을 예견하면서 울부짖고 한탄"하는 번민가들이었다(시매의 무녀의 글 참조).[51] 이들은 다수의 문화에 대한 "참을 수 없는 권태"를 느끼며, "일단 대중문화가 그 창조적인 힘을 잃어버리고 세속화되면 그들은 그것을 찬성하는 데 곤혹을 느낀다."[52] 이들은 당대의 사회문화 속에서 소외되고 고립 속으로 내몰린다. 고대 에세네파와 현대의 키에르케고르, 도스토예프스키, 니체 등과 같이 "세속화된 가치들을 받아들이는 대신에 사회에 대해서 불안을 무릅쓰고 반항"[53]하면서 자신들을 당대 사회 속에서 소외된 이방인으로 살아갔다. 전위파와 묵시문학가들은 환상가들이었기 때문에 그 소외된 현실 속에서 체념하는 대신에 격렬한 투쟁의 열정으로 나아간다. 이러한 예들은 전위파 예술가들이 나치의 폭정에 대항했던 것과 열심당 운동에서 찾아볼 수 있다.[54] 이들은 현실에 안주하지 않고 미래의 새로운 사회와 생성을 위해서 앞으로 나간다. 그래서 "묵시문학적 의식은 환상에 대한 의식이다. 그 지각적 감수성은 예민하고 그 상상력은 비상" 한다.[55] 환상에 대한 묵시사상가들의 의식은 "초의식"으로 불리는 아주 특별한 정신상태로 이어진다. 이 상태를 야스퍼스는 "의식의 고양, 거룩한 병, 초건강적 광증" 등으로 표현한다.[56] 그러기에 이들의 환상은 현재 시대에 대한 "철저한 부정에서부터 미래의 시대에 대한 철저한 긍정으로 나아가는 변증법적 전환의 좁은 길"[57]과 "실존과 역사의 부활"[58]을 요구

---

51 이신,『슐리얼리즘과 영靈의 신학』(2011), 111.
52 앞의 책, 113.
53 앞의 책, 114-115.
54 앞의 책, 117-119.
55 앞의 책, 125.
56 앞의 책, 129.

196 | 2부 _ 이신의 슐리얼리즘 신학의 전개

하게 된다. 구체적으로 이것은 "'메시아' 혹은 '택함을 받은 자'에 대한 환상이요, 다른 하나는 '메시아 왕국'에 대한 환상"이다.[59] 전자는 "역사에 출현하리라고 기대되는 새로운 인간성"이고 후자는 "인간 사회의 총체적인 모순에서 해방된 '새로운 공동체'"를 의미한다고 본다.[60]

이상에서 살펴본 것처럼, 이신의 묵시문학에 대한 이해는 이 세계의 종말에 관한 사상이라는 대중적인 이해와 거리가 있고,[61] 또한 유대교적 배경과 사상에서 이해하는 대부분 학자들의 견해와도 다른 입장에 있다. 이신은 종교사학파의 방법론을 적용해서 묵시문학은 그리스의 사상과 종교뿐만 아니라 페르시아와 바빌론의 사상 등을 포함한 혼합주의(syncretism)를 적절하게 이용해서 발전했다고 주장한다.[62] 이러한 그의 주장은 현대 묵시 사상 연구의 대가인 잔 콜린스(John J. Collins)의 연구와 상통한다. 콜린스는 유대교 묵시문학을 두 가지 유형으로 분류하는데, 첫 번째 유형은 "역사적 묵시 사상"이고, 두 번째 유형은 "다른 세계로의 여행 문학"이다. 전자는 다니엘서, 제4에스라, 제2바룩서, 제1에녹서의 몇몇 부분들이고, 후자는 제1에녹서에 있는 "파수꾼들의 책"(Book of the Watchers)이다.[63] 콜린스는 그리스의 종교 사상과 페르시아의 사상이 이러한 두 유형의 유대교 묵시문학에 큰 영향을 주었다고 주장하면서, 동시에 이러한 유대교 묵시문학의 특이한 변형이

---

57 앞의 책, 135.

58 앞의 책, 136.

59 앞의 책, 137.

60 앞의 책, 139-140.

61 호슬리, 『서기관들의 반란』(2020), 1.

62 이신, 『슐리얼리즘과 영靈의 신학』(2011), 76.

63 Collins, "Apocalypse: An Overview"(2005), 409-411.

나그함마디 서고에도 발견된다고 진단한다. 그의 진단에 의하면 나그함마디 서고의 묵시문학 작품들(아담 묵시록, 바울 묵시록, 베드로 묵시록, 야고보의 첫째 묵시록, 야고보의 둘째 묵시록 등)은 미래의 구원보다는 '지식'(gnosis)을 통한 현재의 구원에 관심을 가진다.[64] 필자는 묵시문학에 대한 이신의 이러한 인식을 토대로 보다 구체적으로 그의 묵시문학 사상을 영지주의 사상과 관련해서 살펴보겠다.


## III. 이신의 묵시문학 사상과 영지주의

이신은 창의적으로 "영지주의를 쿰란문서 및 묵시문학적 문서와의 관계"에 주목하여 "쿰란문서에서 영지주의가 발생했다"하고 주장한다.[65] 쿰란문서를 포함하는 사해사본이 랍비유대교 이전의 묵시사상에 큰 영향을 주었다는 콜린스를 비롯한 많은 묵시문학 연구가들의 주장은 묵시 사상과 영지주의가 동일한 자료와 배경을 공유한다는 사실을 알려준다. 필자는 그리스도교 이전의 영지주의(고대 영지 사상)가 그리스의 밀의종교(디오니소스와 오피즘)와 조로아스터교의 사상, 피타고라스와 플라톤 철학을 거치면서 형성되었다고 생각한다.[66] 비슷하게도 이신은 한스 요나스의 책에 근거해서 영지주의와 묵시문학의 사유 방식이 "유대의 유일신론, 바빌로니아의 우주론, 인도의 이원론, 헬레니

---

64 앞의 논문, 412.

65 이신, 『슐리얼리즘과 영靈의 신학』(2011), 50.

66 조재형, 『그리스-로마종교와 신약성서-그리스도교의 기원에 대한 사상사』(서울: 부크크, 2018), 327-339; 『초기 그리스도교와 영지주의』, 43-50을 참조하라.

즘"67의 혼합주의와 유사하다는 사실에 주목하였다. 왜냐하면 묵시문학의 종말론적 이원론은 "'신비'와 '비밀'을 포함하는 비전주의와 영지주의로 유도"되기 때문이다.68 묵시문학과 영지주의와의 관계성은 둘 다 헬레니즘의 영향을 받았다는 것에서 더욱 확증된다. 묵시문학가들처럼 그리스도교 이전의 영지주의 사상을 가지고 있었던 자들이나 그리스도교 이후의 영지주의자들은 자신들이 물질이 지배하는 이 세상에 던져졌다는 극심한 소외를 경험했다. 이들은 로마 황제가 지배했던 2~4세기 지중해 세계 그리고 식민지화된 상황 속에서 "모든 운명의 힘과 저세상 세력들로부터 해방과 안전을 기원"했다.69 앞에서 살펴보았던 것처럼, 이신이 고찰한 묵시 사상가들 또한 현실 세계에서 극심한 소외를 경험했고, 번뇌하는 개혁자들이었다. 마찬가지로 영지주의자들은 자신들이 신적인 섬광을 가지고 있다고 생각했으나, 대다수의 사람은 이 신적인 섬광을 인식하지 못하고 있는 현실 속에서 자신들은 소외되어 있기 때문에, 번민하면서 다시 신과의 합일(영혼의 여행)을 갈망하며 살아갔다. 이들에게 '지식'(gnosis)은 먼저 자신의 신적 본성과 참된 신을 아는 것이며, 다시 신과의 합일을 위한 상승을 할 때(영혼의 여행을 할 때) 천상의 지배자들(아르콘)로부터 포획되지 않는 능력을 의미했다. 이신에 의하면, 묵시 사상가들은 '지식'을 묵시문학의 신경중추라고 생각한 것처럼, 영지주의자들도 이 '지식'을 구원의 중요한 매개물로 보았다. 묵시사상가들이 현실에 대한 번민과 고뇌 그리고 소외 속에서 현실을 타파하는 열정적인 투쟁 의식을 가지고 있었다면, 영지주의자들은 자

---

67 이신, 『슐리얼리즘과 영靈의 신학』(2011), 50.
68 앞의 책, 51.
69 송혜경, 『영지주의자들의 성서』(의정부: 한님성서연구소, 2014), 22.

신들이 이미 신적인 섬광을 가지고 있다는 낙관주의와 이 신적인 섬광을 가진 영혼이 물질적인 몸과 세상에 던져졌다는 허무주의 사이에서 균형을 잡는 삶의 태도를 취하려고 했다. 이들은 자신들이 선택받았다는 엘리트주의를 가지고 이 세상에서의 투쟁보다는 현실에서의 금욕주의로 나아갔다. 영적지식을 깨닫고 구원을 받은 사람이 천에 한 명, 만 명에 두 명이라는 비관주의를 가진 영지주의 종파(바실라이데스)도 있었지만, 대부분의 영지주의자들은 자신들이 선택된 소수지만 지식을 통해서 구원을 받았다는 낙관주의를 많이 가지고 있었다.[70] 이들이 현실에 대한 부정과 투쟁을 택하지 않은 것은 전통적인 묵시 사상가들과는 다르지만, 현실의 부정을 통한 궁극적인 희망을 갈구했다는 점에서는 이신이 주장한 전위 묵시문학 사상가들과 닮았다. 그렇다면 이신의 묵시문학 사상은 그가 의도하지 않았지만 필자가 주장하는 고대 영지 사상과 공통점을 많이 가지고 있다. 필자는 다음 장에서 본격적으로 고대 영지 사상의 핵심 개념인 '모나드'와 '영혼의 여행'으로 이신의 사상 전반을 살펴보겠다.


## IV. 고대 영지 사상으로 이신의 묵시문학 사상 읽기

고대 영지 사상은 그리스의 밀의종교에서 싹을 틔워 그리스 철학자들에 의해 기초적인 개념이 성립되었는데 궁극적으로 플라톤이 체계화시켰다. 그 핵심적인 개념은 궁극적인 신을 '모나드'로 이해하고, 이로부터 모든 것이 기원했기 때문에 인간의 영혼도 모나드로부터 방출되

---

70 조재형, 『초기 그리스도교와 영지주의』 (2020), 116-117.

었다가, 죽으면 다시 모나드로 돌아가는 '영혼의 여행'을 한다는 것이다.

플라톤에게 실재는 비물질적이기 때문에 인간의 참된 자아는 몸 안에 갇혀있으며, 이것은 몸과 구별되는 불멸의 영혼으로 규정되었다. 그는 소크라테스의 입을 빌려 영혼은 불멸하여 파멸될 수 없으며, 사람이 죽으면 그 영혼은 다음 세상에서 존재하게 된다고 주장한다(*Phaedo* 106.d-e). 플라톤의 영혼 이해는 그의 절대 신에 대한 이해를 떠나서 설명할 수 없다. 그에 의하면 그 신은 궁극적인 선(善)으로 모나드(단일자)와 동일하다. 이 모나드는 하나이기 때문에 다수가 아니며, 전체의 부분도 아니다(*Parmenides* 137.d). 이 홀로 존재하며 불멸하며 말해질 수 없는 영적인 모나드로부터 인간의 영혼은 방출되어 나왔기 때문에 그것은 신성을 가지고 있으며, 다시 모나드로 돌아가는 여행을 하게 된다.71

즉, 모나드의 가장 큰 특징은 눈에 보이지 않으며 한정적인 인간의 의식과 지식으로 파악할 수 없는 영적인 존재이다. 인간의 영혼은 모나드로부터 나왔기 때문에 모나드의 특징을 가지나, 물질적 세계와 육체에 갇혀 있기 때문에 계시자(그리스도, 셋 등)에 의해서 인간 존재의 본질과 영적인 하느님의 본질에 대한 지식을 얻을 수 있으며, 그것을 통해서 구원을 받아 모나드로 돌아가야 한다.72 신약성서와 나그함마디 서고에서 하느님은 결단코 구약의 야훼나 엘로힘과 같은 신명으로 나오지 않으며, 눈에 보이지 않는 모나드로서 묘사된다. 요한복음 4장에 나

---

71 조재형, "그리스 종교와 철학의 관점에서 살펴본 신약성서의 영혼의 여행," Canon & Culture 15/1 (2021), 226-227.

72 조재형, 『그리스-로마종교와 신약성서』 (2021), 199-207; 조재형, 『초기 그리스도교와 영지주의』 (2020), 43-48.

오는 예수와 사마리아 여자와의 대화를 통해서, 예수는 하느님은 구약의 야훼처럼 어떤 거할 처소(예루살렘 성전)와 제사가 필요하지 않은 영적인 존재임을 밝힌다. "하느님은 영이시다. 그러므로 예배하는 사람들은 영과 진리 안에서 하느님께 예배드려야 한다(πνεῦμα ὁ θεός καὶ τοὺς προσκυνοῦντας αὐτὸν ἐν πνεύματι καὶ ἀληθείᾳ δεῖ προσκυνεῖν, 강조는 필자가 함)"라는 예수의 선언은 모나드로서의 하느님을 잘 보여준다.[73]

이신은 직접적인 표현을 통해서 모나드나 영혼의 여행에 대해서 말한 적은 거의 없다. 그렇지만 그가 "기독교는 영적인 것이다"[74]라는 키에르케고르의 명제를 받아들이고, "슐리얼리즘의 신학은 한마디로 말해서 영(靈)의 신학이다"[75]라고 단언한 지점에서 영지 사상의 짙은 그림자가 감지된다. 이신의 '영의 신학'은 '성령의 신학'에서 더욱 구체화된다. 그는 현대 신학에서 성령론이 경시되는 이유들 중 하나로 "성령론을 주장했던 과거의 모든 단체들과 그 주장들이 기성교회(the official church)에 의해 모두 이단(異端)으로 몰렸기 때문"[76]으로 본다. 이는 영지주의자들이 하느님으로부터 방출된 영을 자신들이 소유했다는 주장 때문에 이단으로 몰렸던 정황과도 일치한다. 이신의 성령 신학의 핵심은 바로 "하느님은 영이시다"라는 요한복음 4장 24절에 근거한다.[77] 그는 시대에 따라서 인간들의 하나님 이해가 다르게 나타나듯이, 성령 시대의 하나님은 구약과 역사적 예수 시대의 하느님과는 다르게

---

73 신약성서와 나그함마디 서고에서의 하느님이 모나드로서 나타나는 자세한 설명은 필자의 책을 참조하라. 조재형, 『초기 그리스도교와 영지주의』(2020), 146-159.
74 이신, 『슐리얼리즘과 영靈의 신학』(2011), 190.
75 앞의 책, 216.
76 앞의 책, 234.
77 앞의 책, 269.

나타난다고 주장한다.[78] 비슷하게 고대 영지 사상은 3층 세계에 사는 인간들이 이해하는 하느님과 지구 중심의 세계관에 사는 사람들의 이해가 다르다고 본다. 신약성서 기자들이 단 한 번도 구약의 전형적인 하느님 이름인 야훼나 엘로힘을 사용하지 않고, 그 당시 헬라문학과 종교에서 사용했던 '떼오스'(θεός, 신)라는 신명을 사용해서 하느님을 표현한 것에 주목할 필요가 있다. 영지 사상에서 이 영적인 하느님을 '모나드'로 이해하는데, 이 모나드의 가장 큰 특징은 인간이 알 수 없고 볼 수 없는 존재라는 것인데, 이신도 하느님은 영이시기에 볼 수 없고, 아무도 하느님을 본 사람이 없다(요 1:18)는 사실을 강조한다.[79]

2~4세기의 그리스도교 영지주의자들은 모나드인 하느님으로부터 예수 그리스도가, 다시 예수 그리스도를 통해서 성령이 방출되고, 그 성령으로부터 천상의 플레로마를 구성하는 신적 존재들 그리고 나중에 그들로부터 인간들이 방출되었다고 본다. 이신은 인간들이 예수 그리스도의 얼굴을 대면해야 하는데, 그것은 '하나님 본체의 형상'인 그리스도의 인격을 의미한다고 묘사한다.[80] 이는 영지주의자들이 예수 그리스도를 통해서 방출된 모나드의 본체를 대면하는 것과 비슷하다. 영지주의자들이 모나드의 첫 번째로 방출된 예수 그리스도를 통해서 하느님을 만나는 것처럼, 이신도 예수를 통해서 아버지 하느님을 보게 된다고 주장한다(요 14:9).[81] 그래서 그는 "하나님의 영"을 통해서 인간은 "자기 초극"을 할 수 있게 된다고 말한다.[82] 이는 영지주의자들이 모나드의

---

78 앞의 책, 270-271.
79 앞의 책, 273-274.
80 앞의 책, 280-281.
81 앞의 책 295.
82 앞의 책, 315.

섬광을 인식하고 자신의 신적 기원에 대한 지식을 통해서 영적인 존재가 될 수 있다는 주장을 상기시킨다.

## 마무리하는 말

지금으로부터 거의 50년 전에 발표된 이신의 전위 묵시문학에 관한 논문은 현재 읽어도 매우 참신하고 도전적인 내용을 많이 가지고 있다. 그리스도교 신학이 지나치게 훈고학적인 본문에 대한 주석과 각 교단의 교리 안에서 사고하는 것과 비교해봤을 때, 이신은 고대 근동종교와 헬레니즘 종교와 철학 그리고 현대 철학자들(야스퍼스, 니체, 키에르케고르 등)의 사고 속에서 자신의 묵시 사상을 전개하기 때문에 그리스도교 사상을 넘어서서 묵시문학에 대한 인문학적 통찰을 제시한다. 이러한 그의 해석은 묵시문학과 영지주의를 별개의 종교현상으로 이해하는 대부분 학자들의 견해와 비교해 볼 때 독특하다. 묵시문학가들과 영지주의자들이 모두 '영'에 대한 강조와 악이 지배하는 현실 세계에서의 극심한 소외를 경험했다는 둘의 관련성을 직관적으로 인식한 그의 안목은 묵시문학과 영지주의 연구의 지평을 확장한다. 특히, 묵시문학가들이 바빌론 포로기와 헬레니즘의 영향 아래에 있는 창조적인 소수자들로서 현실에 대한 저항과 창조적 재생을 목표로 했다는 점에서 영지주의자들이 가졌던 (인간이 신의 속성을 소유한다는) 낙관주의적 태도와도 유사하다. 묵시문학이 나중에 영지주의화 되거나 또는 영지주의에 대항하게 된다는 학자들의 주장에 대해서, 이신은 이 두 개의 입장을 '성령의 신학'을 통해서 종합했다. 즉, 그의 성령의 신학은 하느님을 영적인 존재로 강조하지만,

동시에 영지주의 가현설에 반대해서 말씀이 육신이 되어 하느님이 예수를 통해서 인격적으로 인간과 관계를 맺는다고 주장한다.

많은 그리스도인이 성서의 대표적인 묵시문학서인 다니엘서와 요한계시록을 미래에 대한 예언으로 이해하려는 경향이 있는데, 이신은 묵시문학가들이 처해있는 현실에 대한 실존론적인 독해를 현대 실존주의 철학자들의 논의까지 반영해서 해석하고 있다. 그의 전위 묵시문학 연구에서는 직접적으로 밝히지 않았지만, 이신은 자신의 신학을 서구 신학의 관점이 아니라 한국인의 현실과 상황 속에서 해석하려는 토착화 신학을 다른 논문들 속에서 주장하였다. 이러한 관점은 1세기 이후 초기 그리스도교가 헬레니즘의 배경으로 유대인 중심에서 이방인 중심으로 급속히 변해가는 상황 속에서, 그리스도교를 처음 접한 사람들이 "자기네 문화와 역사의 렌즈로 그리스도교를 바라보고 자기네 관점으로 새롭게 해석"하였고, 영지주의가 바로 이러한 "토착화 과정"에서 생겨난 것과 유사하다.[83]

단지 아쉬운 점은 이신의 묵시문학에 대한 논지 전개가 토인비의 "도전과 응전"[84]이라는 역사학의 방법론을 어느 정도 수용하다 보니 토인비의 이론이 가지는 한계도 조금 가지고 있다는 것이다. 이신은 역사의 발전이 다수 민중의 역동적인 참여와 개혁을 통해서라기보다는 소수의 창조적 엘리트 집단(전위 묵시 사상가들)의 추동으로 이뤄졌다는 관점을 제시한다. 사실 이런 한계는 선택된 소수의 사람들만이 영적 지식을 깨닫는다는 그리스도교 영지주의자들이 가졌던 엘리트주의의 한계이기도 하다. 또한 이신 스스로가 연구의 범위를 구약의 묵시문학으로

---

83 송혜경, 『영지주의-그 민낯과의 만남』 (의정부: 한님성서연구소, 2014), 24-25.
84 이신, 『슐리얼리즘과 영靈의 신학』 (2011), 55.

한정하기는 했지만, 신약성서의 요한계시록과 신약외경의 묵시문학을 아예 다루지 않은 점도 아쉽다. 그러나 이신 자신이 경험했던 역동적인 영으로서의 하느님 체험과 현실 세계에서의 좌절과 고난이 묵시 사상가들이 보여주었던 창조적 소수자의 삶에 집중하여, 묵시문학 연구의 방향을 정초했을 뿐만 아니라 영지주의와의 관계성을 고려한 점은 높이 평가할 부분이다. 궁극적으로 '하느님의 영'에 사로잡힌 묵시문학가들과 영지주의자들의 삶은 이신의 추구했던 삶과도 잘 맞아떨어진다. 그러므로 전위 묵시문학을 영지주의와 통합적으로 연구한 이신의 삶과 신학은 고도로 발달한 자본주의와 신자유주의의 체제 속에서 물신숭배와 경쟁으로 치닫는 한국교회와 신학의 토착화를 추구하는 신학자들이 성찰하고 연구할 필요가 있다.[85]

---

85 조현, "기독교 영성가, 그 흔적과 자취를 찾아서(11)," 157을 참조하라.

# 벤야민과 이신의 해방과 영성을 향한 신학적 구조
## ― 이신과 벤야민의 초현실주의 신학 프로젝트를 중심으로

최대광

감리교신학대학교

## 시작하는 말

이 글은 벤야민과 이신의 영성과 신학을 다루면서 특히 이들을 이해할 수 있는 얼개가 되는 초현실주의를 통해, 이 둘의 "초현실주의적 신학"이 어떻게 해방의 영성과 신학이 발전되는지 이해하는 글이다. 이신은 예술가이자 신학자였으므로 그에게 초현실주의 신학과 나아가 해방의 신학을 구성한 것은 별문제가 없어 보이는데, 벤야민은 문예비평가이자 철학자였으며 또한 프랑크푸르트 학파에 속하는 사회비평가이기도 했고 미학자였다. 이런 그의 글과 생각을 '신학'이라는 범주 안에 넣어서 생각할 수 있을까? 만일 이것이 제기될 수 있는 문제라면 그리고 구태여 그를 신학자의 영역으로 포함시키고자 한다면, 무엇보다 신학이란 무엇인가 하는 것을 묻는 것이 선결문제일 것이다.

먼저, 신학은 연구대상이 되는 신(神)이 누구이며 무엇이냐 하는 질문이 최우선일 것 같지만, 실로 이 말 자체는 성립 불가능한 말이기도 하다. 왜냐하면, 신(神)이라는 대상이 오감에 의해 파악 가능한 대상도 아니요, 억지로 머리 안에서 대상을 설정한다고 하여도 이는 실제 존재하지 않는 (오감 안에서) 대상을 관념적으로 설정한 것이기에, 하나의 이미지일 뿐이기 때문이다. 그렇다면 오늘과 같은 오감 중심의 대상연구인 과학이 중심이 되는 세상 안에서 신학은 실로 존재할 수 없는 학문이다. 그렇지만, 인간의 문화와 삶의 중요한 현상 중 하나인 종교와 믿음이라는 것 역시 대상이 존재하지 않는다고 하더라도, 역시 삶 안에 엄존하는 경험 중 하나이지 않은가?

중세 독일의 신비주의 신학자인 마이스터 엑카르트는 인간이 대상과 관계할 수 있는 오감의 영역과 영혼을 설명하면서 이렇게 말했다:

> 영혼은 자신의 행위 속에서가 아니라 자신의 뿌리 속에서만 지성과 의지를 가질 수 있습니다. 몸 안에서만 영혼은 정화될 수 있고, 흩어진 것을 그러모을 수 있습니다. 우리의 오감에 의해 흩어진 것들이 영혼 안으로 들어올 때, 비로소 영혼은 모든 것을 하나 되게 하는 힘을 얻습니다.[1]

엑카르트는 영혼의 뿌리를 신이라 믿고 있기 때문에, 신 안에서만 지성과 의지를 갖는데, 이 지성과 의지로 오감을 통합하여 인식할 수 있다고 하면서, 신에게 뿌리를 둔 영혼 안에서만 지성과 의지의 힘으로 오감을 파악하고 인식하며 이를 통한 의지를 가질 수 있다는 말이다.

---

1 마이스터 엑카르트/매튜 폭스 해제/김순현 옮김, 『마이스터 엑카르트는 이렇게 말했다』 (서울: 분도출판사, 2006), 135.

그러면서 그는 "존재하는 모든 것은 존재를 바탕으로 삼습니다"[2]라고 했다. 영혼도 존재요, 영혼의 뿌리가 되는 신도 존재요, 오감도 존재요, 의지와 지성도 존재다. 다 눈에 보이지 않지만, 기능하는 있음이니 존재라는 것이다. 이로써, 대상적 있음은 이를 파악하는 있음을 뿌리로 삼는다. 이를 해석하면서 매튜 폭스는 "존재 안에서의 대립은 영원하지 않다"라고 하면서, 우리는 "일치된 생명 속으로 뛰어들어야"[3]한다고 했다. 사실 이와 같은 과격한 언사 때문에 그가 범신론자라는 혐의를 받았다 (존재 곧 있음이라는 범주에 의하면, 신과 인간은 동일하므로). 그의 세계관은 신과 신성을 나누어 우리는 신 안에 있지만, 또한 신성은 우리를 넘어서 있다는 의미로, 현대의 신학자 중 이를 가장 유사하게 표현한 것은 하트숀의 개인-우주적 하나님(individual universal God)[4]일 것이다. 곧 개인에게 있어 신은 우주적으로 초월해 있으나, 개인은 우주적 존재의 일부라는 의미에서 신과 하나다. 엑카르트는 존재가 곧 하나님이라고 하면서, 존재인 우리를 포함하여 세상의 모든 사물이 우주적 신 안에 대결 없이 존재하고 있다고 말한다. 그래서 그는 "비록 하찮은 벼룩일지라도, 그것이 하느님 안에 있다면 그것은 천사보다 더 고귀하다. 하느님 안에서 만물은 평등하며, 하느님 자신이기도 하다"고 했다. 곧, 하나님 안에 지금 있다고 한 각성의 순간 벌레라 할지라도 가장 고귀하다는 것이다. 그렇지만, 내가 각성하건 말건 간에 모세 앞에 현존이라 스스로 밝히신 하나님(출 3:14 하느님께서는 모세에게 "나는 곧 나다"하고 대답하시

---

2 *Ibid*. 133.

3 *Ibid*.141.

4 Charles Hartshorne, *A Natural Theology for Our Time* (La Salle, Illinois: Opencourt, 1967), 136.

고, 이어서 말씀하셨다. "너는, 나를 너희에게 보내신 분은 '나다'하고 말씀하시는 그분이라고 이스라엘 백성에게 일러라")은 지금 이 자리에 현존하시어 우리의 내 존재는 신의 현존의 한 부분이다. 이렇게 눈에 보이지 않는 신과 그 체험의 중심에 전제되어야 할 것이 있다. 곧 믿음과 체험이다.

곧, 나의 존재는 곧 하나님의 일부이고 지금 나도 신의 시간에 참여한다는 엑카르트의 말이나 이를 개인-우주적 두 축의 신으로 이해했던 핫숀의 말 안에 전제되는 것은 믿음이요, 나아가 체험인 것이다. 하트숀은 기독교 전통 안에 있는 신의 이해와 체험을 형이상학적으로 파악하기 위해 새로운 신모델을 삼은 것이라면, 엑카르트의 경우는 이를 체험하여 언어화한 신비가였다. 그렇다면, 이 체험이란, 오감에 의해 포착되는 영역을 뛰어넘어있는 개인적 영역이요, 또한, 초월적이라 해야 할 것이다. 개인적 신앙인들은 이 초월의 체험을 근거로 텍스트와 이심전심(以心傳心)으로 소통하고 또한 타자와도 소통하는 것이다. 그럼에도 불구하고, 이렇게 오감에 의해 포착되지 않는 체험을 오감을 사용하여 글로 남기거나, 말로 소통하게 된다. 신앙이 신학이 되는 과정은 이 지점이다. 오감을 넘어선다고 하여 신적 경지나 초월적 空과 하나됨을 말하지 않고 침묵하여 그친다면, 학이라고 할 수 없겠지만, 이를 말로 표현한다면, 이제 연구의 대상이 될 수 있을 것이다. 왜냐하면 '글'이라는 '대상'이 성립됐기 때문이다. 바로 이 측면에서 신학을 학문이라 할 수 있을 것이다.

만일 이 논리를 전제로 한다면, 신학은 신적 대상을 설정하여 분석하는 과학이 아니라, 오감 나아가 이성을 넘어서는 초월의 체험을 오감과 이성으로 소개하는 학문이라 할 수 있겠다. 그런데, 켄윌버에 의하면 신에 대한 체험이란 "초월과 통합과정이 지속해 감에 따라 완전한 통일성 그 자체로 이끄는 더 고등한 통합"[5]을 향한 그 어떤 힘을 '경험'하는 것이라 했다. 켄윌버에 의하면 이는 오감과 이성을 포함하여 넘어서는 홀론적 영역의 경험이라 했다. 그러니까, 초월 체험이란 비이성적 체험이 아닌, 논리를 넘어선 가장 고등적 체험이라는 것이며, 이는 논리와 이성 저편이 아니라, 이를 품고 넘어선다는 것이다. 그렇기 때문에 만일 그의 말을 신학이라는 범주에 적용시킨다면, 논리와 이성을 품고 넘어서 이를 기술하는 것을 신학이라 할 수 있을 것이다.

믿음이나 경험을 전제로 오감을 포함하고 넘어서는 영역의 체험을 기술하는 것을 신학이라고 본다면, 이신은 물론 벤야민의 초현실주의적 경험이나 이를 통해 지금 존재하지 않는 미래에 대해 소망하는 것 역시 신학이 될 수 있을 것이다. 이신은 일상적 감각과 이성을 넘어서는 그 어떤 힘을 초현실주의자들의 언어와 소통하면서, 이를 성령의 언어라 했다. 벤야민은 사적유물론을 개인적인 사사로운 오감을 넘어서, "범속의 각성"을 통한 '깨어남'으로 계급 없는 사회의 신체적 집단신경 감응 상태로 이행하는 변혁으로 이해했다. 이신은 초월의 경험을 초현실주의자의 언어로 구체화하려 했고, 벤야민은 유대적 믿음인 메시아주의를 사적 유물론적 논리로 구체화하려 했다. 이신의 초현실주의는 일상적 오감의 경험이 아닌 이를 넘어선 전위적 체험이요 성령의 경험이라면, 벤야민은 부르주아지 사회의 비소통적 개인적 영역의 오감을 극복하고 공동체적 오감으로의 변혁으로의 이양을 주장한 것이다. 모두 다 일상적 언어를 넘어서, 지금 존재하지 않는 미래를 향해 소망하는 묵시적 신앙을 논리적으로 풀어낸 것이다. 신학이라 할 수 있는 것이다.

---

5 켄 윌버/조효남 옮김, 『아이 투 아이』(서울: 대원출판, 2004), 184.

이 논문은 이 둘의 논리를 따라 초현실주의를 통한 해방의 신학이 어떤 형식으로 구성되어 있는지를 추적해 볼 것이다. 비일상적 경험을 통해 어떻게 일상을 넘어서는 새로운 시각의 신학이 구성되며, 이것이 묵시적 (이신) 메시아적 (벤야민) 비전과 연결되는지 좀 더 자세히 이해해 볼 것이다.

## I. 이신의 초현실주의 신학 프로젝트

이신에 관한 이 글은 이은선 교수와 이경 목사가 정리한『슐리얼리즘과 영의 신학』에 기초하고 있다. 이신의 글 모음과 연구성과는 어느 정도 있었지만, 여전히 걸음마 단계이기 때문에 이 글 역시 그의 신학과 생각을 이해하는 데 초점을 맞추고자 한다. 이 책에서 이신은 초현실주의에 대해 이렇게 정의하고 있다:

> 슐리얼리즘의 신학은 일상생활에서 사용된 의식을 한갓 쓰다 남은 쓰레기에 불과하다고 말더라도 무방하다고 생각하지만 그러면 쓰레기 아닌 식은 무엇을 말하는가 하는 것을 찾아보는 학문이라 말할 수 있는데, 이 쓰레기 아닌 의식이라는 것이 날개가 돋인 짐승 같아서 잘 놓치기 일쑤이고 김연기 (煙氣)처럼 잘 증발해 버리는 것이니, 어떻게 하면 이것을 붙들 것인가 하는 것이다. 혹자或者 는 이것을 無意識(unconsciousness)이라고 말하던지 이매지네이션의 영역이라고 말더라도 될 것이지만, 이것을 옳게 포착한 사람은 '영원을 향해서 열린문'이라고 말하든지 '계시'라고 해도 무방하다고 말하는 것보다 더 심각한 의미에서 쓰레기 아닌 의식이라고 말한다.[6]

초현실주의가 일상의 의식을 쓰레기라 말하는 이유는 이 일상의 의식이 논리와 이성의 지배하에 있어 '부자유'하기 때문이다. 곧 초현실주의란 일상 의식을 일상 의식 안에 있는 부자유한 현실주의를 넘어서려 하는 것이다. 이신의 이와 같은 주장의 이론적 뿌리가 된 것은 앙드레 부르통의 『초현실주의 선언』이다:

우리는 여전히 논리의 지배 아래 살고 있으며, 물론 나도 논리에 호소하고 싶다. 그러나 논리적 수법은 우리 시대에 제2차적 관심으로 물러난 문제들을 해결하는 데만 적용될 뿐이다. 유행의 잔재인 절대적 합리주의는 우리의 경험과 긴밀하게 연결된 사상(事象)을 검토하는 데만 허용될 뿐이다. 역으로 논리의 궁극은 우리를 벗어난다. 경험 자체가 점점 더 많은 한계를 맡고 있다는 말을 덧붙일 필요는 없다. 경험은 새장 안에서 맴돌고 있거니와 경험을 거기서 빼내는 일이 갈수록 더 어려워졌다.7

브루통에 의하면 사람들은 '논리'의 지배하에 살기 때문에 말의 모든 차원이 '논리에 호소'로 그치게 되고 만다 했다. 그런데 실제로 말하려는 것은 논리나 논리에의 호소가 아니다. 논리는 "제2차적 관심으로 물러난 문제들을 해결하려는 것"이라고 말하고 있다. 그렇다면 2차적 관심사보다 더 중요한 알맹이인 일차적 관심사란 "우리의 경험과 긴밀하게 연결된 사상(事象) 곧 이미지만을 검토하려는데 있다"라고 했다. 곧 논리란, 경험이 아닌 경험의 이미지를 구성하는 것이며, 우리의 일차적 경험은 논리라는 이미지 안에 갇혀있다는 것이다.

---

6 이신/이은선·이경 엮음, 『슐리얼리즘과 영의 신학』 (서울: 동연, 2011), 210.
7 앙드레 브루통/황현산 옮김, 『초현실주의 선언』 (서울: 미메시스, 2018), 70.

이신은 논리와 합리성에 의해서 갇혀있는 이미지를 절대화하는 상태를 "의식의 둔화"[8]라고 하면서 "의식의 둔화는 참을래야 참을 수 없는 의식의 반작용이니 말하자면 정지하려야 정지할 수 없는 자유가 정지 상태인양 서 있자니 말이다"[9]라고 하였다. 정지하는 것을 표현하는 것이 움직임이요, 움직임을 표현하는 것이 정지됨과 같이 표현할 수 없는 도구로 '경험'을 표현하는 것이 어불성설이라는 말이다. 그래서 이것은 "보아도 보지 못하고, 들어도 듣지 못하는 것"[10]이요 "소경이 소경을 인도하는"[11] 것이다.

그래서 이신이 논리를 넘어 경험 그 자체인 일차적인 것을 표현하는 언어를 "영의 신학"[12] 이라 했고, 이 영의 신학이란 사도행전 2장에 기록된 오순절 성령의 언어, "새 술에 취한 사람들의 언어"[13]이며, 이는 "언어 양식이 매이지 않는 신학"이라 했다. 언어 양식에 매이지 않는 신학을 표현하는 방식은 이신에게 있어 두 가지였다. 첫째는 그의 그림 이었고, 둘째는 전혀 새로운 시각적 형식의 글쓰기다. 특히 카리스마적 신학을 써 내려가면서 띄어쓰기를 무시하고 아이들이 목소리를 내는 다다적 방식으로 글을 썼다. 곧:

"성령을받는것의특징은바람과같은것의체험이거나불의체험이거나 어떤표상화된것의경험이아니고성령과이만남을통해서인격적변화가일 어나는것의특징"[14]이라면서, 이를 사람의 일상적 언어를 넘어서는 언

---

8 이신, op.cit. 211.
9 *Ibid.* 213.
10 *Ibid.* 213.
11 *Ibid.* 215.
12 *Ibid.* 213.
13 *Ibid.* 216.

어로 설명하고 있다.

> 하나님과의실존적만남이란인격적주체와주체와의만남이라고하였거니
> 와그것은하나님의주체와나의주체와의대화에서구체적으로나타나는것
> 인데말하자면하나님과의커뮤니케이션이있는것으로서이것은우리들의
> 영혼에강압적인명령으로서보다는우리들이이해하고우리들이동의를구
> 하는것으로조용히우리들을타이르는말씀이다.15

　　사실 이런 글쓰기를 통해 노리는 것은 각각의 단어를 어떤 형식으로 묶느냐에 따라 말이 재구성되고 논리와 문법과 상관없이 의미가 전달되는 것으로, 이신이 앞서 슐리얼리즘을 설명했듯, 일상생활에서 사용된 의식을 쓰레기와 같이 취급하며 넘어서려 했던 것이다. 이와 같이 일상적인 논리와 문법을 해체한 그는 묵시문학을 구성하는 의식을 설명하면서 이런 성령의 언어가 분출되어 나오는 것을 '초의식'16이라고 말한다. 곧 쓰레기와 같은 현실과 2차적 관심만을 분석하고 검토하는 일상적 언어와 논증을 넘어, "현상학적 심리학에서 단순한 심리학적 이론으로는… 구명할 수 없"17는 초의식을 제안한다. 그는 초의식을 "창조적 개인의 초의식에서 나타나는 특이성을 '의식의 고양' '거룩한 병' '초건강적 광증' 등으로 표현하였다"라고 하면서, "그에게는 도스토예프스키의 간질병은 단순한 병"이 아니라 "의식의 비상한 투명상태"이자

---

14 *Ibid.* 253.
15 *Ibid.* 273.
16 *Ibid.* 126.
17 *Ibid.* 128.

"집중의식의 비상한 명석상태"[18]라고 말한다. 이 환상의 언어 곧 성령의 언어란 일상 의식을 넘어선 의식의 비상한 투명상태에서 나오는 언어이며, 때로 그는 이를 '암호'[19]라고 표현하기도 했다. 이 비일상적 암호와 의식의 고양 초건강적 광증으로 구성된 언어가 묵시문학이다. 그렇다면 묵시문학이란, 이런 초의식과 광적 언어로 표현된 미학적 가치만이 있는 것일까? 그렇지 않다. 초현실주의자들이 현실주의적 논리와 이성 안에 갇힌 쓰레기를 넘어서려 했듯, 묵시문학은 현실을 넘어서 미래를 여는 혁명적 해방신학이다.

이신은 묵시문학을 연구한 논문에서, 계시문학을 구성하는 두 가지의 원형의 언어에 대해서 말한다: "계시 문학적 환상이라는 역사 변환을 위한 지향성에는 두 개의 원형이 있다. 하나는 '의인' 또는 '택함을 받은 자'라고 표현한 '메시아'에 대한 개인적인 원형이고, 다른 하나는 하나님의 나라라고 하는 메시아 왕국이다."[20] 메시아와 하나님 나라라고 하는 개인 무의식 단계와 하나님 나라라고 하는 집단 무의식 단계가 있다고 했는데, 메시아적 언어란 개인 무의식적 언어이고, 이에 대한 역사적 변혁을 하나님 나라라고 말하고 있는 것이다. 이신은 신앙을 "환상의 표상화"[21]라 하면서 "환상의 표상화는 묵시문학자의 고양된 의식속에서 궁극적인 현실에 직면한 데 대한 그들 나름의 총체적인 반응의 표현이다. 그는 그의 환상을 현재에 둠으로써 현재의 역사를 궁극적 현실과의 의미 있는 관계로 가져다 놓으려고 시도한다"[22]라고 하였다.

---

18 *Ibid*. 129.
19 *Ibid*. 134.
20 *Ibid*. 165.
21 *Ibid*. 130.
22 *Ibid*.

즉, 메시아적 환상 언어를 현실에 두어 현실을 변혁하는 것이야말로 "환상의 표상화"인 것이다. 초현실주의는 반역사적인 것이 아니라 철저히 역사적인 것이란 말이다. 이렇게 보면, 그림이던, 글이던 "환상의 표상화"가 이루어지는 장소는 현재다. 그래서 그는 묵시문학은 "허무주의가 아니라, 세계의 종말을 선포"[23] 하는 것이라고 했다. 묵시문학적 연구는 "환상의 표상화"를 해독하는 신학인 것이다. 그러면서 그는 이 환상의 표상화를 다음과 같이 해독하고 있다:

> 환상은 황폐된 역사에 변환의 씨를 뿌리고 열매 맺는 미래를 바란다. 환상 의식의 지향성은 양극단적이다. 하나는 현실의 극단적 부정이요, 다른 하나는 역사의 미래를 내다보면서 소망의 환상을 보이는 미래의 긍정이다. 거기에는 키에르케고르가 늘 말하는 양극단 사이의 변증법적인 상충이라 할까 하는 관계에 선다, 곧 극단적인 부정에서 극단적인 긍정이다. 그러므로 이 환상 의식 가운데 궁극적인 목표를 향한 절대적 방향설정으로부터 빚어지는 실존적 정열과 변증법적 양극 사이의 긴장이 있는 것이다.[24]

즉, 환상을 표상화하는 방식은 키에르케고르가 지적했던 변증법적 양극단, 곧 현실의 부정과 미래의 소망 사이에 있다고 했다. 그래서 이 언어는 일상적 언어가 아닌 그 언어를 부정하는 언어이며, 이것이야말로 성령의 언어이고(실존적), 역사의 변혁으로 이끌어 가는 언어이기도 하도, 현실부정의 언어가 미래의 언어가 되는 것이 바로 변혁이요 이것이 초현실주의 신학의 완성인 것이다. 이런 변혁의 영역에 본회퍼를

---

23 *Ibid*. 133.
24 *Ibid*. 163.

소개하면서, 초현실적 언어가 변혁의 언어로 화하고, 메시아적 상징 언어가 하나님 나라가 도래하는 역사적 언어가 되는 것이다. 그래서 이신은, "그리스도를 따르는 것 보다, 그리스도인이 된다는 것이 그렇게 한가한 것이기 때문에 그렇게 태만해지고 종당에는 회의 속에 잠기게 되어 무엇이 기독교 신앙이 필요한 것인가 하는 물음은 이해할 수 없게 되어 버린다"[25]라고 일갈하면서, 본회퍼의 말을 빌려 "예수 그리스도 그분 안에서 '존재'와 '행위'가 비로소 하나로 통일된 분"[26]이라 한다. 존재와 행위의 통일이란, 메시아와 하나님 나라의 통일이며 양극단 사이의 변증법적 언어인 것이다.

그래서 이런 초현실주의적 신학의 언어인 그리스도의 언어 묵시문학은 부정의 부정이 있는 곳, 곧 현실의 부정을 통해 미래를 열어젖히는 혁명의 사건이 존재하는 그곳이 어디든 존재한다. 곧 성경과 서양뿐만 아니라, 우리의 역사 안에서도 이런 묵시문학과 그리스도적 언어가 존재하는 것이다:

> 급진적인 신학자인 본회퍼(Dietrich Bonhoeffer)가 나치즘에 대항해서 지하 학교를 운영하고 그 우두머리를 살해할 계획을 도모한 것도 당연한 일이다. 한국의 가장 급진적인 전위파 시인 중 한 사람인 이상이 일제의 폭정에 대항해서 투옥되고 마침내 죽음에 이르는 고문을 당한 것도 놀랄 것이 없다. 한국의 묵시문학자이자 근대 한국 사회의 선구자인 최제우가 조선왕조의 학정과 전통 종교들에 항거해서 참수형을 당한 것 역시 마찬가지다.[27]

---

25 *Ibid*. 175.
26 *Ibid*. 176.
27 *Ibid*. 118-119.

이렇게 보면, 전위파 전체가 묵시문학적 신학 안에 있는 사람들이요, 부정의 부정인 그리스도의 언어 안에 있으며, 나아가 브르통이 "아무나 시인이 될 수 있다"[28]라고 말한 바와 같이, 전위적 전복을 꿈꾸는 모든 사람은 모두 다 묵시문학가요 신학자이며 예수의 언어를 사용하는 사람들인 것이다:

> 전위파의 사회주의는 종말론적인 동시에 메시아적이고, 묵시문학적인 정신상태의 산물이라며, 이념적으로는 그렇지 않다 하더라도 심리학적으로는 무정부주의의 정신과 일맥상통하는 어떤 것이다. 모스크바에 의해 기만당하고 트로츠키파의 영구혁명 이론을 환영한 전위파 예술가 중에 단지 몇 사람만이 다소간 정통적인 사회주의 이상에 집착한 것은 분명한 마르크스주의자의 사고 때문이라기보다는 모호한 무정부주의자의 정서에서 유발되었다는 점을 고려할 필요가 있다.[29]

신학은 키에르케고르가 말한 양극단 사이의 변증법적 부정의 부정 혹은 현실의 극복과 미래의 비전을 환상 혹은 전위 혹은 환상적 언어로 제시하고 이것을 현재 안에 이루고자 하는 모든 사람이 신학자가 된다. 바로 그 자리가 예수 언어가 있는 자리이고 하나님 나라가 잉태되는 곳이다. 특별히 이신은 마르크스주의보다 무정부주의를 강조한 면이 눈에 띄는데, 이것은 부정의 부정의 영역 안에서 곧 하나님 나라를 아직 완성되지 않은 not yet의 영역에 두고 싶어하는 그의 믿음을 확인할 수 있다. 하나님 나라란 마르크스주의가 말하는 계급 없는 사회라 환원

---

28 *Ibid*. 217.
29 *Ibid*. 119.

할 수 없기 때문이다. 특히 그가 트로츠키의 영구혁명을 지지했던 전위파가 사회주의자라기보다는 무정부주의자라고 확인하면서, 묵시문학적 전위 운동은 끊임없는 현실의 반성을 통해 미래의 언어를 찾아내는 운동이요, 이 운동을 통해 그리스도를 찾아내는 신앙의 과정이기도 한 것이다. 아마도 이것이 그의 예술정신면서 신앙이요 또한, 이로 인해 신학이 탄생한 뿌리이기도 한 것이다.

그렇다고 해서, 그의 초현실주의적 해방의 신학이 '아직 아니'(not yet)의 무한과정 속에 있는가 하면 그렇지 않다. 그가 꿈꾸던 하나님의 나라 역시도 종결된 미래의 모양이 있는데, 그는 다다적 문체로 이 나라에 대한 소망을 다음과 같이 표현하고 있다:

우리는성경가운데서예수의인격을발견하고또예수의인격가운데하나님의본체를발견해야하고그영원한본질에서생명을받아야한다오늘날과같은그리스도교에서의백교파로분열된수치스러움과거북스러움과옹졸스러움과비참함과오늘날한국교회가운데있는분열상특히예수회장로회라던가가장잘팔리라고내놓으라고뽐내는무리들가운데서 벌어지고있는갈라지고갈라지고갈라진데서또갈라딘데서또갈라지는참극과수치스러움과그얼굴이화끈화끈하는것을느끼고오고가는말들과같은예수님의얼굴에침을뱉는것과같은일은그칠수없을것이다.[30]

그가 꿈꾸는 "하나님 나라"란 하나 되는 따뜻한 삶이다. 자기를 드러내어 갈라진 그 현실은 얼굴이 화끈거리는 부끄러움이다. 하나님 안에

---

30 *Ibid.* 282.

서 하나 되자고 한 그리스도의 이름으로 서로 갈라지는 것은 곧 그리스도에 대한 왜곡이 아닌가? 그래서 다시 예수 안으로 들어가 모두가 하나 되는, 이 따뜻한 삶의 자리가 바로 이신이 꿈꾸는 하나님 나라다. 이것이 not yet 곧, 아직 이뤄지지 않았으니 분열의 현실을 부정하고, 하나님 나라의 미래로 향해 나아가는 운동이 그의 슐리얼리즘 신학의 메시아니즘인 것이다.

## II. 벤야민의 초현실주의 프로젝트

이신이 일차적 경험을 있는 그대로 표현하려는 초현실주의의 의식과 언어를 암호와 상징으로 때로는 미래를 여는 계시의 언어로, 아니면 스스로 다다적 글쓰기를 통한 순수의 언어로 이해했다면, 벤야민은 초현실주의를 논리가 아닌 '이미지'로 이해하고 있다. 먼저 이 이미지에 대한 이해를 위해, 이신과 벤야민이 공유했던 책 초현실주의 선언 중한 부분을 가져와 보도록 하자:

영의 『밤』은 처음부터 끝까지 초현실주의적이다. 애석하게도 말하는 사람이 목사다, 아마도 나쁜 목사이겠지만, 아무튼 목사다.
스위프트는 심술궂기에서 초현실주의자다
샤토브리앙은 이국취미에서 초현실주의자다
콩스탕은 정치에서 초현실주의자다
위고는 바보가 아닐 때 초현실주의자다
데보르드 발모르는 사랑에서 초현실주의자다

베르트랑은 과거에서 초현실주의자다…

랭보는 삶의 실천과 다른 곳에서 초현실주의자다…

강조하건데, 그들이 언제나 초현실주의자인 것은 아니다[31]

위의 글에서 각각의 사람이 초현실주의자란 전제를 이야기하고 있는데 이에 관한 것은 하나의 논쟁과 분석을 통해 그가 그렇다는 것이 아니라, 사람의 이름과 전제를 배치하면서 "그래서 초현실주의자"란 말을 하고 있다. 그리고 "영혼의 어두운 밤", 곧 신(神)에 대해 인간이 가지고 있던 선이해와 기대와 희망이 완전히 사라지는 그 영적 길은 자체가 초현실주의자라 말한다. 목사가 초현실주의자가 아니지만, 영혼의 어두운 밤을 말하는 한에 있어 초현실주의자다. 곧 분석이 아닌 배치에 의해서 문장을 구성하고 있는데, 특별히 벤야민은 이런 배치를 이미지라 이해하면서, 그의 초현실주의적 미학을 이해하고 있다. 이에 관해 벤야민의 글을 읽어 보도록 하자:

최초의 철 구조물, 최초의 공장 건물, 최초의 사진들, 사멸하기 시작하는 대상들, 살롱의 그랜드 피아노들 5년 전의 의상들, 유행이 물러가기 시작할 때의 상류층 스탠드바들이 그것들이다. 이 사물들이 혁명과 어떤 관계에 있는지 아무도 이 작가들보다 더 정확하게 알고 있지 않다. 어떻게 해서 사회적 빈곤뿐만 아니라 똑같이 건축상의 빈곤, 실내장식의 빈곤, 노예화된 사물들과 노예화시키는 사물들이 혁명적 니힐리즘으로 반전하는지를 이 예언가들은 기호학자들 이전에 아무도 알아채지 못했다.[32]

---

31 초현실주의 선언, op.cit. 90-91.

32 발터 벤야민, 『역사의 개념에 대하여 폭력비판을 위하여 초현실주의 외』(서울: 도서출판

윗글에서 벤야민은 분석하고 사유하려 하지 않는다. '최초'의 철 구조물과 최초의 공장 건물, 최초의 사진들을 배치하고, 이들을 사멸하려는 대상들로, 살롱의 오래된 피아노와 의상으로 상류층들의 스탠드바와 배치한다. 이미지와 이미지를 배치하여 사유의 변증법이 아니라 이미지의 변증법을 유도하는 것이다. 그리고 이 이미지의 배치 속에 결합되어 직관적으로 떠오르는 의식을 포착하는 것, 이것으로 혁명적 니힐리즘 혹은 혁명적 행동이 나오게끔 하는 것이다. 이에 관해 최성만은 벤야민적 이미지 이해를 다음과 같이 기술하고 있다:

> 사유 이미지는 말 그대로 사유가 응축된 이미지, 이미지에서 촉발된 사유를 뜻하며 모순관계를 암시한다. 왜냐하면 사유가 이미지와 반대되는 방향, 추상적, 분석적 방향으로 이미지를 해체하는 작업이라면, 반대로 이미지는 사유로 포착되지 않고 분석을 거스르는 직관적이고 종합적인 성격의 존재라는 뜻을 함축하기 때문이다. 33

사유는 이미지를 통해 영감을 받거나 이에 따라 사유하는 '이미지에 의해서 촉발된 사유'인데, 사유의 독특성은 이 이미지에 대한 분석과 그 기원이나 이미지와 상황과의 관계나 효과를 탐구하는 것이다. 그러나 이미지 그 자체는 분석과는 달리 직관적이다. 바로 여기서 이미지의 결합 내지는 재구성의 초현실주의적 기법들에 대한 벤야민적 이해가 나타난다. 그래서 최성만은 "벤야민의 사유는 종종 이미지적 사유로 특징지어진다. 또한 그는⋯ 진정한 '이미지는 정지 상태의 변증법이다'라

---

길, 2009), 150-151.

33 최성만, 『발터벤야민 기억의 정치학』 (서울: 도서출판 길, 2014), 158.

고 말한다."[34] 곧 배치된 이미지를 정지 상태로 놓고, 이 이미지들 간 관계와 결합을 직관적으로 바라보는 것인데, 이에 관해서는 두 가지 전제가 있어야 한다. 첫째로는 대상화된 이미지를 보는 주체 곧 나와 둘째, 이미지가 결합된 근거와 내가 감응하는 방식이다. 그러니까, 고정되어 이미지화한 것을 감응한다는 것인데 이에 관해 벤야민은 다음과 같이 말하고 있다:

> 범속한 각성이 우리를 친숙하게 만드는 그 이미지 공간이 서로 깊이 침투함으로써 모든 혁명적 긴장이 신체적인 집단적 신경감응이 되고 집단의 모든 신체적 신경감응이 혁명적 방전이 되어야만 비로소, 현실은 『공산주의자 선언』이 요구하는 것처럼 그 자체를 능가하게 될 것이다. 현재로서는 초현실주의자들이 그 『공산주의자 선언』이 오늘날에 내리는 지령을 파악한 유일한 사람들이다.[35]

벤야민은 위에서 말한 '범속한 각성'을 다음과 같이 정의한다: "유물론적이고 인간학적인 영감 속에서 이루어진다. 이러한 범속한 각성은 초현실주의를 언제나 각성의 절정에서, 그 초현실주의의 절정에서 발견한 것이 아니다."[36] 그러니까 범속한 각성이란, 이미지와 거리를 두고, 즉 이를 대상화 시켜 각성의 상태 혹은 "정신이 깨어 있는 상태", "신체적 정신집약"[37]의 상태에서 이를 바라보는 것이다. 그런데 이를

---

34 *Ibid.*
35 『역사개념에 대하여』, op.cit. 167.
36 *Ibid.* 147.
37 『발터 벤야민 기억의 정치학』, 167.

'범속한 각성'이라고 하면서, 벤야민은 이를 신경감응상태라 하고 있는데, 이는 정신이 깨어 있는 첫 번째의 상태에서 이미지를 살펴보고, 나아가 이미지와 이미지를 만든 사람, 나와 내 주변과의 신체적 신경감응을 통해 이미지의 변증법, 곧 변증법적 이미지를 찾아내는 것이다. 그래서 작가가 배치한 피아노와 스탠드바, 첫 번째 철골 구조물, 최초의 공장 건물들의 배치를 바라보며 이들의 변증법적 이미지를 감응하는 상태가 범속한 각성의 상태라 할 수 있을 것이다.

사실 이와 같은 벤야민의 이미지 읽기는 그의 유대적 배경을 그대로 드러내고 있다. 성경의 말씀이 어떤 상황에서 배치되는 것에 따라 그 의미가 상이하게 전달되기도 하고, 때로는 깨달음의 섬광을 통해 다양한 이미지가 동시적으로 결합되기도 한다. 이런 성서적 해독 방식을 꺼내어 초현실주의적 사물 배치를 이미지화 한 작가와 감응하면서 "신체적 신경감응"을 강조한 것은 마르크스의 사적 유물론을 주석한 것이기도 하다:

사적 소유의 지양은 인간의 모든 감각의 완전한 해방이다. 그러나 사적 소유의 지양이 이러한 해방이 되는 것은 다른 인간의 감각과 정신이 나 자신이 영유할 수 있는 것이 됨으로써 가능하다. 따라서 이러한 직접적 기관 이외에 사회적 기관이 형성되며 그리하여 예를 들어 타인과의 직접적 교제 속에서 행해지는 활동이 삶의 표현의 한 기관이 되며 인간적인 삶의 한 영유 방법이 된다. 인간적인 눈이 조잡하고 비인간적인 눈과는 다른 방식으로 사물을 바라보며 인간적인 귀가 조잡한 귀와는 다른 방식으로 듣는 것은 자명하다.[38]

결국, 범속한 각성이란 마르크스의 "완전한 해방을 통한 신경감응상 태"로 나아가기 위한 일차적 단계다. 이런 초현실주의와의 만남을 통해 배치된 이미지를 각성상태에서 바라보고 이를 신경감응상태로 재구성 하는 "변증법적 이미지"는 그의 후기 거작 『아케이드 프로젝트』에서 그 대로 적용된다. 즉, 파리의 아케이드 안에 간판, 모양, 오가는 사람들, 이미지 등으로 배치된 자본주의의 환등상 곧 꿈을 범속한 각성의 상태 에서 곧 아케이드의 "산책자"가 되어 재구성하고, 끊어졌던 신경을 다 시 감응하게 연결시키는 것이라 할 수 있을 것이다. 고지현은 이를 "깨 어나기"라고 하면서 이는 "변증법적 시각이 몸의 공간과 '교차' 되는 것 을 요청"[39]한다 했다. 범속의 각성에 의해 재배치된 이미지가 나의 몸을 거쳐 타자와 신경감응하면서 개인주의적 판매와 소비만이 있는 자본주 의적 꿈이 깨지고, 이미지 전체가 총체적으로 소통하고 화해하는 것이 다. 곧 노예화된 사물들과 노예화시키는 사물들의 환등상에서 벗어나, 신경감응과 화해의 하나됨의 이미지를 향해 혁명적 행동을 하는 것, 바로 이것이 초현실주의를 받아들이며 혁명과 연결시킨 벤야민의 신학 적 프로젝트일 것이다.

벤야민은 1928년 숄렘에게 보내는 편지에서 그의 미완성의 대저인 아케이드 프로젝트에 관해서 이렇게 말하고 있다: "예비작업을 하고 있 는 논문—극히 주목할 만하지만, 동시에 극히 불확실한 에세이인 〈파 리의 아케이드들 - 변증법의 요정의 나라〉—을 마치게 되면…『일방통 행로』의 세속적 주제들이 이 프로젝트 안으로 열병식을 벌이며 행진해 갈 텐데, 아마 지옥에 있는 것과 같은 모습이 강조될 걸세"[40]라고 했다.

---

38 *Ibid.* 187. 칼 마르크스, 『역사적 유물론』 외 초기 저작들에서 재인용.
39 고지현, 『꿈과 깨어나기』(서울: 유로서적, 2002), 282.

"주제들"이 "열병식"을 벌이며 행진해 가고, 지옥에 있는 '모습'이 강조될 것, 곧 그가 초현실주의자인 그가 범속한 각성 속에 도시의 산책자가 되어 파리 아케이드의 이미지를 해체하고, 이를 혁명적으로 재배치하는 변증법적 이미지를 통해, 파리는 "지옥의 이미지"로 각인된다. 그리고 이를 해체하는 신경감응의 의식 곧 혁명적 의식을 만들어 내겠다는 것이다. 수잔 벅모스는 벤야민 안에 내재해 있는 이런 유대교적 메시아주의가 구성되는 방식을 꿈과 깨어남이라는 다음 두 구조를 통해 구성하고 있다.[41]

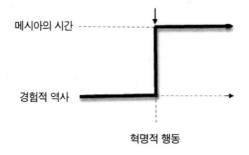

제일 위의 화살표, 곧 메시아가 개입하는 시간이란 인간 경험의 역사 안에서 혁명적 행동을 하는 시간이다. 혁명적 행동을 "범속한 각성"의 상태라 한다면, 이는 아케이드안에서의 배열과 사람들 태도들 문화들 등등의 이미지를 재배열시켜 모든 인간이 신경감응의 상태, 곧 따뜻한 우애와 협력과 공감의 상태로 재구성하는 전혀 새로운 사회, 계급 없는 사회로의 진입을 소망했던 것이다. 바로 이것이 벤야민의 신학적 프로젝트였던 것이다.

40 발터 벤야민/조형준 옮김, 『아케이드프로젝트의 탄생』(서울: 새물결, 2008), 37-38.
41 수잔 벅모스/김정아 옮김, 『발터 벤야민의 아케이드 프로젝트』(파주: 문학동네, 2004), 314.

벤야민의 『역사의 개념에 대하여』는 다음 동화와 같은 이야기를 전해주고 있다:

한 자동기계가 있었다고 알려져 있는데, 이 기계는 사람과 장기를 둘 때 이 사람이 어떤 수를 두든 반대 수로 응수하여 언제나 그 판을 이기게끔 고안되었다. 터키 복장을 하고 입에는 수연통을 문 한 인형이 넓은 책상 위에 놓인 장기판 앞에 앉아 있었다. 거울 장치를 통해 이 책상은 사방에서 훤히 들여다볼 수 있다는 환상을 불러일으켰다. 실제로 장기의 명수인 꼽추 난쟁이가 그 속에 들어앉아 그 인형의 손을 끈으로 조종하고 있었다. 사람들은 이 장치에 상응하는 짝을 철학에서 표상해 볼 수 있다. '역사유물론'으로 불리는 인형이 늘 이기도록 되어 있다. 그 인형은 오늘날 주지하다시피 왜소하고 흉측해졌으며 어차피 모습을 드러내어서는 안 되는 신학을 자기 편으로 고용한다면 어떤 상대와도 겨뤄볼 수 있다.[42]

신학은 볼품없어 숨어버린 꼽추고, 역사유물론은 신학에 의해서 조종당하는 철학이다. 곧 벤야민에게 '역사유물론'은 신학인 것이다. 꼽추가 역사 안에서 메시아의 시간을 촉구할 때, 경험적 역사 안에서는 역사유물론적 세계관으로 혁명적 행동을 하게 되는 것이다. 혁명적 행동을 위해 인간은 깨어 있어, 범속한 각성상태가 되어야 한다. 이로써, 자본주의적 아케이드나 백화점 길거리의 반 신경감응적 이미지의 배치를 간파하고 깨어나 혁명적 행동을 통해 나아가는 것, 이것으로 인해 사람들이 신경감응적 하나됨을 통해 서로 가깝게 느끼는 따뜻한 삶, 역사유

---

42 『역사의 개념에 대하여』 op.cit. 329-330.

물론에서 주장하는 계급 없는 사회가 바로 그 미래가 되는 것이다. 곧 신학은 마르크스의 역사유물론을 조종하는 힘이다. 그러나 이는 미래에 다가오는 폭력적 진보가 아니다.

위 그림은 파울 클레의 〈새로운 천사〉다. 이 그림을 벤야민은 다음과 같이 해석하고 있다:

파울 클레(Paul Klee)가 그린 〈새로운 천사〉(Angelus Novus)라는 그림이 있다. 이 그림의 천사는 마치 자기가 응시하고 있는 어떤 것으로부터 금방이라도 멀어지려고 하는 것처럼 묘사되어있다. 그 천사는 눈을 크게 뜨고 있고, 입은 벌어져 있으며 또 날개는 펼쳐져 있다. 역사의 천사도 바로 이렇게 보일 것임이 틀림없다. 우리들 앞에서 일련의 사건들이 전개되고 있는 바로 그곳에서 그는, 잔해 위에 또 잔해를 쉼 없이 쌓이게 하고 또 이 잔해를 우리들 발 앞에 내팽개치는 단 하나의 파국만을 본다. 천사는 머물고 싶어하고 죽은 자들을 불러 일으키고 또 산산히 부서진 것을 모아서 다시 결합하고 싶어한다. 그러나 천국에서 폭풍이 불어오고 있고 이 폭풍은 그의 날개를 꼼짝달싹 못 하게 할 정도로 세차게 불어오기 때문에 천사는 날개를 접을 수도 없다. 이 폭풍은 그가 등을 돌리고 있는 미래 쪽을 향하여 간단없이 그를 떠밀고 있으며, 반면 그의 앞에 쌓이는 잔해의 더미는 하늘까지 치솟고 있다. 우리가 진보라고 일컫는 것은 바로 이러한 폭풍을 두고 하는 말이다.[43]

천사의 눈은 과거를 응시하나 진보의 바람으로 미래로 이끌려 가는 모습을 보여주고 있지만, 밀려난 천사 앞에 잔해의 더미는 하늘까지 치솟고 있다. 이와 같이 진보 혹은 파시즘 혹은 자본주의적 경쟁이 만들어 놓은 파국을 벤야민 해설자인 미카에 뢰비에 의하면, "헤겔 역사철학과 벌이는 암묵적 대결"[44]이라 하면서, "진보가 낳은 잔해들에 대해 달랠 수 없는 깊숙한 고통이 깃든 시선을 또한 심원한 도덕적 분개가 깃든 시선을 고정"[45]이라 했다. 혁명은 자본주의적 진보에 동참하는 것이 아니라, 오히려 "이 기차를 타고 여행하는 인류가 비상브레이크를 잡아당기는 행위다…. 메시아만이 역사의 천사가 실현하지 못한 것을… 완수할 수 있을 것이다"[46] 뢰비는 바로 이 미래의 공산주의는 "어느 정도는 원시 공산주의로의 회귀역사의 벽두에 존재한 무계급 사회의 초기 형태로의 회기"라고 했다. 곧 과거에 존재했던 원시공산주의적

---

43 *Ibid.* 339 강조는 필자.
44 미카엘 뢰비, 『발터 벤야민: 화재경보』 (서울: 난장, 2017), 128.
45 *Ibid.*129.
46 *Ibid.*131.

사유와 삶이 자본주의가 만들어 낸 폐허 속에 들어 있다면, 범속한 각성을 통해 이를 꺼내 재구성하고 다시 미래의 새로운 계급 없는 사회로 만들어내는 변증법적 과정, 바로 이것이 그가 꿈꾸던 혁명의 방식이요, 따뜻한 공동체주의로의 믿음이었던 것이다.

결론적으로 이신은 물론 벤야민 역시 논리와 이성을 품고 넘어서는 초월의 체험을 글로 번역하여 미래를 소망했던 신학자 특히 해방신학자였던 것이다.

## 마무리하는 말: 이신과 벤야민 함께 읽기

이 글을 통해, 이신과 벤야민이 초현실주의를 이해하고 사용하는 방식은 비슷하면서도 다름을 알 수 있었다. 이신은 초현실주의적 언어를 상징적 언어, 암호, 혹은 환상이나 성령의 언어로 이해했다. 특별히 성령을 오늘 나의 현실 속에서 역사하시는 분으로 포착하여 이를 "환상의 표상화"라 했는데, 이 환상의 현재화가 성서의 묵시문학을 만나 변증법적 양극단 곧 현실의 부정과 미래의 소망으로 이끌어 나갔고, 현실의 부정은 실존주의를 통해, 미래의 소망은 본회퍼와 무정부주의를 통해 열어젖히려 하였다. 사적유물론에 의한 사회주의적 미래, 정형화되어 있는 시스템이 아닌, 열어젖히며 나아가는 변증법적 양극단으로 예술정신을 추구했던 것이나, 이렇게 그가 그토록 나아가는 그 궁극의 길은 예수정신에 의한 합일과 하나 됨이었던 것이다.

벤야민이 이해한 초현실주의는 이신과는 달리, 주로 과거를 배치하는 이미지로 이해했다. 초현실주의자들이 자본주의적 현실의 왜곡과 혁명적 미래에 대해 그림이나 재료들을 배치하며 범속의 각성자들로 하여금 감응하게 하여 메시지를 던지고, 나아가 자본주의적 이미지를 띠고 붙여 재구성하는 초현실주의적 기법을 통해 파편화된 분열이 아닌 집단의 신경감응과 계급 없는 사회로 향하는 해방의 신학을 말하면서, 신학 언어를 숨기고 역사적 유물론으로 표현하고 있다. 특히 벤야민은 사적유물론적 미래에 대해서 말은 하지만, 이에 관해서 구체적으로 설명하지 않는다. 그리고 위에서 살펴봤듯이 그가 이해했던 사적유물론 안에 내재한 신학적 이미지는 이미 성경 안에 들어가 있다. 벤야민은 이를 구체적으로 설명하지 않았지만, 이 대예언은 '과거' 성경 안에 들어 있는 것이다. 미카엘 뢰비는 이를 "낙원은 인류의 기원이자 원과거인 동시에 인류가 구원받는 미래의 유토피아적 이미지"[47]라고 했다. 그러나 이는 단순히 복원이 아니고 "미래의 계급 없는 사회에는 그 자체로 변증법적 종합으로써 인류의 과거 전제가 담겨있다"[48]라고 말한다. 파울 클레의 『새로운 천사』를 해석하면서, 산더미 같이 쌓여 있는 잔해의 더미 안에 있는 과거 유토피아를 끌어내어 사적유물론의 미래와 변증법적으로 통합하겠다는 것이다.

이 둘이 세상과 초현실주의자의 작품들을 바라보는 눈을 이신은 "의식의 비상한 투명상태" 혹은 "집중의식의 비상한 명석상태"라고 하였고, 벤야민은 "범속한 각성상태"라 했는데 이는 "정신이 깨어 있는 상태", "신체적 정신집약"상태라 했다. 섞여 하나 됐을 때는 잘 모르지만, 이 비상한 의식의 투명상태에서 작품에나 세상과 거리를 두고, 또한 이것이 나와 어떤 형식으로 연결되어 있는지를 파악하는 것이다. 영성

---

47 *Ibid*. 132.
48 *Ibid*.

적으로 바라보면 관상적 상태 내지는 명상의 상태인데, 이를 통해 미래를 소망하거나 (이신) 혁명적 행동을 촉발시켜 개체적 분할의 브르주아적 이미지에서 공동체적 이미지로 재구성하는 (벤야민) 과정인 것이다.

이신은 미래를 이야기하면서 묵시문학 안에 소개된 대예언을 소개한다. 실제로 미래를 이야기하지만, 미래는 모두 다 과거의 미래이고, 과거의 전위적 혁명가들인 예언자나 혹은 브르통이 말한 영혼의 어두운 밤을 표현한 신비주의자다. 벤야민에게도 미래는 과거와 미래의 변증법으로 구성된다 했지만, 새로운 천사의 주석을 통해 진보를 비판하면서 현재 우리 앞에 놓여 있는 폐허의 더미를 재구성하는 것에 더 초점을 맞추고 있는 것이다.

이렇게 보면 이 둘은 신학자다. 신학이란 논리와 이성을 넘어서 혹은 품어 넘어서 (켄윌버) 초월 존재에 대한 믿음과 체험을 글로 기술하는 것이라 한다면, 이신은 초월적 체험을 초현실주의적 언어로 풀어 지금 존재하지 않는 묵시적 미래를 소망했던 사람이요, 벤야민은 그의 숨겨진 유대적 신앙인 텍스트 읽기를 통한 신과의 만남을 이미지 읽기와 재배치로 이해하면서 초현실주의와 만나고, 브르주아적 개인주의의 통속적 이미지인 소비와 판매를 넘어 공동체의 신경감응상태 곧 따뜻한 우애와 협력의 계급 없는 사회를 꿈꾸었기 때문이다.

끝으로 이신과 벤야민의 생각을 통해 오늘 한국교회를 읽어 보며 이 글을 마치겠다. 벤야민의 말과 같이 지금 신학은 이미 흉측해졌다. 교회 안에서 각성자 라는 천사는 자본주의적 진보의 바람, 신도 수 경쟁의 무한 경쟁에 의해 끊임없이 뒤로 밀려나고 있다. 그러나, 혁명적 미래를 만들어 내기 위해서는 폐허가 되어 버린 과거 신학의 흔적들과 성서의 말씀을 깨어 있는 각상의 상태에서 재배치해야 한다. 텍스트와 신학적 역사가 인생 역전, 극우적 증오의 논리로 인해 폐허로 변해버린 이때, 그 폐허더미 안에 숨어 버린 메시아적 비전을 찾아내야 하는 것이다. 이신은 변방에 놓여 있는 묵시문학들을 모아 놓고 있다. 그 일부를 소개하면 다음과 같다:

온갖 종류의 피조물들이 새로워지며, 그 온갖 명령들을 성취하리니
이는 네 종이 아픔으로부터 놓임을 받게 함이더라.
그때 장막을 덮은 구름과 전에 물이었던 곳으로부터 솟아오르는 마른 땅과
홍해로부터 이어지는 창창한 대로와
푸른 평야가 보였더라.[49]


그때가 오리니, 그가 세상에 있는 모든 것을 낮추시고,
그의 왕국의 보좌에 평화롭게 좌정하시리라
기쁨이 드러나며
안식이 나타나리라
그때 치유가 이슬같이 내릴지니
질병이 물러나고
염려와 고통과 애통함이 지나가고
기쁨이 온 땅에 퍼져 나아가리라.[50]


또 나는 하늘을 변하게 하여 영원한 축복의 빛으로 만들리라
그리고 나는 땅을 변하게 하여 축복으로 만들지니

---

49 이신, op.cit. 136 솔로몬의 지혜서 19:6-7.
50 *Ibid.* 140 제2바룩서 7:1-2.

나는 나의 택함을 받은 자들이

땅에 거하게 하리라.[51]


  폐허 속에 묻혀있는 '과거'의 텍스트와 신학은 이신과 벤야민 그리고 우리가 모두 읽었다. 진보 혹은 발전 혹은 교회 성장을 위한 자본주의적 경쟁 속에서 이 과거의 미래는 폐허와 같이 쌓여 있지만, 다시 한번 깨어 있는 의식 혹은 각성을 통해 이 폐허 안의 이미지를 재구성해야 한다.

  이신은 교회의 분열에 가슴 아파했고, 벤야민은 자본주의적 환등상 속에 의식을 빼앗긴 잠들어 있는 구경꾼들을 바라보며 가슴 아파했다. 우리는 폐허로 변한 교회 안에서 구원을 찾는 잠든 의식의 교인과 목사들을 보며 슬퍼해야 한다. 교회의 바닥에 숨어 있는 신학이 자본주의적 성장주의나, 극우주의로 잘못 이해됐지만, 메시아적 미래, 곧 신경감응의 계급 없는 사회(벤야민)와 하나님 나라의 비전은 끊임없이 다시 탐색되어야 한다. 또한, 에고 의식 속에 분열된 교파와 개개인이 분열된 현재 (이신) 역시 변증법적 부정과 부정의 언어를 통해 넘어서며, 미래를 바라보는 환상과 성령의 언어를 통해 감히 미래를 보는 해방의 신학과 실천이 다시 강력하게 요구되는 것이다.

---

51 *Ibid.* 142 에녹서 4:5.

# 동양 미학의 관점에서 본 이신의 슈리얼리즘 신학
## ― '망(望, 網, 忘)의 신학'적 관점에서

이명권

코리안아쉬람

## 시작하는 말

신학자이자 미학자인 이신은 '슈리얼리즘과 영의 신학' 속에서 그의 사상을 담아내고 있을 뿐만 아니라, 시인이자 화가로서 그의 내면세계를 신학적인 방식 이상으로 동양적 관점에서도 탁월하게 묘사하고 있다. 그의 사상이 초현실주의적 '환상과 저항의 신학'으로도 표방되고 있지만, 그의 내밀한 정신세계를 구축하고 있는 것은 역시 그가 친히 집필한 저술과 시집과 화폭 속에서 잘 나타나고 있다. 그 가운데서 필자는 이신이 그리고자 했던 신학의 구도 속에 담긴 동양의 미학적 개념과 연관시켜서, 보다더 선명하게 그의 사상을 들추어 보고자 한 것이다. 이미 이신의 딸, 이은선이 동양사상의 핵심 개념인 '성'(性), '성'(誠), '성'(聖)의 세 개념으로 이신의 '믿음의 고독'과 '믿음의 저항' 그리고 '믿음의 상상'이라는 시각에서 이신의 전체적 사상을 재해석한 바 있다.

필자는 이에 착안하여, 한 걸음 더 나아가서 동아시아의 중요 사상의 뼈대를 이루는 노장사상과 유가적 전통 등을 고려하여, '망'(望), '망'(網), '망'(忘)의 역동적인 신학적 구조를 고안해 보았다. 어디까지나 실험적인 '생각'의 한 연장선이지만, '망의 신학적 구조'를 통해서라도 이신의 숨어 있는 본래면목을 조금이라도 더 가까이 볼 수 있는 계기가 되길 바랄 뿐이다. 예컨대, '망의 신학적 구조'가 이은선의 '성의 삼중적 구조'물과 직접적인 대비는 되지 못할지라도, 이신을 바라보는 또 하나의 시각이 되는 것으로도 충분한 의의가 있을 것이라 생각한다.

이러한 '망의 신학'이라는 개념적 구조물을 가지고, 필자는 우선 이신이 그의 저술과 시집 속에서 밝히려고 한 슐리얼리즘의 사상이 노자와 장자 그리고 맹자의 사상 등과도 깊은 연관이 있음을 보게 되었고, 그에 따른 관련 본문을 분석하면서 노자의 무위(無爲)와 맹자의 성(誠) 그리고 장자의 좌망(坐忘)을 논하게 되었다. 그러한 세부적인 분석을 위해서 주로 선택한 자료는 이신의 저술인『슐리얼리즘과 영의 신학』을 토대로 하면서도, 그의 심미적 사상의 분석을 위해서는 그의 시집『돌의 소리』를 중점적으로 다루었다. 그 가운데서도 주로 제1부 유랑자의 노래를 대상으로 했지만, 그의 시집 제2부에 나타난 슐리얼리스트의 노래도 탐색해 보았다.

이른바 그의 사색의 구조는 "'생각'에서 동떨어진 '생각'을 '생각'하다가 나머지 날을 보낸다"[1]라는 표현 방식에서 엿보게 된다. 그가 말하는 '생각'은 자신을 괴롭히는 '생각'도 있고, '부끄러운 장난'일 수도 있으나, 그러한 '생각'에서 벗어나, 그와는 동떨어진 '생각'을 하고자 하는 시인

---

1 이신/이경 엮음,『돌의 노래』(서울: 동연, 2012), 94.

의 모습은 그가 생각하는 초현실주의적인 슐리얼리스트로서의 '영의 생각'을 일찍이 하고 있었음을 무시할 수 없다.

그러한 '영의 생각'은 〈진리가 어디에 있습니까〉라는 그의 시에서도 잘 드러나듯이, "볼 수도 없고, 만질 수도 없고, 들을 수도 없는 당신을 이렇게 목타게 부르짖고 있는 것입니까"라는 표현 속에서 시인의 절규를 보는 듯하지만, 결국은 "내 얼굴"은 "보는 눈 있는 자에게 보이는 얼굴"이고, "내 몸은" "만질 수 있는 손을 가진 자에게 만져지는 것"이며, "내 목소리는 들을 수 있는 귀를 가진 자"에게 들리는 목소리가 된다. 여기서 이신은 "내 얼굴과 내 목소리"는 나만의 것이 아니고, "저 풀잎새 하나에도, 저 티끌 하나에도, 굴러다니는 돌 하나에도" 있다고 말한다. 그리하여 "나는 보이는 자에게 보이는 존재, 듣는 자에게 들리는 존재"가 된다.[2]

이신의 이러한 시적 상상력은 노자가 도(道)를 말함에 있어서, "보아도 보이지 않으므로 이(夷)라 하고, 들어도 들리지 않으니 희(希)라 하며, 잡으려 해도 잡히지 않으므로 미(微)라 한다"[3]라고 했던 바와 유사한 구조를 가지고 있다. 여기서 한 걸음 더 나아가서 이신은 다시 '진리'라고 하는 '당신의 얼굴'을 발견할 수는 없지만, '나의 얼굴'이 다시 '풀잎새', '티끌', '돌' 속에도 있다고 하는 것이 장자가 도를 비유할 때, '개미', '기장', '벽돌', '똥'에도 있다고 한 것과도 유사한 모습을 보인다.[4] 이러한 유사성의 구조를 통해, 필자는 이신의 슐리얼리즘 사상을 동양의 미학적 정신과 관련하여 분석해 보고자 한다. 여기서 동양의 미학이

2 위의 글, 102-104.
3 이명권, 『노자왈 예수 가라사대』 (열린서원, 2017), 99-101.
4 (晉) 郭象 注, (唐) 成玄英 疏 『莊子注疏』 (北京: 中華書局, 2010), 399.

라는 관점은 중국 사상의 전통 미학5과 관련한 동아시아 미학에 국한하기로 한다.

중국 미학은 중국 사상사에서 나타난 유, 불, 도가의 미학과 관계가 깊다. 중국 전통 미학자들에 의하면, '생명 초월의 미학'으로 중국 미학을 규정하면서, 서양철학이 이성과 지식의 사유를 중심으로 전개해왔다면, 중국철학은 생명철학으로서 우주와 인생을 하나의 생명체로 보고 혼연일체의 사상을 강조해 왔다는 것이다. 이러한 차원에서 중국 미학도 유, 불, 도의 사상을 담아내는 과정적 미학일 수밖에 없다. 이른바 도가철학에서는 '제동만물'(齊同萬物), '명연물화'(冥然物化)를, 선불교에서는 세계의 본래면목을 드러내는 '청산자청산'(靑山自靑山), '백운자백운(白雲自白雲)의 경지를 말하고, 유가에서는 창조적인 변화와 더불어 전통적인 기화(氣化)철학을 강조하면서, 천지와 대자연에 흐르는 생명의 유탕한 세계를 표현하고 있다. 그러면 이제 이신의 슐리얼리즘의 신학이 어떻게 동양 정신과 조우하고 있는지를 살펴보자.

## I. 슐리얼리즘과 동양정신

### 1. '무언지교'(無言之敎)로서의 슐리얼리즘: 노자의 '무위'(無爲)와의 대화

슐리얼리즘이라는 이름은 원래 기욤 아폴리네르(Guillaume Apollinaire)가 친구에게 쓴 편지의 신조어(新造語)로서 '초자연주의'(超自然主義, Sur naturalism)의 의미보다는 좀 더 나은 의미를 찾아보고자 한데서 생긴

---

5 朱良志, 『中國美學十五特講』(北京: 北京大學出版社, 2006), 3.

용어라고 이신(李信)은 설명한다. 그는 슐리얼리즘6에 대해, 동양의 지자(知者), 곧 노자(老子)가 말한 '처무위지사(處無爲之事), 행불언지교(行不言之敎)'의 묘미와 관련지어 설명한다. 그의 말을 직접 인용해 보자.

> 슐리얼리즘은 무형(無形)의 형태를 보는 것이요, 무성(無聲)의 소리를 듣는 것이기에 그렇게 쉽사리 사라질 수 없는 그런 것이다. 동양의 지자가 '시이성인(是以聖人), 처무위지사(處無爲之事), 행불언지교(行不言之敎)'라고 한 것처럼 이것은 '무위지사'에 처(處)하는 것이요, '불언지교'에 행(行)하는 묘미가 있는 것이다.7

이 짧은 몇 줄의 문장 속에 이신의 슐리얼리즘 신학이 어떤 방향을 지향하고 있는지를 부분적으로나마 알 수 있다. 우선 지목해 볼 수 있는 것은 그가 말하는 슐리얼리즘이 '동양의 지자' 곧 노자의 정신세계와 밀접히 연결되고 있다는 그의 해석이다. 그중에서 좀 더 구체적으로 언급한 대목이 바로 『노자』 2장의 구절이다. 그가 주목했던 노자의 구절은 "시이성인(是以聖人), 처무위지사(處無爲之事), 행불언지교(行不言之敎)"8였다. 바로 이 『노자』 2장의 "행불언지교"(行不言之敎)에 대해, 장자(莊子)는 「지북유」(知北遊)편에서 무위위(無爲謂)와 광굴(狂屈), 황제(黃帝)를 내세워, 진정한 도의 모습을 거듭 설명하고 있다. 이러한 구절은 노자 『도덕경』 81장 전체에서 노자의 상대적 세계관과 무위의 실천을 가장 잘 보여주는 대목이다.9

---

6 이신/이은선·이경 엮음, 『슐리얼리즘과 영의 신학』 (서울: 동연, 2011), 226.
7 이신, 『슐리얼리즘과 영의 신학』, 225.
8 (晉) 郭象 注/(唐) 成玄英 疏, 『莊子注疏』, 389-390.

이신이 인용한 노자 본문을 해석해 보면, "그러므로 성인은 '무위'(無爲)로 일을 처리하며, '말 없는'(不言) 가르침을 행한다"라는 뜻이다. 이러한 노자의 본문 가운데, '무위'의 일은 무엇인가? 이 부분에 대해 이신은 구체적인 언급은 없지만, 노자 자신이 바로 그다음 구절에서 설명하고 있기 때문에 이신은 구체적인 설명은 하지 않았을 것이다. 예컨대, 이어지는 노자의 본문을 보면 '무위로서 일을 하고 말없는 가르침을 행하는' 사례로, 성인은 "온갖 일이 생겨나도 마다하지 않고, 생기는 것을 소유하지 않으며, 일을 이루어도 거기에 기대지 않는다. 공을 세우지만 그 공에 머물지 않고, 공에 머물지 않으니, 떠나감도 없다"10는 것이다.

이러한 노자의 '무위의 일에 처하는 일과 말 없는 가르침'의 방식을 이신은 슐리얼리즘의 상징적 징표로 삼을 뿐만 아니라, 실제적인 행위의 모범으로 삼고 있으면서, 이러한 동양 정신의 '묘미'(妙味)는 1924년에 앙드레 브레통(Andre Breton)이 슐리얼리즘을 선언했던 것보다 훨씬 더 이전에 "동양의 지자들이 초현실의 세계를 호흡하였다"라는 것이다.11 이신에 의하면, 그러한 초현실의 세계에 대한 의식은 서양인의 의식보다 "더 단순하고, 더 투철하다"라며 그런 점에서 슐리얼리즘은 "동양에서 오래전에 이미 싹텄고, 후일에 서양인들에 의해 재인식되었으며 오늘에 와서 이것을 신학적으로 활용하는 것"이라고 했다.

이러한 동양적 '초현실(超現實) 의식'은 이신의 표현에 따르면, "무위불언무형무성"(無爲不言無形無聲)의 가르침(敎) 속에서 나타난다.12

---

9 이명권, 『노자왈 예수 가라사대』, 23-27. 필자는 『노자』 2장의 본문과 관련하여, '상대적 세계와 성인(聖人)의 길'이라는 제목으로 노자와 예수의 정신을 비교한 바 있다.

10 "萬物作焉而不辭, 爲而不恃, 功成而不居, 夫唯不去."(노자 2장)

11 이신, 『슐리얼리즘과 영의 신학』, 225.

12 위의 글, 225.

이와 같이 이신은 노자의 동양적 지혜를 들어, 슐리얼리즘의 '초현실'적 구조에 대비시키면서, '무위'와 '불언'은 앞서 언급한 노자의 이어지는 본문의 예와 같이 보충적으로 설명되었거니와, '무형'(無形)과 '무성'(無聲)의 경우 또한 노자의 핵심적인 개념인 '도'(道)에 대한 또 다른 상징적 표현의 사례들이다. 이른바 노자는 '도'를 설명하기 위해서, '이'(夷), '희'(希), '미'(微)의 개념으로 대신한다. 예컨대, 노자는 『도덕경』 14장에서 도를 설명하면서 다음과 같이 말한다.

> 눈으로 보아도 보이지 않으므로 이름 지어 이(夷)라 하고, 귀로 들어도 들리지 않으므로 이름 지어 희(希)라 하며, 잡으려 해도 잡을 수 없으므로 이름 지어 미(微)라 한다. 이 세 가지는 따져서 알 수 있는 것이 아니므로 합하여 하나로 여길 뿐이다.[13]

여기서 도의 특징이 '무위'와 '불언'의 측면 외에도, '무형'(夷), '무성'(希)을 언급한 이신의 4가지 측면과 맞닿아 있다. 여기서 한 걸음 더 나아가서 이신은 슐리얼리즘이 이러한 4가지(무위불언무형무성 [無爲不言無形無聲]) 가르침을 내포할 뿐만 아니라, '유무상생'(有無相生)의 상대성을 초월하는 것으로 설명하고 있다.[14] '유무상생'의 문제 또한 『노자』 2장에서 언급되는 아주 중요한 노자의 상대적 세계관이다. 그런데 이신은 슐리얼리즘이 '유무상생' 하는 상대적 세계의 초월성을 말하는 것임

---

13 "視之不見名曰夷, 聽之不聞名曰希, 搏之不得名曰微, 此三者不可致詰, 故混而爲一"(노자14장). 노자 14장의 내용을 필자는 "이, 희, 미의 도와 성령 하느님"이라는 제목으로 비교하였다. cf. 이명권, 앞의 글, 99-105.

14 이신, 『슐리얼리즘과 영의 신학』, 225.

과 동시에, "초월을 다시 새롭게 생각하는 것임으로 여간 미묘한 것이 아니다"라고 말한다. 정리하자면, 슐리얼리즘은 유무상생의 초월성과 동시에 다시 현재적 세계 속으로 다시 들어오는 '포월'(抱越)성을 동시에 지니는 것이라고 특징지을 수 있을 것이다.

이와 같이 이신은 슐리얼리즘을 동양 정신 특히 그 가운데서도 노자의 정신세계와 결부시켜 언급하면서, '무위의 처사'와 '불언지교'를 중심으로 슐리얼리즘을 비교적 맥락의 방식으로 연결 지으면서, '불언'은 단순히 '언어'를 부정한다는 뜻이 아니라, "여태까지의 언어에 대한 기존 관념을 깨트리고 이보다 더 초월적인 또는 보다 본질적인 '언어'의 진상에 육박하는 지극한 경지이고, 또 '언어' 표현 이상의 것이기에 슐리얼리즘은 '무언지교'라고 말 할 수 있다"라는 것이다.[15]

여기서 한 가지 더 첨언하고 싶은 것은 이신이 말하고 있는 슐리얼리즘의 동양적 사유의 4가지 개념 가운데, '무형(無形)과 무성(無聲)'의 개념을 노자의 관점에서 다시 음미해 보면 흥미로운 사실을 발견하게 된다. 『노자』 33장에, "타인을 아는 것을 지혜(知人者智)라 하고, 자기를 아는 것을 밝음(自知者明)"이라고 했다. 이 구절의 '자지자명'(自知者明)에 대해, 한(漢) 나라의 탁월한 노자 주석가 하상공(河上公)은 주석을 하기로, "사람은 능히 현명함과 그렇지 못함을 알 수 있으니, '돌이켜 무성(無聲)의 소리를 듣고(反聽無聲), 안으로 무형(無形)을 본다' 그러므로 밝음이라 한다"[16]라고 했다. 노자가 '밝음', 곧 깨달음을 자신을

---

15 같은 글, 226.

16 (漢) 河上公, (唐) 杜光庭等 注, 『道德經集釋』, (北京: 中國書店, 2015), 46面. "自知者明"에 대한 하상공의 주석 원문은 다음과 같다. "人能自知賢與不肖, 是謂反聽無聲, 內視無形, 故謂明也."

아는 것으로 설명하고 있고, 이러한 자신을 아는 문제를 하상공이 '무형'과 '무성'으로 연결 짓는 모습이, 이신이 '영의 신학'으로서 슐리얼리즘을 무성과 무형의 개념으로 연결 짓는 모습과 아주 유사하며 상통하는 바가 있다. 이른바 '소리 없는 소리'를 들을 줄 아는 귀와 '보이지 않는 형체'를 볼 줄 아는 시선이 바로 영적 깨달음의 시선일 것이고, 그러한 시선을 이신은 자신의 슐리얼리즘의 신학 속에 잘 반영하고 있다고 볼 수 있다.

## 2. '말(言)의 성육(成肉)'과 슐리얼리즘: 맹자의 '성(誠)'과의 대화

이은선은 '성(性), 성(聖), 성(誠)'의 개념을 둘러싸고 동양 정신의 진수를 뽑아내어, 이신의 슐리얼리즘의 연구에 또 하나의 독특한 해석을 하고 있다. 그가 어려서부터 아버지 이신으로부터 받은 영향은 그 누구보다 깊다. 특히 동양사상에 깊이 천착하면서, 아버지의 학문적 토대와 배경을 새롭게 재해석해 내는 노력은 한국교회와 사회 속에 큰 공로로 자리매김할 수 있을 것으로 예상된다. 이미 이신 연구의 성과물로 출간된 『환상과 저항의 신학: 이신의 슐리얼리즘 연구』라는 책의 1부 서두에서, "이신의 믿음과 고독, 저항과 상상 그리고 오늘의 우리"라는 제하의 글에서 이은선은 '성'(性)을 믿음의 '고독'으로, '성'(誠)을 믿음의 '저항'으로, '성'(聖)을 믿음의 '상상'으로 독특하게 풀어내었다.[17]

이 글에서 이은선은 '성'(誠)에 대하여, "한국적 그리스도교회의 운동과 함께 하는 믿음의 '저항'(誠)에 대하여"라는 제목의 장을 할애하여 설명하고 있다. 이은선이 해석하는 이신의 '믿음'은 '동시성'과 '역동성'

---

17 현장아카데미 편, 『환상과 저항의 신학』, (서울: 동연, 2017), 19-73.

을 동시에 지닌 것으로 보았다. 그리스도를 만나는 내면적 주체성을 방해하는 모든 장애에 저항했다는 점에서 '믿음의 저항'이라는 표현을 했고, 이신의 신앙의 저항적 모델을 '초대교회'에서 찾았던 것도 맥락을 같이 한다. 여기서 한 걸음 더 나아가서 초대교회의 원형은 다시 신구약 중간기의 '묵시문학'이었고, 이러한 묵시문학에서 이신은 그의 박사학위 논문 제목에서 암시하듯이, '저항문학'으로서의 묵시문학을 이해하고자 했던 것이다.[18] 이러한 일련의 관점에서 볼 때, 이신의 묵시적 저항 신학은 해방신학자 로즈마리 류터나 그녀에게 영향을 받은 이은선이 지적하는 대로, "거대한 이데올로기적 '보편'에 저항하는 또 하나의 '특수'와 '변방'의 용기 있는 항거"[19]라고 보아야 하는 것도 옳은 지적일 수 있다.

이러한 맥락을 고려해 보면, 이제 이신의 딸 이은선이 말하는 '성' (誠)의 정체성이 드러나고 있다. "변방의 용기 있는 항거"라는 것은 이신이 이해한 '그리스도'가, '예수가 그리스도'인 이유가 예수가 보여준 '믿음의 역동성과 창조성'을 '겸비'한 것이라는 점이며, 또한 예수가 자신을 '믿어 달라'기 보다는 '알아 달라'는 요청을 하고 있듯이, 이는 '변방의 특수자(인격)의 지속적인 침노와 저항'을 파시즘과 전체주의적 세상에서 건져 낼 수 있는 몸부림으로 보고 있는 것이다. 이른바 이신이 번역했던, 베르댜예프의 『노예냐, 자유냐?』라는 외침에서 보듯이, "이신의 목소리는 현대 물질주의와 자아에의 노예성에 빠진 현대 문명에 대한 단호한 저항의 목소리였다"라는 점이다.

필자는 여기서 한 걸음 더 나아가서, 동양의 미덕/미학(美德/美學)

---

18 같은 글, 39-51.
19 같은 글, 46.

과 사상의 측면에서 '성'(誠)을 조금 더 분석함으로써, 이신이 말하고자 했던 '말의 성육'(成肉)과 관련한 슐리얼리즘 신학을 말하고 싶다. 이신은 이렇게 말한다. "슐리얼리즘은 단순히 말에 머무르지 아니한다."[20] 이 말은 다시, "말씀이 육신이 됐다"(道成肉身)는 말씀대로 '언어'에서 한층 더 다른 단계로 넘어가야 한다는 것으로, 이는 "말씀이 역사가 됐다"라는 것을 의미한다고 했다. 말씀이 몸을 입고 역사가 되는 과정을 이신은 '도성육신'(道成肉身)의 진정한 의미로 해석했다고 볼 수 있다. 말씀이 역사가 된다는 것은 "언어가 언어적 형식에서 해방되어, '산 목소리'로 들리는 것을 뜻한다. 여기서 우리는 이신의 '성'(誠)의 신학을 엿보게 된다. 이른바 '말씀'(言)이 '이루어지는'(成) 결과(誠=言+成)로서의 성(誠)이다. 물론 이러한 '성'(誠)의 신학은 감리교신학대학의 윤성범이 '성(誠)의 신학'을 이론적으로 체계화한 바 있다.[21]

윤성범은 그의 책에서 '성의 신학'의 방법론적 서설로서, '성'을 '집'으로서의 실존, '성이신 하느님', '성의 현상으로서의 계시', '성의 전 이해로서의 종교'라는 항목으로 제1장의 내용을 전개하고 있다. 제2장에서는 '성'의 입장에서 신론을 전개하면서, 철학적 신앙의 입장(유일신, 인격신, 성육신)과 종교사적 입장(불교, 유교, 도교) 그리고 자연신학과 단군설화까지 성의 입장에서 비교 분석하고 있다. 3장에서는 '성의 기독론'을 전개하는데, '성의 출발점으로서의 역사적 예수', '성의 종착점으로서의 케리그마의 그리스도', '성의 완성으로서의 예수-그리스도'를 논한다. 제4장 성령론에서는 '성(誠)의 유행(流行)으로서의 성령의 3대 직능(자유자 성령/知, 자비(慈悲)자 성령/仁, 인내자 성령/勇)으로 구분하

---

20 이신, 『슐리얼리즘과 영의 신학』, 226.
21 윤성범, 『誠의 신학』(서울문화사, 1975).

고, 성의 임재로서의 실존을 설명한다. 이 밖에도 5~7장에서 각각 '성'
을 중심으로 한 인간론, 윤리론, 문화론을 전개한다. 여기서 이신은 윤
성범이 말하는 '성의 완성으로서의 예수-그리스도'와 맥을 같이 한다.

이신이 지적한 대로 '말씀이 이루어지는 것'은 말씀이 산 목소리로
역사화 되는 것이니, 이는 일체의 진리를 왜곡하는 모든 장벽에 저항하
는 '산 목소리'이기도 한다. 물론, 이신은 '이룬다는 것이 어려운 일'이라
고 말하고 있다. 하지만 그는 '기도' 없이 일이 이루어지는 일이 없고,
역사적 사건을 '이루는 일'이 하나님이 하시는 일[22]이라고 했던 것을
미루어 본다면, '말의 성육'은 이은선이 말하는 '저항'으로서의 '성'(誠)
과 동시에 '하나님의 뜻이 이루어지는 성취로서의 성'(誠)이 될 수 있을
것이다.

이러한 '성'(誠)의 개념을 동양 정신에 다시 비추어 보면, 맹자(孟子)
가 말했던 '천명(天命) 사상과 결부된 '성'(誠)의 개념과도 깊은 연관성
을 지닌다고 할 수 있다. 특히 맹자는 천명을 중시하면서도 인간이 할
수 있는 일에 최선을 다한다는 '진인사'(盡人事)를 강조했다. 맹자는
'성'(誠)을 천(天)과 인(人)이 소통을 이루는 결정적 요소라고 보았다.
그리하여 인간의 주체적 주관 정신인 '성(誠)'을 맹자는 천인합일(天人
合一)의 관건으로 보았다.[23]

『맹자』(離婁上)에 의하면, "그러므로 성(誠)은 하늘의 도다. 성을 생
각하는 것은 인간의 도다. 지성(至誠)으로 하면, 감동을 주지 못하는
사례가 아직 없다. 성(실)하지 않으면 능히 감동을 주지 못한다"[24]라고

---

22 이신, 『슐리얼리즘과 영의 신학』, 227.
23 劉學智, 『中國哲學的歷程』(桂林: 廣西師大學出版社, 2011), 45.
24 "是故, 誠者, 天之道也: 思誠者, 人之道也. 至誠而不動者, 未之有也, 不誠, 未有能動者

동양 미학의 관점에서 본 이신의 슐리얼리즘 신학 _ 이명권  |  247

했다. 여기서 맹자가 '성'이야 말로 하늘과 인간을 하나로 이어주는 천인합일의 결정적 매개로 보았던 것을 보면, 윤성범이 '성의 신학'을 주창한 것이나, 이신이 '말이 육화되는' 성육신의 슐리얼리즘을 강조한 것 모두가 일맥상통하는 바가 있다. 윤성범이 칼 바르트의 신학에서 영감을 얻어 동양 정신의 유가(儒家) 사상을 가지고 접목시킨 이른바 토착화를 위한 '통일주의'(統一主義, syncretism, 윤성범은 혼합주의라는 말을 쓰지 않고 통일주의라고 표현한다)를 표방하였다면,25 이신은 로고스의 '성육신'을 언어적 문법을 넘어선 '산 목소리'의 '말씀의 역사화'를 강조하고 있다. 이것이 맹자의 '성'을 매개로 한 '천인합일' 사상과 이신의 '로고스와 인간의 성육'이 만나는 '성'의 실현과 상통하는 부분이라고 할 수 있을 것이다. 참고로 윤성범은 스스로 '성의 신학'을 위한 방법론적 전개로서 10가지를 든다. ① '성'의 개념은 서구 신학의 '계시'와 동등한 성격 ② 계시와 이성 등의 조화를 전제 ③ 복음의 핵심은 그리스도 ④ 유교의 교육적 전통이 한국적 신학에 좋은 전례 ⑤ 한국적 '성'의 개념으로 세계교회의 보편성에 기여 ⑥ 기독교 윤리학이 '성'에 의해 되살아나는 미래학 ⑦ 종말론적. ⑧ 종합적이고 현상학적 접근 ⑨ 한국인에게 기독교 진리를 전하기 위한 공작으로서의 '통일주의' 선택 ⑩ 세속화에 관심이다.

---

也,"『孟子』(離婁上), 12. cf. 白平 註譯,『孟子』(北京: 人文文學出版社, 2013), 185.
25 윤성범,『誠의 신학』(서울문화사, 1975), 12-16.

## 3. '나를 무로 돌리는 태도(無我)'와 슐리얼리즘: 장자의 '좌망'(坐忘)과의 대화

이신의 슐리얼리즘은 '영'(靈)의 신학, 곧 '성령(聖靈)의 신학'이다. 그가 말하는 성령의 신학은 기존의 정적이고 이론적인 로고스 신학과 대조되는 역동적이고 살아있는 하느님의 은총으로서의 카리스마적인 운동 신학이다.[26] 이신은 칼 바르트에 대해 "현대 신학에서 하나님 말씀의 권위를 회복시켰다는 점에서는 공헌한 인물로 평가할 수 있지만, 역사적 사건으로서의 말씀인 예수 그리스도에만 집착해 버렸다"[27]라고 평가했다. 그러면서 이신은 성령 중심의 신학 회복을 강조하면서, 동시에 현대 성령 운동의 잘못된 문제점과 위험성을 지적하며 비판하고 있다. 그가 주장하는 참된 의미의 성령 신학은 그가 비판하는 3가지 문제점 속에서 잘 드러난다. 첫째, 성령을 '소유'한 것처럼 착각해서도 안되며, 둘째, 인간이 지닌 주관적 요소(이성이나 의지적 요소로 흥분시키거나 조작하는 행위)에 기초한 성령관은 위험하다. 셋째, 인간이 성령을 받는 하나의 '방법'을, 상품을 만들어 내는 공장의 기술처럼 생각하는 행위도 위험하다는 점이다. 어디까지나 "성령은 순전히 하나님의 선물"[28] (카리스) 이라는 것이다.

이러한 3가지 비판적 관점에서 이신은 '성령 받는 방법'을 운운하는 자들을 신랄하게 비판하면서 "이는 성령을 모독하는, 성령의 주권을 모독하는 소리인 것이다. 심지어 기도까지도, 심지어 우리의 회개까지도

---

26 이신, 『슐리얼리즘과 영의 신학』, 244-251.
27 같은 글, 238.
28 같은 글, 248-250.

'방법'이 아니다. 기도야말로 나 자신을 무(無)로 돌리는 태도이다"라고 주장한다.29 여기서 필자는 이신이 "기도야말로 나 자신을 무로 돌리는 태도"라는 구절에 주목하고자 한다. 이신이 슐리얼리즘의 신학을 '영의 신학'으로 해석하는 가운데, '성령의 신학'에 대한 기존의 해석들을 역사적으로 재조명한다. 그러면서 칼 바르트를 포함한 현대 신학자들의 연구 성과를 분석하고 한 걸음 더 나아가 '말씀의 신학'에서 '성령의 신학'을 강조하는 가운데, 기도의 중요성을 강조하고 있다. 이신에게 기도는 "'나는 아무것도 할 수 없고 다만 전능하신 아버지 하나님의 뜻에만 맡깁니다.' 하는 것이 기도의 자세다"30라고 말하고 있다.

이상을 요약해 보면, 이신은 성령을 하나님의 선물로 생각하면서, 그러한 선물을 받기 위해서는 전적으로 자신을 '무'로 돌릴 수 있어야 하는데, 이는 장자가 말하는 바, 심재(心齋)를 통한 좌망(坐忘)의 단계와 구조적인 유사성을 지닌다는 점이다. '심재'와 '좌망'은 『장자』(인간세)에서, 장자가 이야기를 흥미롭게 하기 위해 끌어들인 공자와 그의 제자 안회(顔回)와의 대화 속에 언급된다. 안회가 공자에게 말한다. "저는 집이 가난하여 술도 마시지 않고 매운 채소도 먹지 못한지가 수개월입니다. 이 정도면 재계하였다고 할 수 있겠습니까?" 그러자 공자는 안회에게 말한다. "그것은 제사 지낼 때의 재계이지 '마음의 재계'(心齋)는 아니다." 그러자 다시 안회는 묻는다. "마음의 재계"는 무엇입니까?" 공자는 다음과 같이 길게 대답한다.

너는 한 가지로 뜻을 가져라. 귀로 듣지 말고, 마음으로 들어라. 마음으로

---

29 같은 글, 250.
30 같은 글, 250-251.

듣지 말고, 기(氣)로 들어라. 듣는 것은 귀에서 그치고, 마음은 부합하는 데서 그친다. 하지만 기(氣)는 비어서(虛) 만물을 응대한다. 오직 도는 비움에서 모이고(唯道集虛), 비움이야말로 마음의 재계다(虛者心齋).[31]

장자가 공자와 안회의 대화 속에서 보여주는 '심재'와 '좌망'은 하늘의 도(天道)를 따르는 '순천무위'(順天無爲)[32]의 입장과도 맥락을 같이한다. 하늘의 도를 알기 위해 장자는 '귀로 듣지 말고 마음으로 들을 것이며, 마음으로 듣지 말고, 기(氣)로 들을 것'을 강조한다. 이는 이신이 말하는 바, '성령의 목소리' 곧 해방의 목소리[33]에 비유된다고 할 수 있다. '심재'를 이신이 말하는 '회개'(자기포기)에 비유한다면, '좌망'은 '기도'에 해당한다. '좌망'의 경지에서 신의 뜻을 통찰하는 것 곧, 이신의 말을 빌리면, "눈이 밝아지는" '영적'인 카리스마의 해석학[34]이라 할 수 있다. 이것은 곧, '보아도 보지 못하는', '의식의 둔화'를 깨뜨리고 직접적 깨달음(直覺)을 획득하는 일이다.[35] 이신이 추구하는 것은 어디까지나 인간적 욕망을 비우고, 기도를 통해 자기를 '무' 화한 다음에야 비로소 얻게 되는 은총으로서의 깨달음인 성령이 함께하기 때문이다.

여기서 한 가지 더 주목할 것은 이신이 주장하는 성령의 신학은 어디까지나 '하나님의 말씀'이 기초가 되고, 그 말씀이 육신이 되는 '도성

---

31 (晉) 郭象 注/(唐) 成玄英 疏『莊子注疏』(北京: 中華書局, 2010), 80-81.

32 장자의 '순천무위' 사상은 '이명권의 동양철학 강의 46' <중국철학 사상사 34>의 유튜브 강좌를 참조하라. cf. 劉學智,『中國哲學的歷程』(桂林: 廣西師範大學出版社, 2011), 46-48.

33 이신,『슐리얼리즘과 영의 신학』, 262.

34 같은 글, 260.

35 같은 글, 214-215.

인신'의 역사적 사건을 전개시키는 구속사(救贖史)적 사건과 관계가 있다. 그러한 구속사적 사건은 예수가 보여주듯이 낮은 자들에 대한 관심과 실천적 해방운동으로 나타났다.[36] 이것이 이신이 말하는 카리스마적 신학이요 해석이다.

## II. 이신의 시집,『돌의 소리』에서 바라본 슐리얼리즘의 동양적 미학: '망(望·網·忘)의 신학'

『돌의 소리』라는 제목으로 간행된 이신의 시와 산문 그리고 그림은 이신의 사상과 슐리얼리즘의 동양적 미학을 잘 보여주고 있다. 이신이 말하는 '돌의 소리'는 현실적으로는 돌이 소리치지 못하지만 '은유'로서 초현실적인 것을 반영한다. 이러한 초현실(超現實), 곧 '쉬르리얼리즘' 에 대해 이신은 일찍이 동양에서 '노장'(老莊)과 같은 초현실적 가치를 보여주는 사례가 있었고, 이는 모리스 나디우(Maurice Nadeau)도『쉬르리얼리즘의 역사』라는 책에서, "동양의 현자들은 벌써, '쉬르리얼리스트'가 내건 문제에 대해서 확고한 답변을 주지 않았던가?"[37]라고 자문했던 사실을 상기시키고 있다.

노장으로 표방되는 동양의 현자들이 말하는 초현실주의적 성격과 이신이 말하고자 하는 슐리얼리즘의 신학적 미학이 연결될 수 있는 지점은 바로, 이신 자신의 시와 그림 속에서 더욱 분명해진다고 할 수 있다. 필자는 앞 장에서 이신의 슐리얼리즘의 신학과 동양 정신이 어떻

---

36 같은 글, 253-257.
37 이신/이경 엮음,『돌의 소리』(서울: 동연, 2012), 147.

게 만날 수 있는지를 살펴보았다. 이신 자신이 언급하고 있듯이, 노자의 무위와 불언 그리고 무성과 무형의 원리가 곧 슐리얼리즘과 직결된다고 볼 때, 이신의 시 속에서도 암암리에 초현실주의적인 기법과 미학이 자리하고 있음을 이해할 수 있다. 이에 이신의 시집 가운데 몇 편을 골라서 그가 말하는 슐리얼리즘의 미학과 동양 정신의 교류를 탐색해 보고자 한다.

## 1. '이언적(異言的) 광석학(鑛石學)'으로서의 초현실주의적 미학

'돌의 소리'는 '이언(異言)적'이다. 돌이 소리를 지를 수 없다는 점에서 기이(奇異)하지만, 비유적 언어로서 '이언적'이다. 세속화된 현대인들에게 이해가 안 되는 소리로서 '이언적'이지만, "어느 세대 사람들에게 '낯익은 소리'로 들리기 쉬울 가능성은 많다."[38] 그런 점에서 '돌의 소리'는 '광석학적' 가치를 지닌다. '돌의 소리'는 사실 성경에서 이미 말하고 있다. 시대적 비판의 소리로서 '돌들이 외치리라'는 언급은 저항의 목소리이기도 하다. 그런 점에서 이신의 시적 외침은 '환상과 저항의 신학'에 맞닿아 있다. 이는 이정배가 '이신의 슐리얼리즘 연구'라는 부제가 붙은 책의 머리말에서 언급하고 있듯이, 이신은 '시대를 앞서간 종교개혁자'였기에 『환상과 저항의 신학』의 목소리는 더욱더 처연하고도 울림이 깊다. 더구나 이신의 사상은 "참혹한 현실을 묵시적 환상으로 초극하려는 몸부림의 열매"[39]이기 때문에 더욱 그러하다. 이제 그 '초극의 몸부림'을 그의 시집을 통해 살펴보자.

---

38 같은 글, 151.
39 현장아카데미편, 『환상과 저항의 신학』, 5.

## 2. 묵시적 초극의 몸부림 언어, 망(望)

김성리는 이신의 산문, 〈병든 영원(永遠)〉을 분석하면서, 이신은 묵시를 통하여 "빛보다 밝은 어둠을 찾고, 시각을 초월한 영(靈)을 보고자했다"라고 평했다. 이러한 그의 묵시는 종말론적 묵시가 아니라, 새로운 미래를 꿈꾸는 '희망의 묵시'라고 판단한다.[40] 그 이유는 이신이 쓴 시, 〈영원(永遠)에 관한 논리〉의 일부인 "無가 망각되면, 그다음에 남는 것이 있는데, 無가 無를 먹고, 또 남은 無를 먹고, 또 먹고, … 먹어 치워버려서 뒤로 내놓는 똥이 있는데, 이것을 '영원'이라고 한다"라고 하는 난해한 시를 해석하는 장치로, 이신의 산문 〈병든 영원〉의 일부의 글을 통해 명징한 분석을 내린다.

> 존재(存在)가 존재 노릇을 하려면, 무(無)를 침식(侵蝕)해야 하는데, 그것은 정신을 소리 없는 곳으로 보낸 다음, 경험적인 투여(投與)를 계속하면, 거기서 퇴락된 존재가 하나의 비아(非我)의 입장에서 필연적인 태세를 갖추게 된다. _ 〈병든 영원〉의 일부

이러한 이신의 영원에 대한 이해는 無가 無를 먹고 또 먹은 다음에 뒤로 남기는 '똥'이 '영원'(무한한 시간이 아닌, 물리적 시간을 초월한 무시간성)이 되는 '먹고 싸는' 행위 자체가 인간의 정신적 투쟁이라는 점이다. 그런데 여기서 영원이 되기 위해서는 다음의 단계를 거친다는 것이 김성리의 분석이다. 이른바 역사적인 죽음에 이르는 예정된 시간과 그다음 단계의 현재적 실존의 시간을 거치면서, 인간의 시간이 무시간성

---

40 같은 글, 140-141.

인 무로 변화하는 오랜 과정 즉, "무를 먹고, 또 먹고, 또 먹고… "하여, 마침내 영원이 된다. 이는 인간이 자신 속에서 신의 원리를 발견하는 일과 같다. 이럴 때 비로소 인간은 "존재가 존재 노릇"을 하게 된다는 것이다.

하지만 "존재가 존재의 노릇"을 하는 '무시간성의 영원'에 이르는 가 능성은 열려있지만, 대부분 인간은 죽음 앞에 슬퍼하거나 고뇌하게 되 는데, 이신은 오히려 '죽음'마저, '더 높은 고양'으로 생각하는 발상의 전환을 요구한다. 〈영원에의 전진〉이라는 그의 시 전문을 보자.

늙는 것과 세상을 떠나는 것을 우리는 슬퍼하고 좋지 않게 생각한다. 그러 나 그러지 말고, 시간의 경과를 전진으로, 그리고 더 높은 지경으로 고양되 는 것으로 생각하면 얼마나 좋겠는가? 영원한 자리에로의 옮김으로 드높은 곳으로의 올라감으로 생각하면 얼마나 좋겠는가?(1968/6/23)

위의 시는 이신이 미국 밴드빌트 신학대학원 유학 시절에 쓴 시다. 반면에 앞의 시, 〈영원에 관한 논리〉는 1964년에 쓴 시로써, 그가 대한 기독교 신학교(현 서울기독대학교)의 조직신학 교수가 되기 직전 해이다. 이로부터 1년 후에는 〈병든 영원〉이라는 산문을 쓴다. 이러한 일 년의 시와 산문 속에서 이신은 '영원'에 대한 이해를 '시간' 속에서 차별화한 다. 이신이 '시간'을 '병든 영원'이라는 표현을 통해 보여주듯이, "참으로 시간은 병들어 있다. 첫째 아담이 타락한 이후에 시간이 병들기 시작한 것이다." 그리하여 "묵시록은 시간의 병에 대한 정신적 투병기"다. 그런 가 하면 "만물은 시간의 공포 속에서 구출되어 보려고 필사적인 노력을 감행하였다." 이신에 의하면, "이것이 역사의 비극이다. 그러므로 시간은 무한한 것이 아니라, 어디까지나 종말론적으로 논의되지 않으면 안 된다. … 시간적인 것의 종국은 영원에 의해서만 그 처음과 종말을 말할 수 있다. 따라서 시간의 치명적인 병도 영원의 관점에서 논할 수 있다"(1965). 이러한 시간관을 가진 이신은 아담 이후 시간은 병든 것이고, 만물을 죽음으로 몰고 가는 여정이다. 하지만, 종말론적으로 시간은 "영원에의 길로 연결되어 있지 않고, 질적 차이의 세계로 돌연변이하는 질적 비약(飛躍)이다." 이러한 '질적 비약'이야말로 이신의 '영원'을 이해하는 키워드가 된다. 결국 이 질적 비약이 영원에 이르는 관문으로서의 '소망에로의 오름길'이며, "영원한 풍토에서 새로운 열매를 맺는 발아(發芽) 혹은 개화(開花)"로 설명된다.[41] 이러한 맥락에서 이신은 '영원'에로 가는 길목을 알리는 〈출발〉이라는 시에서, '새로운 풍토'의 서막을 알린다. 이 시의 일부를 먼저 감상해 보자.

운명을 전당잡고, 풍진을 긁어모아, 새로운 조형을 마련하려고, 적막한 공지(空地)를 향해 출발하나, 지평이 너무 낮고 하늘이 묵념만 반복하니, 행려자의 가슴은 더욱 심연의 주변만 맴돈다. … 이때, 그렇게 오랫동안 기도하는 새 풍토에의 출발이 마지막 기적소리 때문에 결단을 내리고, 정오의 태양을 쪼이며, 빈손마저 뿌리치고 홀로 떠난다. 그러면 가로수의 그늘이 명상의 은거지를 마련한다(1964/8/8).

이러한 이신의 '새 풍토에의 출발'은 '영원'을 지향해 가는 나그네의 여행과도 같이 묘사되고 있다. 그러한 그의 열망은 다시 이어지는 시, 〈새

---

41 이신 지음, 이경 엮음, 『돌의 소리』, 130-134.

풍토)라는 제목에서 더욱 구체화 된다. 다음에서 그 전문을 감상해 보자.

빈 호주머니를 털어도, 여전히 낡은 감상의 자산 때문에, 가을 하늘이 좋아
서, 살짝 몰래, 운명을 피하여, 불모의 광야에 이른다. 거기는 황홀한 색채를
일체의 신화적 배경 속에 박아 두는 곳이니, 여간 침범하기 곤란하다. 그러
나 유일한 통로가 있는데, 자아를 거부하고도 오히려, 의식이 마지막으로
항거하니, 어쩔 수 없이 살아가는, 말하자면 멋을 잃은 군상들이 드나들기
에 알맞은 곳이다. 현실을 팔아서 청산하면, 오히려 새 풍토에의 동경이 환
상을 강매하니, 어쩔 수 없이 도보로 사색을 추구하면, 먼 하늘이 더욱더
붉어지면서, 긴 하품을 한다. 아무래도 오늘을 담보 잡고, 기상천외의 논리
를 하나 도입해야겠으므로, 정당한 동정(同情)을 지불한다. 그러면 땅이 진
동하기 시작하여, 뽀얀 액체가 되어 버린다. 그리고 새 풍토의 막이 열린
다.[42]

위의 시 〈새 풍토〉는 이신의 사상을 엿볼 수 있는 많은 시사점을
던지고 있다. 이 시에서 시인은 "빈 호주머니를 털어서"라도 "운명을
피하여 '불모의 광야'에 이른다." 이 '불모의 광야'를 필자는 장자(莊子)
가 말하는 '이상적 풍토'인 '무하유지향'(無何有之鄕)[43]을 연상케 한다.
'무하유지향'은 직역하면, '아무것도 없는 곳'으로 누구도 살지 않는 광
활한 '불모의 땅'이다. 하지만 장자는 아무도 쓸모없는 땅이라고 여기는

---

42 이신 지음, 이경 엮음, 『돌의 소리』, 35-36.

43 (戰國) 莊周, 『庄子 · 逍遙游』, (北京: 北京燕山出版社, 2009), 3面. "今子有大樹, 患其无用,
何不樹之於无何有之鄕, 广莫之野." 成玄英 疏 "无何有, 犹无有也°莫, 无也°谓宽旷无人
之处, 不问何物, 悉皆无有, 故曰无何有之乡也."

동양 미학의 관점에서 본 이신의 슐리얼리즘 신학 _ 이명권  ｜ 257

그곳에 나무를 심어 그 아래 침대를 만들고 그늘에서 소요(逍遙)를 즐기는 '무용지용'(無用之用), 곧 '쓸모 없음의 쓸모 있음'을 역설하고 있는 것이다. 이것은 사무엘 베케트가 오지 않는 '고도를 기다리며' 고도를 꿈꾸는 듯한 이상향을 그리고 있듯이, 장자도 현실의 부정성을 넘어 절대 자유의 이상적 세계인 '무하유지향'을 설정하고 그곳에서 노니는 삶을 이야기 속에서 풀어내었던 것이다.

이신은 꿈같은 환상(幻想) 속에서 예리한 시인의 눈으로 '운명을 피하여, 불모의 광야에 이른다.' 그러나 그곳은 아주 버려진 불모의 땅은 아니다. 도리어 역설적으로 장자가 말했듯이, 하나의 나무를 심어 그늘을 제공하는 '소요', 곧 대 자유가 있는 자리다. 이신은 그 모습을 다음과 같이 표현한다. "거기는 황홀한 색채를 일체의 신화적 배경 속에 박아 두는 곳이니, 여간 침범하기가 곤란하다." 장자가 '나무'를 심듯, 이신은 '황홀한 색채'를 박는다. 그것도 신화적 배경 속에서. 이신에게서 '신화'(神話)는 무엇이며, 장자에게서 '소요'는 무엇인가? 이신의 신화는 그가 말하는 슐리얼리즘, 곧 '영의 신학'에서 잘 드러난다. 그에게서 영의 신학은 이은선이 밝히고 있듯이, '상상력'을 통한, '믿음' 속에서 구현되는 성령의 카리스마적 은총의 역사적 해방의 계시 사건일 수 있다.

이신의 이러한 '새 풍토'에의 동경은 "현실을 팔아서 청산하면" 도달하는 곳이기도 하다. 그러할 때 "오히려 새 풍토에의 동경이 환상을 강매"한다. 이러한 '환상의 강매'에 의해, "어쩔 수 없이 도보로 사색을 추구"하게 되고, 그럴수록 "먼 하늘이 더더욱 붉어진다." '새 풍토'가 이신에게서 '신화'처럼 다가오는 장면이다. 그의 신화적 동경이 이끄는 사색의 추구는 여기서 끝나지 않는다, 이어지는 시 구절은 다음과 같다. "아무래도 오늘을 담보 잡고 기상천외의 논리를 하나 도입해야겠다"라는 결심이다. 어차피 시인이 시의 서두에서도 밝히고 있듯이, "빈 호주머니를 터는" 가난한 사색가가 마치 '천로역정'의 길에 나선 것처럼, 일단 진리의 세계를 향해 발을 내디뎠으나, 가진 것 없는 그로서는 '오늘'이라는 지금의 실존을 담보할 수밖에 없고, 또 바로 그 오늘이라는 시간성이 시인에게서는 최대의 자산(資産)이기도 한 것이다. 문제는 그가 지향하는 '새 풍토'에 이르기 위해서는 '기상천외의 논리'가 필요했다. 이를테면, 베드로에게 주어지는 '천국의 열쇠'와도 같은 것이리라.

이제 시인은 그 '열쇠'를 구입하기 위해, 당당하게 "정당한 동정(同情)을 지불한다." 순수가 무너져 세속화되고, 난리와 전쟁이 끊임없는 부패한 사회에서는 잘 통하지 않는 '기상천외의 논리'를 도입하기 위해, 대가를 지불한 것이 "정당한 동정"이다. 예수는 갈릴리 민중과 억압되고 소외된 자들에게 해방을 위해 "정당한 동정"을 지불했다. 그 결정체는 '십자가의 죽음'이었고, 그 죽음의 순간 '무덤이 흔들리며, 땅이 진동했다.' 경천동지(驚天動地)의 사건이 일어난 것이다.

"정당한 동정"을 지불하자, "땅이 진동하기 시작하여, 뽀얀 액체가 되어 버린다." 여기서 시인은 "뽀얀 액체"가 무엇인지 밝히지 않는다. 또 무엇이 뽀얀 액체로 변했는지 어떠한 암시도 주지 않는다. 다만 전후 문맥을 감안하면, 모든 상징 언어의 배합이 '새 풍토'라는 주제어와 연결되고 있다는 사실이다. "땅이 진동"한 이후에 발생한 사건으로써 "뽀얀 액체"가 되고 "그리고 새 풍토의 막이 열린다"라고 하면서 시를 끝낸다. '뽀얀 액체'는 하나의 비밀스런 장치요, 현실의 왜곡의 땅의 진동처럼 흔들린 이후, 신화처럼 새로운 풍토의 막이 열리는 과도기적 황홀한 '눈물' 같은 것이리라. 마치 굳고 강한 고체 덩어리의 철이 용광로를 거치면서 빨간 액체로 용해되는 과정을 거치듯이, 심리적 전환, 혹은 영적 각성 이후에 열리는 '새로운 풍토'에 진입하기에 앞선 거대한 융합의 과정을 표현하는 것이 아닐까 싶다.

　결국 시인은 '그곳'(새 풍토)이 누구나 쉽게 침범할 수 있는 곳은 아니지만, 그럼에도 불구하고, "천국은 마치 침노하는 자의 것"이듯, "無를 먹고 또 먹고 뒤로 배설한 똥"으로서의 '영원'을 '새 풍토'에서 찾았거나, 또 찾아가고 있는 것이 아닐까 한다. 이것이 이신이 지향한 '믿음'이요 '바람'(望)이 아닐까 생각해 본다. 이 글을 쓰고 있는 시점에 마침 하이데거 전공자이자 서양 철학자인 이기상의 '비움의 차원과 한국인의 상상력'이라는 글을 우연히 보게 되었다. 이신이 말하고자 하는 '상상력'과도 많이 맞닿아 있는 느낌이 들어서, 그의 말을 옮겨 본다.

　　"한국인의 상상력의 눈은 바로 이 멀리 내다보는 '망'(望)의 눈이다. '망'의 눈은 지금/여기를 넘어서, 지금/여기에 없는 것을 바라고 기대하고 기다리고 그리워하며 그리는 눈이다. 그것을 다른 말로 꿈이라고도 한다. '꿈'은 지금/여기 없는 것을 올제[미래]로부터 앞으로 있을 것을 앞당겨 '꾸어오는' 것이다."[44]

　이러한 '상상력'의 관점에서 보면, 이신의 '돌의 소리'에 나타난 상당수의 시는 '그리움'을 동반한 '망'(望)의 사유가 풍부하다. 예컨대 〈상념〉의 "홀로 그대 그리워 산을 보오. 나와 내 눈이 먼 산을 바라보오. … 그러나 나와 산뿐이오. … 그대 그리워 우오. 나와 내 혼이 부둥켜안고 우오…." 〈출발〉의 "이때 그렇게 오랫동안 기도하는 새 풍토에의 출

---

44 이기상, "비움의 차원과 한국인의 상상력," m.blog.naver.com.

발," 〈그대 떠난 뒤〉의 "사라져 가는 그대 그림자 좇다 지쳐 발길 돌리고…," 〈가난한 족속〉의 "끝없는 여로를 떠난다."

## 3. 다중의 공동체 의식으로서의 '망'(網)

이은선은 자신의 아버지가 남긴 마지막 그림에 깊이 주목한다. 이신은 자식들을 불러놓고 "마음대로 와서 붓을 들고 선 하나씩을 그리라"고 요청한다. 이에 이은선은 "이미 그려진 선에 연결해서 또 하나의 선을 연결해 나갔는데, 그렇게 선들이 연결되어서 '그물망'을 이루며, 한 인간의 모습, 그 속에서 마음의 모습이 서서히 나타나는 것을 보았다"라고 하면서, 오늘 우리가 꿈꾸는 '다중'의 공동체 의식을 보게 되었다고 말한다.[45]

필자는 이은선이 말하고 있는 '다중의 공동체 의식'과 이신의 그림 속에서 선들이 연결되어 '그물망'을 이루는 모습에서, 이신의 시를 중심으로 '망'(網)의 신학으로서의 슐리얼리즘의 신학을 생각해 보고자 한다. 우선 이신의 '망'(網)은 단순한 그물이 아니라, 민중적 삶을 토대로 하는 '생명의 망'이다. 그의 시 〈과거'의 역설〉 일부 구절을 보자.

"… 정말 사랑은 어떤 과거도 무(無)로 돌릴 수 있다. 그보다도 그 상처 많은 과거 때문에 더 순결할 수 있다(영원은 역사를 녹이는 불덩어리이기 때문이다. 이 세계를 콘크리트 바닥으로 만들더라도 풀은 이것을 뚫고 돋아 오르는 것을 생명은 막지 못하기 때문이다). 영원은 불견자(不見者)의 아들도 옥동자로 탄생시키기 때문이다(1965/9/29).[46]

---

45 이신, 『슐리얼리즘과 영의 신학』, 8.

이 시에서 이신은 '콘크리트'로 상징되는 상처 입은 세계 속에도 '풀'의 생명력을 언급함으로써, 희망을 전제하면서 동시에, 우주적 생명의 연결망을 암시하고 있다. 이러한 연결망은 '상처 입은 과거'를 치유할 수 있는 '영원'이라는 시간성을 넘어서는 장치다. "영원은 역사를 녹이는 불덩어리이기 때문이다"라는 표현에서도 알 수 있듯이, "역사를 녹이는 불덩어리"는 과거의 온갖 부정성을 불태우고, 새로운 '풍토'를 열어가는 영원의 힘이다. 바로 이 영원의 힘은 콘크리트로 점철된 파괴된 문명을 딛고 일어서는 생명의 '풀'에서 다시 우주적 인드라망의 희망을 동시에 보게 된다. 그런가 하면, 이신의 시에서 '망'(網)의 신학적 요소를 가장 잘 보여주는 제목은 〈신(神)과 주체적(主體的) 해후(邂逅)〉다. 이를 감상해 보자.

자연적인 현상만을 보는 눈에는 신과 만날 수 없습니다. 그것은 항상 토막토막 잘라진 단편이기 때문에 산 역사로서 보지 못합니다. 신은 그런 곳에 계시지 않으니 말입니다. 신은 그 뒤에 숨어 계시기 때문입니다. 아니 숨어 계신다는 것보다 본래가 그런 분이 아니기 때문입니다.
신은 이 자연적인 현상의 단편 사이(within)에 계십니다. 그것은 신은 이 토막토막을 생명 있는 역사(Geschichte)로 연결하는 고리이시기 때문입니다. 그래서 신은 이 우리 눈앞에 전개되어 있는 현상에 뜻(의미)이라고 하는 생기를 불어넣습니다.
소리만 들을 수 있는 귀는 말은 알아들을 수 없습니다. 그에게 그것은 그저 소리, 소리의 토막토막이기 때문이겠지요. 이 소리에다 뜻을 불어 넣을 때

---

46 이신 지음, 이경 엮음, 『돌의 소리』, 48.

말이 되는 것이 아니겠습니까? 이것을 알아들을 수 있는 귀는 따로 있지 않습니까?

우리 눈앞에 되어지는 현상의 뜻을 더듬는 분은 신과 만날 수 있습니다. 소리 속에 있는 말을 더듬는 분은 뜻을 알게 되고 뜻을 더듬는 분은 말한 분과 만날 수 있는 것처럼 말입니다(미주 아이오와 디모인, Des Moines, Iowa, 1968/5/4).[47]

위의 시를 보면 알 수 있듯이, 이신의 시는 '신을 만나는 길'에서도 세계를 바라보는 시선이 남다르다. 그것은 자연현상을 바라보듯이 "토막토막 잘라진 단편"적인 시선으로는 "산 역사"이신 신을 보지 못한다는 경고다. 신은 오히려 토막토막 난 단편적 현상 "그 뒤에 숨어 계시는" 듯하지만, 동시에 "신은 이 자연적 현상의 '단편 사이'(within)에 계심"으로써 하나의 '그물'(網)처럼 연결되고 있다는 점이다. 이러한 '망'(網)의 사고는 바로 이어지는 구절에서 더욱 분명해진다. "신은 이 토막토막을 생명 있는 역사(Geschichte)로 연결하는 고리"라고 말하고 있다. '토막 난 현상'을 '생명의 역사'로 온전하게 연결하는 고리, 여기서 이신의 '망(網)의 신학'의 결정체를 보게 된다. '생명의 역사를 연결하는 고리'로서의 신은 눈앞에 전개되는 토막 난 현상에 "뜻이라고 하는 생기"를 불어 넣는다.

이신에게서 "토막토막" 난 현상은 무엇을 말하는 것일까? 6.25전쟁의 비극을 통한 토막난 한반도의 비극이기도 할 것이며, 가족이 흩어져야 하는 이산의 아픔일 수도 있고, 토막 나는 현상으로 인한 일체의

---

47 같은 글, 53-54.

실존적 고통을 대변해 주는 말이기도 할 것이다. 하지만 시인의 눈은 이 비극의 역사를 단순한 토막의 현상으로 보지 않고, 희망(望)의 눈을 가지고 신을 응시한다. 그것은 토막 난 세계 현상의 배후에 '숨어 있는' 신이 생기(뜻)를 불어넣으며 '생명의 역사'를 이어가는 '고리'로서의 '망'(網)으로 존재하는 것을 간파했기 때문이다.

그렇다면 누가 과연 신을 주체적으로 만날 수 있는가? 이에 대해 시인은 "우리 눈앞에 되어지는 현상의 '뜻'을 더듬는 분은 신과 만날 수 있습니다"라고 말한다. 단순한 토막 난 '소리'가 아니라, 뜻이 실린 소리로서의 '말'을 통해, 그 '말'을 전해주는 인격 혹은 신과의 해후가 가능하다는 것이다. 이는 장자(莊子)가 "귀로 듣지 말고, 마음으로 듣고, 마음으로 듣지 말고, 기(氣)로 들어라"[48]고 했던 차원과 유사하다. 장자의 말에서 '기'(氣)를 '생기'(生氣) 혹은 '성령의 말'로 풀면 아주 유사한 구조를 보게 된다.

이신의 시 한 편을 더 감상해 보면, 그의 시집 제2부 슐리얼리스트의 노래 〈나와 너, 너와 나〉라는 시에서 "… 너 나 할 것 없이, 너의 나도 되고, 나의 너가 된다고 할지라도, 그와는 멀어질 필요가 없다…"라는 구절이 있다.[49] 이 시에서도 '자타불이'(自他不二)의 '망'(網)의 구조를 읽게 된다. 요약하자면, 이신의 슐리얼리즘의 신학은 환난과 고통의 현장에서도 '믿음'(信)을 통해 희망(望)을 잃지 않고, 신과 세계에 대한 끊임없는 사랑으로, 신이 인간과 어떻게 관계하는지를 깊이 탐문하면서, 신과 인간이 관계하는 방식이 바로 '자연현상'의 배후에서 토막

---

48 [晉] 郭象 注, [唐] 成玄英 疏, 『莊子注疏』, (北京: 中華書局, 2011). "若一志, 無聽之以耳而聽之以心, 無聽之以心而聽之以氣°聽止于耳, 心止于符°氣也者, 虛而待物者也." 80-81.
49 이신, 『돌의 소리』, 90.

난 현실을 '그물'(網)로 연결하여 생기를 불어넣음으로써 인류를 다시 구원해 내는 '망'(網)의 신학적 구조를 지니고 있다 할 것이다. 여기서 우리는 한 걸음 더 나아가야 한다. 인류의 소망이기도 할 '신과의 주체적 해후'를 위해서는 또 한 가지 건너야 할 강(江)이 있다. 그것을 우리는 그의 시와 사상 속에서 더듬어 볼 수 있는 '망'(忘)의 차원이 될 것이다. 이를 마지막으로 다음 장에서 고찰해 보자.

## 4. '신과의 해후'를 위해 건너야 할 강, 망(忘)

'망'(忘)은 잊음이다. 이신의 시집, 『돌의 소리』, 제1부 유랑자의 수기(手記) 첫 편 제목은 〈침묵〉이다. 이 시편 속에서 '망'을 보게 된다. 더구나 이 시는 '잃어버린 시첩을 생각하면서' 쓴 시다(1964/8/4). '잃어버림'(忘) 속에서 진정 잃어야 할 '망'(忘)을 떠올리게 하고, 그 '잃어버림(忘)' 속에서 다시, 본래 진면목을 떠 올리게 하는 시의 구조다. 일종의 '잃어버림'을 통한 진실의 회복인 셈이다. 시의 일부를 감상해 보자.

나는 당신에게 못 하는 말이 있습니다.… 당신의 자유의 호수를 흔들어 놓을까 봐서입니다. 그래서 나는 하루종일 안타깝게 이 호면만을 바라보고 있습니다. 나는 당신에게 … 이 말만은 못합니다.… 당신의 마음의 별빛을 흐려 놓을까 봐서입니다. 그래서 나는 가슴 조이며 밤새도록 이 별빛만 지켜보고 있습니다. 나는 당신에게만 못 하는 말이 있습니다.… 당신의 궁지의 봉우리를 나의 이 말로 낮아지게 할까 봐서입니다. 그래서 나는 하루종일 괴로워하면서 이 봉우리만 바라보고 있습니다. 나는 당신에게… 사실은 안 하는 말이 있습니다.… 당신의 미소 짓는 입처럼 자유스러운 결단의 골짜기에서 솟는 우물을 이 말을 함으로써 흐려 놓을까 봐서입니다. 그래서 나는 밤새도록 이 우물가 주변을 가슴 태우며 서성거립니다.[50]

이 시에서 이신은 4단계의 상승구조를 가지고, '침묵'해야 하는 이유를 밝히고 있다. 처음에는 '당신'에게 말 못 하는 이유가 '자유의 호수'를 흔들어 놓지 않기 위함이었고, 두 번째는 다른 말은 해도 이 한마디 말을 못 하는 이유가 '마음의 별빛'을 흐려 놓을까 해서다. 평면적 '자유의 호수' 이미지에서, '마음의 별빛'으로 상승하는 진입의 구조다. 세 번째 말 못 하는 이유는 '당신의 긍지의 봉우리'를 낮아지게 할까 봐서다. 그리하여 '봉우리'만 바라보고 있다. 네 번째 단계는 말을 못 하는 것이 아니라, 안 하는 말이 있다는 것이다. 그것은 "자유스러운 결단의 골짜기에서 솟는 우물"을 흐리고 싶지 않기 때문이다. 세 번째와 네 번째는 '봉우리'와 '골짜기'로 상징되는 높이와 깊이를 아우르면서도, 정상의 고요와 깊음의 솟음이 모두 '고요함'(靜)과 '맑음'(淸)이라는 순수의 세계를 지향하고 있다. 더구나 '긍지의 봉우리'를 낮아지게 하지 않기 위해서라도 침묵을 선택한다. 첫 연에서 '자유의 호수'를 흔들지 않거나(靜), 둘째 연에서 '마음의 별빛'을 흐리지 않게 하는(淸) 시도 또한 '청정'(淸淨)의 세계를 유지하고자 하는 시인의 순수가 잘 드러나고 있다.

시인이 이러한 순수를 유지하기 위한 태도는 '침묵'이라는 수단이었지만, 그 마음은 '안타깝기'도 하고(첫 연), '가슴 조이기'도 하며(둘째 연), '괴로워하며'(셋째 연), '가슴 태우며 서성거린다.'(넷째 연). 노자는 『도덕경』에서 진리의 본래면목에 대해 이러쿵저러쿵 이름 짓는 것을 주저한

---

50 이신, 『돌의 소리』, 21-23.

다. "이름 지어 부르면 이미 참된 이름에서 멀어지기 때문이다."[51] 이러한 안타까움과 주저함으로서의 〈침묵〉의 변은 역설적으로 '말을 잃음'이라는 '망'(忘)의 구조로 표현되고 있는 것이다. '말을 잃음'으로써 만이 '참된 뜻'이 되살아나는 역설의 구조다. 이러한 '침묵'의 역설의 구조는 〈눈, 달빛〉의 시, 전문에서도 찾아볼 수 있다.

> 눈이 소리 없이 나리면, 달이 소리 없이 뜬다./ 개가 짖으면, 산촌은 달빛을 받아 더욱 고요해진다.[52]

첫 연에서는 눈과 달이 소리 없이 내리고 뜨는 '침묵' 속의 승강을 보게 되고, 둘째 연에서는 개 짖는 산촌은 달빛에 더욱 고요해지는 '침묵' 속의 대조를 보게 된다. 시인 이신이 그의 또 다른 시 〈피로에서 오는 감각〉을 보면, 그가 얼마나 불필요한 '말'을 아끼는 사람인가를 알 수 있다. "… 나는 당신을 향해 말을 하기 싫습니다. 말 대신 몸짓이 좋습니다. 항상 우리를 속이는 자는 말이기 때문입니다."

이신에게 '잊어야 할 것'(忘)은 또 있다. 그것은 '노예근성'을 잊으라는 것이다. 시 〈나사렛의 한 목수상(木手像) ─ 새 그리스도로지〉에서 그는 "나사렛의 목수 그분"은 "노예적인 자리에서 고생하고 있는 것을 끌러 주려고 노력하시는 해방자"이시기 때문에, "사람들이 노예적인 살림 가운데서 버릇이 돼서 그전에 상전에게 아첨하던 버릇을 못 버리고" 여전히 예수를 향해, "나는 당신의 종입니다"라고 하는 표현을 싫어한다고 말한다. 노예의 근성을 잊고, 비굴하지 말 것이며, 얼마든지 독립

---

51 이명권, 『노자왈 예수 가라사대』, (서울: 열린서원, 2017), 15-16. "名可名非常名" 해설 참조.
52 이신, 『돌의 소리』, 40.

적이면서 창조적으로 살아갈 것을 권하고 있다.[53] 이러한 구조는 과거의 부정적인 행실을 '잊고'(忘), "맑고 깨끗하게 살아간 예수의 산 모습을 통해", 죽음을 넘어서는 부활의 희망(望)을 현재적으로 선취하며 사는 것이다. 여기서 우리는 과거의 '노예근성'을 버리고 '잊음'(忘)으로써, 죽음도 당당하게 맞이하는 새로운 삶을 늘 기다리는 것이다. 이신의 시에서 '망(忘)의 구조'는 이처럼 '말'을 잃어버리는 '침묵'과 노예근성을 '버림' 외에 '시각을 버림'도 있다. 〈사진〉이라는 시를 보자.

> 사진은 봐서 뭘 합니까? 그대는 보면 볼수록 사진 속에 뒷발걸음질 하여 도망쳐 버리고 맙니다. 그래서 나는 그대 사진 앞에서 눈을 감아버리고 맙니다. 그러면 어느새 그대는 내 곁에 와서 등을 두드립니다. 그러면 눈을 떠 보지요. 내가 눈을 뜨자마자 그대는 어느새 눈치채고 또 뒷발걸음을 쳐서 물러가 버리고 맙니다.… [54]

이신에게 〈사진〉은 또 하나의 '그리움'이자, '희망'(望)이다. 그러나 그 '희망'은 눈을 감고 '시각을 버림' 혹은 육체적 시각을 포기함으로써 얻어지는 영적 세계일 수도 있다. 하지만 육감적 의식으로서의 시각을 완전히 포기하라는 것은 아니다. "사진 속에 그대는 고개를 흔듭니다"라는 표현에서 알 수 있다. 결국 "눈을 떴다가 그리고 감았다가 할까요"라고 시인은 되묻는다. 이러한 시 의식 속에는 박일준의 지적대로, "초월을 향한 희구로서 환상"과 일종의 "생명의 힘의 표식"이 담겨있다고 볼 수 있을 것이다. 여기서 "초월은 기존을 저버린 초월이 아니라, 기존

---

53 같은 글, 65-67.
54 같은 글, 74.

의 체제가 보지 못하는 세계를 새롭게 발견하는 초월이다."[55] 바로 그러한 점에서 이신이 말하는 초월은 우리가 "보고 들을 수 없는 세계의 초월이 아니라, 우리가 보고 듣고 만지면서도 우리가 의식하지 못하고, 가장 가까이 있으면서도 먼 것이다." 그러면서도 이신은 "내 눈앞에 보고 있는 사물 가운데서 그 절대의 세계를 의식하는 것이고, '너희 안에 천국이 있느니라' 하는 그런 경지"로 설명한다.[56]

이것은 이신이 줄곧 강조하는 바, 기존의 신학이 '말씀이 육신이 되는' '도성육신'(道成肉身)을 강조한 것이었다면, 슐리얼리즘의 신학은 여기서 한 걸음 더 나아가서 '육신이 영이 됐다'(肉身成靈)고 주장하는 것으로, 이는 실존주의의 주장도 넘어서는 것이다.[57] 이처럼 이신의 슐리얼리즘의 신학은 그의 시집에서도 드러나고 있는 바와 같이, 현실의 감각을 넘어서는 '신과의 해후를 위한, 망'(忘)의 구조를 통해, 현재와 미래를 창조하는 희망(望)의 구조를 지니고 있다고 할 수 있다.


## 마무리하는 말

이신은 "인간에게 '죽음에 이르는 병'은 이매지네이션(imagenation)의 부패다"[58]라고 말했는데, 이것은 건전한 상상력의 부재에 대한 통렬한 외침이다. 그러면서도 그는 이러한 "인간의 치명적인 병인 상상력의 부패를 치료하는 데에 결정적인 역할을 담당하는 것이 종교다."[59]라고

---

55 현장아카데미편, 『환상과 저항의 신학』, 291.
56 같은 글, 222.
57 같은 글, 223.
58 이신, 『슐리얼리즘과 영의 신학』, 204.

말함으로써, 여전히 종교의 순기능에 대한 희망을 잃지 않고 있다. 이것은 이신이 함석헌이 언급했던 '미래의 종교'와 '새 시대의 종교'로서의 '이지(理智)의 종교'와 '노력의 종교'를 언급했던 것과 일치하고 있다. 함석헌이 말한 '이지의 종교'는 이신이 주장하는 '이매지네이션'과 맥을 같이하며, "사유와 상상과 직관을 모두 포괄하는 더 높은 차원으로서의 인식인 '영적 통찰'을 의미"[60]하는 것이고 보면, 이신이 희망하는 새로운 시대의 종교는 마땅히 '상상력의 부패'를 치료하고도 남는 것이어야 할 것이다.

이신의 영적 통찰은 '초월과 내재'를 통찰하는 슐리얼리즘의 신학적 구조에서 잘 드러난다. 필자는 이를 동양 미학의 관점에서 이신의 슐리얼리즘의 신학적 구조를 '망(望)-망(網)-망(忘)'의 개념과 원리에서 찾아보았다. 그러나 이러한 세 가지 '망'의 구조는 직선적 구조가 아니라, 원형적이면서도 순환론적인 구조를 지니고 있다. 희망에서 출발하여, 그물처럼 얽혀있는 우주적 망 속에서, 욕망으로 점철된 감각적 자아를 잊고 넘어서, 영적 세계의 진실을 바라보는 새로운 눈을 가짐으로써 비로소 '부활'을 목격하고 환생하는 순환적 구조를 지닌다는 뜻이다. 그것이 이 땅에서 생존하는 동안의 모든 순간에도 적용되는 것이고, 또한 죽음을 넘어서는 일체의 과정 또한 순환적이라는 것이다. 새로운 눈으로 세계를 바라본다는 것은 이신의 시집 속에 나타난 〈자유의 노래〉에서 보듯이, "사랑의 범위가 넓어지면 넓어질수록 그 사람은 자유로운 사람"[61]이 되는 것이다.

---

59 같은 글, 206.
60 현장아카데미편,『환상과 저항의 신학』, 54.
61 이신, 시집『돌의 소리』, 79.

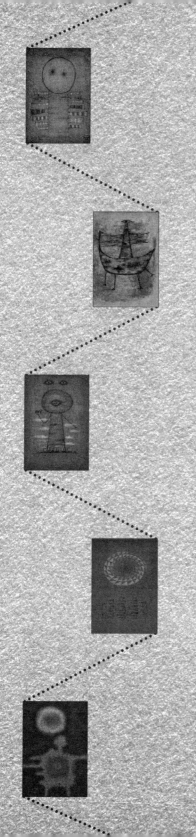

3부

이신의 시와 신학

# 이신의 묵시 해석에 대한 현상학적 연구
## — 시를 중심으로

김성리

인제대학교 의과대학 인문사회의학교실

영이란 정신적인 바람이므로 영은 있다는 사람에게는 있는 것이고 없다는
사람에게는 없는 것이다. _ 산문〈영(靈)〉중에서

## 시작하는 말

필자는 "이신(李信)의 슐리얼리즘: 영원과 사랑의 묵시"[1] 연구에서
이신의 시를 분석하여, "이신은 예수의 죽음이 지닌 뜻을 묵시에서 찾
았으며, 이때의 묵시는 시간적인 종말을 초극하여 영원한 정신으로 현
존하는 것이므로 새로운 미래를 꿈꾸는 희망과 같은 것으로 해석하고
이해"한 것으로 규명한 바 있다. 이 연구에서는 앞의 연구와 연관하여

---

1 현장아카데미 편, 『환상과 저항의 신학: 이신(李信)의 슐리얼리즘 연구』(서울: 동연, 2017).

이신의 묵시에 대한 이러한 해석이 어떻게 이루어졌는지를 알기 위하여 이신의 시를 현상학적으로 살펴보고자 한다.

문학 작품은 작가가 현실 세계에서 경험하는 사실 자체를 서술하는 일차적인 기록보다 이 사실을 경험한 작가와 그 사실 사이의 연관에 대한 이차적인, 다시 말해 인간적인 측면이 더 강하다. 그래서 문학 작품에는 작가의 의식이 들어가 있고, 이러한 의식의 경험을 현상학에서는 '체험'으로 표현한다.[2] 체험의 표상인 문학 작품을 현상학적으로 본다는 것은 작가의 경험적 의식인 체험과 작가가 속해 있는 세계 사이의 지향적 관계를 있는 그대로 해석하고 설명하는 것이다.

시는 시인이 실제로 경험한 세계와의 사건에서 내는 초월적 목소리이다. 이신은 그의 글 "소리, 언어, 목소리"에서 "언어에는 그 언어가 표현하는 문법적, 논리적 요소만으로는 가려낼 수 없는 초월적인 층이 있으며, 언어의 객관적 표현 형식을 넘어선 언어를 '목소리로서의 언어'"라고 말한다. 목소리로서의 언어는 "단순히 소리를 들을 수 있는 청각을 넘어서 인격의 그윽한 데 숨어 있는 심정이며, 목소리는 사람의 심정에 전달된다." 따라서 이신의 시는 그가 부르는 마음의 노래이며 초월적인 존재인 '영'에 대한 목소리이다.

이 글에서는 위의 맥락에 따라 이신의 시 작품을 '체험'[3]의 표상으로 보고, 묵시를 "새로운 미래를 꿈꾸는 희망"으로 해석하는 이신의 시적

---

2 이는 의식의 지향성과 연관이 있다. 의식의 지향성은 '모든 의식이 어떤 것에 대한 의식'임을 말한다. 피에르 테브나즈/김동규 옮김, 『현상학이란 무엇인가 – 후설에서 메를로 퐁티까지』(그린비, 2012), 41.

3 지향적 체험은 시인이 자기의식 속에 어떤 의미를 지니고 작용하는 경험이다. 그래서 지향적 체험에 의한 그 무엇이 이루어지기 위해서는 어떤 의식이 작용한다. 빌헬름 딜타이/이한우 옮김, 『체험 · 표현 · 이해』(책세상, 2002), 162.

여정을 따라가 보고자 한다. 그 방법으로 '판단 중지'⁴를 한 다음 작가와
세계의 연관구조를 파악하기 위해 인식의 순수성을 확보하는 현상학적
방법으로 시를 해석하고, 그 과정에서 필요에 따라 이신의 산문을 참조
할 것이다. 후설에 의하면 판단 중지란 해석하고자 하는 대상에 관한
어떤 생활 세계의 경험이나 고정 관념으로부터 거리를 두는 것이다.⁵
다시 말해 대상 자체를 중시한다는 뜻인데, 이는 개념이라는 틀을 통한
판단과 설명에 앞서 작가의 의식과 세계 사이의 지향적 관계가 있는
그대로 드러나도록 시를 해석하는 것이다.


## I. 역사의식에서 초월의식으로

시는 시인의 말(言)이다. 우리가 흔히 사용하는 평범한 말로 표현할
수 없는 그 무엇을 시인은 자신이 창조한 언어로 말하는데, 그것이 곧
시이다.⁶ 시에는 시인이 경험한 삶의 총체가 들어 있어서 시인 자신의
삶에 대한 태도가 담겨있는 창조적인 의식 공간이기도 하다. 시인이
시 창작에 활용하는 언어 자체가 삶의 경험으로부터 형성되기 때문이
다. 따라서 시를 읽는 것은 세계 속에서 시인이 경험에 의해 가지게
되는 내밀한 체험을 이해하는 방법이 될 수 있다.
    이신의 시는 어려운 단어 없이 평범한 단어만으로 그 모습을 드러내

---

4 '판단중지(epoche)'는 앎과 삶에 미리 주어지는 실재의 세계에 대한 믿음과 선입견을 멈추
  는 태도를 말하는 것으로 현상학의 근본방법이다. 조광제, 『의식의 85가지 얼굴』 (글항아
  리, 2008), 62-66.
5 에드문트 후설/이종훈 옮김, 『유럽학문의 위기와 선험적 현상학』 (한길사, 20070), 33-34.
6 시인의 의도는 시에서 의미로 나타난다. 김영철, 『현대시론』 (건국대학교 출판부, 2006), 96.

는 데도 평범하지 않다. 왜 그럴까? 어쩌면 이신의 시는 어떤 것에 대해 끊임없이 묻고 답을 찾는 과정이 아니었을까? 그렇다면 이신은 시에서 무엇을 찾고 있었을까? 아니 무엇을 말하고 싶었을까? 이 물음에 대한 답을 찾아가는 실마리로 묵시문학자의 의식에 대한 이신의 해석에 주목한다. 이신은 묵시문학에 대한 그의 연구인 "전위 묵시문학 현상"에서 묵시문학자의 의식을 역사의식과 초월의식으로 나누고, 역사의식에서 묵시문학자들은 '한계상황'을 체험하는 것으로 보았다.

한계상황은 임의적으로 주어지는 것이 아니라 인간의 유한성에 근거를 두고 있으므로 한계상황에서 인간으로서의 실존성을 체험하게 된다. 야스퍼스에 의하면 "나타남으로서의 나의 현존재와 나 자신의 일치가 나의 역사성이며, 그것을 깨닫는 것이 역사적 의식이다."[7] 그래서 역사의식은 유한성으로부터 불안을 느끼고 양심의 목소리에 귀 기울이게 된다. 이신은 이러한 한계상황으로부터 초월의식으로의 상승이 나타나는 것으로 보고, 묵시문학자는 의식의 지향점이 초월적인 것으로 향해야 한다고 말한다.

역사의식이 초월의식으로 상승하려면 자기반성이 있어야 하는데, 자기반성은 자기 자신을 향한 물음이자 그 물음에 답하는 양심의 소리이다. 역사의식은 양심의 소리를 들으며 의식의 고양이 일어나고 환상의 지평이 열린다. 이신은 환상 체험을 묵시문학자의 의식에서 일어나는 초월적 체험으로 규정하며, 상징적 표현이나 암호 언어에 의해 비유적인 성격을 띠는 것으로 보았다. 이신이 설명하는 묵시문학자의 의식의 흐름을 이해하기 위해 시 〈진리가 어디 있습니까〉를 살펴보자.

---

7 프란츠 짐머만/이기상 옮김, 『실존철학』 (서광사, 2002), 114.

이 시의 전체적인 언술 구조는 묻고 답하는 것으로 이루어져 있다. 시의 전반부(1연, 2연, 3연, 4연)와 후반부(5연, 6연)가 각각 큰 물음과 그에 대한 답으로 구성되어 있고, 마지막 결말부(7연)에서 시 전체의 명제가 드러난다. 전반부에서 작은 물음과 그에 대한 답이 반복되면서 '진리가 어디에 있는가?'라는 큰 물음을 형성하고, 큰 물음에 대해 진리는 대답 형식으로 자신의 모습을 시 후반부에서 드러낸다.[8]

진리가 어디 있습니까.
암만 눈을 씻고 봐도
어디 있는지
보이지 않습니다.
진리가 어디 있습니까.
암만 손을 휘둘러도 어디 있는지
만져지지 않습니다.

진리가 어디 있습니까.
암만 귀를 종그려도
목소리를 들을 수 없습니다.

그렇다면 나는
없는 당신을

---

8 하이데거는 주체와 객체가 분리되어 마주하는 사유는 철학적 사유가 아니며, 주체가 스스로 묻고 답하는 형식을 '응답'으로 표현하여 '대답'과 달리 해석한다. 김형효, 『하이데거와 마음의 철학』(청계, 2002), 34-35.

이렇게 애절히 찾고 있는 것입니까.
볼 수도 없고
만질 수도 없고
들을 수도 없는
당신을
이렇게 목타게
부르짖고 있는 것입니까.


당신을 어디 가서 만날 수 있습니까.
당신의 얼굴을
어디 가서 찾습니까.


이신은 1연에서 진리가 어디 있는지 반복해서 물으며 찾지만, 그 어디에서도 진리는 찾을 수 없다. 진리는 보이지도 않고 만져지지도 않으며 들리지도 않는다. '않다, 없다'로 표현되는 불안감이 3연에서는 '없는 것을 찾는 게 아닌가'라는 절망에 가까운 회의에 이른다. 하지만 포기하지 않고 다시 묻는다. 이번에는 좀 더 구체적으로 진리의 실체인 "당신의 얼굴을 어디 가서 찾습니까"라며 새로운 의지를 드러낸다. 진리를 애타게 찾으며 예수가 하늘의 답을 얻기 위하여 광야를 헤매었듯이 온몸으로 밀고 다닌다. 그리고 이신은 방황과 회의 끝에 진리를 만날 수 없는 이유를 시의 후반부에서 진리의 목소리로 들려준다.


내 얼굴은
보는 눈 있는 자에게

보이는 얼굴

내 몸은

만질 수 있는 손 가진 자에게

만져지는 것

내 목소리는

들을 수 있는 귀 가진 자에게

들리는 소리


저 풀잎새 하나에도

저 티끌 하나에도

굴러다니는 돌 하나에도

저렇게 미천하게 짓밟히는

지푸라기 하나에도

내 얼굴과 내 목소리는

있는 것


　이신은 진리가 '여기 이 자리'에 있었지만, 보고 싶은 것만 보고, 듣고 싶은 소리만 듣고, 만지고 싶은 것만 곁에 두고자 하는 사람에게는 그 모습이 나타나지 않음을 진리의 목소리로 말한다. 진리는 보는 눈에 의해 보이는 얼굴이며, 만질 수 있는 손에 의해 만져지며, 들을 수 있는 귀에 의해 들리는 존재이다. 진리의 실체는 세상 만물에 깃든 '영'이며, 은폐로부터 스스로를 드러내는 그 무엇이며, 은폐하는 자로부터 은폐의 막을 걷어내는 그 무엇이다.

　이 사실을 알지 못할 때의 이신은 "애절한 마음으로 목타게 부르짖으며 진리를 찾아 헤매었다." 이신은 "역사적 전망 및 묵시문학자들의 심리적 상태에서, 묵시문학자들이 묵시문학적 체험속으로 들어갔을 때, 그것은 '한계상황'의 체험"이라고 했다. 진리를 '애절하게 찾고 목타게 부르짖는' 한계상황을 체험하고 시 후반부에서 드디어 진리의 목소리를 듣는다. 그것은 마치 '돌의 소리'를 듣는 것과 같은 초현실적인 환상 체험이며, 현존재로서의 이신 자신을 오롯이 드러내는 전회의 시간이다.

이신은 묵시문학자들에게 한계상황은 "자기 자신과 그 세계를 예리하게 관찰할 수 있는 감수성"을 고양시키는 역할을 하는 것으로 본다. 고양된 의식으로 세계를 다시 보았을 때 진리는 "풀잎 하나, 티끌 하나, 굴러다니는 돌 하나, 미천하게 짓밟히는 지푸라기 하나"에도 있었다. 시의 전반부가 오로지 가시태적 지평에서만 진리를 찾는 현실적 경험을 가리킨다면, 후반부는 사물과 사물과의 관계에서 드러나는 진리를 이야기한다. '보는 눈, 만질 수 있는 손, 들을 수 있는 귀'로 알 수 있는 진리는 사물과 사물이 만나는 지점이며, 그 지점은 "티끌과 미천하게 짓밟히는 지푸라기 하나"이다. 즉 보이지 않는 것으로부터 볼 수 있는 것, 가장 낮은 곳에서 찾을 수 있는 것, 현존재만이 볼 수 있는 얼굴, 그것이 진리이다.

나는
보이는 자에게
보이는 존재
듣는 자에게
들리는 존재

시의 결말부에서 진리는 자신의 존재성에 대해 스스로 말한다. 진리는 누군가에게 보여지는 것이 아니라 보이며, 들려지는 것이 아니라 들리는 존재이다. 진리는 보이고 들리며 만질 수 있는 경험적인 판단 세계에서는 찾을 수 없지만, 경험적인 판단을 중지할 때 그 모습을 드러낸다. 그것은 이성적이거나 과학적인 차원이 아니라 스스로 답을 구하는 지향적인 의식에 의해 감춰진 채로 존재하는 세계이다. 하지만 이 시에서 진리는 여전히 구체적인 모습을 드러내지 않은 채 보이고 들릴 것이라고 한다. 즉 '진리'는 어디에나 있었으나 볼 수 있는 자만이 볼 수 있는 존재였다.

나타나는 것은 사라지지만 드러내는 것은 사라지지 않는다. 그것은 우리가 보지 못하고 듣지 못할 뿐, 언제나 어디에서나 존재한다. 모습을 드러낸 진리의 말을 통해 경험하는 것처럼 보이지만, 그 이면에는 시인의 지향적 의식이 작용한다. 보이지 않는 존재에게 묻고 그 존재로부터 답을 듣는 과정에서 시인의 의식은 역사적 시공간에서 초월적 시공간으로 흐른다. 그것은 하이데거가 말하는 '비본래적 인간'에서 '본래적 인간'으로 나아가는 것과 같다. '진리'를 알기 위해 시인은 경험적 세계인 역사적 시공간에서 추상적인 환상의 시공간인 초월의 세계로 들어가고, 거기에서 비로소 '진리'와 마주한다.

"나는 / 보이는 자에게 / 보이는 존재 / 듣는 자에게 / 들리는 존재"는 논리적이지 않다. 대상이 있기 때문에 보고 만지고 듣는다. 그런데 들어야 들리고 보아야 보이는 것은 대상이 있기도 하고 없기도 한 상태, 즉 환상이다. 또 믿는 자에게 불어오는 '영'이다. 환상은 현실에서는 어떤 사실이나 현상을 받아들일 수 없을 때 나타난다.[9] 이 시에서는 실재하는 이성이 논리적으로 이해하기에는 불확실한 대상을 만났을 때 나타나는 회의로부터 환상에서 답을 찾는 과정을 서술하고 있다. 그리고 현실적인 역사의식보다 환상의 세계인 초월의식에서는 의식의 흐름이 자율적이며 창조적이기 때문에 비로소 '보는 자와 보이는 자'가 만날 수 있다. 그것은 초월적 의식에서 가능한 새로운 질서를 창조하는 것과 같다. 이신이 "묵시문학의 의식은 환상의 의식이다"라고 한 이유가 여기에 있다.

이신은 이런 현상을 산문 〈돌의 소리〉에서 "현실적으로는 '돌'이 소리 지를 수 없는 것이지마는 그런 초현실로는 길가에 '돌'도 소리 지를 수 있는 것이고 또 응당 그렇게 의식구조를 어차피 돌이켜 놓은 것이니 '떳떳한 이름'이라고 생각해도 좋"은 것으로 설명한다. "돌이 소리치는 것을 들을 수 있는 사람은 무엇인가 결정적인 것을 구하는 것을 넘어서 절대의 것을 탐색하는 사람들에게 문제" 되기 때문이다. 이 말은 눈에 보이는 것만 탐색하는 역사의 시간에 있는 사람들은 초월의 시간이 지니는 의미를 알 수 없다는 뜻이다.


## II. 사실과 유희

이신이 그토록 찾고자 하는 '진리'는 무엇이었을까? 이신은 앞의 시 〈진리가 어디 있습니까〉에서 일반적이며 보편적인 역사적 존재에 저항하여 끊임없는 질문을 자신에게 던지며 한계상황에 이르고, 회의와 절망 속에서 진리가 모습을 드러내는 초월적인 체험을 한다. 아도르노는

---

9 이본느 뒤플렌시스/조한경 옮김, 『초현실주의』 (탐구당, 1983), 35.

자신의 현실 부정성과 고통스러운 현실을 동일시함으로써 만들어지는 내적 체험을 구체적으로 표현하는 것이 예술이라고 했다.[10] 시인이 그토록 알고 싶은 간절함이 현실과 부합되지 못하고 서로 미끄러지는 그 지점에서 의식은 초월의 시공간으로 흐르고 대상은 모습을 드러낸 것이다. 그러나 여전히 '진리'는 모호하며 명확하게 드러나지 않는다. 그 이유를 이신은 아래의 시 〈신(神)과 주체적(主體的) 해후(邂逅)〉에서 설명한다.

자연적인 현상만을 보는 눈에는
신과 만날 수 없습니다.
그것은 항상 토막토막 잘라진
단편이기 때문에 산 역사로서
보지 못합니다.
신은 그런 곳에 계시지 않으니 말입니다.
신은 그 뒤에 숨어서 계시기 때문입니다.
아니 숨어 계신다는 것보다
본래가 그런 분이 아니기 때문입니다.

신은 이 자연적인 현상의 단편 사이에(within) 계십니다.
그것은 신은 이 토막토막을 생명 있는 역사(Geschichte)로 연결하는 고리시기 때문입니다.
그래서 신은 이 우리 눈앞에 전개되어 있는 현상에 뜻(의미)이라고 하는

---

10 이종하, 『아도르노 고통의 해석학』(살림, 2007), 13-15.

생기를 불어넣습니다.

소리만 들을 수 있는 귀는
말을 알아들을 수 없습니다. 그에게
그것은 그저 소리, 소리의 토막토막이기 때문이겠지요.
이 소리에다 뜻을 불어넣을 때
말이 되는 것이 아닙니까.
이것을 알아들을 수 있는 귀는
따로 있지 않습니까.

위의 시에서 신은 '자연적 현상만을 보는 눈'인 역사적인 세계 너머
에 있다. 그곳은 "자연적인 현상의 단편 사이"에 있는 환상의 세계이며
초월의 세계이다. 신이 그곳에 있는 이유는 자연적인 현상을 "생명 있
는 역사"로 연결하는 역할을 하기 때문이다. 세인으로서의 우리들이 신
을 볼 수 있도록 신은 자연적인 생활에 매몰된 우리들에게 생기를 불어
넣는다. 그것을 이신은 "뜻(의미)"으로 이해한다. 소리에 뜻을 불어넣으
면 말이 된다. "소리 속에 있는 말을 더듬는 분은 / 뜻을 알게 되고 /
뜻을 더듬는 분은 / 말한 분과 만날 수 있는 것처럼" 신을 만날 수 있다.
이신은 산문 〈소리, 언어, 목소리〉에서 청각만 있으면 들을 수 있는
것이 소리이고, 말(언어)은 이해할 수 있는 이지력이 필요한 것으로 구
분한다. 그래서 말을 인격의 그윽한 데 숨어 있는 심정(heart)으로 표현
한다. 신의 뜻을 알아듣는다는 것은 말에 담긴 인격을 아는 것이고, 현
존재가 세계와 관계하는 실존적인 방식을 표현한 것이기도 하다. 다시
말해 신은 자연적인 현상 토막토막에 뜻을 부여함으로써 만물과 모든

일에 고유한 존재성을 부여한다. 신의 뜻을 품은 언어는 존재의 집과 같은 것이다. 따라서 신의 뜻을 안다는 것은 역사적인 의식을 벗어나 지향성을 지닌 초월적인 의식일 때 가능하므로 신과의 만남은 주체적이다.

초월적인 의식에서 이루어지는 이러한 사실을 자연적인 현상만을 보고 듣는 사람들은 부정하고 인정하지 못한다. 이러한 현상에 대해 이신은 시 〈사실(事實) I〉과 〈사실(事實) II〉에서 "아무리 부정하고 또 부정해도 / 그것이 사실이니 좋습니다"(〈사실(事實) II〉)라며 혼자서라도 그 길을 걸어간다. 신을 주체적으로 만날 때, 비로소 말의 뜻을 안다는 이 사실을 "부정하고, 피하고, 눈감고, 모두가 다 모른다고 한다면 / 어떻게 할" 것인지를 〈사실(事實) I〉에서 묻고 또 묻는다. 그리고 수없이 반복하는 질문 속에서 이신은 다시 스스로 물음에 대한 답을 찾는다.

다만
여기
한 가지 길이 있습니다.

사실이 그렇게 강인(强靭)한 것이라면
나도 그와 반대되는 사실을
만들어서
싸움을 붙여 전취(戰取)하는 길밖에
어디 있겠습니까.

이신이 찾은 길은 사실을 부정하는 세상을 상대로 싸워 사실을 알리는 것이다. 싸우는 방법은 "하나로 안 되면 / 둘로 / 둘로 안 되면 / 셋으로" 만들고, 그마저도 여의치 않으면 "묵은 사실을 / 새 사실로 / 모르는 사실을 아는 사실로 / 아는 사실을 / 모르게 하는 사실을 / 만들 어서"(〈사실(事實) I〉) 싸우는 것이다. '모르는 것은 아는 것으로, 아는 것은 모르는 것으로 만드는 것'은 사실을 믿지 못하는 세상을 거꾸로 뒤집어 보는 것과 같다. 이러한 역설적인 표현은 이신이 가고자 하는 길이 개인의 차원을 넘어 '신과의 주체적 만남'을 위한 길임을 의미하는 고백이다. 이는 이신이 산문 「靈(영)」에서 말하는 "있다는 사람에게는 있는 것이고 없다는 사람에게는 없는 것"이 되는 믿음의 차원이다.

이를 앞의 시 〈신(神)과 주체적(主體的) 해후(邂逅)〉와 연관하여 보면, 신의 존재를 부정함으로써 신의 존재를 알게 하는 것으로, '없음'으로 '있음'을 증명하는 것과 같다. '뜻'이 담긴 말을 심정으로 들은 이신은 그 사실로 인하여 세상과 갈등한 것으로 보이지만, 회피하거나 외면하지 않고 오히려 카니발적인 양태의 삶을 살아보자고 시에서 유희적 표현으로 말한다. 미하일 바흐친은 『도스토옙스키 시학』에서 카니발은 성스러운 것과 속된 것, 높은 것과 낮은 것, 현명한 것과 어리석은 것 등을 통합시키고 결합시키는 것으로 설명하는데,11 이는 축제가 지닌 유희성과 같다. 사실을 사실로 인정하지 못하는 세상을 상대로 이신은 탈을 쓰고 세상을 놀리듯이 사실을 뒤집어버린다. 사실은 거짓인 탈("나도 그와 반대되는 사실") 속에 숨겨놓고 탈이 사실인 것처럼 하며 세상을 희롱한다.

---

11 미하일 바흐친/김근식 옮김, 『도스토옙스키 시학』 (정음사, 1988), 180-182.

다른 사람이 모를 뿐만 아니라

나 자신도

내가 한 일을

다 잊었다고 할지라도

그것이 사실이라면

좋습니다.

내가 그 사실을

잊었을 뿐만 아니라

나도 내가 한 일을

모른다고 할지라도

그것이 사실이니

좋습니다.

_ 〈사실(事實) II〉 중에서


이신은 〈사실(事實) I〉에서 마치 트릭스터처럼 세상을 희롱하다가 〈사실(事實) II〉에 이르면 다시 본연의 모습으로 돌아와 자신의 믿음을 재확인한다. 모든 사람이 사실을 부정하고, 사실을 잊어버리고, 심지어 시인 자신조차 그 사실을 잊어버렸어도 그것이 사실이니 좋다고 말한다. 이신이 찾은 사실은 자연적인 시공간 속에 사는 사람들이 인정하거나 기억하지 못해도 언제나 변하지 않는 것이다. 이신은 산문 〈창조주 되시는 하나님〉에서 "사실을 사실대로 이야기하면 항상 이렇게 단순하다"라고 서술한다. 여기에서의 사실은 "태초에 하나님이 천지를 창조하시니라"는 성서의 첫 문장이다.

하지만 이신이 시에서 말하는 사실은 명문화된 성서 속의 사실과는 다르게 해석해야 한다. 그것은 성서에서 명확하게 제시한 "태초에 하나님이 천지를 창조하시니라"는 사실과는 달리 명문화되지 않은 그 무엇, 바로 책임의식으로서의 양심이다. 자연인으로 '살면서 행한 일들'을 비록 기억하지 못한다 해도 자신이 행한 것들은 모두 사실임을 인정해야 함을 말하는 것이다. 책임의식은 "모든 것을 '내 문제'로 생각하는 것"(산문 〈책임의식〉)이며, 우리가 이러한 책임의식을 가질 때 양심은 "사실로 이런 책임 수행의 뿌리로서의 활동이 자유라는 아름다운 꽃과 열매를 맺게 한다"(산문 〈책임의식〉).

> 인격은 어떤 목적을 위한 수단이 될 수 없다. 인격 자체가 목적이다. 그러므로 인격은 인격 이외의 것을 여하한 것이든지 간에 수단으로 삼을 수 있다. 그러므로 인격은 이 우주보다 더 비중이 무거운 것이다. 절대적인 것이 될 수 있다. (중략) 인격에는 죽음이란 없다. 그러므로 사람을 객체적인 면에서 본다면 죽음이 있지마는 사람을 인격적인 주체자로 볼 때 인간은 불사(不死)다. 부활과 영생은 인간을 이런 주체적인 인격으로 볼 때 말하는 소리다.
> _ 산문 〈인격〉 중에서

기억하지 못하는 것까지 사실로 인정하는 것은 양심이며 인격이다. 이신은 같은 글에서 인격이 주체성을 상실하고 어떤 것의 수단물이 되면 그 인격은 죽는 것으로 본다. 부활과 영생이 주체적인 인격을 가진 인간일 때 가능하다는 것은 주체적인 삶의 모습을 말한다. 신을 만나는 것도 주체성을 가진 인간일 때 가능하며, 사실을 사실로 인정하는 것도 주체성을 가진 인격이어야 가능하다.

그러나 역사적인 시간을 사는 사람들이 사실을 사실로 인정하는 주체성을 가진 인격으로 나아가는 건 쉬운 일이 아니다. 그래서 이신은 때로는 카니발적인 유희로, 때로는 탈을 쓴 트릭스터처럼 세상을 향해 온몸으로 시를 썼다. 때로는 초현실주의적인 글쓰기로, 때로는 현실을 비겨가는 환상으로 지향적 체험을 표현했다. 이신이 묵시문학자들은 역사의식에서 초월의식으로 나아가야 한다고 말하는 이유가 여기에 있다.


## III. 계시 그리고 출발

묵시문학자가 역사의식에서 초월의식으로 나아가는 것은 선택의 문제이다. 우리에게는 늘 선택지가 있다. 지금까지 살펴본 이신의 사상으로 볼 때, 초월적인 세계를 선택하는 것은 어떤 자유에 가까워지는 것이고, 역사적인 세계에 머물러 있는 것은 죽음에 가까워지는 것이다. 물론 이때의 죽음은 자연적인 현상에서 맞이하는 육체의 소멸이 아니라 영혼의 소멸을 의미한다. 초월의식으로 나아가기 위해 묵시문학자는 자신이 어떻게 살아야 할 것인지에 대해 끊임없이 묻고 답을 찾아야 한다. 묵시는 뜻이 있는 신의 말, 즉 계시이기 때문이다.

흰 구름이 떠 온다.
그리고 흰 구름이 점점 가까워지더니
하늘에 한 SENTENCE를 계시한다.
그것은

신은 간밤에 처녀와

결혼했는데 하루 사이에

아들을 낳아

이름을 HALOM이라고 하니

이가 모든 인간들에게 어디서 오는지

모르게 살짝 내려와서

온갖 의미를 부여한다.


이것은 정말 일순간의 일이었기 때문에

이것을 해독한 사람은 세상에 한 사람밖에 없다.

_ 〈계시 I〉 전문


신의 계시는 말("한 SENTENCE")이다. '말'이 우리에게 오는 현상은 초자연적이며 신비롭다. 그 말에 들어 있는 뜻은 "HALOM"이었다. 신의 아들을 가리키는 할롬에는 신이 내린 계시의 내용과 과정이 전부 들어 있다. 모든 인간이 모르게 살짝 진행되었으나 모든 인간이 알아야 하는 계시는 일순간에 이루어진 까닭에 신의 뜻을 해독한 사람은 '한 사람'뿐이었다. 신의 뜻인 계시의 내용을 정확하게 알지 못하는 사람들이 취하는 행동은 시 〈계시 III〉에서 "땅에서 출현한 책 한 권을 읽고 일터로 나갔지만, 하품만 하다가 책의 글귀를 상기하고 기도만 한다. 날이 저물자 무서운 소식을 들었다며 집으로 돌아간다"로 묘사되어 있다.

할롬을 해독한 한 사람에 의해 신의 뜻은 전파되어 땅에서 솟아난 것처럼 많은 사람들의 호기심을 불러왔지만, 그들은 그 뜻을 알지 못한 채 하품만 하다가 또는 뜻은 모른 채 글귀만 읽고 잘못 해석하여("날이 저물어 / 함정 속으로 피해 들어가야만 하는 / 무서운 소식을 / 들었다고 말하면서", 〈계시 III〉) 원래의 생활("집으로", 〈계시 III〉)로 돌아간다. 자연적인 공간과 역사의 시간 속에서 신의 뜻을 안다는 것은 "돌이 소리치는 것을" 들을 수 있는 사람에게나 가능한 일이다. "어른들을 위한 동화"처럼 돌이 지르는 소리를 듣는 일이 이루어진다는 것은 "인간의 전면적인 해방"을 외친 슐리얼리즘의 환상처럼 새로운 것이다.

　　시는 어떤 대상이나 사건이 시인의 본질 직관에 의해 언어로 표상된 것이다. 표상은 차이가 있는 잡다한 경험이나 인식을 시인이 다시 거머쥐어 시라는 하나의 지평에 귀속시켜 나타나게 한다. 시적 화자는 시 안에서 담화의 형식으로 시인의 의도를 전달하는 역할을 한다. 시적 담화가 지닌 의미는 시의 표상에 의해 나타나므로 결국 시인의 의도와 일치한다. 하이데거는 자신의 저서 『존재와 시간』에서 관심을 존재가 바깥으로 향하려는 초월로 설명한다. 또 현존재가 과거적인 마음 상태와 미래적인 존재 가능성 사이에 있는 것을 관심으로 표현했다. 현존재가 마음이고 마음이 관심인 것이다.[12]

　　앞의 시 〈계시 I〉과 〈계시 III〉에서 신의 뜻을 알아들은 이는 마음이 늘 역사의 시간 바깥에 있는 현존재이자 초월적 존재이며, 역사 안의 사람들은 그 뜻을 알지 못하기에 지겨워하거나 기도하거나 집으로 숨어든다. 이신은 사람들이 신의 뜻을 알지 못하는 이유를 "그 책의 글귀를 / 상기하고는 기도를 올리고 / 또 올리고 또 올리고 하"는 태도, 즉 주체적으로 신의 뜻을 해석하지 않고 눈에 보이는 현상에만 집착하여 신에게 매달리기만 하는 나약함에서 찾았다. "정신이란 자기가 자기 자

---

12 마르틴 하이데거/전양범 옮김, 『존재와 시간』 (시간과 공간사, 1989), 261-268.

신을 살피는 일, 곧 반성을 의미하는 말이며, 인간의 특징은 인간 스스로를 반성한다는 점에 있다"(산문 〈사람이 사람됨은 자기를 살피는 데 있다〉 중에서). 하지만 사람들은 자신의 생활상을 돌아보며 반성하는 대신 신의 뜻을 "무서운 소식"으로 간주하고 자신들의 집에서 안락함을 찾는다.

반면, 신의 뜻을 알아들은 사람은 새로운 세계로 나아가기 위해 출발선에 서야 한다. 앞의 시들보다 몇 년 전에 쓴 시에서 이신은 이미 출발이 지닌 의미를 표현하고 있다. 우리들의 의식은 늘 어딘가로 향하는 특성이 있어서 다가올 것을 미리 끌어오고 지나간 것을 다시 끌어당겨 현재 지평의 영역을 확대시킨다. 그래서 현재는 과거의 지평 위에서 미래로 나아가는 시간이다. 후설은 경험이 원칙 없이 무질서하게 이루어지는 것이 아니라 개별적인 경험과 그 배경이 연관구조를 지니는 것으로 보았다. 이러한 시간성은 이신의 시를 크로노스적으로 보지 않고 카이로스적으로 보는 이유이기도 하다. 이신의 역사적 경험은 그 안에 무수히 많은 개별적 지평 위에서 서로 연관구조를 지니고 초월의식으로 나아간다. 이때 중요한 것은 출발의 본질이다.

운명을 전당 잡고
풍진을 긁어모아 새로운 조형을
마련하려고 적막한 공지(空地)를 향해 출발하나
지평이 너무 낮고
하늘이 묵념만 반복하니
더욱 심연의 주변만 맴돈다.
(중략)
이때 그렇게 오랫동안

기도하는

새 풍토에의 출발이

마지막 기적 소리 때문에 결단을 내리고

정오의 태양을 쪼이며

빈손마저 뿌리치고

홀로 떠난다.

그러면 가로수의 그늘이

명상의 은거지를 마련한다.

_ 〈출발〉 중에서


이신은 자신이 초월의 세계로 나아가는 것을 하늘의 뜻("운명")으로 받아들이고 역사적인 세계("풍진, 적막한 공지")를 떠나려고 한다. 하지만 신("하늘")의 뜻을 알 수 없어서("하늘이 묵념만 반복하니") 자신이 속해 있는 역사의 시간, 자연적인 세계를 떠나지 못하며 심연의 주변만 맴도는 고뇌를 거듭한다. 이 시에서 "지평"은 넓은 땅이라는 일상적인 뜻보다는 지향적 의식으로서의 지평(horizont)으로 보아야 한다. 이신은 초월의 세계로 나아가려는 자신을 타자의 자리에 놓고 그 타자성을 인식하면서 하늘의 뜻을 헤아리지 못하고 역사의 시간에 머무르고 있는 자신을 발견한 것이다.

하늘은 인간 이신이 고뇌 끝에 자신을 타자의 자리에 놓고 보는 전회의 시간을 침묵("묵념")으로 알려준다. 그것은 앞으로 나아가려는 걸음을 멈추고 처음으로 되돌아가는 새로운 출발이기도 하다. 2연에서 새로운 출발은 "길이 아무리 멀어도" "시간을 침식하는 논리는 / 심야의 기적 소리마냥 / 요란스럽게 굴러가고 / 증명이 불가능한 / 이 시대의 예언이 / (중략) / 질풍처럼 전달"되는 시간이다. 이 시간 속에서 "권력을 세낸 무리들"은 사람들의 눈과 귀를 현혹("권력을 세낸 무리들이 / 몽롱한 달그림자 속에서 / 새로운 투쟁을 계획한다." 3연 중에서) 한다.

하지만 전회의 시간에 선 지향적 의식은 이 모든 것을 뿌리치고 자신이 가야 할 길을 홀로 떠나 역사의 세계에서 초월의 세계로 들어간다. 그곳은 "가로수의 그늘이 명상의 은거지를 마련"해주는 환상의 세계이다. 후설에 의하면 초월적 의식은 어딘가로 늘 향해있는 지향성에 의해 형성되는 특성이 있다. 늘 향해있다는 것은 열린 가능성을 의미한다. 그래서 초월적 의식은 더 많이 사유하고 현실이 품은 허상을 꿰뚫는 힘을 지닌다. 시의 4연에서 표상한 환상("명상의 은거지")은 신비적인 어감의 초월이 아니라 낮은 단계의 의식인 역사의식을 토대로 더 높은 의미로 향해가는 의식이다.

역사의식에서 초월의식으로 가는 과정을 이신은 시에서 '새로움을 향해 출발 - 맴돌다'(1연), '시간을 침식하는 논리 - 굴러가다, 이 시대의 예언 - 질풍처럼 전달되다'(2연), '권력을 세낸 무리들 - 투쟁을 계획하다'(3연), '홀로 떠나다 - 명상의 은거지를 마련하다'(4연)로 표현한다. 이신이 도달한 명상의 은거지, 곧 초월적 세계인 환상은 신의 뜻인 계시가 실현되는 곳이다. 이신에 의하면 환상 의식의 지향점에는 현재에서 새로운 미래로 가는 전환이 암시되어 있다.[13]

그래서 환상은 미래에로 해방시킬 수 있는 역할("새 풍토에의 출발")을 한다. 이것이 이신이 찾았던 '진리'이다. 진리는 계시를 통해 일순간에 모습을 드러냈는데, 이때 계시는 초현실적인 사건("신은 간밤에 처녀

---

13 "공간·시간·인물의 고전적인 통일성은 환상적 텍스트 안에서는 해체의 위협을 받는다." 로지 잭슨/서강여성문학연구회 옮김, 『환상성 ― 전복의 문학』(문학동네, 2007), 66.

와 / 결혼했는데 하루 사이에 / 아들을 낳아", 〈계시 I〉)이다. 그 사건의 본질은 예수의 탄생이며, 예수의 탄생 자체가 초월적 의식에서 볼 수 있고 들을 수 있는 환상이다. 이신은 예수의 탄생을 현실을 미래에로 해방시킬 수 있는 출발로 보았고, 홀로 떠난 그 길에서 모습을 드러낸 진리를 보았다.

그래서 예수의 탄생과 죽음 뒤에 오는 부활에 대해 이신은 이렇게 확신한다.

> 부활은 과거와 현재와 미래로 분열된 시간에서 이뤄지는 것이 아니고 영원한 사실인 것이다. 이것이 그리스도가 우리에게 제시한 사실인 것이다. 이것이 그리스도가 우리에게 제시한 진리인 것이다. 인격의 불멸, 인격의 승리, 인격의 영원한 "있음" 이것인 것이다.
> _ 산문 〈인격〉 중에서

위의 글에서 인격은 예수의 인격이다. 산문 〈인격〉에서 이신은 인간이 주체성을 지니면 불사(不死)의 존재와 같다고 했는데, 이는 '인격의 불멸이요 영원한 있음'과 맥을 같이 한다. 그래서 예수의 죽음은 종말이 아니라 영원한 시간을 알리는 새로운 계시이며, 부활은 영원한 사실이자 미래로 가는 희망이다.


## 마무리하는 말

지금까지 이신의 작품 중 몇 편의 시와 산문을 분석하여 이신이 '묵시는 미래를 꿈꾸는 희망'으로 해석하는 시적 여정을 살펴보았다. 이신은 자신의 지향적 체험에 의해 환상 경험을 초월적 경험으로 보았기 때문에 묵시문학자들은 역사의식에서 한계상황을 체험하고 초월의식으로 나아가야 하고, 그것을 의식의 상승이라고 표현했다. 초월의식에서 보이지 않는 것을 보고 들리지 않는 것을 듣게 될 때 스스로 모습을 드러내는 진리를 만날 수 있기 때문이다. 이신은 자신이 체험한 진리를 세상에 알리기 위해 때로는 카니발적인 유희로, 때로는 탈을 쓴 트릭스터처럼 세상을 향해 온몸으로 시를 썼다. 이신의 시는 그의 신학적 여정이었다.

이신의 시에서 예수의 탄생은 초현실적인 사건을 품은 환상으로 그 모습을 드러낸다. 이신이 찾은 진리는 바로 예수의 탄생이 영원으로 가는 출발이라는 사실이었다. 여기서 눈여겨볼 것은 예수를 '인격의 영원한 있음'이라는 현재형으로 표현한 산문의 한 대목이다. 이신은 시간이 병들어 있어 과거와 현재와 미래로 분열되어 있으며, 묵시록은 시간의 병에 대한 투병기로 표현한다. 예수의 탄생은 영원한 시간에로의 출발을 알리는 계시이며 병든 시간을 치유할 수 있다. 그래서 그 계시를 증명하는 예수의 부활은 영원한 사실이자 미래로 가는 희망이다.

이신은 생전에 많은 시를 썼지만, 우리가 실제로 만날 수 있는 시는 38편이다. 우리 곁에 남은 38편의 시는 전체가 진리를 찾아가는 구도의 과정이었으며, 희망의 은유였다. 시들은 연관구조 속에서 마치 씨실과 날실이 만나 천을 만들어 가듯이 스스로 묻고 답하는 과정을 반복하며 거대한 그물을 만들고 있었다. 그래서 이신의 시는 38편 전체를 하나의 존재로 보아야 한다. 이신에게 시는 존재의 집이었다. 이신은 시를 쓰며 때로는 한계상황을 노래하고 때로는 초월의 세계에서 만난 환상으로 신의 목소리를 들려주었다. 그에게 시는 자신의 신학적 사유를 나누어 가지는 "향유"의 장이자 고달픈 역사적 삶을 치유하는 놀이터였다.

이제 남은 일은 그 그물을 펼치는 것이다. 작은 겨자씨 하나가 큰 나무로 자라 다시 겨자씨를 땅에 뿌리려면 인고의 세월을 건너야 한다. 가늠할 수 없는 시간 속에서 겨자씨는 비바람과 천둥 번개 그리고 목마름을 견디기도 하고, 자신을 어둠 속으로 끌고 가려는 물줄기에도 버텨야 한다. 하늘이 열리고 따뜻한 햇볕이 세상을 비출 때 겨자씨는 거대한 나무로 그 모습을 드러내고 고통의 시간을 보낸 그 땅 위에 셀 수없이 많은 자신의 씨앗을 심는다.

예수의 탄생과 죽음의 의미가 담긴 신의 목소리인 계시를 해독한 한 사람, 계시를 통해 진리가 드러나는 묵시의 순간을 체험한 한 사람, 없는 길을 먼저 걸어간 한 사람은 이 겨자씨와 같다. 앞서 걸어간 발자국을 따라 걷는 발걸음에 의해 희미한 길은 명확하게 보이고, 좁디좁은 길은 많은 사람이 같이 걸어갈 수 있는 넓은 길로 확장된다. 앞선 사람의 여정은 역사의식에서 초월의식으로 의식이 상승해야 가능하다. 이신이 묵시문학자의 의식은 초월의식이어야 한다는 이유가 여기에 있다. 신의 뜻은 역사의식에서는 알아들을 수 없고 초월의식에서 가능한 환상과 같은 영의 문제이기 때문이다. 다음의 시에서 드러내지 않는 진리를 찾아 길을 떠난 이신의 모습을 보며, 우리가 앞으로 나아가야 할 길을 생각한다.

머리카락 휘날리며
광야에
오직 한 곳을

바라보며

꿋꿋이 서 있다.

_ 시 〈어느 그림의 인간상(人間像)〉 전문

# 이신의 내면세계
## — 그의 시(詩) 작품으로 본 예술적 파토스와 구도적 누미노제(Numinose)* 지향(志向)의 고찰

최자웅

성공회대학교

Everyman must come out of his Exile in his own way.

_ M. Buber

삶은 자못 신비로운 것이다. 또한 우리의 지상에서의 삶에서 우리는 수많은 만남과 인연의 인디라망 속에서 살아간다. 비록 아픔이 있을지라도 그것은 은총(Gratia)과 화엄세계(華嚴世界)의 열반과 적멸(Nirvana)을 향한 도정과 불꽃이며, 저 강 건너 피안을 향한 오딧세이의 항해와 건너감(Pascha)일 수 있다.

---

* 종교의 중심에서 추구되는 삶과 존재에 있어서의 거룩하고(Numinous) 심오한 지향과 경험: 필자는 본고에서 이신의 예술적 세계의 기저를 이루는 파토스(Pathos)와 더불어 그것과 구별되는 에토스(Ethos)와 그것을 포월하는 에토스까지 포함한 총체적인 에너지와 영혼과 삶의 지향을 누미노제로 파악하려 한다. R.오토/길희성 역, 『성스러움의 의미』(Das Heilige), (분도출판사, 2009), 37-39.

# 시작하는 말

나는 최근에 3년 전에 세상을 뜬『광장』의 작가 최인훈의 소설『화두
1, 2』[1]를 읽었다. 그것은 참으로 넓고 깊게 흐르는 인간 정신의 강물이
었다. 인간은 얼마나 자신이 살아온 삶과 고향과 거쳐온 삶의 도시와
거리와 사회에 대하여 제한 없이 끝없는 자유와 상상력으로 사유할 수
있는 존재인가를 최인훈의 작품은 웅변적으로 말하고 있었다. 최인훈
의 고향은 원래는 한반도의 북단에 있는 작은 회령읍이었다. 그가 회령
에서 태어나서 임산업에 종사하던 부친의 환경에서 비교적 유복하게
성장하다가 소련군의 점령에 이은 북한의 공산화와 함께 소부르주아적
인 가정의 환경 탓으로 원산에 잠시 머물렀다가 그는 한국전쟁의 포화
와 참화 속에서 미군함정을 타고 부산에 피난민으로 이주했다가 친지
가 있었던 목포로 갔다가 서울에 정착한다. 그의 작품 속에서는 그는
성공한 작가이면서도 그의 의식의 핵심적인 내부는 항상 그가 유랑하
는 피난민, 고향을 뿌리 뽑히우고 표랑하는 디아스포라의 운명과 존재
임을 항상 깊게 파고들고 자각하는 것이 최인훈의 작가 의식과 세계의
하나의 핵심과 원형질이라고 할 수 있다. 그러면서도 그는 참으로 식민
지를 거쳐서 분단 민족과 전쟁의 참상을 거쳐서 독재와 부패와 모순의
한국 사회와 세계―그 세계는 그가 잠시 머물렀던 미국 사회까지도 포
함하여―를 누구보다도 투명하게 들여다보고 분노하면서도 그것을 본
질적으로 뛰어넘는 자유의 경지와 정신적 자유와 가치를 향하여 끝없
이 사유하고 항해하는 오딧세이의 정신의 편력을 그의 소설세계에서

---

1 최인훈,『화두1.2』(문학과 지성사, 2008).

보여주고 있다.

우리가 다루려는 이신 박사 또한 놀랍게도 다채로운 상상력과 풍요한 정신의 불꽃과 존재였다. 한국 사회와 특별히 기독교 교계 사회는 유별하게 강렬한 모노톤과 단순하고 경화된 사고구조와 사유와 삶의 양식을 전가의 보도처럼 모시고 휘두르며 완강하게 지녀 왔다. 마치 앙시앙 레짐처럼 봉건과 식민지적 사고와 분단이념과 그와 긴밀히 연결된 분절된 인간의 사유와 관념과 수많은 불완전하고 병든 이데올로기에 교계까지 포함된 우리 사회가 사로잡혀 있었을 때, 이신 박사는 가장 자유롭고 창조적인 영혼과 존재로서의 사유를 추구하면서 시인과 화가와 지성을 추구하는 신학자와 주의 종으로 살았다. 한 면에서 그가 예술가로서의 파토스와 더불어 그 모든 파토스를 이끄는 누미노제-성스러움의 불꽃과 영혼과 에너지가 이신의 삶과 존재를 견인하였다고 생각된다. 그것은 한없이 외로우면서도 경이롭고 신비로운 일이었다.

본 글에 들어가기 전에 나의 삶 속에서 아로새겨진 이신 박사에 대한 것을 꺼내고 싶다. 그것은 나의 젊은 날에 만난 마치 헤르만 헤세의 소설에 나오는 한 전형일 수 있었던 나의 영적 형이자 소울 메이트로 부르기에 부족함이 없던 한 소중한 분의 이야기이다. 당시의 한국적인 폭압적 모순과 상황 자체가 그런 것이었기에 나는 원래는 본질적으로 다분히 예술과 종교적인 체질일 수 있으면서도 당시로서는 이 사회와 민족 그리고 세계가 근본적인 혁명과 개벽이 필연적으로 있어야만 한다는 신념을 포지한 래디칼한 젊은 한 사상가였다. 그러기에 그날에는 나중에 내가 그 길에 접어드는 것은 꿈도 꾸지 않은 채 칼 맑스나 프리드리히 니체가 말한 종교와 기독교 자체를 전형적인 인민의 아편과 죽은 신 앞에서 노예도덕을 강요하는 위선적인 존재와 집단으로 그렇게 당연히 치부하고 사갈시하던 젊은 대학생이었다. 그런 나의 앞에 전혀 이질적인 인물이 나타났다. 나중에 우리가 의형제 삼형제를 맺게 만든 장본인인 둘째 형이 자기가 지상에서 가장 존경하고 사랑한다는 한 형님을 나와 꼭 만나게 하고 싶다는 간절한 간청에 못 이겨서 나는 당시에 신학생이던 한 사람을 만났다. 나이도 나보다 대여섯 살이나 위인 그 신학생은 논리적으로는 먹이를 눈앞에 둔 맹수와 같이 공격과 비판을 가하는 젊은 두뇌와 심장 앞에서 가시적으로는 참으로 제대로 방어하기 힘든 무력한 존재였다. 그러나 그렇게 일방적인 공격과 비판을 가하던 나에게 그 형님이 아무런 탓도 하지 않고 그해 성탄에 절절한 자신의 시와 그림이 깃든 카드를 보내왔다. 그 태도와 마음이 자못 가상하고 고마워서 내가 형에게 차 한 잔을 대접하겠다고 해서 우리는 어느 지하 다방에서 다시 만났다. 내가 큰 기대를 하지 않고 그냥 고마워서 만난 것이었고 나는 그 자리에서 그냥 인간적인 것들과 사랑에 대해서 한번 말씀을 듣고 싶다고 했다. 그 결과로 그 형은 나에게 자신이 살아온 삶의 솔직하고 적나라한 누드를 강물처럼 들려주었다. 그 형님은 시를 쓰는 시인이었고 화가였던 아버지의 피를 이어받은 그림쟁이이기도 했다, 그러면서 그는 과부로 살아온 어머니의 신심과 기도에 못 이겨서 신학을 하고 성직을 지망하고 있었다.

우리는 그날 이후 아마도 두 사람의 생애에서 가장 이질적이면서도 가장 순수하고 아름다운 청춘의 소울 메이트의 시절을 꽃 피웠다. 한 시절 누구 못지않게 치열하고 격렬하게 세상을 혁명해야만 한다고 군고도 뜨거운 신념을 포지했던 사회과학도가 결국 많은 번민과 고뇌 속에서 신학을 결단하고 성직자가 되어 한세상을 살아오고 있는 바, 나의 삶의 길을 바꾼 수많은 이유와 요소 속에서 그 형님의 내면적인 세계와 시인과 화가로서의 영성적인 면모들도 가히 매우 중요한 계기를 만든 것이 되었다고 생각된다. 비록 역사적로나 정치적으로는 그 형님과의 대화는 내가 일부러 피할 만큼의 거리가 언제나 있던 편이었다. 그 아쉽고 명확한 한계와 거리에도 불구하고 그날의 그 형의 존재와 모습은 시인과 그림을 그리는 신학생의 모습으로 매력적이었다. 그리고 매우 가난하고 고독한 삶을 살아가고 있었다. 그리고 인생과 청춘의 결코 짧지않은 세월과 시간을 뜨겁게 동거하다가 우리는 멀리 헤어져야만 했다.

한국의 가난과 답답함에서 탈출하고 싶어 하던 형은 파랑새처럼 멀리 아메리카, 그것도 뉴욕의 낯선 거리로 날아가 버렸다. 그는 남은 우리 두 형제에게 이렇게 말했다. 자신은 뉴욕의 가난한 할렘에서 "밀랍(蜜蠟)의 장미에 불이 켜지는…" 외롭고 아픈 시를 쓸 것이라고…. 나와 가운데 형도 그렇게 살게 된 형의 미래를 충분히 예감하면서 안타까운 심정으로 그 형을 보내야만 했다. 아마도 결코 일반적인 당시의 신학생이 아니던 그 형이었다. 그의 영혼은 비역사적이기는 했어도 그 명확한 한계와 아쉬움 말고서는 다른 정신의 영역에서는 매우 깊고 풍요롭고 창조적이고 자유를 추구하던 멋진 내면의 신학도였다. 아마도 그가 한국에서 목회자로 살아가기에는 한국적 목회환경이나 삶은 너무도 모노톤이고 율법적이고 위선적인 환경이었을 것이다. 그런 형에게서 나는 조금 신비롭게 이신 박사의 이름을 처음 들었다. 형은 그분이 고독하지만 매우 매혹적인 영혼을 지닌 소중한 분이라고 그렇게 이야기했던 것 같다. 그리고 나는 오랫동안 이신 박사의 이름과 존재를 잊고 있었다. 내가 그렇게도 이질적이면서도 좋아하고 사랑했던 형은 아메리카 뉴욕에서 처음에는 가난과 외로움 속에서 처절한 삶의 고투를 벌이면서 노력하였다. 그러나 결과적으로는 삶이 너무 처절했던지 시인과 화가적 삶은 현실적으로 접고 또 다른 영역에서 조금은 현실적으로 삶을 추구했다. 많은 아쉬움은 있지만, 그 형은 나름대로 내가 만족하지는 못하지만 나름대로 선교의 영역에서 커다란 업적을 일구면서 현실적으로는 아메리칸 드림도 일군 안정된 삶을 살아가고 있다. 그 점에서는 한 면에서는 많이 초기에 불우하고 외로웠던 그 형의 삶이 보상받은 것 같은 다행이라는 생각과 더불어 어쩔 수 없이 매우 착잡하고 아쉬움이 많은 과거의 형의 본질에 대한 애착과 안타까움이 있다. 그러나 시인과 화가의 자신의 본질적인 삶에의 갈구와 향수를 그 형은 포토그래퍼의 영역에서 추구하면서 살아가고 있다.

나는 젊은 날 나의 청춘에서 그렇게도 치열하게 추구했던 혁명적 사상과 이념의 범주에서 러시아혁명이나 중국혁명 베트남혁명 등에 당연히 크고 깊은 관심으로 공부하였는데, 본격적인 혁명의 주류 사상가는 아니었던 인물도 나의 관심권에 들어왔다. 그가 바로 니콜라이 베르댜예프였다. 그래서 나는 흥미 있게 그의 번역된 『인간이냐 노예냐』의 책을 입수하여 읽었다. 당시에 인간사라는 출판사에서 나온 그 책은 하드 장정은 아니고 소소한 이미지였지만 내가 기억하기에는 붉은 칼러도 하얀 종이와 크게 클로즈업 되는 무엇보다도 그 내용이 매우 인상적인 책이었다고 기억된다. 그러나 그 번역자에 대해서는 솔직히 관심이 없었다. 매우 아쉬운 일이었다. 만약에 나의 젊은 날의 소울 메이트 형이 조금 더 역사적인 문제에도 깊은 관심을 지닌 형이었다면 그가 나에게 매혹적인 이신 박사를 이야기할 때 나에게 더욱 친밀하게 내 직접적인 관심의 인물로 베르댜예프 저서를 번역한 이신 박사를 이야기해줄 수 있었다면 아마도 내 처지에서는 그 형에게 우리가 그분을 한번 찾아가 보자고 권유했었을지도 모른다.

어쩌면 나는 오랜만에 긴 세월 건너 다시 조우한 이신 박사의 시와 그림과 신학적 글을 대하면서 떠나보낸 나의 청춘의 아름다웠던 한 시인의 영혼과 화가의 감성을 지닌 예술적 신학도- 그러면서도 사회 속에서 너무도 고독하면서도 표표하던 젊은 날의 한 날아가 버린 파랑새와 같은 지성을 이신 박사를 통하여 다시 만나고 현현하는 그런 감회와 신비를 감지하고 있다.

오랜만에 이신 박사의 본격적인 글과 시와 그림들을 대하면서 나는 그가 당시의 우리 한국 사회와 교계와 정신계에서는 외롭고 불우하게 살아갈 수밖에 없는 존재와 본질임을 확인할 수밖에 없었다. 그림 하나만으로도, 시 하나만으로도 그리고 지성과 신학적 내용과 수준과 열정 하나만으로도 이신 박사는 당대의 한국 사회에서 가장 촉망받고 사랑받을 수 있고 존경받을 수 있는 빛나던 인간이며 축복받을 자질이었다고 생각된다. 그럼에도 불구하고 그 은총과 축복이 너무 넘치게 풍요하고 종합적이어서, 그 반면에 최소한 세상을 그것도 모순 많고 위선적인 세상을 살아가기에는 그는 너무도 고결하고 영합적이지 않았기에 그의 삶이 온전히 꽃피우지 못하고 가난하고 불우하고 고독하였다고 생각된다. 그는 어떤 점에서는 빈센트 반 고흐와 같은 정신적 존재였다. 고흐는 이제는 누구도 부인하지 못하는 현대미술의 가장 빛나는 위대한 화가로 공인되어 있다. 그럼에도 불구하고 그는 지상에서 자신의 작품을 제대로 대접받고 팔아본 적이 없는 불우하고 외로운 화가였으며 한참 젊은 나이에 결코 행복하지 못한 지상의 삶을 스스로 마감한 비극적

천재였다.

　이신은 지상에서 불과 54세의 짧은 삶을 불꽃처럼 살다 갔다. 그럼에도 불구하고 이신은 지상의 그 누구도 자신의 생애에서 쉽게 이룩할 수 없고 도달하기 어려운 고귀한 이상과 가치와 추구를 불꽃처럼 아름답고 치열하게 살다간 순수하고 구도적이며 아름다운 전인적 인간이었다. 그러기에 그의 삶은 비범한 자질과 지성이 있었으면서도 한없이 고독하고 현실적으로 불우하고 가난하였으며 순경보다는 역경 속에서 피어난 영롱하고 아픈 삶이었다. 그의 존재성과 초상은 시인이었으며 화가였으며 또한 가장 거룩하고 의로운 것을 추구하는 성직자와 구도자였으며 지성적으로는 진리를 심오하게 추구하는 신학자이기도 했다. 이신은 이렇게 하나로 규정하기 어려운 다채로운 존재와 인격과 추구의 인간이었다. 이렇게 모노톤이 아닌 인간적으로 종합적이며 다면의 인간적 가치와 꿈과 추구를 하는 진지하고 치열한 삶은 결코 가벼울 수 없으며, 지극히 통속적이며 가벼운 우리의 현실과 지상의 삶에서 버거움 자체가 필연적일 수밖에 없었다. 그러기에 이 같은 초월적 삶의 필연성을 모든 진정한 시인들은 그들의 지상의 영혼과 삶이 일종의 알바스트로스(Albatrosses)적 유배와 유적의 삶으로 그렇게 일컬어 지기도 하는 것이다.

　특별히 이신이 활동하고 살아간 전후 한국 사회는 일제 식민지에서 해방되지만 바로 외세와 분단이념의 희생양과 화약고가 되어 비극적인 전쟁을 겪으면서 폐허와 가난 그리고 특히 남한 대한민국은 가장 천박한 미국이 지배하는 자본주의 문화와 정치와 정신이 모든 것을 지배하는 황폐한 삶의 자리와 현장이었다. 특별히 이신은 본질적으로 가장 래디칼한 그리스도환원운동에 자신의 성직과 선교적 삶을 불태웠다.

그러나 그 현실적인 당대의 기독교의 현실과 교단적 현실은 그의 고귀한 그리스도를 향한 진리와 열정을 품에 안고 꽃피우기에는 한없이 척박하고 통속적이며 천박한 현실이기도 했다. 그러기에 그는 좌절해야만 했고 아팠고 외로웠고 현실에서는 늘 가난하면서 불우하였다. 그럼에도 불구하고 불우하고 짧은 그의 삶에서 포기하지 않던 불굴의 내면과 기도와 추구는 신비로운 것이었고 숭고한 것이었다.

사실상 한국의 기독교 안에 가장 결핍된 것이 진정한 예수 자신의 복음이면서도 자유롭고 창조적인 상상력의 세계이다. 아울러 문학을 포함한 예술세계와의 심오한 만남과 포괄 통합 작업에 한국기독교는 매우 미흡하다. 그 대신에 한국기독교는 율법적이며 폐쇄적인 교리체계와 신앙적 분위기를 한국기독교의 다수는 아직도 고수하고 있다. 어쩌면 아니 필연적으로 오늘 한국의 거대한 기독교, 특히 한국의 천민자본주의에 철저히 영합된, 진정한 예수의 복음 대신에 실질적으로 맘몬을 숭배하는 것으로 비치는 한국기독교가 진정한 복음의 자유함과 창조적인 에너지와 불꽃과 신학이 되기 위해서는 나는 분명히 외롭게 이신이 온몸으로 추구했던 그의 삶과 정신의 내용과 에너지들이 다시 새롭게 조명되고 크게 복원되고 새로운 생명과 정신으로 고양되고 전승되어야 하다고 생각된다.

어쩌면 이신이 추구했던 그리스도환원운동이라는 래디칼한 깃발과 신앙 노선의 매혹 때문에 감리교 신학을 마치고 감리교단의 성직자와 신학자로 살아갈 수 있었던 그가 한국 사회에서 매우 신학적으로 지성적으로 고루하고 폐쇄적인 그리스도교단에 몸을 담은 것도 비극적 선택이었다고 생각된다. 그곳에서 그는 참 신앙의 동지들을 만나서 그의 이만수라는 이름을 이신이라는 크리스트 신명으로 개명을 하며 불같은 열정으로 선교에 임하나 한국 사회에서 결국은 일종의 색트적 소교단에 머물은 그리스도 교단에 의해 따돌림과 박해를 받고 그가 지닌 훌륭하고 놀라운 은총의 자질을 마음껏 꽃피우는 데 실패하고 좌절하여야만 했다. 지상의 그가 사랑했던 예수 그리스도처럼 말이다. 그러나 예수 그리스도의 고난과 죽음이 있었기에 그는 부활한 존재로 우리에게 빛이 되고 소망이 되지 않는가.

그는 어쩌면 그와 신학적으로는 매우 가까운 벗이었던 감리교의 정신적 석학이면서 매우 아까운 세계적 신학자일 수 있었던 변선환까지도 종교적 살해와 교단적 파문으로 린치를 가한 끝에 일찍 가게 만든 교단 정치적으로는 야수와 공룡과도 같은 감리교단에 있었다 해도 외로웠고 불우했을지도 모른다. 행여 감리교보다는 신학적으로는 진보적이며 자유로운 노선을 추구한 한국의 기장과 한신 계열에 그가 속했더라면 그는 어쩌면 조금 나았을지도 모른다.

한국의 토착화 신학과 심지어 민중신학에서도 많이 결핍된 요소가 본질적으로 창조적이고 상상력이 풍부한 문화와 예술적인 파토스와 그 신학적 추구가 많이 취약하다고 지적할 수 있는 부분이다. 만약에 이신이 장공 김재준처럼 천수를 다하면서 조금 더 풍부하고 다채롭게 그의 신앙과 예술적 자질을 꽃피우면서 기여할 수 있었다면 우리 한국의 신학과 신앙 세계도 더욱더 풍성하고 다채로우면서도 복음의 본질에서 꽃피우는 세계를 위하여 얼마나 다행이며 은총일 수 있었을 것인가.

그러나 이정배가 말하는 바와 같이 이신은 과거의 지나가고 사라져버린 시인과 화가와 신학자와 영성적 목회자만이 결코 아니다. 그는 오늘 한국과 한국정신계와 기독교가 요청하고 미래에 걸쳐 가장 창조적으로 다시 소환시켜야만 하는 부활의 당위성을 지닌 르네상스적이면서도 빛나는 영적 존재이다. 이정배는 이렇게 말한다. '1981년 12월 눈 오는 어느 날 생사 문제를 주님께 맡기며 수술을 거부한 채 도시 근교 소박한 기도원에서 소천 했다. 하지만 그는 이미지의 시대, 창조적 상상력을 요청하는 21세기, 무엇보다 오늘 이 땅에서 새롭게 꽃펴야 할 신학적 맹아를 선물한 독창적 사상가로 다시 태어나야 옳다.'[2]

후학이면서 사위이기도 한 이정배의 이신에 대한 표현과 정의는 조금도 과장되지 않았다. 비록 그의 육신은 한 참 꽃피고 일할 원숙한 나이에 아쉽게도 오산리 순복음 기도원에서 자못 쓸쓸하고 외롭고 불우하게 지상의 삶을 다 마치고 스러졌어도 그는 오늘과 미래의 한국과 한국의 정신계 및 기독교를 위하여 진정으로 새롭게 해석되고 꽃피어야 할 부활의 당위성을 필연적으로 지닌 자유로운 상상력의 전인적이며 독창적인 사상가였다.

이러한 이신의 존재의 신비와 다채로운 내면세계는 크게 말하자면 놀라운 예술적 파토스와 지극하게 경건하면서도 궁극적 진리를 연모하고 실천하려는 성스러운 누미노제의 세계와 삶이었다.

## I. 시(詩)로 본 이신의 미학세계와 내면세계와 궁극적 관심

이신의 육친적 따님이자인 부친의 사상과 신앙, 예술의 세계를 부단히 심오하게 파악하고 추구하는 이은선은 동양사상의 핵심 개념인 '성'(性), '성'(誠), '성'(聖)의 세 개념으로 이신의 '믿음의 고독'과 '믿음의

---

2 이정배, "초현실주의 해석학으로서의 이신의 예술신학," 『환상과 저항의 신학』(서울: 동연, 2017), 81.

저항' 그리고 '믿음의 상상'이라는 시각에서 이신의 전체적 사상을 재해석 한 바 있다.[3] 상당히 흥미 있고 이신의 사상을 파악하는 데 있어서 매우 독창적이며 가치 있고 깊이 있는 성찰임이 틀림없다. 이 같은 해석에서 필자는 물론 존재의 바탕을 이루는 성(性)을 '믿음의 고독'으로 그리고 존재가 지향하고 추구하는 노력과 태도를 성(誠)으로 파악하는 것에 동의할 수 있다. 그러나 마지막 개념인 '성'(聖)을 '믿음의 상상'으로 해석하는 것에는 물론 일리 있는 해석이기는 하지만 여기에는 단순한 '믿음의 상상'이라는 성격만이 아니라 이신의 사유와 사상 전체를 통합하고 이끄는 총체적인 본질로 파악하는 편이다. 이런 관점에서 굳이 이은선의 이신의 전체적 사상의 해석의 구조에서 믿음의 고독과 저항과 상상력이라는 매우 중요한 기둥과 구조 자체를 이신의 누미노제로 일컬을 수 있는 '성'(聖)의 본질과 에너지와 성격이 이 모든 요소를 총체적으로 견인하고 있다고 해석하고 싶은 것이다.

굳이 이 같은 생각과 관점에서 이신의 삶과 사상적 궤적을 조명하여 본다면 이신은 그가 지닌 존재론적인 바탕에서 성스러움을 강렬하고 깊게 추구하면서 일찍이 유수의 상업학교 출신으로 일신적으로는 편안하게 살아갈 수 있는 당시의 안정된 직업이었던 은행원으로서 삶을 박차고 신학을 시작하며 성직자-예수의 종으로서 삶을 결단하고 추구하는 그 자신의 삶의 기초와 바탕과 본질에서 누미노제의 깊은 뿌리와 성정을 지녔고 그것이 그의 전체적인 삶과 사상을 이끌었다고 생각되는 것이다. 그러나 이 같은 바탕과 출발 이후에 그는 상대적으로 보장된 감리교 신학과 교단을 박차고 또한 자신의 신앙고백적 깊은 차원의 결

---

3 이은선, "나는 왜 오늘도 이신에 대해서 계속 말하려고 하는가?" 『환상과 저항의 신학』(서울: 동연, 2017), 19-74, 217.

단과 열정으로 인하여 그리스도환원운동에 그가 관여하면서 그의 이은 선의 개념대로 한다면 '믿음의 저항'으로서 열정적인 '성'(誠)으로서의 삶과 사유를 추구하게 된다. 그러면서도 이신은 신학과 성직자의 삶을 선택하고 결단하기 이전에 이미 부산의 상업학교 시절에 미술부 활동을 통해서 강렬한 슐리얼리즘에 깊게 몰입하고 그의 기나긴 신학과 성직자로서의 삶의 도정에서 끊임없는 자유로운 상상력과 창조적 에너지로 시인과 특히 화가로서의 작업을 중단하지 않고 더불어 일구는 것이었다.

이 전체적인 이신의 삶과 사상을 총체적인 본질과 바탕 그리고 견인한 것이 필자는 누미노제-'성'(聖)의 개념으로 파악하고 싶은 것이다.

"큰 시인은 시를 살고 작은 시인은 시를 쓴다"라는 것이 시에 대한 나의 명제의 하나이다.4 물론 하이데거의 개념처럼 '언어는 존재의 집' 이기에 구체적 시는 언어라는 형상화를 통하여 시로서 쓰여지고 남겨진다. 그럼에도 불구하고 때로는 그의 존재와 삶 자체가 작은 시의 형상화를 뛰어넘어 진실하고 아름답고 삶의 궁극적 가치와 관심을 추구할 때 문학적 장르로서의 작은 시가 아닌 삶으로서의 큰 시가 완성된다고 생각된다. 이 점에서 가령 예수나 석가 등의 성스러운 성자들과 삶을 근본적으로 래디칼하게 추구한 혁명가들은 그 삶 자체를 통하여 큰 시를 추구하고 완성했다고 생각한다. 이런 삶은 '작은 시'라는 문학적 장르를 초월한다. 그러면서도 예수나 석가가 그들의 삶에서의 살고 토한 궤적들과 언어들이 구체적으로 당대에 기록되지 않더라도 본질적으로

---

4 이 같은 시에 대한 필자의 명제는 슐레알리즘의 창시자인 의사이며 시인이었던 Andre Breton에 의해서 "시인이 따로 있는가, 아무나 시인이 될 수 있다"라는 명제와도 일맥상통한다고 생각된다. 이신, "슐리얼리즘의 신학 II," 『슐리얼리즘과 영의 신학』(서울: 동연, 2011), 217 재인용.

그들은 큰 시인으로서의 존재성과 더불어 그들의 언어와 어록들이 시적이었다고 생각된다. 예수의 진실한 작은 제자로서 그리스도의 현현과 회귀를 그의 삶의 가치와 궁극적 관심과 목표로 추구했던 이신은 그의 삶 자체를 통하여 어쩌면 예수를 닮은 큰 시와 더불어 그의 정신의 구체적 형상과 장르로서 종합적인 그의 회화와 더불어 문학적 시라는 구체적 작은 글쓰기를 멈추지 않은 큰 시인이자 그의 시첩을 유실한 아픔과 상실에도 불구하고 작은 시집을 지상에 남긴 아름다운 작은 시인이었다.

결과적으로 이신은 그의 시집 「돌의 소리」에 불과 38편의 시를 우리에게 남겨주고 있다. 그러나 이신의 아드님 이경에 의하면 이신은 생전에 그의 제자에게 시집 원고를 출판을 위하여 주었다가 완전히 유실하였다 한다. 이 얼마나 미국 유학 시절에 그가 영혼으로 그렸던 상당히 많은 회화작품과 더불어 너무도 우리에게 아쉬운 상실이 아닐 수 없다. 그러기에 다시 무엇으로도 보상할 수 없고 찾을 길 없는 이신의 고귀한 영혼의 노래 시에는 그가 불우하게 제자에게 주었다가 완전히 유실당한 그 슬픈 시들도 침묵의 시들로서 추가되어야 한다고 생각하기도 한다. 물론 언젠가는 기적처럼 이신의 유실당한 시집 원고(1964년?)와 미국 유학시절에서 그가 그린 고귀한 회화작품들이 우리에게 찾아와지는 행운이 은총처럼 주어지면 참으로 좋겠다.

이경이 편집한 이신의 시집은 1부에는 유랑자의 수기와 2부에는 쉬르레알리스트의 노래로 엮어져 있다.

## II. 당신과 그대의 침묵, 신과 진리에의 그리움

〈침묵〉이라는 이신의 시는 스님으로서 〈님의 침묵〉을 쓴 만해 한용운의 노래를 연상시키기도 한다. 한용운은 〈님의 침묵〉에서 "님은 갔습니다. 아아, 사랑하는 나의 님은 갔습니다 / … 나는 향기로운 님의 말소리에 귀먹고 꽃다운 님의 얼굴에 눈멀었습니다 / … 우리는 만날 때에 떠날 것을 염려하는 것과 같이 / 떠날 때에 다시 만날 것을 믿습니다 / 아아, 님은 갔지마는 나는 님을 보내지 아니하였습니다 / 제 곡조를 못 이기는 사랑의 노래는 님의 침묵을 휩싸고 돕니다"[5]라고 님과의 사랑과 이별을 노래하고 있다. 한용운은 이 노래에서 서정적 사랑을 노래하는 듯하지만, 그것이 그가 평생 의지한 불타와 불가적 진리를 문학적이며 시적 표현으로 추구하였다고 할 수 있다.

그리스도 예수에 대한 경건하고 깊은 신앙 안에서 이신은 "나는 당신에게 못하는 말이 있음"을 노래한다.

당신에게 차마 말을 하지 못함은 "당신의… 잔잔한 / 당신의 자유의 호수를 / 흔들어 놓을까 봐서입니다. / 그래서 나는 하루 종일 안타깝게 / 이 호면만을 바라보고 있습니다… / 당신에게 이 말만은 못합니다 … 당신의 빛나는 눈처럼 아름다운 / 당신의 마음의 별빛을 / 흐려놓을까 봐서입니다 / 그래서 나는 가슴 조이며 / 밤새도록 이 별빛만 지켜보고 있습니다. (중략) 당신의 긍지의 봉우리를 / 나의 이 말로 낮아지게 할까 봐서입니다 / 그래서 나는

---

5 한용운의 이 '님'이 무엇을 지칭하는가의 해석의 문제는 다양하다. 불교적 진리와 깨달음 혹은 사랑하는 그리운 연인 혹은 주권과 독립을 상실한 조국 아니면 모든 것을 다 포함, 포월(包越, Envelopment)한 시적 이미지와 만해가 상정하는 궁극적인 귀의의 존재와 대상 혹은 피안의 세계일 수 있다고 생각된다.

하루 종일 / 괴로워하면서 / 이 봉우리만을 바라보고 서 있습니다 / … 당신의 미소 짓는 입처럼 / 자유로운 결단의 골짜기에서 솟는 / 우물을 / 이 말을 함으로 / 흐려놓을까 봐서입니다 / 그래서 나는 / 밤새도록 이 우물가 주변을 / 가슴 태우며 / 서성거립니다"6

이신의 시집, 『돌의 소리』, 제1부 유랑자의 수기(手記) 첫 편 제목이 〈침묵〉이다. 이 시는 '잃어버린 시첩을 생각하면서' 쓴 시(1964년 8월 4일)다.

귀한 정신의 작업과 결과인 시첩을 상실한 슬픔과 허탈 속에서 참담함을 딛고서 쓴 시이다. 정신의 산물이자 자녀인 시첩을 잃고서 "하루 종일 안타깝게 이 호면만을 바라" 보며 "가슴 조이며 밤새도록 이 별빛만 지켜보고 있"으며 "하루 종일 괴로워하면서 이 봉우리만을 바라보고", "밤새도록 이 우물가 주변을 가슴 태우며 서성거립니다"라고 시인은 노래하고 있다.

이 시에 나오는 '당신의 자유의 호수'와 '우물가 주변'에서 상실의 아픔을 안고서 바라보고 서성이는 시인의 심상과 노래는 무척 신비롭고 내면적이다. '하루종일 괴로워하면서도 이 봉우리만을 바라보는' 모습은 숙연하고도 아름답다.

같은 심상을 노래한 잘 알려진, 일찍이 신학을 하였으며 한때 짧게 신학 교수도 역임한 김동명의 〈내 마음은 호수요〉를 대비하여 보면 이신의 호수는 서정적인 김동명의 호수에 비하여 훨씬 더 깊고 실존적이며 내적인 차원의 심상을 반영하고 노래하고 있음을 감지할 수 있다.

---

6 이신/이경 엮음, "1964. 8. 4. 잃어버린 시첩을 생각하면서," 『돌의 소리』(서울: 동연, 2012), 21-23.

〈내 마음은 호수요〉라는 김동진 작곡의 가곡으로 널리 알려진 이 시는 원래 김동명이 1937년 6월 『조광(朝光)』에 〈내 마음〉이란 제목으로 발표한 작품이다.

내 마음은 호수요 / 그대 노 저어오오 / 나는 그대의 흰 그림자를 안고 / 옥같이 그대의 뱃전에 부서지리다 // 내 마음은 촛불이요 / 그대 저 문을 닫아주오 / 나는 그대의 비단 옷자락에 떨며 / 고요히 최우의 한 방울도 남김없이 타오리다 // 내 마음은 나그네요 / 그대 피리를 불어주오 / 나는 달 아래 귀를 기울이며 / 호젓이 나의 밤을 새우리다 // 내 마음은 낙엽이요 / 잠깐 그대의 뜰에 머무르게 하오 / 이제 바람이 불면 / 나는 또 나그네같이 외로이 / 그대를 떠나가리다.[7]

위의 〈침묵〉에 이어서 〈상념〉에서도 그대가 호명된다.

---

7 김동명 시인은 1920년 미션계인 함흥 영생중학(永生中學)을 졸업하였다. 1925년에 일본에 유학을 가 낮에는 아오야마학원(靑山學院) 신학과를, 밤에는 니혼대학(日本大學) 철학과를 수학, 졸업하였다. 광복 후에는 흥남중학교 교장으로 부임했으나 흥남학생의거사건(1946)에 동조했다는 혐의로 교화소에 감금되었다가 풀려났다. 1947년 단신, 월남하여 한국신학대학 교수, 다음 해 이화여자대학교 국문과 교수로 재직. 같은 해 조선민주당 정치부장, 1952년에는 민주국민당 문화부장으로 활약. 1960년에는 이화여자대학교를 사직하고 참의원에 당선되어 정계에 진출. 보들레르(Baudelaire, C. P.)의 시집 『악의 꽃』을 빌려 읽고 깊은 감명을 받은 것이 계기가 되어 〈당신이 만약 내게 문을 열어주시면〉이라는 시를 「개벽」(1923년 10월호)에 발표함으로써 문단에 등단. 그가 특유의 시 경지를 개척하기 시작한 것은 1930년 무렵부터였다. 그로부터 1940년대 초엽까지 약 10년간이 그의 황금기에 해당한다. 시집 『파초』(1938)와 『하늘』(1948)에 그의 시풍이 잘 나타나 있다. 이때 그는 전원에 살면서 자연을 소재로 한 시를 많이 썼다. 가난했지만 가련하지 않았던 시인, 자연을 사랑하고 노래했던 시인, 일제에 항거하여 1942년 〈술 노래〉를 끝으로 해방될 때까지 붓을 꺾고 창씨개명을 거부한 민족시인, 후기의 시 세계는 광복과 더불어 바뀌었는데 당시의 정치적 상황을 다룬 사회시이다. 1964년에 펴낸 『내 마음』(1964)에는 그의 모든 시가 수록되어 있다. 참조, 김동명(金東鳴, 한국민족문화대백과, 한국학중앙연구원) 현재 그의 문학관이 강릉시 사천에 설립되어 있다.

홀로/ 그대 그리워 괴로워하오. 나와 내가 마주 앉아/ 그대 그리워 괴로워하오/ 그러나 눈감고/ 그대 이름 불러보오/ 누가 대답하는 듯 하오/ 그리고 누가 다가오는 듯 하오/…

홀로/ 그대 그리워 산을 바라보오/ 나와 내 눈이 먼 산을 바라보오/… 홀로/ 그대 그리워 우오/ 나와 내혼이 부둥켜 안고 우오/ 그러나 내 혼은/ 눈물없이 우오/ 누가 나를 달래는 듯 하오/ 얼굴을 쳐드오/ 그러나 나와 내 혼이/ 울고 있을 뿐이오.[8] 194/8/5새벽

이 시는 "잃어버린 시를 다시 써 보다"라고 시인이 쓰고 있으며 원제는 〈상념〉이다.

그리고 〈침묵〉에서의 당신과 〈상념〉에서의 그대는 같은 존재이다. 시인의 그리움의 대상인 이성으로서의 그대, 당신일 수도 있고, 또한 시인이 절대적으로 그리워하고 의지하고 찾고 기다리는 절대자, 신일 수도 있다. 양자가 결합된 그런 존재와 대상에의 그리움의 연가일 수 있다. 어찌 되었든 간에 시인의 그리움은 너무도 순후하며 깊고 간절하다.

때로는 서정적으로 가슴으로 다정하게 부르는 당신과 그대는 〈진리가 어디 있습니까〉에서는 매우 직설적이며 직정적으로 그의 존재에의 그리움이 토로되기도 한다.

진리가 어디 있습니까./암만 눈을 씻고 봐도/ 어디 있는지/ 보이지 않습니다.… 나는/ 없는 당신을/ 이렇게 애절히 찾고 있는 것입니까/… 이렇게 애타게 부르짖고 있는 것입니까/ 당신을/ 어디 가서 만날 수 있습니까./ 당신

---

8 이신, 『돌의 소리』, 31-32.

의 얼굴을/ 어디 가서 찾습니까./ 내 얼굴은 보는 눈 있는 자에게/ 보이는 얼굴/ 내 몸은/ 만질 수 있는 손 가진 자에게/ 만져지는 것/ 내 목소리는/ 들을 수 있는 귀 가진 자에게/ 들리는 소리// 저 풀잎새 하나에도/ 저 티끌 하나에도/ 굴러다니는 돌 하나에도/저렇게 미천하게 짓밟히는/지푸라기 하나에도/ 내 얼굴과 내 목소리는/ 있는 것// 나는 보이는 자에게/ 보이는 존재/ 든는 자에게/ 들리는 존재9

이 시는 시인이 진리의 주인인 절대자에게 당신이라는 호칭으로 근원적인 질문을 절절하게 토하며 또한 여기에 화답하는 신의 내밀한 목소리가 담겨있는 내용이다.

그러나 구체적으로 〈사진〉에서의 그대는 아마도 이신 시인이 매우 사랑하였으나 아쉽게도 지상의 삶을 일찍 마감한 첫 따님 은혜에 대한 인간의 부성적 그리움이며 여기에서 '그대'는 딸을 향한 간절한 그리움으로 노래되었다고 보인다.

… 어느새 그대는/ 내 곁에 와서/ 등을 두드립니다/… 나는 /그대의 사진 앞에서/ 늘 눈을 감고 있을까요/ 그리고 그대가 다가와서/ 내 등을 두드리는 것을/ 기다릴까요.… 10

이 직접적인 그리움의 대상으로서 육친적 사랑과 그리움은 〈딸 은혜 상(像)〉에서 애절하게 노래되며 호명되고 있다.

---

9『돌의 소리』, 103-104.

10『돌의 소리』, 74-75. 1969/3/2 테네시주 내슈빌에서. 특별히 미국 유학 기간에 시인의 먼 조국의 애달프게 잃은 딸에 대한 그리움이 큰 것으로 보인다.

하얀 박꽃처럼/ 초가집 지붕 위에 피었다가/ 둥글디 둥근 것을/ 남겨 둔 채/ 사라졌다./… 은혜야! 부르면/ 네! 하고/ 아버지! 하고/ 헬쭉헬쭉 웃으며/ 다가오던 그 애[11]


## III. '행려자의 가슴'으로서의 유랑, 순례와 상실 의식과 출발

시인에게 있어서 유랑시인의 의식은 상당히 강한 것으로 느껴진다. 물론 구체적으로 시인 자신이 아끼던 시첩을 유실당한 구체적 삶의 경험속에서 나오는 일종의 상실 의식과 비탄의 슬픈 라멘트(輓歌)일 수 있으나 이 경우가 아니어도 이신 시집 전반에 걸쳐서 상실과 슬픔 혹은 그를 넘어서는 유랑이나 순례 의식은 상당히 깊게 깔려 있는 깊은 의식인 듯하다.

아마도 이 작품은 어느 무더운 여름철에 길 가다/ 낡은 시첩 하나를 주웠습니다.
_ 〈어느 시집에 기록된 서문〉 중에서

그러나 이는 자신의 유실된 시집을 말하는 것으로 추정되기도 한다.

손때가 묻은 것으로 봐서/ 이 시인이 오랫동안/ 무척 이 시첩을 소중히/ 가지고 다닌 것 같습니다.… 아마 정처 없이 떠돌아다니는 / 유랑시인이 길

---

11 『돌의 소리』, 51.

가다/ 떨어뜨린 것 같습니다/ 이 시첩을 잃고/ 그는 얼마나 속 태웠겠습니까?/ 그의 영혼의 아들을 잃었으니까 말입니다.

이 시인이 말하는/ "당신"이 누구인지 모르겠지만/ 그는 무척 그를 사랑한 것 같습니다.

그는 방랑하는 길에서/ 산을 바라보면서 "산과 산 사이로 피어오르는"/ 그의 애인의 환상을 그리기도 했고/ 밤하늘 번쩍이는 별빛을 바라보면서/ 그의 애인의 빛나는 눈매를 그리기도 했습니다.… 무엇인지 마음에 뜨거운 것을 느끼게 합니다/ 그래서 저자의 이름도 없이/ "유랑자의 수기"란 이름을 붙여/ 세상에 내놓았습니다.… 그러나 종래 이 시를 쓴 이는/ 나타나지 않았습니다.[12]

_ 〈어느 시집에 기록된 서문〉 중에서

유랑이건 순례이건 간에 지상의 장막 같은 삶에서 늘 출발이 있으며 방황이 있으며 이 과정에서 유랑자 순례자의 내면 의식으로서 '심연의 주변만을 맴도'는 '행려자의 가슴'이 있다.

운명을 저당잡고/ 풍진을 긁어모아 새로운 조형을/ 마련하려고 적막한 공지를 향해 출발하나/ 지평이 너무 낮고/ 하늘이 묵념만 반복하니/ 행려자의 가슴은/ 더욱 심연의 주변만 맴돈다.[13]

_ 〈출발〉 중에서

시인은 자신을 여기서 말하는 행려자나 슬픈 유랑의 존재로 일컫는

---

12 『돌의 소리』, 24-26.
13 『돌의 소리』, 33.

다. 이것은 삶을 행려와 유랑의 본질로 바라보는 시인의 표표한 낭만적인 자기 인식이기도 하며 아울러 장막 같은 지상의 길 위의 존재(Unterwegs Sein)와 삶의 가숙과 표박성의 구도적이며 종교적인 성찰과 의식일 수 있다고 생각된다.

그리하여 일상도 심야의 기적 속에 굴러가고 질풍처럼 전달되며 떠남을 성찰하며 노래한다. 아울러서 불투명한 풍토가 오히려 비극의 대안을 환상적 토질로 변모케 하고 시대적 풍조 속에서 권력을 세낸 무리들이 새로운 투쟁을 계획하는데 이와는 대조적으로 그렇게 오랫동안 기도하는 새 풍토에의 출발이 마지막 기적 소리 때문에 결단을 내리며 빈손마저 뿌리치고 정오의 태양을 쪼이며 홀로 떠난다는 시인의 의식 속에는 소극적이고 관조적인 삶의 의지가 아니라 적극적이며 역동적인 새 풍토에의 출발로의 홀로 떠나감을 노래하고 있는 것이다.

　… 초속의 물체가/ 시간을 침식하는 논리는/ 심야의 기적 소리마냥/ 요란스럽게 굴러가고/ 증명이 불가능한/ 이 시대의 예언이/ 과학의 고독 때문에/ 오히려 찰나적 충동 속에서/질풍처럼 전달된다/… 불투명한 풍토가 / 비극의 대안(對岸)을 환상적 토질로/ 변모케 하고/ 시대적 풍조 때문에/ 권력을 세낸 무리들이/ 몽롱한 달그림자 속에서/ 새로운 투쟁을 계획한다// 이때 그렇게 오랫동안/ 기도하는/ 새 풍토에의 출발이/ 마지막 기적 소리 때문에 결단을 내리고/ 정오의 태양을 쪼이며/ 빈손마저 뿌리치고/ 홀로 떠난다.[14]

그러나 시인은 이상주의적이고 언제나 떠나가야만 하는 자신의 엑

---

14 『돌의 소리』, 33-34.

소더스의 운명과 길 위에서도 필연적으로 명상의 은거지를 필요로 하
는 내면적인 구도적 그리움을 추구한다. 그러면 가로수의 그늘이 명상
의 은거지를 마련한다.


## IV. 광야와 새 하늘 새 땅의 새 풍토의 개막

이신 시인이 늘상 끝없이 추구하는 것은 "새 풍토"이다. 새 하늘 새
땅의 그리움이다.

이 같은 출발과 떠남은 〈가을과 당신〉이라는 시에서도 '… 맑은 가
을 하늘/ 구름 한 점 없는/당신의 마음 하늘 위에/ 저 잎새처럼/ 날아보
고 싶습니다'[15]라는 시로 노래하고 있으며 〈새 풍토〉에서는 '불모의 광
야'와 엑소더스까지 포함된 복합적인 심상의 풍경이 언급되고 있다.

> … /가을 하늘이 좋아서/ 살짝 몰래/ 운명을 피하여/ 불모의 광야에 이른다
> /… 불모의 광야,[16] 그 곳에는 … 자아를 거부하고도 오히려/ 의식이 마지막
> 으로/ 항거하니/ 어쩔 수 없이 살아가는/ 말하자면 멋을 잃은 군상들이/ 드
> 나들기에 알맞은 곳이다// 현실을 팔아서 청산하면/ 오히려 새 풍토에의/
> 동경이 환상을 강매하니/ 어쩔 수 없이 도보로/ 사색을 추구하면/ 먼 하늘
> 이 더욱 더 붉어지면서/ 긴 하품을 한다/… 땅이 진동하기 시작하여/… 그
> 리고 새 풍토의 막이 열린다.[17]

---

15 『돌의 소리』, 43-44.

16 〈광야〉는 원래 혁명시인 이육사의 시에서도 절창으로 우리에게 애송되고 있다. 또한 동
   양의 광야 개념도 아득하고 깊다.

시인은 그 자신의 이미지로 또한 그가 선망하고 존경하고 그리워하는 표상적 인간의 이미지로 광야의 초상과 그림을 간명하고도 강렬하게 설정한다. 필자는 이 짧은 시가 이신의 절창의 하나로 느껴지기도 한다.

머리카락 휘날리며
광야에
오직 한 곳을
바라보며
꿋꿋이 서 있다.
_ 〈어느 그림의 인간상(人間像)〉 전문[18]

이같이 강렬한 이미지로 대지와 삶에 자신의 영혼과 존재와 뿌리를 깊게 내리면서 시인은 '불모의 광야'에서도 땅의 진동을 감지하며 새 풍토의 막이 열림을 노래하는 것이다.

잘 알려진 민족시인 이육사 시인은 한민족의 식민지와 주권 상실의 비참한 암야를 〈광야〉에, 백마 타고 오는 초인의 도래를 〈절정〉의 시에서 노래하였다.

까마득한 날에/ 하늘이 처음 열리고/ 어데 닭 우는 소리 들렸으랴// 모든 산맥들이 바다를 연모해 휘달릴 때도/ 차마 이곳을 범하던 못 하였으리// 끊임없는 광음을/ 부지런한 계절이 피어선 지고/ 큰 강물이 비로소 길을 열었다// 지금 눈 내리고/ 매화 향기 홀로 아득하니/ 내 여기 가난한 노래의

---

17『돌의 소리』, 36.
18『돌의 소리』, 62,

씨를 뿌려라// 다시 천고의 뒤에/ 백마 타고 오는 초인(超人)이 있어/ 이 광야에서 목 놓아 부르게 하리라.

_ 〈광야〉 전문[19]

시인에게 이러한 기운과 새 풍토의 개막과 비전은 필연적으로 자유로 연결되고 시인에 의하면 진정한 자유는 사랑하면서 행동하는 것으로 필연적인 관계와 당위적 실천으로 나아간다.

공중의/ 새를 보라/ 기계도 안 만들고/ 돈도 안 버는데도/ 날아다니지 않나/ … 새야 새야/ 자본 없는 새야/ 기술 없는 새야/ 누가 너를/ 공중 없게 만들었느냐/ 날개 없게/ 만들었느냐// 아무튼/ 녹두밭 가에/ 가거들랑/ 울지 말고/ 날아라/ 날아라.[20]

_ 〈날아라 날아라〉 중에서

원래 이 시의 제목은 푸른색 별지에 "자유, 창조"라는 제목으로 되어 있음을 이경은 밝히고 있다.[21]

어떤 사람이 내게/ "자유가 무엇이냐"고 묻는다면/ 나는 이렇게/ 대답하고

---

19 이 시는 1904년 생인 이육사(원록) 시인이 1944년 1월16일에 항일운동에 투신하여 수많은 고초를 겪은 후 일본총영사관의 북경감옥에서 옥사함으로 묻혀 있다가 1945년 자유신문에 발표되고 1946년 그의 동생인 진보적 언론인이며 카프동맹의 혁명적 문학평론가였던 이원조(월북, 간첩혐의로 숙청)에 의하여 간행된 『육사시집』(서울출판사, 1946)에 수록되었다. 참조: 『이육사 시집』 범우문고 (범우사, 2019).
20 『돌의 소리』, 105-107.
21 『돌의 소리』, 107.

싶습니다/ "자유는 사랑하면서 행동하는 것이다"라고./ … 참말로/ 자유로
울 수 있는 일이란/ 사랑하면서/ 할 수 있을 때만이/ 가능한 것입니다./ 또
그런 사람이/ 가장 행복하다고/ 말할 수 있을 것입니다./ 그러니/ 사랑의
범위가 넓어지면 넓어질수록/ 그 사람은 /자유로운 사람입니다.[22]
_ 〈자유의 노래〉 중에서


이신은 성직자로서는 기독교 신앙과 경건 신앙에도 뿌리가 깊고 철
저한 영성의 주인공이었으면서도 본질적인 인간과 영혼, 무엇보다도
시인으로서의 자유와 창조의 추구에는 가히 치열한 깃발과 뜨거운 심
장의 파토스를 지닌 그리움의 예술가였다.


## V. 혁명, 사랑과 고독

이신은 〈소묘〉라는 작품에서 혁명과 고독을 노래하고 있다.

거리에는 아직도 콘크리트가/ 굳지 않았는데/ 무수한 발자국이 / 혁명을
도모하려는/ 군상들에 의해/ 더욱 찬란하게/ 고독을 각인한다.[23]

의외로 많은 신앙에서의 근본적인 래디칼한 환원-혁명, 특히 라틴
어 Revoutio는 회귀라는 아키타입—근원으로의 환원의 개념이기도 한
바—이 시인의 사유와 노래 속에 중심이 되기도 하는 것은 당연할 수

---

22 『돌의 소리』, 77-79. 시 작업 시기는 1970/2/10 내슈빌에서의 유학 시기로 표기됨.
23 『돌의 소리』, 41.

있지만 '… 혁명을 도모하려는/ 군상들에 의해/ 더욱 찬란하게/ 고독을 각인한다24'라는 것으로 〈소묘〉에서도 노래 된다. '혁명을 도모하려는 군상'과 '더욱 찬란한 고독'은 4.19혁명 직후에 김수영이 그의 시 〈푸른 하늘을〉25에서 혁명의 노고지리와 같은 높은 자유와 또한 혁명은 얼마나 고독한 것인가를 노래한 바와 연결되는 개념과 시의 의식일 수도 있을 것으로 파악되기도 한다.

이신은 〈날아라 날아라〉의 시에서 다음과 같은 자유와 창조를 위한 비상의 내면성과 깃발을 노래한다.

공중의/ 새를 보라/ 기계도 안 만들고/ 돈도 안 버는데도/ 날아다니지 않나 //… 새야 새야/ 자본 없는 새야/ 새야 새야/ 기술없는 새야/ 누가 너를/ 공중 없게/ 만들었느냐/ 날개 없게/ 만들었느냐// 아무튼 녹두밭 가에/ 가거들랑/ 울지 말고/ 날아라/ 날아라.26

---

24 『돌의 소리』, 41.
25 김수영의 <그의 푸른 하늘을>의 시 전문은 짧고도 강렬하다: 푸른 하늘을 제압하는/노고지리가 자유로웠다고/ 부러워하던/ 어느 시인의 말은 수정되어야 한다// 자유를 위해서/ 비상하여 본 일이 있는/사람이면 알지/노고지리가/무엇을 보고/노래하는가를/ 어째서 자유에는/ 피의 냄새가 섞여 있는가를/ 혁명은 왜 고독한 것인가를//혁명은/ 왜 고독해야 하는 것인가를: 김수영은 1921년생 이기에 1927년생인 이신보다 연상이다. 김수영은 1968년 6월 15일에 불의의 교통사고로 인해 사망하여 불과 48세의 짧은 생을 살았다. 이신과 함께 두 시인은 부산상업과 선린상업을 졸업한 비슷한 경력도 있으나 서울의 중인가정 출신의 김수영이 이신이 슐리얼리즘에 심취하고 그림을 그린 데 반하여 젊은 날에는 유미주의적인 오스카 와일드에 심취하였으며 해방 직후에 대표적인 혁명시인 임화를 추종하던 청년 시인으로 진보적 이념을 추구, 활동하였으며 발표하지 않은 <김일성장군만세>와 같은 파격적 시도 썼다. 참조:『김수영 전집1, 2』(민음사, 2003).
26 『돌의 소리』, 105-106. 시집의 편저자, 이경에 의하면 이 시는 푸른색 별지에 <자유, 창조>라는 제목으로 동일한 내용으로 또 적어놓았음을 밝히고 있다.

혁명을 그리워하고 꿈꾸는 것은 숭고하고 아름답고 순수한 것들이
며 그러나 그 혁명의 이상과 꿈을 현실에서 실천하고 추구할 때의 고난
과 외로움은 필연적인 것들이기에 더욱 찬란한 고독일 수 있는 것이다.
또한 혁명의 결과에서는 수많은 혁명의 이상과 추구가 결과적으로는
너무도 외로운 비극적 고독이나 회한과 통한으로 이루어지는 것도 보
편적인 혁명의 역사의 내용과 모습이기도 한 것이다. 이 같은 경험과
현실은 러시아혁명에 참여한 혁명가였으면서도 그러나 러시아혁명 후
의 현실에서 그의 조국에서 추방되지 않으면 아니 되었던 베르댜예프
―이신이 많은 사상에 있어서 자신의 사유에의 일치로 여겨지는―의
경우에도 너무도 대표적인 케이스라고 할 수 있는 것이다.

> … 밀물처럼 쏟아지는 격정은/ 가을 하늘 같은/ 물감을 산야에 풀고/ 떠나
> 는 뱃고동 소리마냥/ 사라져 버린다/ 사랑이란/ 사형수의 목에 건 번호표
> 같이/ 아침이슬만 보면/ 어쩔 줄을 모르다가도/ 산딸기처럼/ 가을이 오면
> 더욱/ 붉어만 간다.[27]

'격정은 가을 하늘 같은 물감을 산야에 풀고/ 떠나는 뱃고동 소리마
냥 사라져버린다/ 사랑이란 사형수의 목에 건 번호표' 같이 '가을이 오
면 더욱 붉어만 간다'는 시구에서 시인의 가슴과 내부에 혁명을 안고
사랑을 그리워하며 추구하는 삶 자체가 격정이며 떠나는 뱃고동 소리
처럼 사라져버리는 것이며 특히 사랑은 사형수의 목에 건 번호표같이
비극적이며 비장한 것을 노래하면서도 산딸기처럼 가을이 오면 더욱

---

27 『돌의 소리』, 41-42. 시 작업 시기는 1965/1/2.

붉어만 간다라고 시인은 노래한다. 이것이 시인 내면의 소묘이기도 하다. 붉고도 아름다운 그러나 떠나는 뱃고동 소리마냥 사라져버려야 하는 숙명과 함께 애끓는 그리움의 대상인 사랑도 사형수의 목에 건 번호표같이 끝내 아름다울지라도 그 비극적 죽음과 종말을 이미 예견하는 혁명과 사랑이라는 고양된 삶의 비극적 필연성을 시인이 언제나 묵시적으로 음미하며 자신의 존재와 삶의 소묘로 그린 노래로 파악된다.

## VI. 해방자 예수와 전위적 역사의식으로서의 고향상실과 유토피아

혁명과 연결되는 시인의 의식과 내면은 그의 신앙 안에서도 해방자 예수와 긴밀히 연결된다.

아무에게도 매인 바 되지 않았던 나사렛의 목수/ 그 분은 결코 우리들을/ 노예로서 다루지 않습니다/… 그동안 사람들이 여러 가지로/ 노예적인 자리에서 고생하고 있는 것을/ 그분은 끌러주려고 노력하시는/ 해방자이십니다.[28]

이신의 장시인 〈전위적 역사의식〉에서는 마치 구약 예언자들이 두려움 없이 정의롭지 못한 이스라엘의 불의와 부패와 범죄를 탄핵하는 듯한 격렬한 자본주의 사회에 대한 비판과 탄핵의 메시지들이 뜨겁게

---

28 『돌의 소리』, 65. 1968/11/6, 테네시주 네슈빌에서.

분출된다. 이신 시인이 이 시를 쓰고 활동할 때의 한국 사회는 이념적으로 매우 후진적인 반공이데올로기가 모든 것을 지배하고 함몰시키는 전형적인 천박한 천민자본주의 사회였다. 더구나 시인이 성직자와 교수로 속한 기독교계도 특별히 그가 교단적으로 속한 그리스도교단은 말할 것도 없이 반공을 신화적으로 추종하던 무서운 현실이었다. 그럼에도 불구하고 이신은 참된 그리스도 신앙의 하늘나라 진리와 천박하고 탐욕적인 자본주의와의 모순 갈등을 래디칼하게 전위적 신앙과 혁명적 역사의식의 반자본주의적 시를 담대하게 썼다.[29]

> 오늘날 사람들은 가치평가의 기준을 '자본'이라고 하는 사회 유통 매개물로 환산하여 무엇에든지 '자본화' 잘하는 사람이 제구실을 잘하는 사람으로 생각합니다 그래서 사람들을 자본주의의 노예로 삼고 목매서 끌고가고 있습니다.
>
> 자본주의 사회가 가치를 자본화하는 바람에 사람들은 진실된 것을 보는 눈이 어두워져서 그 방법이야 어떻게 되었든지 간에 자본축적을 해야 된다는 생각 때문에 사람답게 사는 것이 무엇이라는 인간성의 요구를 잊어버리고 '맘몬'의 종이 되어가고 있습니다. …
>
> 사람이 만들어 놓은 제도라는 것도 인격을 전당 잡고 권력을 세낸 무리들이 백성을 부려 먹고 짜 먹는 연장으로서 삼고 있으니 사람을 위한 제도가 아니라 사람들이 제도 때문에 상처구니가 나고 피를 짜 먹히고 있는 것이 되었습

---

29 『돌의 소리』, 114-120. 반자본주의적 이신의 강렬한 신념은 베르댜예프의 『자유냐 노예냐』의 번역출판에도 깃들어 있다고 할 수 있을 것이다. 인간사에서 출간된 이 책은 이신의 신념과 숨결이 진하게 투영된 단순한 번역 출간물 이상의 저서였다고 생각된다. 그는 자신의 <흑백의 변증법>의 의미 깊은 회화작품도 표지화로 사용하였다.

니다.…

기업을 청부 맡은 그들 자신도 그들의 상전의 눈치나 보면서 상전들의 전쟁 목적을 수행하기 위한 수단물로서의 기업이니 어처구니없는 일입니다.[30]

이 같은 격렬하고 단호한 시는 당대의 크리스찬 시인으로 성가를 얻은 박두진의 〈시인공화국〉[31]이나 〈우리들의 깃발은 내린 것이 아니다〉라는 시를 연상시키는 대사회적인 메시지가 강한 시가 아닐 수 없다. 그러면서도 이신의 〈전위적 역사의식〉의 장시는 어쩌면 쉽게 당대에서 찾아보기 힘든 격렬하고 직설적인 예언의 불칼의 언어와 시가 아닐 수 없다고 생각된다. 일반적으로 시의 문학적 성취는 너무 산문적이거나 직설적이어서는 아니 된다고 하나 때때로 시인들의 거침없는 진실한 예언적이며 화산이 폭발하는 듯한 의로운 시가 항용 섬세하고 세련된 문학적 살롱에서의 감각적이며 소시민적인 작은 감정의 유희나 센티멘탈리즘을 완전히 뛰어넘는 살아있는 시와 화산과도 같은 시의 목소리와 강렬한 육성이 될 수 있는 것이다.

---

30 『돌의 소리』, 116-120.

31 박두진의 1957년 「현대문학」지에 발표된 〈시인공화국〉의 마지막 시는 "그러나 시인, 어쩌면,/ 이 세상에 시인들은 잘 못 내려온 것일까?/ 어디나 이 세상은 시의 나라가 아니다./ 어무데도 이 땅위엔 시인들의 나라일 곳이 없다/ 눈물과 고독과 쓰라림과 아픔/ 사랑과 번민과 기다림과 기도의,/ 시인들의 마음은 시인들만이 아는/시인들이 이룩하는 시인공화국/ 이 땅위는 어디나 시인들의 나라이어야 한다"로 맺고 있다. 또한 4.19혁명을 노래한 〈우리들의 깃발은 내린 것이 아니다〉라는 장시에서 박두진은 "우리들의 목표는 조국의 승리/ 우리들의 목표는 지상에서의 슬리/ 우리들의 목표는/ 정의, 인도, 자유, 평등, 인간애의 승리인, 인민들의 승리인,/우리들의 혁명을 전취할 때까지// 우리들은 아직/ 우리들의 피 깃발을 내릴 수가 없다/ 우리들의 피 외침을 멈출 수가 없다/ 우리들의 피 불길,/우리들의 전진을 멈출 수가 없다/ 혁명이여!"라고 맺고 있다. 위의 시는 원래 1960년 4월혁명 직후에 사상계에 발표되었으며 〈시인공화국〉과 함께 추후 박두진의 제5 시집, 『거미와 성좌』(대한기독교서회, 1962) 간행으로 수록되었다.

이신은 〈출발〉이라는 시에서, 엑소더스의 출발과 길목을 암시하는 '새로운 풍토'를 다음과 같이 노래한다.

운명을 저당잡고, 풍진을 긁어모아, 새로운 조형을 마련하려고, 적막한 공지(空地)를 향해 출발하나, 지평이 너무 낮고 하늘이 묵념만 반복하니, 행려자의 가슴은 더욱 심연의 주변만 맴돈다.… 이 때, 그렇게 오랫동안 기도하는 새 풍토에의 출발이 마지막 기적소리 때문에 결단을 내리고, 정오의 태양을 쪼이며, 빈손마저 뿌리치고 홀로 떠난다. 그러면 가로수의 그늘이 명상의 은거지를 마련한다.[32]

이러한 이신의 '새 풍토에의 출발'은 숙명과도 같은 엑소더스로서의 영적인 삶을 지향해 가는 순례자와 나그네의 여정을 암시하고 있다. 새로운 조형을 마련하려고 적막한 공지를 향해 출발하는, 빈손마저 뿌리치고 홀로 떠나는 출발에 있어서 출발에의 단호하고 뚜렷한 의지와 더불어 가로수의 그늘이 명상의 은거지를 마련한다는 이 출발과 여정이 단순한 목적 없는, 영혼 없는 도정이 아니라 명상의 은거지를 마련하기 위한 영적인 여정임을 뚜렷히 하고 있다. 이러한 그의 여정은 〈새 풍토〉라는 시에서도 심화되어 노래된다.

빈 호주머니를 털어도, 여전히 낡은 감상의 자산 때문에, 가을 하늘이 좋아서, 살짝 몰래, 운명을 피하여, 불모의 광야에 이른다. 거기는 황홀한 색채를 일체의 신화적 배경 속에 박아 두는 곳이니, 여간 침범하기 곤란하다. 그러

---

32 『돌의 소리』, 33-34. 1964.

나 유일한 통로가 있는데, 자아를 거부하고도 오히려, 의식이 마지막으로 항거하니, 어쩔 수 없이 살아가는, 말하자면 멋을 잃은 군상들이 드나들기에 알맞은 곳이다. 현실을 팔아서 청산하면, 오히려 새 풍토에의 동경이 환상을 강매하니, 어쩔 수 없이 도보로 사색을 추구하면, 먼 하늘이 더욱 더 붉어지면서, 긴 하품을 한다. 아무래도 오늘을 담보 잡고, 기상천외의 논리를 하나 도입해야겠으므로, 정당한 동정(同情)을 지불한다. 그러면 땅이 진동하기 시작하여, 뽀얀 액체가 되어 버린다. 그리고 새 풍토의 막이 열린다.[33]

시 〈출발〉과 〈새 풍토〉는 이신의 시와 신앙에 있어서 필연적인 행로를 가늠하고 예시하는 노래로 느껴지기도 한다. 이 시에서 시인은 "운명을 피하여 '불모의 광야'에 이른다." 이신이 시와 그림에 있어서, 아니 그의 예술적 사유와 세계만이 아니라 그의 신앙과 신학 전반에 걸쳐서 낡은 앙시앙 레짐의 삶의 현실을 뛰어넘는 초현실적인 자유와 창조를 추구하면서 그는 아나키스트의 세계를 추구하는 본질을 항상 강력하게 선포한다. 아나키스트로서의 광야와 새 풍토로의 막이 열리는 현실에서 현실 너머의 지평과 새로운 혁명, 자유의 영과 삶이 기다리는 개막의 세계를 그는 열망하고 있는 것이다. 때로 새 풍토에의 동경이 환상을 강매할지라도, 그 새로운 막이 열리는 광야가 불모의 광야일지라도 말이다.

모든 이상주의자와 아나키스트들의 피안이 흔히 유토피아(Utopia)이다. 유토피아는 기독교적으로 '젖과 꿀이 흐르는 가나안'일 수도 있지

---

33 『돌의 소리』, 35-36.

만, 그 행로와 여정은 모세에 의한 이스라엘 민족이 필연적으로 거쳐 간 불모의 광야일 수 있는 것이다. 독일어로 유토피아가 지상 위 어디엔가 존재하는 Irgendwo가 아니라 지상 위의 그 어디에도 없는 Nirgendwo임도 불모의 광야의 내면적 의미일 것이다. 희망의 철학자 에른스트 블로흐가 말한 인간의 희망과 존재를 영원한 유토피아에의 순례와 여정의 본질로 파악하고 그 과정에서의 희망은 아직 현실적으로 도래하지 않은 Noch nicht Sein으로 설정한 것도 대단한 시사점이다.[34]

이는 하이데거가 현대 인류의 삶을 극명하게 설파한 "고향상실"(Heimatlosigkeit)[35]의 시대에서의 잃어버린 고향에의 귀향과 탈환과 회복에의 도정이 불모의 광야를 넘어서의 새 출발의 발걸음과 여정일 것이다. 지상에서 천상을 동경하는 영원한 '천로역정'(天路歷程)의 길인지도 모른다. 또한 어쩌면 장자가 말한 '무하유지향'(無何有之鄕)의 세계일지도 모른다. 장자가 말한 이상향의 모델은 세계에 어느 곳에도

---

34 Ze'ev Levy, "Utopia and Reality in the Philosophy of Ernst Bloch," 3-12. *Utopian Studies*, Vol. 1, 2(1990), Penn state University Press. https//www.jstorg/stable/i20718993.

35 고향상실(Heimatlosigkeit, 故鄕喪失): 이 개념에서 하이데거가 의미하는 것은 존재의 진리의 망각과 이로 인한 존재의 망각이다. 인간 현존재는 존재의 밝음에로 탈존하는 한에만 비로소 인간 현존재이고, 인간 현존재의 사유와 행동은 존재와의 관련 속에서만 비로소 실현되는 것이지만, 인간 현존재는 자신과 존재의 관련을 망각함으로써 자신의 고향을 상실한다. 이러한 존재망각의 역사가 바로 형이상학의 역사이다. 존재의 역사적 운명에 근거하건만 존재와의 관련을 망각한 것이 형이상학이다. 때문에 인간 현존재의 고향상실은 존재의 역사적 운명으로부터 비롯되어 형이상학의 형태로 초래된다. 더욱이 형이상학의 역사가 전개될수록 존재망각은 깊어진다. 인간 현존재의 고향상실은 형이상학에 의해 고착되며 또한 동시에 형이상학으로 인해 은폐된다. 그러므로 인간 현존재의 고향 상실은 우리 시대가 짊어진 세계의 운명이 된다. 출처, 서울대학교 철학사상연구소 http://philinst.snu.ac.kr./이 개념은 하이데거의 휠덜린과 릴케에 대한 고향과 존재(Heim und Sein)에 관한 에스프리에서도 포괄되어 있다: 참조; M. 하이데거/신상희 역, 『휠덜린 시의 해명』(*Erlauterungen zu Hoelderlins Dichtung*) (아카넷, 2009).

없는 이상향, 천국과도 같은 곳, 토머스 모어가 제시한 유토피아 같은 세계, 삶의 근원적 도달점으로서의 '무용'(無用)과 '무하유지향'(無何有之鄕)은 장자가 제시한 이상향을 가리킨다.36 사실상 지상의 '어디에도 있지 않은 마을' 즉 '유토피아'(Nirgendwo, Utopia)를 가리키기도 하고, 혹은 인간의 삶을 억압, 제약, 속박하는 '어떤 것도 있지 않은 마을'을 의미하기도 한다. 그것은 일체의 현세적인 낡은 기득권이나 억압체제 ―오늘의 모든 실용주의와 자본주의까지 포함하여 강력하게 배제하는 참다운 전위의식으로서의 예술과 성스러운 초월적 신앙의 세계이다.

이신은 그의 예술에 있어서 슐리얼리즘을 일찍이 지지하고 그의 회화와 시의 기초와 근본을 추구하였다. 그런 그가 슐리얼리즘과 동양의 진리를 다르지 않고 같음을 천명한 것은 대단히 의미가 깊은 것이 아닐 수 없다.

---

36 장자가 저술한 장자는 내편, 외편, 잡편으로 6만 5천자로 이루어지는데, 내편, 7장의 제1편 소요유, 제4장. 2에서 무하유지향(無何有之鄕)의 심오한 공간적 의미와 개념이 거대(巨大)한 무용(無用)과 더불어 언급된다. 혜자(惠子)와 장자(莊子)와의 대화 속에 언급된 아무런 쓸모없는 가죽나무를 무하유지향(无何有之鄕)이나, 너르고 너른 들판에 심어놓는다는 뜻이 깃들어 있는 소요유편에 나오는 무하유지향(無何有之鄕)의 이상향의 원의는 매우 깊고 흥미진진하다. 그 의미들은 '있는 것이란 아무것도 없는 곳'이라는 장자가 추구한 무위자연의 이상향, 어디에도 있지 않은 이상향, 텅 빈, 혹은 무위의 상태를 말한다. 무하유지향(無何有之鄕)도 언어상으로는 어느 곳에도 없는 곳이라는 의미이지만, 우리 의식 저 건너편 피안에 존재하는 세속적인 번거로움이 없는 자연 그대로의 곳, 즉 소요유의 이상향이란 뜻도 내포하고 있다. 장자적 본래의 의미는 거의 우주, 우주적 존재, 너무 텅 빈 쓸쓸한 장자의 지북유(知北遊)에 나오는 태허(太虛)와 같은 그런 곳을 지향하며 다분히 철학적이며 관념적이지만 우리가 정신적으로 도달해야 할 가장 깊고 높은 안식처일 수 있다. 이 개념과 함께 무용(無用)의 의미가 연결되며 "쓸모없는(無用) 것이 자리를 지킨다" "값어치 없는 것이 고향을 지킨다"이며 우리 속담에 "굽은 나무가 선산을 지킨다"는 말과 같은 의미일 수 있다. 莊周(戰國),『庄子・逍遙游』(北京: 北京燕山出版社, 2009), 3. "今子有大樹, 患其无用, 何不樹之於无何有之乡, 广莫之野." 成玄英 疏 "无何有, 犹无有也°莫, 无也°谓宽旷无人之处, 不问何物, 悉皆无有, 故曰无何有之乡也."

이신은 슐리얼리즘을 무형의 형태를 보는 것이요 무성의 소리를 듣는 것이기에 그렇게 쉽사리 사라질 수 없는 것이다. 동양의 지자가 "시이성인 처무위지사 행불언지교"라고 한 것처럼 이것은 "무위지사"에 처하는 것이요. "불언지교"에 행하는 묘미가 있는 것이라고 언명하고 있다.[37] 그는 '일찍이 브레통의 슐리얼리즘 선언과 이를 서양의 예술적 사조와 선언이 이루어지기 대단히 장구한 세월 전에 이미 "동양의 지자들은…이 초현실의 세계를 호흡하였다"[38]고 천명하였다. 그는 "브레통이 1924년에 슐리얼리즘을 선언했다고 말했지만 동양의 지자들은 더 먼 옛날에 이 초현실의 세계를 호흡하였던 것이다. 그렇게 보면 슐리얼리즘은 벌써 오랜 옛날에 동양에서 싹텄고 그것이 후일에 서양인들에 의해서 재인식되었고 오늘에 와서 신학적으로 이것을 활용하는 것이다. 그러니 옛날 동양 사람들의 초현실에 대한 의식이 더 단순하고 더 투철하다고 말할 수 있을 법하다"[39]라고 한다. 이신은 이같이 분명하고 확고한 주체 의식과 자긍심을 지니며 슐리얼리즘을 한국적 동양적 예술관과 진리로 받아들이고 심오하게 소화시키며 해석하는바 이신의 슐리얼리즘 인식은 대단히 혁명적인 예술과 영성이다. 이 같은 이신의 인식은 그의 시집에 수록된 산문 〈돌의 소리〉에서도 명료하게 언급된다. 이신의 이 같은 동양적 예술관과 견해는 매우 중요하여 길게 살펴볼 가치가 있다고 생각된다.

동양의 노장(老莊)은 앙드레 브레통이 『슐리얼리즘의 선언』을 내기 수 세기 전에 벌써 쉬르적인 선언을 한 사람들이니 더 말할 것도 없고

---

37 이신, 『슐리얼리즘과 영의 신학』, 225.
38 앞의 책.
39 앞의 책.

또 옛날 우리네의 그림이나 글들은 쉬르적이 아닌 것이 없다. 그중에서도 허균이 쓴 『홍길동전』 같은 것은 초현실 세계를 왕래하는 영웅을 그렇게 거침새 없이 그려놨으니 여간 장관이 아니다…적어도 슐리얼리즘은 동서를 가릴 것도 없고 절대의 합일적인 Surrealite를 물질과 정신, 의식과 무의식, 신화와 역사, 성과 속을 통전계로 추구하는 것이니 이런 것 저런 것, 이런 사람 저런 사람이 다 합할 수 있는 대로 합할 수 있는 것이 여간 좋은 것이 아니다. 그런데 탈이 있다면 서양은 분석하고 갈라놓기를 좋아하고 동양은 무엇이든지 전체적으로 보려고 하고 하나로 보려고 한다고 말할 수 있을 법하지마는 요즘은 동양도 서양 못지않게 무엇이든지 갈라놓으려는 버릇을 습득하였으니 이 버릇을 언제까지 갈 것인지 모르겠지마는 그것 때문에 분열이 생기고 싸움과 다툼이 생겨서 온통 야단법석들이니 이때야말로 사람들의 의식 혁명이 요청된다고 말할 수도 있을 것이다. 말하자면 쉬르리얼리즘은 인간의 전면적인 해방이라는 것,[40] 성인은 무위를 행함으로써 말없이 가르친다는 是以聖人處無爲之事　行不言之敎(시이성인 처무위지사 행불언지교)는 유명한 노자의 중심개념이며 이는 도덕경 2장에서 설파되었다.[41] 또한 이는 도덕경 43장에서 무위(無爲)가 얼마나 효과 있는지 말하면서 말없는 가르침과 무위가 얼마나 유익한지 세상에 이를 아는 이가 드물다고 하면서 불언지교를 언급하기도 한다. 원문은 불언지교 무위지익 천하희급지(不言之敎 無爲之益 天下希及之)[42]이다.

　이신 또한 불언지교로서의 슐리얼리즘을 이렇게 해석하고 있다. "…

---

40 앞의 책, 147-148.

41 노자, 『도덕경』, 2장.

42 『도덕경』, 43장.

불언이란 말은 언어를 부정한다고 대뜸 생각하기 쉽지만 그것이 아니고 여태까지의 언어에 대한 기존 관념을 깨트리고 이보다 초월적인 또는 보다 본질적인 '언어'의 진상에 육박하는 지경이요 또 사실로 지극한 경지라는 것은 '언어' 표현 이상의 것이기 때문에 슐리얼리즘은 '무언지교'라고도 말할 수 있다. 슐리얼리즘은 단순히 말에 머무르지 아니한다."43

무위불언무형무성의 이신의 슐리얼리즘과 연결된 동양적 진리는 무용(無用)과 무하유지향(無何有之鄉)에 이른다.

이신은 참 진리와 귀한 것에 경계가 없어야 함을 강조한다.

…귀한 것에 동양이니 서양이니 갈라놓을 필요는 없고 다만 어디서든지 참 뜻만 바로 깨달으면 되는 것이고 우리가 올바른 것을 찾는데 필요하면 어디 가서든지 찾아야 하는 것이다. 말하자면 슐리얼리즘은 "무위불언무혐누성"의 교인 동시에 "유무상생"하는 상대성을 초월하자는 것인 동시에 초월을 다시 새롭게 생각하는 것임으로 여간 미묘한 것이 아니다. 그렇기 때문에 슐리얼리즘이라 이름을 붙이기는 하였지만 사실은 그런 이름도 붙일 수 없는 무명의 교라고 함직한데 어차피 말이 났으니 그렇게 이름을 붙인 것에 불과하다.44

이신이 천명하고 지향하는 가히 혁명적인 영성과 진리는 심지어 서

---

43 이신, 『슐리얼리즘의 신학』, 226: 불언(不言)은 불교의 선(禪)의 가르침에서 불립문자(不立文字), 교외별전(教外別傳) 혹은 직지인심(直指人心), 견성성불(見性成佛) 등 으로 강조되기도 한다. 참조: 변희욱, "대혜의 문자공부 비판과 언어 중도(中道)," 「불교학연구」 10(2005), 불교학연구회.

44 이신, 앞의 책.

양과 동양의 실용적 개념과 묶여있는 일체의 가치에서 자유롭고 창조적이다.45 천진함과 무용(無用)에의 예술적인 세계를 추구한 슐리얼리즘과 이신이 추구한 통전적인 진리의 치열함과 성스러운 누미노제의 세계 또한 끝없이 자유무애한 세계일 수 있다.46 세속적으로는, 세상적으로는 잘나지 못하고 쓸모없는 사회적 약자나 소외된 이들과 장애자들 그리고 어린이들을 이런 관점에서 이신은 예술적 주체로 설정하고 또한 하느님 나라와 지상에서의 선교적 대상으로 추구하였다. 이신은 이러한 관점에서 '새 인간의 출현과 새로운 공동체의 실현에 대한 원형적 상'(Archetypal Imagery)47을 언제나 강조하며 전위예술가(Avant-

---

45 이 무용(無用)의 개념은 모든 가치를 이익과 쾌락에 둔 공리주의(功利主義,Utilitarianism)와 인간의 실용(實用)과 특히 현대자본주의의 경제학에서의 매주 핵심적인 요소인 효용(效用,Utility)과 정반대의 반실용주의(Anti-Pragmatism)적 개념이다. 효용은 재화와 용역의 사용으로부터 얻을 수 있는 주관적인 만족을 측정하는 단위이다. 효용의 개념은 주어진 만족의 수준에서 사회와 개인 사이의 필요 재화의 조합을 측정하며 이로써 거대한 자본주의의 메카니즘이 운용된다. <장자(莊子)> 내편(內篇) 소요유(逍遙遊)에 나오는 무하유지향(無何有之鄕)과 함께 앞서 언급되기도 했던 廣莫之野(광막지야)와 긴밀히 연결되어 '한없이 넓은 들, 아무것도 거리낌없는 고장'을 의미한다. 혜자가 말하는 죽은 가죽나무는 아무 효용과 쓸모가 없다고 평가함에 있어서 장자는 당장의 쓸모, 현실적인 쓸모에 얽매이지 말고 좀 더 시야를 넓혀보라고 권유한다. 즉, 다른 측면의 효용과 잠재적인 효용성에 대해 생각해보라고 지적하며 이렇게 설파한다. 今子有大樹(금자유대수) 지금 그대 큰 나무 가졌는데 患其無用(환기무용)쓸 데 없다고 걱정하나 何不樹之於 無何有之鄕(하불수지어 무하유지향) 왜 그것을 무하유지향의 (何不樹之於) 廣莫之野(하불수지어 광막지야) 왜 그 나무를 모든 장애가 사라진 드넓고 텅 빈 곳인 '광막지야에 심어 彷徨乎無爲其側(방황호무위기측) 그 주위를 하는 일 없이 오가며, 즉 편안하게 산책하거나 逍遙乎寢臥其下(소요호침와기하) 소요하다가, 그 아래에서 한가로이 낮잠을 자도 좋지 않은가?"이 무용의 개념은 장자 소요철학의 핵심일 수 있다. 『장자(莊子)』 내편(內篇) 소요유(逍遙遊); 김학주 역, 『장자』(연암서가, 2010); 오강남 편역, 『장자』(현암사, 1991).

46 그는 이렇게 말한다. "원래가 슐리얼리즘 신학은 초현실의 방법인데 사실은 방법이 없다는 말로도 말할 수 있는 것이다… 초현실의 경지는 무한계의 경지이기 때문에 그 꼬투리를 잡을 수도 없고 그 어떤 그릇에도 담기지 아니하는 것이기 때문에 초현실적인 방법은 방법이 아니다." 이신, 『슐리얼리즘의 신학』, 226.

gard)들의 존재와 삶의 번민과 불우와 고독을 찬탄하며 추구하였으며 이 같은 한국적 전형으로서 화가 이중섭의 비참한 한국사회의 현실과 범속에서 천진성과 자유와 그 범속을 뛰어넘는 정열을 웅변적으로 표현하기도 하였다.[48]

이 같은 이신의 삶과 초상에 대하여 이정배는 이렇게 언급하고 있다. '초현실주의'를 표방하며 현실을 비판했던 창조적 예술가들 속에서 그는 성령의 현존을 보았고 그들에게 묵시적 환상가라는 이름을 붙여 주었다. 스스로를 초현실주의자, 아방가르드로 표방하면서 그는 상상력 넘치는 그림을 그렸고 시를 썼으며 현실 속에서 고독과 저항의 신학을 펼쳤던 것이다. 성령의 현존 속에 자신을 내맡긴 고독하고 저항적인 그의 삶이 이를 적시한다. 강단신학자로 안주하지 않았고, 때로는 산동네 빈민가에서 초막을 짓고 살았으며, 충청도 괴산의 한 시골 목회자의 길을 걷기도 했다. 도심의 작은 교호에서 교인들과 더불어 생활했으나 그의 상상력은 언제나 천지를 왕래했으며 미래를 꿰뚫었고 현실 너머에 있었다. 이런 점에서 이신은 1980년대 초 한국교회와 신학계를 지배했던 민중신학을 몸으로 살아냈던 존재였다.[49]

이정배는 짧고 간명하나 깊은 울림으로 다가오는 이신의 영혼의 본질과 예술가의 초상과 그의 고독하고 불우했던 예수를 진정으로 추구

---

47 『슐리얼리즘신학』, 198.

48 198-199. 화가 이중섭(1916-1956): 평남에서 출생하여 불과 40세의 짧은 나이로 서대문적 십자병원에서 사망한 천재 화가 이중섭은 그가 즐겨 다루고 그린 소와 닭, 어린이, 사랑했던 그의 가족 등을 소재로 동화적이며 향토적이고 자전적인 추구하고 작품을 남겼다. 그의 삶과 작품세계는 슐레알리즘에서 추구한 천진스러운 무애자연의 세계였다. 참조: 고은, 『이중섭 평전 ― 그 예술과 생애』 (민음사, 2002).

49 이정배, "초현실주의 해석학으로서의 이신의 예술신학," 『환상과 저항의 신학』 (서울: 동연, 2017), 78.

했던 누미노제의 삶의 도정을 위와 같이 표현하는 것에 필자는 깊은 공감과 경애의식을 느낀다.

시 〈'과거'의 역설〉에는 사랑과 생명의 근원적 가치가 노래되고 있다.

… 정말 사랑은 어떤 과거도 무(無)로 돌릴 수 있다. 그보다도 그 상처 많은 과거 때문에 더 순결할 수 있다(영원은 역사를 녹이는 불덩어리이기 때문이다. 이 세계를 콘크리트 바닥으로 만들더라도 풀은 이것을 뚫고 돋아 오르는 것을 생명은 막지 못하게 하기 때문이다). 영원은 불견자(不見者)의 아들도 옥동자로 탄생시키기 때문이다.[50]

참사랑은 '어떤 과거도 무로 돌릴 수 있'으며 '그 상처 많은 과거 때문에 더 순결할 수 있다'라고 한다. 또한 이신은 '콘크리트 바닥'의 불모의 사막 같은 삶의 현실과 세계에서도 연약하나 강인한 '풀'[51]의 막을 수 없는 생명을 노래한다. 이신의 시는 문학적 감수성의 김수영보다도 더 영적인 깊이가 배어있다고 보인다.

그는 연약하나 강인한 풀의 생명에 이어서 영원한 불임과 불견자의 아들도 옥동자로 탄생시키는 근원적 은총과 신비를 노래하고 있다. 이러한 그 어떤 조건이나 어려움이나 상처 많은 과거와 순결을 잃은 상실

---

50 『돌의 소리』, 48. 1965/9/29.
51 풀의 비유는 김수영 또한 그의 삶의 마지막 작품이 된 유작 시이자 한국 시문학의 하나의 성과로 운위되는 <풀>에서 강렬하게 노래한 바 있다. 풀이 눕는다/ 비를 몰아오는 동풍에 나부껴/ 풀은 눕고/ 드디어 울었다/ 날이 흐려서 더 울다가/ 다시 누웠다/ 풀이 눕는다/ 바람보다도 더 빨리 눕는다/ 바람보다도 더 빨리 울고/ 바람보다 먼저 일어난다/ 날이 흐리고 풀이 눕는다/ 발목까지/ 발목까지 눕는다/ 바람보다 늦게 누워도/ 바람보다 먼저 일어나고/ 바람보다 늦게 울어도/ 바람보다 먼저 웃는다/ 날이 흐리고 풀뿌리가 눕는다. 참조 황동규, 『김수영의 문학』(민음사, 1988).

과 아픔을 넘어 더욱더 순결할 수 있는 비생명의 상태나 조건들을 근원적으로 바꾸고 변화시키고 역사를 녹이는 불덩어리로 마침내 승리하는 불사조-페닉스적인 힘과 신비로움은 어떤 것으로부터 가능할까? 그것을 이신은 '영원'이라고 노래한다. 그 영원이 '불견자의 아들도 옥동자로 탄생시키'는 주체와 존재임을 분명히 노래한다. "영원은 역사를 녹이는 불덩어리이기 때문이다"라는 시는 노래 이상의 시이며 문학의 장르인 시를 뛰어넘는 삶과 영원을 가로지르는 신앙이다. 어쩌면 "역사를 녹이는 불덩어리"는 너무도 혁명적인 힘과 에너지여서 일체의 역사와 인간의 삶의 낡고 죄스러운 앙시앙 레짐을 형해로 만드는 놀라운 낡은 것들을 파괴하고 새로운 세상과 하늘과 땅을 여는 묵시록적인 노래와 비전과 신앙의 궁극적인 현실이며 피안일 수 있다. 여기에서 이신은 전위의식적인 지상과 천상의 혁명적인 새 하늘 새 땅을 향한 영원한 출발과 순례를 가능하게 만드는 시와 노래, 그 이상으로 자신의 존재를 영원과 일치시키는 상처 너머의 치유와 놀라운 생명의 빛과 신비로움을 보여준다.

그리하여 '불견자의 아들'도 빛나는 생명과 희망의 '옥동자'로 탄생시킴을 확신하며 노래한다.

이 시의 제작은 1965년이기에 이신이 미국 유학을 떠나기 전, 아마도 참 신앙적 열정에서는 낡게 생각되던 감리교라는 교단을 떠나 그가 강렬하게 그리스도환원운동에 참여하면서 뜨거운 신앙과 새로운 새 하늘 새 땅의 비전과 초대교회와 공동체들이 추구하던 종말론적인 현실과 미래를 노래한 것이 아닌가 한다.

## 마무리하는 말

원래 이 논문에 착수할 때는 시인의 작품을 중점으로 다루면서도 시작품만이 아닌 그의 매우 중요한 예술가적 세계의 요소와 구성인 영감에 넘치는 회화와 그가 온몸으로 추구한 신학까지도 종합적으로 파악해 보고 싶은 마음이 있었다. 그러나 원고와 시간 제약으로 인하여 우선 이신의 시작품에 나타난 그의 내면 의식과 존재의 지향을 파악하려 하였다. 그는 클레풍의 천진무구한 초현실적 화풍으로 당대에 그 성가를 높이고 인정받은 〈진진묘〉나 〈까치〉의 장욱진의 화풍보다 더 천진무구하면서도 아울러 더 깊은 영성적이며 역사적 아픔과 비원까지도 그의 회화에서 내면적으로 단순하면서도 매우 깊게 형상화하였다. 어쩌면 이신은 그가 고뇌하였던 이념적 세계와 민족의 분단까지도 용해한 〈흑백의 변증법〉의 작품으로 시작품에 이은 회화의 세계에서 새로운 인류와 민족 통일의 지평까지도 그가 추구하였다고 보인다.[52]

이신은 과연 누구였고 어떤 존재였는가? 필자가 파악한 바로, 이신은 그의 당대의 시대에서 쉽게 찾아보기 어려운 전인적인 영혼의 소유자였고 치열한 인간적 존재였다고 생각된다. 그는 그의 글 '전위예술과 신학'에서 화가 이중섭을 찬탄한 바 있었다.[53] 필자가 파악하기로는 이

---

52 이 점에서 한국 초현실주의 화가들 군에서 일찍 이신은 매우 독창적이며 모든 아픔과 역사와 영성을 포괄하는 전인적인 화풍을 선구적으로 일구었으며, 이는 훗날 매우 활발하여진 1980년대 90년대의 한국 민중미술 그룹에서도 다시 이신의 회화의 작품성과 중요한 의미를 재조명하여야 한다고 생각된다. 이는 문학에 있어서 최인훈이 그의 광장 이후 화두에 이르기까지 남북의 모든 모순과 상처를 큰 강물과 깊고 커다란 인간정신의 변증법적인 사유의 추구와 탐구로 오딧세이적 긴 순례의 작품을 남긴 것에 비견될 수 있으리라고도 생각되는 것이다.

53 이신, 『슐리얼리즘의 신학』, 198-199.

신, 그는 화가로서는 이중섭적이며 아마도 빈센트 반 고흐적 본질이며 본질적으로 슐리얼리스트로[54]서의 혁명적 자유를 추구하는 슬픔과 그리움의 시인과 성스러움을 추구하는 누미노제적 존재였다고 생각된다.

그의 삶과 작품을 함께 조명하면서 너무도 애석한 것은 미국에서 왕성하게 제작한 회화작품들의 유실이며, 또한 국내에서 유실한 그의 시 작품집 원고의 유실이다. 이것은 예술가로서의 풍요한 이신의 세계를 가늠하고 파악하는 데 있어서 그 무엇으로도 보상할 수 없는 결정적으로 비극적이며 참담한 상실이다. 그럼에도 불구하고 남은 한 권의 시집으로, 남은 애석한 작은 숫자들의 회화작품들을 통하여 그는 본질적으로 한 장르에만 머무를 수 없는 천재적이며 전인적인 르네상스적인 인간과 예술가였음을 여실히 보여준다. 그는 빈센트 반 고흐가 젊은 날에 그의 목사였던 부친의 뒤를 이어서 화상의 길을 접고서 광산촌의 전도사로서 짧으나 불꽃같은 거룩한 누미노제의 삶을 추구한 것과 같은, 한없이 불우하고 고독했던 빈센트 반 고흐 이상으로, 생애적인 열정으로 예술과 거룩한 불꽃의 영혼과 삶을 추구했던 주인공이었다.

그는 예술적으로 대단한 에너지와 감수성을 지닌 화가와 시인이었으면서도 또 하나의 깊은 존재의 심연과 우물과 강물을 지닌 본질적으로 성스러움을 추구하는 누미노제적인 구도자요 순례자의 영혼과 인간이었다. 우리는 만해 한용운이 치열했던 그의 삶과 정신적 여정에 있어서 오직 단 한 권의 시집 『님의 침묵』[55]을 통해서 민족시인의 영광과

---

54 필자가 생각하기에 1930년대로부터 한국에서 적지 않은 이들(이중섭, 유영국, 문학수, 이쾌대, 장욱진. 박서보 등등)이 관념적으로 슐레알리스트의 의식이나 작품 경향을 보이기도 하였으나 이신은 실제적으로 가장 치열하게 전형적인 한국판 슐레알리스트의 삶과 의식과 작품을 온몸으로 살고, 깊은 신앙적 영성 및 역사의식까지 함께 추구한 전형적인 혁명적 슐레알리스트 작가이며, 화가 이상의 슐레알리스트 화가였다고 파악되기도 한다.

가치를 우리에게 선물하였음을 잘 알고 있다. 민족시인으로서 치열한 독립운동으로 인한 북경 감옥에서 옥사한, 민족독립에 자신의 삶을 온전히 바친 혁명 시인이면서도 직업적 문사와 시인은 아니었던 이육사 시인에 이어서, 여기서는 다루지 못했지만, 북간도 출신의 아름다운 크리스찬 영성의 시인이기도 했던 윤동주 또한 후쿠오카 감옥의 옥사를 통하여 유작 시집인『하늘과 바람과 별과 시』[56]를 비극적으로 세상에 남기면서 우리의 영원한 민족시인이 되었다. 이들의 반열 속에 우리의 이신 시인이 있다. 비록 상실당한 그의 작품집이 영원으로 떠내려갔어도, 그가 문단 활동을 통하여 직업적 시인으로서의 이름과 가치를 뽐내지 않았고 활동하지 않았을지라도 그는 천생의 시인이었다. 그는 어쩌면 성자이면서도 시인이었던 예수를 닮고자 했던 래디칼하고 진실한 하나의 주인공이자 그의 분신과 종이었다. 그는 침묵의 님을, 그리운 그대를, 애절하게 잃은 딸을 그리워하며 세상과 가장 순결하고 치열한

---

55 만해 한용운(1879-1944)은 그의 향년 65세의 삶에서 1926년에 유일한 시집『님의 침묵』을 간행하였다. 그 외에 그는 단편이나 장편소설들을 집필하고 수필이나 산문 등을 썼었으나 시집은 오직 한 권이었다. 그는 문단에서 활동한 전문 직업적인 문인이 결코 아니었고 그의 삶과 생애는 그가 승려로서 몸담은 불교의 개혁과 3.1운동의 민족대표 33인의 한 사람으로서의 조선의 독립운동과 신간회 등의 사회운동에 바쳐진 것이었다고 해도 과언이 아닐 것이다.

56 윤동주(1917-1945.2.16.)는 김약연 목사 등에 의하여 일제하 북간도 민족운동과 신앙의 요람이었던 명동촌에서 출생하여 명동학교와 평양숭실을 거쳐 연희전문을 졸업하고 1942년 동경의 입교대학을 거쳐 시인 정지용도 수학한 일본 동지사대학에 유학하던 중에 1943년 독립운동 혐의로 일본 경찰에 체포, 징역 2년을 선고받고 절친 송몽규와 함께 후쿠오카 형무소에 수감 중에 27세의 나이로 옥사 요절하였다. 그의 사인은 역시 같은 감옥에서 옥사(같은 해 3월 7일 순국)한 송몽규와 함께 생체실험 등의 설들이 있기도 하다. 그는 생전에 친구의 집에 은밀히 보관되기도 한 100여 편의 시를 남겼고, 1947년 정지용의 경향신문에 소개가 있었고, 1948년 정지용의 서문으로 3주기에 맞춰 유고시집 발간에 이어서 정음사 간의『하늘과 바람과 별의 시』가 간행되었다.

영혼을 지닌 원형적 인간들과 상처만은 이웃들을 사랑하면서 진정한
사랑과 정치적 혁명 이상의 혁명의 세상과 지평을 추구하면서 그는 그
림을 그리고 세상과 삶을 근원적으로 바꾸고 회귀시키는 치열한 삶을
불꽃처럼 그는 시인과 화가로서 그리고 목자와 신학자로서 전인적 삶
을 용광로와 화산처럼 추구하다가 그가 그린 광야의 예언자처럼 살다
갔다. 나는 그의 짧으나 울림이 강한 그의 광야의 시를 그의 절창으로
부를 수 있다고 생각된다.

　우리는 한국문학사에서 시인으로 특히 크리스찬 시인으로 깊은 영
성을 나름대로 추구한 박두진, 김현승 시인들의 영성의 광휘와 깊이의
반열에 이신 시인의 〈돌의 소리〉에 담긴 영의 파장과 의미와 아름다움
이 추가되기를 바란다. 한국시문학에 있어서 특별히 범람하는 천박한
종교와 기독교시의 탁류57 속에서 자신의 본질과 예술을 '범속에 팔아
넘길 줄을 몰랐고' 통속적인 조류에 휩쓸리지 않고 그를 뛰어넘어 '자기
나름의 길을 걸어간'58 그가 사랑한 진정한 예술가의 길, 본연적인 전위
와 현실을 뛰어넘는 영적 노래와 가치로서, 특별히 척박한 한국의 종교

---

57 이 같은 문학적으로는 조금도 그 성취와 가치가 전혀 느껴지지 않는 용혜원이나 대형 교
　회 소강석 등도 소위 목사나 승려로서의 시인임을 행세하고 자랑하는 세태이기도 하다.
　대중들의 일차원적이며 표피적 기호와 욕구에 초점을 맞춘 값싼 명상을 그 내용과 상품으
　로 하는 영성의 시집들도 한국 사회에서 상품처럼 범람하고 있다. 마치 사회적 정신적 그
　레샴의 법칙처럼 악화가 양화를 구축하고 있는 현실이기도 하다. 참조: 김우창, 『궁핍한
　시대의 시인』 김우창 전집1 (민음사, 2015). 여기에서 김우창은 M.하이데거의 횔덜린과 릴
　케의 고향과 존재(Heim und Sein)의 시를 다룬 논문 제목인 "궁핍한 시대의 시인"(Dichter
　in duerftiger Zeit)을 차용한 것으로 보인다. 하이데거는 모든 세계의 정상에 시가 있음을
　천명하고 예술작품의 근원으로서의 시작품의 본질을 구명하기에 스스로가 철학자이면
　서도 그 어떤 문학자와 평론가 이상으로 깊게 그 본질과 의미를 천착하였다. 참조: M. 하이
　데거/신상희 역, 『횔덜린 시의 해명』(Erlauterungen zu Hoelderlins Dichtung) (아카넷,
　2009).
58 이신, 『슐리얼리즘의 신학』, 199.

시와 기독교 시의 숨겨진 영의 강물과 돌짝 밭의 숨은 보석으로 재조명 되고 아껴지기를 진심으로 바라마지 않는다. 마지막으로 이미 본문에서 언급하였으나 다시 한번 그의 짧으나 가히 절창으로 느껴지는 시로 이 글을 마치려 한다. 어쩌면 천상의 "Swing Low Sweet Chariot…"의 흑인영가 혹은 그의 고향 전라도 바닷가 여수 돌산마을의 한에 맺힌 육자배기와 수심가 자락 울려오는 어딘가에서, 그가 사라진 만장(輓章)의 깃발이 나부끼는 속에 그의 영혼이 회귀하고 부활하는 상념 속에서의 그의 영혼이 부활하는 레퀴엠-진혼의 노래를 헌증하면서, 지상에서는 한없이 고독하고 슬픈 삶을 살아간 시인의 내면세계의 작은 성찰의 이 글을 맺고자 한다.

머리카락 휘날리며
광야에
오직 한 곳을
바라보며
꿋꿋이 서 있다.
_ 〈어느 그림의 인간상(人間像)〉 전문59

---

59 『돌의 소리』, 62.

# 짙은 그리움이 깊은 고요를 만나
## — 이신의 시(詩)가 노래(歌)가 되다

이혁

의성서문교회

## 시작하는 말

### 그가 나에게로 왔다

이신(李信) 박사에 관해서는 전혀 알지 못했던 내가 그의 삶과 사상에 젖어 들어간 것은 은사(恩師)이신 이정배 선생님의 손 내밈 때문이었다. 그동안 이정배 선생님과 의미 있는 일들에 함께 할 수 있는 은총을 누렸었다.[1] 그 인연의 끈으로 지금 이 글을 쓰고 있다.

---

1 남북평화의 훈풍이 불어오던 2019년 4월 27일 남북정상회담 판문점선언 1주년을 기념하여 'DMZ(民)+평화손잡기' 행사가 '꽃피는 봄날 DMZ로 소풍 가자'라는 주제로 DMZ 인근에서 전국단위 행사로 진행되었다. 당시 추진위원이셨던 이정배 선생님께서 행사 주제곡을 부탁해 오셔서 <봄 소풍 가요>라는 노래를 지어 부른 따뜻한 기억이 있다. 개인적으로도 매우 뜻깊고 벅찬 감동의 경험이었다. DMZ평화인간띠운동본부에서 발간한 '4.27 DMZ민(民)+평화손잡기 백서『꽃 피는 봄날 DMZ로 소풍가자』(2019) 165쪽에 행사 주제곡 <봄 소풍 가요> 악보가 실려 있다. 2019년 11월 29일 한국 프레스센터에서 열렸던 '4.27 DMZ민

2020년이 저물어갈 즈음 선생님은 신학자이자 화가요 시인으로서 이신 박사의 삶과 사상을 재조명하며 논하는 글들이 여럿 있지만 노래로는 없는 탓에 함께 기억하고 부를 수 있는 노래가 만들어진다면 더없이 좋겠다며 조심스럽게 곡을 부탁해 오셨다. 곡을 만드는 일이 이렇게 큰일이 될 줄은 꿈에도 생각하지 못하고 그만 털컥 수락해버렸다. 게다가 노래만 만들면 되는 줄 알았는데 얼마 되지 않아 노래를 만들며 들었던 마음의 풍경들을 글로 나누었으면 좋겠다고 글을 청해오셨다. 노래도 글도 어줍지 않은 터라 어떻게 대답해야 할지 눈앞이 캄캄했다. 잠시 망설였으나 부족하나마 좋은 뜻에 함께하겠노라고 말씀드렸다. 제자에게 있어 스승의 부탁은 거역할 수 없는 명령이다. 그리스도인은 언제나 시대적 소명에 눈뜬 예언자의 삶이어야 함을, 행동하는 신앙의 삶이 예수의 제자의 삶임을 몸소 삶으로 가르쳐주신 이정배 선생님의 부탁은 이렇게 거역할 수 없는 하늘의 명령으로 다가왔다.

두렵고 떨리는 마음으로 보내주신 이신 박사님에 관한 책들을 읽어 내려갔다. 책을 읽어 내려가는 과정은 한 번도 마주한 적 없는 이신 박사님과 필자 사이의 반세기 가까운 어색함의 시간을 좁혀가는 과정이었다. 특히 그분의 시를 음미하며 내 마음의 문을 두드린 것은 인간

---

(民)+평화손잡기 백서' 출판기념회에서 필자는 이신 박사의 아들인 이경 목사를 처음 만났다. '봄소풍 가요'는 유튜브를 통해 들어볼 수 있다(https://www.youtube.com/watch?v=M8EFuOBMuOo). 2020년 종교개혁주일을 앞두고 더이상 세상의 희망이 되지 못하고 만신창이가 되어버린 어머니 한국교회를 바라보며 이정배 선생님은 뜻있는 동지들을 모아 한국교회의 죄책을 고백하고 교회의 갱신과 개혁을 통해 다시 희망을 전하는 교회가 되기 위하여 '2020 다시 희망! 절망의 끝에서 다시 신뢰의 그루터기가 되라'라는 교회개혁운동을 시작하셨는데, 이 소중한 뜻에 동참하는 마음으로 <2020 다시 희망! 절망의 끝에서 다시 신뢰의 그루터기가 되라>라는 노래를 만들었고, 이 노래는 죄책과 희망 선포의 날에 광화문 광장에서 사람들 앞에 불려졌다. <2020 다시 희망! 절망의 끝에서 다시 신뢰의 그루터기가 되라>는 유튜브를 통해 들어볼 수 있다. (https://www.youtube.com/watch?v=A21m3Ywdr24).

이신이었다. 진리 앞에서, 그 거역할 수 없는 운명 앞에서 외롭게 서 있는 인간 이신 말이다. 또한 가족 앞에서 아빠로서, 남편으로서 외롭게 서 있는 인간 이신이기도 했다. 내 마음의 문을 노크하고 있는 그에게서 난 짙은 외로움을 보았다. 그는 끊임없이 무언가를 그리워하는 존재였다. 그리고 그 그리움을 그림으로, 시로, 글로 풀어내고 달랬다. 그리움을 운명으로 안고 산 사람, 이신… 그의 삶은 짙은 그리움이 깊은 고요를 만나 일으키는 파장과 같았다. 그렇게 인간 이신은 나에게로 왔다.

누군가의 삶을 평가하거나 학문적인 연구를 하기에는 깜냥이 한참이나 모자라지만 이 글을 쓰게 된 이상 내가 왜 이렇게 글을 쓰고 있는지 한참을 생각해 보지 않을 수 없었다. 아마도 나처럼 평범한 이들에게도 이신의 사상과 삶은 어떻게 살아 움직이고 있는지 알아보고 싶은 이정배 선생님의 호기심 때문이 아니었을까 싶다. 그래서 그저 평범한 눈으로 그분이 써 내려간 글과 시, 그림들을 보며 이런 고뇌와 창작이라는 인고(忍苦)의 시간을 지나면서 품었던 그분의 마음은 어떠했을지 들여다보았다. 이 과정에서 난 시대를 앞서갔던 한 예언자의 면모보다는 그분의 인간적인 면모에 더 마음이 갔다. 이신 박사의 사상과 삶을 서술하는 깊이 있는 글들을 접하면 접할수록 그의 인간적인 고뇌와 그 주변을 둘러싼 고난의 현실들 속에서 짙게 배어있는 그리움을 마주하게 된다. 그리움이란 마음속 깊은 곳에서 피어오르는 느꺼운 감정이다. 그리움의 배경은 고요여서 그리움은 언제나 안으로 삭이게 된다. 이신 박사의 그리움은 두 가지로 요약할 수 있겠다. 하나는 진리이자 존재의 근원에 대한 사무친 감정에서 피어올랐고, 또 하나는 언제나 그의 마음 한켠에서 위로와 힘이 되어주었던 가족에 대한 고마움과 미안함의 감정에서 피어올랐다 할 수 있겠다.

필자는 이 두 가지 그리움이 빚어낸 여러 시들 가운데 6편을 골라 노래로 만들어보았다. 이제 곡을 만들며 나의 감정에 머물렀던 인간 이신의 흔적들과 그 느낌을 덤덤히 써 내려가고자 한다.[2]


## I. 불이 어디 있습니까

이신 박사의 유고 시집 『돌의 소리』를 펼쳐 들고 하나하나 음미해가는 중 처음 내 마음을 두드린 시는 '불이 어디 있습니까'[3]였다.

불이 어디 있습니까

당장에는 없는 것
눈을 씻고 봐도 없고
손을 흔들어도 없는 것

없어도
있는 것
있으면서 없는 것

어둠의 장막이 내리고
산촌에 길을 막을 때

---

2 여기에 소개되는 이신 박사의 6개의 시(詩)는 곡을 입힌 순서대로 나열하였다.
3 이신/이경 엮음, 『李信 詩集 돌의 소리』(서울: 동연, 2012), 110.

비치는 불빛

_ 이신, 〈불이 어디 있습니까〉 전문

이 시에서 이신은 묻고 있다. 불이 어디에 있는지를… 인생은 물음의 연속이며, 그에 대한 답을 찾아가는 과정인지도 모른다. 그의 질문은 대답해 줄 누군가를 상정하고 있다. 그분은 바로 그가 그토록 그리워했던 존재의 근원이자 모든 것을 살아있게 하는 궁극적 존재이다. 그의 질문은 깊은 그리움에 기인한다. 진리에 대한 치열한 목마름은 이내 진한 그리움이 되었고, 그것을 찾고 싶은 열망은 그로 하여금 끝없이 질문하게 했다.4 그래서 그는 묻는다.

---

4 이신은 궁극적 실재이자 희망의 근거에 대한 물음, 또한 비참하고 비루한 인간 현실에서 본질적인 삶에 대한 물음을 그의 시에서 계속 묻고 있다. 그의 물음은 여러 편에서 이어진다.
"나는 당신을 향해 / 말을 하기 싫습니다 / 말 대신 몸짓이 좋습니다. / 항상 우리를 속이는 자는 / 말이기 때문입니다. // 그러면 어떻게 해야겠습니까 / 보지도 말고 / 말하지도 말고 / 만져만 볼까요."(〈피로에서 오는 감각〉 중에서).
"아무리 부정하고 또 부정해도 / 그것이 사실이라면 / 어떻게 하겠습니까. … 그것이 사실이라면 / 어떻게 하겠습니까"(〈사실(事實) I〉 중에서).
"그러니 세상에 / 억울한 일은 / 사람이 사람답지 못한 일을 / 하다가 죽는 것이 아니겠습니까. / 비굴한 일을 하다가 / 죽는 것이 아니겠습니까. / 이런 의미에서 정말 죽음은 / 한 사람의 인격이 그 사람의 / 수치스러운 일 때문에 치명상을 / 입는 일이 아니겠습니까. / 그 사람의 인간상이 부끄러운 모습으로 / 삭여가는 일이 아니겠습니까."(〈나사렛의 한 목수상(木手像) - 새 그리스도로지〉 중에서).
"자유가 무엇이냐"(〈자유(自由)의 노래〉 중에서).
"진리가 어디 있습니까… 당신을 / 어디 가서 만날 수 있습니까 / 당신의 얼굴을 / 어디 가서 찾습니까"(〈진리가 어디 있습니까〉 중에서).
"당신은 / 정말 당신 노릇을 / 하고 계시는 줄 아십니까 / … 다른 사람이 자유로운 인간으로 / 살아갈 수 있도록 하는 데 / 도운 일이 있습니까 / … 얼마나 많은 사람들이 / 피 흘렸으며 / 얼마나 많은 사람들이 / 무참히도 죽어 갔으며 / 얼마나 많은 사람들이 / 자기 나름대로 살아가지 못하고 / 인간으로서의 권리를 빼앗기고 / 부질없이 짓밟혀 갔습니까 / … "(〈전위적(前衛的) 역사의식(歷史意識)〉 중에서).

불이 어디에 있습니까

그가 그토록 찾았던 불이란 무엇이었을까? 그 희미한 실체는 눈앞에 선명하게 드러나진 않지만, 그는 그것을 느낄 수 있었다. 불은 "당장에는 없고, 눈을 씻고 봐도 없고, 손을 흔들어도 없으나" 있는 듯 없는 듯 우리 존재의 중심에 분명히 존재한다. 왜냐하면 그것이 없이는 우리의 생이 불가능하기 때문이다. 특히 이 불은 어둠이 짙어질수록, 막다른 길에 들어서 옴짝달싹하지 못하는 상황에 처해질수록 그 존재가 뚜렷해진다. 이신이 바라본 세상은 차갑고 냉랭하기 이를 데 없었다. 생명을 경시하는 비인간화의 현실이 도드라질수록 이신의 가슴에 지펴진 불은 더욱 활활 타올랐다. 이런 세상에 대해 이신은 "우리의 매일 매일의 생활과 활동의 목표는 사람 되는 데 있다"라고 말하였다[5]. 인간이 영위하는 모든 분야에서 사람이 사람답게 살 수 있는 인간화(人間化)를 이루어야 함을 말한 것이다. 그러면서 마태복음 5장 48절의 말씀을 인간화의 근거로 삼았다.[6] "하늘에 계신 너희 아버지의 온전하심과 같이 너희도 온전하라." 그러면서 이신은 이 말이 "인간이 신처럼 되라는 것을 의미하는 것이 아니라 사람으로서 온전히 살아가는 것"이라고 말한다.

---

5 이신,『산다는 것 · 믿는다는 것』(기독교문사, 1980), 11-14. 이신 박사는 그의 시 〈나사렛의 한 목수상(木手像) ― 새 그리스도로지〉와 〈전위적(前衛的) 역사의식(歷史意識)〉에서도 인간화(人間化)의 주제를 이야기하고 있다(『李信 詩集 돌의 소리』, 65-73과 114-120). 2019년 9월 3일에 타계하신 신학자 송기득 교수도 또한 그의 책『예수와 인간화』(현존사, 1991)와 여러 강연에서 예수의 삶을 '인간화'(人間化)의 길로 규정한 바 있다. 비인간화된 세상에서 인간성을 회복하는 것이 곧 하나님 나라 만들기의 알짬이라 하였다. 필자는 2001년부터 전남 고흥에서 목회하면서 순천에 기거하셨던 송기득 선생님을 모시고 '역사의 예수'에 대한 말씀을 들으며 삶과 신학에 대해 고민하며 진지하게 공부한 바 있다. 필자는 송기득 교수와 이신 박사의 사람됨의 신학에 전적으로 동의하는 바이다.

6 위의 책, 14.

이 온전함의 상태는 처음 빚어진 인간의 모습을 가리킨다고 볼 수 있다. 생명청지기로서 생명을 아끼고 돌보는 본래의 사명에 충실한 삶을 통해 구현되는 참 인간의 세상에 대한 꿈이 '온전함'이란 말에 담겨 있다고 할 수 있겠다. 온전해진 인간 세상은 참으로 따뜻한 세상이리라. 사람을 사람답게 하는 일, 생명을 생명답게 하는 일은 그 얼마나 따스한 일이던가. 그런 일들은 가슴에 불을 품은 이들만이 할 수 있다.

그 불은 이 땅 위에서 하나님의 나라를 이루기 위해 자신의 삶을 역사에 투신하도록 예수의 가슴에 지펴진 불이기도 하다. 예수의 삶은 당시 당연하게 여겨졌던 모든 것들에 의문 부호를 붙였다. 대다수 사람들이 자연스럽게 행하는 관습적인 모든 행위들이 과연 하나님을 향한 진심에서 우러나오고 있는지 묻게 했다. 진리를 향한 끝없는 지향은 이렇듯 우리로 하여금 질문하게 한다. 고로 묻지 않는 자는 신앙하지 않는 것이라 말할 수 있다. 생각해 보라. 우리의 삶 자체가 물음표 아니던가? 물음을 던진다는 것은 표면적으로는 믿음 없음의 행위로 보일 수도 있겠으나 사실은 정반대이다. 하나님 앞에 나아감에 있어 가장 중요한 것은 솔직함이다. 신(神)의 부재를 경험하게 되는 현실에서 하나님의 존재에 대해 묻는 것은 불신앙이 아니다. 오히려 그 반대인 것이다. 신의 존재 물음은 당신의 손길이 이 땅에 반드시 필요하다는 강력한 의존 행위인 동시에 우리가 기꺼이 당신의 손길이 되겠다는 다짐 행위인 것이다. 생명을 향한 애착이 없이는 이런 물음 행위는 불가능하기 때문이다.

이신은 왜 불이라는 단어를 선택했을까? 그 속성에서 해답을 찾아 본다. 불은 뜨겁다. 불에 녹아나지 않는 것은 없다. 모든 것을 녹여내고, 모든 것을 사윈다. 모든 것을 재로 만들어 내는 불은 무언가가 있기 이전의 상태로 되돌려 놓는다. 진실을 기망(欺罔)하는 모든 존재는 이

불에 의해 사위어져야 한다. 거짓은 완전히 불타 없어져야 한다. 그래야 그 잿더미에서 희망의 새순이 돋아난다. 본질로부터 멀어져가는 세상과 교회를 바라보면서 이신은 이 답답한 절망을 타개할 무언가가 필요했다. 그것이 바로 불이 아니었을까? 비본질적인 것으로 변질되어버린 세계를 불사르고 그 잿더미 위에서 태초의 생명으로 다시 태어나기를 바랐던 것이 아닐까? 지금도 이 질문은 유효하다.

그런데 이 불은 어떻게 지펴지는 것일까? 이신은 불이 "돌과 돌이 부딪혀서" 그리고 "쇠와 쇠가 부딪혀서" 생겨난다고 말한다. 불을 내는 가장 원시적인 방법이다. 난 우리 안에 불이 일어나는 것을, 치열한 현장을 외면하지 않고 그 속에서 몸을 부딪치는 부대낌 속에서 일어나는 사건으로 이해했다. 현실에 대한 예리하고도 집요한 통찰은 행위를 만들고, 행위는 결코 만만치 않은 현실과 부딪히며 불을 일으키게 되는 것이 아닐까? 그런 의미에서 이신은 현실의 문제를 끌어안고 씨름하면서 새로운 상상력으로 새 세상의 비전을 꿈꾸며 이야기했던 외로운 예언자였다. 진리에 대한 집요한 열망은 그를 끝없이 어둠 짙은 황량한 세상의 한복판으로 향하게 했다. 그 척박한 광야의 세상에서 "어둠의 장막이 내리고 산촌에 길을 막을 때" 그는 한 줄기 불빛을 본다. 그리고 외친다.

불이 어디에 있습니까

이것은 앞서 말한 바 이 세상에 당신의 손길이 필요하다고 외치는 간구의 기도요, 이 한 몸 불이 되어 거짓을 태우고 희망의 움을 틔우는 하나님의 희망의 불씨가 되겠다는 다짐의 고백이기도 했다. 이 외침은 그의 마음속 깊은 곳에서 끊임없이 울렸다.

이 시에 조심스레 곡을 입혔다. 노래는 잔잔한 읊조림으로 시작된다. 있는 듯 없는 듯 존재하는 불을 표현한 것이다. 그리고 '어둠'과 '길막힘'이라는 현실과 만나면서 읊조림은 외침으로 변한다. 이는 불이 어디에 있는지 그 향방을 묻는 것이라기보다 우리가 잃어버리고 살아온 불을 다시 발견하고 싶은 갈망의 외침인 것이다. 우린 잃어버린 불을 되찾아야 한다. 그 불을 통해 따스한 온기를 회복해야만 한다. 우린 끊임없이 물어야 한다.

불이 어디에 있습니까

이렇게 진리에 대한 짙은 그리움은 노래가 되었다.

## II. 자유(自由)의 노래

인간에게 자유와 행복을 추구하는 것은 누구도 부정할 수 없는 천부인권이다. 생각해 보면 삶은 예속과 자유 사이의 시소게임과 같다 할 수 있다. 한 인간의 삶 안에는 자의 혹은 타의로 늪에 빠져들어 가듯 무언가에 얽매여 예속되기도 하고, 그것으로부터 벗어나려고 치열한 자유의 몸부림을 치기도 한다. 그 어느 누가 무언가에 예속되고 싶겠냐마는 현실 속에서 많은 사람이 자신의 욕망이 투영된 무언가에 예속되어 살아간다. 그럼에도 자신이 예속되어있는지조차 모르고 산다. 자유를 갈망하나 철저히 예속되어 살아가는 불쌍한 존재, 이것이 자본주의 세계를 살아가는 우리의 실존이다. 그럼에도 사람이라면 응당 자유를 갈망하기 마련이다. 사람들은 자유를 무어라 생각할까? 예속에서 벗어나는 것? 물론 기본적인 의미에서 맞는 말이다. 그러나 성서가 가르치는 자유는 이보다는 더 적극적인 의미로 주어진다.

많은 경우 당연하다 여기며 누리는 자유는 약한 이들을 책임지는 선한 자유이기보다 남이 어떻게 되건 말건 자신의 욕구를 충족시키기 위해 자기 마음대로 하려고 하는 이기적인 자유로 여기는 것이 대부분이다. 하나님께서 창조하신 모든 생명은 서로 잇대어 살아가도록 설계되었다. 하나님은 하나님 자신과 인간은 물론이거니와 인간과 인간, 인간과 자연 모든 피조 세계가 서로 긴밀하게 응답하도록 하셨다.7 그래

---

7 하나님은 창조 시 다섯째 날에 인간에 앞서 물 속 생물들과 땅 위에서 하늘을 나는 새들을 창조하시고 "생육하고 번성하여 여러 바닷물에 충만하여라. 새들도 땅 위에서 번성하여라"라고 축복하셨다(창 1:20-22). 이후 여섯째 날에 땅의 생물들을 창조하시고 이어 사람을 창조하셨다. 그리고 인간에게도 같은 축복을 베푸신다. "생육하고 번성하여 땅에 충만하여라."(창 1:28a) 다만 인간에게는 "땅을 정복하여라. 바다의 고기와 공중의 새와 땅 위에서

서 서로를 위할 때 모든 존재는 창조의 목적에 부합하여 최상의 행복을 누리게 된다. 선한 양심을 가지고 있음에도 인간이 가지고 있는 어쩔 수 없는 악의 경향성(끌림)은 서로를 향한 이 당연한 책임 의식에 균열을 가져오고, 자신의 안위를 가장 소중한 가치로 여기게 한다. 하나님께서 허락하신 자유는 본래 서로에게 책임을 지는 책임적 자유이다.

사도 바울은 이러한 자유를 갈라디아서를 통해 전한 바 있다. 안디옥에서 이방인들과 자유롭게 식사하던 베드로가 예루살렘에서 파견한 사람들이 오자 급히 그 식사 자리를 피하는 모습을 보고 바울은 실망하여 베드로를 나무란 바 있다(갈 2:11-14). 바울은 베드로의 위선적인 태도를 나무라며 호되게 꾸짖었다.

> 당신은 유대 사람인데도 유대 사람처럼 살지 않고 이방 사람처럼 살면서, 어찌하여 이방 사람더러 유대 사람이 되라고 강요합니까?(갈 2:14, 새번역)

그러한 행위는 '하나님의 은혜를 헛되이 하는 행위'(갈 2:21)이다. 율법으로 회귀하는 일련의 일들이 갈라디아 교회 안에서 일어나는 것을

---

살아 움직이는 모든 생물을 다스리라"는 별도의 명령을 내리신다(창 1:28b). 모든 생명에게 베푸신 "생육하고 번성하고 충만하라"는 축복은 창조질서를 유지하는 데에 대전제가 되고, 인간에게 별도로 주신 '정복과 다스림'의 명령은 생명을 북돋우는 하나님의 뜻을 잘 실행할 수 있도록 보조역할을 하는 셈이다. 그렇기에 인간을 비롯한 모든 생명에게 "생육하고 번성하여 충만하라"고 하신 복은 모든 생명을 향한 하나님의 본심(생명이 충만한 것)을 반영하며, 이렇게 생명을 북돋우는 일을 잘 할 수 있도록 인간에게 관리자로서의 사명을 별도로 명령하신 것으로 이해해야 한다. 곧 "정복하고 다스리는" 일은 인간이 자연을 무자비하게 착취해도 된다는 근거가 될 수 없다. 반대로 모든 생명이 잘 살 수 있도록 관리하라는 관리자로서의 삶을 위한 인간을 향한 명령으로 이해해야 옳다. 하여 모든 생명은 서로의 생명을 북돋아 주며 잘 살 수 있도록 힘이 되어주는 존재이며, 그렇게 살 때 존재의 이유에 가장 부합하기에 행복해지는 것이다. 이것이 바로 하나님께서 '심히 좋다' 여기시는 모습이다.

목도하면서 바울은 격정적으로 복음의 본질과 자유에 대해 이야기한다. 그리스도인들은 더 이상 율법의 종이 아닌 하나님의 자녀로서 자유인임을 천명한다.

그리스도께서 우리를 해방시켜 주셔서, 자유를 누리게 하셨습니다. 그러므로 굳게 서서, 다시는 종살이의 멍에를 매지 마십시오(갈 5:1, 새번역).

율법 아래 살던 이들을 자유하게 하신 예수 그리스도를 믿는 그리스도인이 되었음에도 불구하고 습관에 젖어 다시금 율법에 예속되어 부자유해진 그리스도인들에게 참 자유의 의미를 설명한다.

예속과 자유… 이 경계는 참으로 모호하여 자유하게 산다고 하나 누구보다도 더 예속된 삶을 사는 경우도 있고, 억압의 현실을 살지만, 그 누구보다도 자유한 영혼도 있다. 우리 주변을 보아도 자유의 의지로 선택한 삶이 누군가를 옭아매는 덫이 되기도 한다. 지금의 변질된 교회의 모습은 이러한 사실을 극명하게 보여주는 한 예일 수 있다. 코로나 팬데믹 상황에서 많은 교회가 신앙의 자유 운운하며 정부의 방역 조치를 교회 탄압이라 규정하며 무력화시키려 했다. 모든 사람이 전염병 감염의 위험으로 두려움에 떨고 있는 상황에서 교회는 세상에 대해 책임적 자세를 취하기보다는 신앙의 게토화를 더욱 공고히 해 나갔다. 말이 신앙이지 이것은 경건한 신앙도 아닌 고집스런 아집에 불과하다. 신앙이 깊다 하는 사람일수록 더욱 경직되어 있다는 사실은 깊이 생각해 볼 만하다. 종교적 지식이 해박하다 하는 사람일수록 종교적 본질과는 더욱 거리가 먼 사람들이 많다. 종교가 세상을 지배하던 중세시대가 가장 경직되어 사람들의 영혼을 옥죄었다는 사실은 역사가 생생히 증언하는 바이다.

이신은 자신이 살던 시대에도 교회를 비롯한 대부분 사람이 추구하는 자유는 욕망에 근거한 지극히 개인적인 자유라고 보았다. 이러한 자유의 오용은 비인간화를 초래했다. 이신은 자신의 글에서 이런 비인간화의 현실을 염려했다.[8] 그는 말한다.

> 인류의 공통적인 생의 목적이 있다면 그것은 사람이 사람 되는 일일 것이다.[9]

그래서 그는 '사람이 사람 노릇하는 것이 중요한 일'이라 했다. 그가 말한 '사람 노릇'이란 무엇일까? 이것은 책임적인 자유와 연관된다. 그는 말한다.

> 인생의 목표는 자기의 일신적인 안락을 위해서 다른 사람의 생을 침해하고 다른 사람의 생활력을 소모하는 일이 되어서는 안 되고 오히려 다른 사람의 생을 북돋워 주는 일인 것이다. 단순히 다른 사람을 도와주는 것뿐만 아니고 자기의 삶이 될 수 있는 대로 그 폭을 넓혀서 전체적인 이익이 되는데 이바지하는 일이 되어야 할 것이다.[10]

사람을 사람 되게 하는 자유! 이것이 이신이 품고 있던 자유의 정의였다. 그는 이런 자유의 노래를 시에 담아냈다.

---

8 비인간화의 시대에 인간화에 대한 주제로 이신이 쓴 글은 다음과 같다: "사람 되는 것," 『산다는 것 · 믿는다는 것』, 11; "나사렛의 한 목수상(木手像) ― 새 그리스도로지," 『李信 詩集 돌의 소리』, 65-73; "전위적(前衛的) 역사의식(歷史意識)," 『李信 詩集 돌의 소리』, 114-120.
9 이신, 『산다는 것 · 믿는다는 것』, 11.
10 위의 책, 32.

어떤 사람이 내게

"자유가 무엇이냐"고 묻는다면

나는 이렇게

대답하고 싶습니다.

"자유는 사랑하면서

행동하는 것이다"라고.

_ 이신, 〈자유의 노래〉 중에서

   사람을 사람 되게 하는 일은 오직 사랑을 통해서만이 가능하다. 사랑은 신(神)의 속성이자 모든 생명에게 부여하신 존재의 근거이다. 사랑이 아니고서는 그 어떤 것도 의미를 가질 수 없다. 사랑을 기반으로 하지 않은 자유는 방종일 뿐이다. 하여 이신은 누군가가 자신에게 "자유가 무엇이냐"고 묻는다면 "자유는 사랑하면서 행동하는 것이다"라고 주저 없이 대답하겠다고 말한다. 그의 사랑을 근거한 자유는 사변적이지 않고 매우 구체적이다. 그가 노래한 자유는 거대한 구호도 아니요 뜬구름 잡는 사변적 진술도 아니다. 우리의 구체적 일상에서 경험하는 자유이다. 그는 말한다. 사람이 농사를 짓는 것도, 무엇을 손으로 만드는 것도, 장사를 하는 것도, 글을 짓거나 그림을 그리거나 사색을 하거나 산에서 나뭇가지를 줍는 일도 즐겨서, 정말 사랑하면서 그런 일을 하고 있다면 그는 자유한 것이라고… 그러나 자기가 하고 있는 일에 아무런 재미도 없이 그저 무슨 다른 이유 때문에 끌려서 하고 있다면 그는 종이나 다름없다고… 사랑하면서 무언가를 할 때가 참 자유를 누리는 때요, 가장 행복한 시간이라고….11 예수께서도 "진리가 너희를 자유롭게 할 것이다"(요 8:32)라고 말씀하셨다. 진리(眞理)는 예수의 삶에서 사랑이라는 구체적인 행위를 통해 구현되었다. 사랑이신 예수의 삶을 따르는 이들(예수 안에 거하는 이들)의 삶을 통해 사랑은 오롯이 이어지고, 이러한 사랑의 삶은 우리를 자유로 이끈다.

이신은 이 자유를 가지고 심히 작고 무가치하다고 여기는 것들에 대한 사랑으로 나아가자고 손을 내민다.

> 가장 미약하고
> 미천한 그 누구도
> 거기서 가치를
> 발견하고
> 굴러다니는 돌 하나에도
> 작은 티끌 하나에도
> 거기서 무엇인가
> 뜻 있는 것을
> 발견할 수 있다면
> 우리의 마음이
> 그저야 지나갈 수 있겠습니까.
>
> 그러면 거기를 향해서
> 손으로 만져 보고 싶고
> 유심히 들여다보고 싶고
> 귀를 종그리고 듣고 싶고
> 사랑하고 싶어질 것입니다.

---

11 이신, 『李信 詩集 돌의 소리』, 76-81.

_ 이신, 〈자유의 노래〉 중에서

사랑으로 자유한 삶은 이내 작은 것들에게 대한 연민과 관심으로 이어진다. 결국 이신이 말한 자유는 평범한 일상 속에 의미를 찾고 작고 연약한 것들에 대한 연민과 연대로 이어지는 사랑의 손잡기가 아닐까? 이신의 〈자유의 노래〉는 이기적 사랑과 욕망에 예속된 이 시대 사람들에게 참 자유와 사랑을 향한 초대장이다. 이 시는 곧 노래가 되었다. 노래는 왜곡된 사랑과 자유의 노예가 되어버린 이 시대 불쌍한 영혼들에게 건네는 이신의 물음으로 시작된다.

자유가 무엇이냐?

반복적인 물음을 통해 많은 이들이 자신이 추구하는 사랑과 자유의 의미를 되묻게 하고 싶었다. 이 물음은 노래의 말미에도 이어진다. 물음을 던진 후 마치 수많은 군중 앞에서 잔잔하지만 분명하게 이야기하시는 예수처럼 이신은 차근차근 자유를 설명한다. 자유의 핵심은 평범한 일상에 사랑을 담아내는 것이라고 말하고 있다. 특히 가장 미약하고 미천한 것들 속에 가치를 발견하고, 굴러다니는 돌 하나, 작은 티끌 하나에도 뜻이 있음을 발견하며 그러한 것들에게 다가가 손 내밀어 만져보고, 유심히 들여다보고, 귀를 쫑그려 귀 기울이고, 마침내 진실하게 사랑하는 것이 참 자유임을 설명할 때는 힘을 주어 말하고 있다. 나는 이신이 노래한 자유를 '사랑하는 만큼 자유롭다'라는 말로 결론을 내렸다. 진실하게 사랑하는 만큼, 그 크기와 깊이와 넓이만큼 우린 자유 할 수 있는 것이다.

이렇게 자유에 대한 설명을 끝내면 다시금 성찰의 시간이다. 그래서 다시 묻는다.

자유가 무엇이냐?

처음의 물음과 마지막의 물음은 듣는 이들에게 다른 의미로 다가갈 듯싶다. 처음의 물음은 그야말로 질문이지만, 마지막의 물음은 참사랑과 자유의 삶으로의 초대이다.

## III. 침묵(沈默)

말도 많고 탈도 많은 세상이다. 하루에도 수많은 문제들이 양산되고 이는 각종 언론 매체를 통해 확대재생산 되곤 한다. 말이 누군가에게 전달될 때는 살이 붙게 되고 때론 악의적으로 왜곡되어 전달되는 일도 부지기수이다. 그래서 말은 신뢰할 만하지 못하다. 발설된 말은 오히려 진실을 가리는 경우가 많다. 사람의 본심(진정성)을 알기 위해서는 그가 한 말보다는 그의 삶을 들여다보아야 한다. 의사소통을 위해 어쩔 수 없이 말을 하지만 분명한 한계가 있음을 인정하지 않을 수 없다. 마음과 마음을 나누는 소통의 도구로서의 말의 기능이 점차 사라져가는 것이 안타깝다. 수많은 말들이 홍수처럼 넘쳐나는 세상에서 말의 근원인 침묵(沈默)을 생각한다.

말은 침묵이라는 바탕에 뿌리를 두고 있다. 침묵을 바탕으로 하지 않은 말은 감각적으로 흘러 의미를 담아내지 못한다. 그러나 침묵의 심연(深淵) 속에 다다르면 우린 존재의 근원을 만나게 된다. 우리가 성스럽고 본질적인 것들 앞에 마주할 때 유구무언(有口無言)이 되는 것은 바로 그 때문이다. 본질적인 것 앞에 말도 그 시원(始原)으로 돌아가는 것이다. 침묵은 모든 말의 의미를 담고 있다. 그러나 이 침묵은 고독하지 않으면 다다를 수 없다. 처절한 고독을 경험한 자만이 이 침묵 속에서 존재의 근원과 만난다.

침묵의 상태는 고요의 상태이다. 고요는 창조 이전의 시대로 우리를 안내한다. 오직 하나님의 숨소리만이 들리는 고요의 상태, 우리가 하나님을 경험할 수 있는 자리는 이런 고요의 상태이다. 고로 고요함이라는 바다에 침묵의 배를 띄우면 존재의 근원인 하나님께 다다라 그분과의 내밀한 교감이 시작된다.

이신의 〈침묵〉(沈默)[12]은 하나님과의 그런 내밀한 속삭임이다. 이

시는 이신 시집『돌의 소리』맨 처음에 소개되는 시이다. 나는 이 시를
이 시집으로 들어가는 입구(入口)로 이해했다. 하나님과 이신의 내밀한
이야기를 이해하기 위해서는 침묵이라는 문을 통과해야 하는 것이다.
이 시를 읽어 내려가면 우주엔 오직 하나님과 이신만이 존재하는 것처
럼 느껴진다. 이신은 존재의 근원 앞에 두려움과 떨림으로 마주하고
있다. 신 앞에서 느끼는 경외의 마음이다. 이신은 혹여 자신의 말이 하
나님의 평온한 질서를 깨뜨릴까 조심스러워 말하지 못하고 그저 바라
보고만 있다. 그야말로 깊은 침묵 속에 하나님을 응시하고 있는 것이다.

> 당신의 맑고 툭 튄 이마처럼 잔잔한
> 당신의 자유의 호수를 흔들어 놓을까 봐서입니다.
> 그래서 나는 하루 종일 안타깝게
> 이 호면만을 바라보고 있습니다.
> …
> 당신의 빛나는 눈처럼 아름다운
> 당신의 마음의 별빛을
> 흐려놓을까 봐서입니다.
> 그래서 나는 가슴 조이며
> 밤새도록
> 이 별빛만 지켜보고 있습니다.
> …
> 당신의 미소 짓는 입처럼

---

12 위의 책, 21-23.

자유스러운 결단의 골짜기에서 솟는
우물을
이 말을 함으로
흐려놓을까 봐서입니다.
_ 이신, 〈침묵〉 중에서


우리의 자신만만해하는 말들이, 우리의 거리낌 없는 행동들이 모든 생명을 담고 있는 잔잔한 호수(하나님의 품)에 파문(波紋)을 일으킬 수도 있다. 우리의 말과 행동이 발설하거나 행하지 아니함만 못한 경우들이 얼마나 많던가! 하나님 앞에서 우린 무슨 말을 할 수 있을까? 그저 유구무언(有口無言)일 따름이다. 그래서 행여 나의 삶이 하나님의 뜻을 흐려 놓을까 애태우며 하나님 주변을 서성거릴 뿐이다.


그래서 나는
밤새도록 이 우물가 주변을
가슴 태우며 서성거립니다.
_ 이신, 〈침묵〉 중에서


이신의 침묵은 고요한 수도원의 수도사들이 정기적으로 드리는 기도 속에 경험하는 침묵과는 결이 다르게 느껴진다. 그의 침묵은 고요한 수도원이 아닌 복잡스럽고 고단한 삶의 한복판에서 경험되어지는 침묵이다. 사실 그는 하나님 앞에 할 말이 누구보다도 많은 사람이었다. 이신의 생애는 그가 의도하던 대로 진행되기보다는 의도치 않게 알 수 없는 격랑 속으로 빠져들어 가는 경우가 많았다. 그 누구보다도 하나님 앞에 신실하고자 했던 그였지만, 그의 현실은 그를 처절한 고독 속으로 몰아세웠다. 세상적으로 보자면, 이신은 마치 십자가의 예수처럼 실패한 인생이었다. 누구보다도 철저히 하나님의 뜻을 구했으나 돌아온 건 고독과 가난과 깊은 아픔 그리고 이른 나이에 생을 마감한 것이었다. 누구라도 이런 상황이면 "하나님, 나에게 어찌 이러십니까?"하고 항변했을 것이나 이신은 침묵한다. 이 침묵의 배경에는 자신의 삶으로도 어찌할 수 없는 거룩한 하나님의 뜻을 온전히 이루고픈 그의 신심(信心)이 있지않을까 싶다. 난 여기에서 존재의 근원인 하나님을 향한 그의 짙은 그리움을 본다. 그리움의 한 면은 애태우는 감정이다. 나의 성공보다는 하나님의 성공을 바라고, 혹여 하나님의 성공을 위해서라면 자신의 실패도 기꺼이 받아들일 줄 아는 마음이 이신에게 있었던 것은 아닐까?

그런 그의 마음을 헤아리며 시에 곡을 붙였다. '침묵'(沈黙)이라는 노래는 그야말로 고요한 읊조림이다. 마치 연극의 독백처럼 덤덤히 자신의 속 이야기를 읊조린다. 평화롭고 잔잔한 신(神)의 우물에 파동을 일으킬까 조심스러운 마음으로 하나님 앞에 침묵할 수밖에 없는 마음을 속삭인다. 비슷한 멜로디가 반복되어 자칫 노래의 집중도가 떨어질까 싶어 중간에 조옮김과 화음을 넣어 변화를 주었다. 이는 하나님 앞에 선 이신의 조심스러운 마음을 노래 끝까지 잘 전달하기 위한 장치이기도 하다.

침묵은 말씀으로 우리를 창조하신 하나님께 우리의 말을 도로 내어 드리는 행위이다. 그리움이 짙어지면 고요한 침묵 속으로 침잠해간다. 그곳에서 떨림으로 하나님을 마주하게 된다.

# 침묵 (沈默)

호 려 놓을까 봐 서

그 래 서 입을 닫을 수 밖에

그 저 침 묵 할 수 밖 에

## IV. 이국(異國)의 가을

필자는 2021년 2월 14일 2년 남짓 함께 정붙이고 살아온 반려견이 그만 갑작스런 사고를 당해 하늘나라로 떠나보내야만 했다. 눈앞에서 손쓸 겨를도 없이 순식간에 일어난 일이었다. 이로 인해 지켜주지 못한 죄책감에 한동안 괴로워해야만 했다. 무엇보다 강아지를 무척이나 예뻐하고 사랑했기에 그만큼 상심(傷心)이 컸던 아이들을 바라보는 것이 무척이나 힘이 들었다. 이별의 아픔이 깊어 한동안 모든 것이 손에 잡히지 않았다. 하지만 마냥 주저앉아 있을 수만은 없었다. 가족 모두가 넋이 나간 듯 힘겨워하고 있으니 나라도 기운을 내어 가족들을 챙겨야 했다. 정들었던 강아지의 장례를 치러주고 다시 일상으로 돌아와 무언가를 해야만 했다. 마음을 추스르고 겨우 책을 들었다. 그렇게 해서 만나게 된 시(詩)가 이신의 〈이국(異國)의 가을〉[13]이었다.

---

13 위의 책, 49.

귀뚜라미 소리 이국의

창밖에 들리고

가난과 굶주림 속에서

멀리 멀리 떠나가 버린

딸의 이름 '은혜'(恩惠)를

천정을 향해 불러 본다.

그리고

귀를 종그리고

그의 대답을 기다린다.

_ 이신, 〈이국의 가을〉 전문


이신은 1966년 9월 11일 미국 유학 중에 이 시를 남긴다. "멀리 멀리 떠나가 버린 딸의 이름 은혜(恩惠)를 천정을 향해 불러"보는 이신… 과연 무슨 일이 있었던 걸까? 이신의 가족사를 알지 못했던 필자는 이정배 선생님으로부터 가슴 아픈 사연을 전해 듣게 되었다. 사랑하는 가족을 남기고 미국으로 유학길을 떠난 지 1년도 채 되지 않은 시점에 눈에 넣어도 아프지 않을 사랑하는 큰딸을 그만 하나님 품으로 떠나보내야만 했다니 그 아픔을 이신은 어찌 견뎌내었을까? 고작 2년 함께 지낸 강아지를 떠나 보내는 마음도 이리 힘들거늘 자신의 전부라 할 수 있는 자식을 잃은 슬픔은 얼마나 깊었을까? 그 슬픔은 가늠조차 하기 힘들었다. 그것도 이역만리에서 딸의 임종 소식을 전해 들었으니 그 깊은 상실의 아픔을 감히 어찌 헤아릴 수 있을까? 돌아올 수 없는 강을 건넌 딸을 머나먼 이국땅에서 만져 보지도 못하고 그저 천정을 바라보며 허공을 향해 딸의 이름을 부르는 이신의 사무친 감정을 생각하니 지금도 가슴이 아리다. 시의 첫 연에 등장하는 '귀뚜라미 소리'는 그 쓸쓸함과 슬픔을 더해준다. 가족을 '가난과 굶주림 속에' 남겨 두고 떠나야만 했던 이신의 괴로움 심사가 시에 그대로 묻어있다. 어쩌면 가족을 두고 유학길을 떠나는 것을 몇 번이고 후회했을지도 모른다. 떠나간 딸의 곁을 지키지 못한 아비의 슬픔과 미안함, 괴로움은 아마도 평생 그의 마음을 짓눌렀을 것이다. 아무리 슬퍼해도, 아무리 후회해도 딸의 죽음을 돌이킬 수는 없다. 할 수 있는 것이 없어 그저 허공을 향해 사랑하는 딸의 이름을 불러볼 뿐이다.

　　은혜야! 은혜야!

　　"귀를 종그리고 그의 대답을 기다려" 보지만 텅 빈 방 안엔 그리움에 사무쳐 불러본 딸의 이름만이 메아리쳐 울릴 뿐이다. 딸의 대답을 들을 수 없음을 앎에도 그는 딸의 대답을 기다린다. 마치 집 나간 탕자를 기다리는 아버지처럼 하릴없이 기다리고 또 기다린다. 이 기다림은 이신이 하나님 품에 안겨 사랑하는 딸을 다시 만났을 때 비로소 마침표를 찍었으리라. 그렇게라도 딸의 이름을 부르며 그의 대답을 기다리지 않았더라면 이후 이신의 삶이 가능했을까? 난 이 시에 곡을 입힐 때 딸의 이름을 부르는 후렴구에 그녀의 대답을 기다리는 아빠의 마음을 배경음으로 깔아두었다. 이는 딸의 죽음 이후 딸의 대답을 기다리는 기다림과 그리움이 이신의 삶의 바탕을 이루었을 것이라는 생각이 들었기 때문이다. 그렇지만 딸을 잃은 그의 심정을 헤아려보려 해도 그 깊은 마음에 도달할 길이 없다. 아마도 딸의 죽음은 이신 자신의 죽음과 같지 않았을까?

## V. 딸 은혜(恩惠) 상(像)

먼저 보낸 딸에 대한 애틋한 마음은 〈딸 은혜(恩惠) 상(像)〉[14]에서 더욱 깊어진다. 〈이국의 가을〉에 곡을 입힌 뒤 한동안 이신이 가졌을 아픔의 무게에 감정이입이 되어 하루하루 살아내기가 힘들었다. 그래서인지 그의 시 〈딸 은혜(恩惠) 상(像)〉을 그냥 지나칠 수 없었다.

하얀 박꽃처럼
초가집 지붕 위에 피었다가
둥굴디 둥근 것을
남겨 둔 채
사라졌다.
한 번도 부모 말을

---

14 위의 책, 51.

어기지 않던 그 애

속일 줄도 모르고

그저 고분고분

따르던 그 애

은혜야! 부르면

네! 하고

아버지! 하고

헬쭉헬쭉 웃으며

다가오던 그 애

_ 이신, 〈딸 은혜 상〉 전문


이신은 이 시에서 딸에 대한 깊은 그리움에 젖어 옛 추억을 떠올린다. 아빠 이신의 기억 속에 남아 있는 딸 은혜는 "한 번도 부모 말을 어기지 않던, 속일 줄도 모르고 그저 고분고분 따르던, 은혜야! 부르면 네! 하고 아버지! 하고 헬쭉헬쭉 웃으며 다가오던" 착하디착한 예쁜 딸이었다. 그런 딸이 "하얀 박꽃처럼 초가집 지붕 위에 피었다가 둥글디둥근 것을 남겨 둔 채 사라진" 것이다. 딸의 곁을 지켜주지 못한 아빠로서 삶이 무너질 수도 있는 상황이지만, 이신은 이런 극한 슬픔을 그저 슬픔으로만 남겨 두지 않았다. 죽음의 경험은 그의 삶을 무너뜨리기보다는 오히려 생명에 대한 간절함으로 승화되었다.

사실 딸 은혜가 먼저 세상을 떠나기 전 1960년 1월에 쓴 '한 번밖에 없는 생애'에서 이신은 죽음에 대해 이렇게 말한 바 있다. "우리의 사는 것이 진정 의의 있게만 사는 것이라면 장수(長壽)했든지 단명(短命)했든지 간에 이 세상을 떠나는 일이란 그렇게 슬픈 일이 아닌 것이다.

사실로 슬픈 일은 우리가 가진 단 한 번밖에 없는 일생(一生)이 헛되이 낭비되어 버리는 그것이 슬픈 일이요 가장 참혹한 일인 것이다.… 그러므로 죽음은 우리가 이 땅에서 마지막 숨을 거두는 그것이 죽음이 아니라 우리가 땅 위에 살고 있으면서도 사람으로 태어난 보람 없이 무의미하게 살아가는 것 그것이 바로 죽음인 것이다."[15] 물론 이렇게 갑작스런 죽음이 엄습할 것이라고는 꿈에도 생각하지 못했을 테지만 이러한 죽음에 대한 이해는 그로 하여금 다른 의미를 만들어내게 했을지도 모른다. 딸 아이의 죽음은 그저 죽음으로 끝나지 않는다. '불행 중 가장 큰 불행은 절망'[16]이라 했던 그는 이 크나큰 슬픔의 상황을 절망으로 끝내지 않았다. 그래서 딸 아이가 남겨놓은 무언가에 주목한다.

그는 고백한다. 딸아이가 "둥굴디 둥근 것을 남겨" 두었다고… 딸은 꽃으로 졌으나 남은 가족들에게, 특별히 이신에게 생명과 진리를 향해 더욱 치열하게 살고자 하는 근원을 향한 열정의 박(匏)을 선물로 남겨주었던 것은 아닐까?

딸 은혜가 남겨놓은 '둥글디 둥근 것'을 생각하다가 원이 가지고 있는 의미가 마음에 와닿았다. 동양철학에서 원은 하늘을 상징할 뿐만 아니라, 시작도 끝도 없는 무한, 우주, 완벽, 영원을 상징하며, 신(神)을 상징하기도 한다. 이신이 세상과 타협하지 않고 외롭지만, 진리의 한 길을 걸어갈 수 있었던 것은 딸이 남겨놓은 이 선물 때문이 아니었을까? 딸의 죽음 이후 하루하루가, 아니 매 순간순간이 어마어마한 의미로 다가오지 않았을까? 딸이 남겨 놓은 둥글디 둥근 것을 통해 이제 딸에 대한 그리움은 존재의 근원에 대한 그리움과 연결된다.

---

15 이신, "한 번밖에 없는 생애,"『산다는 것 · 믿는다는 것』, 28.
16 위의 책, 78.

# 딸 '은혜'(恩惠) 상(像)

詩 이 신 曲 이 혁

하 이 얀 박꽃처 럼 초 가 집지붕위에피었다 가 둥글

디 둥근것 을 남겨둔채 - 사라졌 다 한 번

도 부모말 을 어 기지않던 그 애 속 일

줄도모르고 - 그 저 고분고분 - 따 르던 그 - 애 -

은 혜 야! - 부르면 네! 하고 -

아 버지! 하 고 헬쭉헬쭉웃으며 다 가 오던 그 애 - -

은 혜 야! - 착 한 우리은 혜 야! -

은 혜 야! 보 고 픈내 딸 은 혜야! - -

이 곡은 딸과의 추억을 회상하며 부르는 애절한 노래이다. 추억 속의 딸 아이는 밝고 해맑기만 하다. 그래서 더욱 애절하다. 딸에 대한 아빠의 짙은 그리움이 이 시에 묻어있다. 노래 중에 '이국(異國)의 가을'에서처럼 딸의 이름을 애절하게 부르는데, '이국(異國)의 아침'에서는 딸의 대답을 한정 없이 기다리며 그리움을 속으로 삭이고 있다면, '딸 은혜(恩惠) 상(像)'에서는 보고픈 딸에 대한 아빠의 마음을 숨김없이 직설적으로 표현하고 있다. 추억 속에서만이라도 딸과 기쁜 만남을 가져보게 하고 싶은 간절한 마음으로 곡을 만들었다. 이 애절한 그리움의 노래는 슬프지만, 그 지독한 슬픔에서 헤어나오지 못하기보다는 오히려 하나님을 향한 생의 의지를 다지도록 우리를 이끈다.

## VI. 예수님은 죽기까지

그리스도의 삶과 죽음을 우리의 삶에 새기는 사순절이 시작되고 얼마 후 이신 시집 후반부에 있는 〈예수님은 죽기까지〉[17]라는 에세이를 만났다. 사순절의 상황이 나를 이 글로 안내했는지도 모른다. 예수의 죽음이 의미 있는 것은 그의 아름다운 삶이 있기 때문이다. 이신은 이렇게 노래한다. "예수님은 죽기까지 아름답게 살다가 착하게 살다가 죽기까지 정의롭게 살다가 진실하게 살다가 또 죽기까지 남을 사랑하다가 돌아가신 분인데 돌아가심에 생명의 씨알갱이를 남겨 두신 분이다."[18] 예수의 죽음을 설명하면서 가장 많이 사용한 단어가 '살다가'이다. 이신은 이렇게 아름

---

17 이신, 『李信 詩集 돌의 소리』, 162-163.
18 같은 글.

다운 삶의 절정(絶頂)으로서의 죽음은 영원과 맞닿아 있다고 했다. 그의 말이다. "죽기까지 아름답게 산다는 것, 죽기까지 정의롭게 산다는 것, 죽기까지 진실하게 한다는 것, 더더군다나 죽기까지 남을 사랑한다는 것 자체가 사실은 죽는 것이 아니요 영원한 삶인 것이요 또 영원한 열매를 맺게 하는 나무인 것이다."[19] 이신은 예수를 나무에 비유했다. 난 종종 쉘 실버스타인의 〈아낌없이 주는 나무〉를 떠올릴 때면, 소년의 삶에 끊임없이 자신을 내어주었던 나무와 예수가 오버랩 되곤 한다. 이신에게 있어서도 예수는 살면서는 물론이요 죽기까지 아름다움과 정의로움과 진실함과 진정한 사랑과 영원한 삶(永生)을 몸소 보여주신 분이었다.

살아온 생이 진실하다면 죽음은 두려움의 대상이 아닌 영광스러운 순간이 된다. 영생(永生)의 문(門)인 셈이다. 이 모든 것들이 삶의 태도와 연관되어 있다. 어떻게 사느냐가 죽음의 의미를 결정한다는 말이다. 그래서 이신은 '예수님은 죽기까지'란 글을 통해서 끊임없이 삶을 이야기한다. 그가 유의미하게 바라보았던 삶의 내용은 바로 아름다움, 정의, 진실, 사랑 등이다.

이신의 이런 삶에 대한 진지한 성찰을 노래로 만들어보았다. 긴 산문 형식의 글이라 내용을 요약해야 했는데, 글의 두 번째 단락이 이 글의 전체적 맥락을 요약한 듯했다. 두 번째 단락은 약간 다듬은 상태로 노래의 가사가 되었다.

죽기까지 아름답게 산다는 것,
죽기까지 정의롭게 산다는 것,

---

19 같은 글.

죽기까지 진실되게 산다는 것,

죽기까지 남을 사랑한다는 것,

그것은 죽는 것이 아니요 영원한 삶인 것이다.

영원한 열매를 맺게 하는 나무인 것이다.

_ 이신, 〈예수님은 죽기까지〉 중에서


이것은 참삶을 향해 나아가자고 우리에게 건네는 이신의 초대장이다. 예수를 따른다는 것이 무엇인지, 참삶이 무엇인지 이신은 손가락으로 가리켜 보이고 있다. 아름답게, 정의롭게, 진실되게, 남을 사랑하며

살되 '죽기까지' 그렇게 살라는 이신의 당부는 영원과 잇대어 살아가는 삶으로 우리를 안내하고 있다.

이신의 삶의 족적(足跡)을 가만히 살펴보면, 그는 자신을 끊임없이 황량한 광야로 내몰았다. 그는 언제나 가난하고 불편하고 어려움이 있는 자리에 서 있었다. 쉽고 편안한 길은 그의 길이 아니었다. 그런 길은 가능했지만, 그는 의지적으로 그 길을 선택하지 않았다. 그가 이해했던 예수의 길은 안온한 삶을 거부하고 척박한 광야의 길을 의지적으로 선택하여 걸어가는 길이었다. 아름다움을 추구했기에 그의 신학과 사상은 예술(그림, 시)로 승화되었고, 정의롭게 살았기에 적당한 타협을 거부하고 시대의 예언자가 되기를 주저하지 않았고, 진실하게 살았기에 성공의 길 마다하고 스스로 가난의 길을 걸어갔으며, 남을 사랑했기에 그의 삶과 글을 통해 끊임없이 이타적인 삶을 노래했다. 이신은 예수의 삶을 머리로만 이해했던 신학자가 아니라, 온몸으로 살아낸 신실한 하나님의 사람이었다. 그렇기에 당당히 죽기까지 마음 다해 사는 삶을 노래했던 그의 외침은 오늘 우리에게 강력한 메시지로 다가온다.

행여 잔잔한 우물에 파장을 일으킬까 조심스러운 마음으로 가능하면 입을 닫고 안으로 안으로 향하여 그 깊은 고요 속에서, 침묵 속에서 주님과 속삭이고 싶다. 이신처럼….

## 마무리하는 말

이신의 시(詩)는 짙은 그리움이 깊은 고요를 만나 빚어낸 흔적들이다. 이 고백은 노래가 되어 이제 이 노래를 부르는 사람들 마음속에 깊은 울림으로 남아 있으리라. 이신은 사람들 저마다의 마음속에는 노래가 있다고 했다. 그는 말한다.

마음속에 느낌이 있고 정서가 있으면 입으로야 부르든지 말든지 마음속에는 노래가 있다. 마음속에 있는 노래를 글로 표현할 때 시(詩)가 되는 것이고 그것을 목소리를 내어 부르거나 악기에다 음조를 맞춰서 타게 될 때 음악이 된다. 이렇게 음악뿐만 아니라 그림을 그린다는 것도 사실은 마음속에 있는 노래를 캔버스 위에다 색채와 선과 면 등으로 표현한 것이고 무용을 하고 조각을 하고 글을 쓰는 것 등의 예술이라는 예술은 사실 이 마음속에 있는 노래를 여러모로 표현한 것이라고 말할 수 있을 것이다. 그러므로 예술가라는 사람들은 보통 사람들보다 마음의 거문고줄이 예민해서 살짝 지나가는 바람에도 미묘한 소리를 내는 마음의 노래가 많은 사람들인 것이다.

그러므로 마음의 노래가 적은 사람은 예술가가 될 수 없다. 노래 없이 목소리로야 아름다운 소리를 내고 손끝으로 얼마든지 재주를 부려 그림을 그리기도 하고 글을 쓰기도 할 수 있을는지 몰라도 진정 자기 마음속의 노래를 불러 듣고 보는 사람들의 심금을 울려주는 참다운 예술은 될 수 없을 것이다. 그러므로 예술은 낳는 것이지 만드는 것이 아니다.[20]

이신의 사상과 삶 속에는 갑갑하고 무거운 현실을 뛰어넘는 자유의 노래가 있었다. 그것은 "살짝 지나가는 바람에도 예민하게 반응하여 미묘한 소리를 내는 마음의 노래"였다. 그의 삶 자체는 이 땅에 불어오는 생명의 바람에 예민하게 반응했던 하나님의 노랫가락이었는지도 모른

---

20 이신, "새 노래," 『산다는 것 · 믿는다는 것』, 24.

다. 그 노래 안에는 짙은 그리움이 서려 있다.

그의 시에 곡을 입혔으나 실은 이미 이신의 삶 속에서 울려 퍼지고 있던 노래였다. 난 이신의 삶의 정수가 담긴 그의 시(詩)를 마주하였을 때 그가 들려준 가락을 그저 악보에 옮겨 적었을 뿐이다.

이신은 지금도 우리에게 함께 노래하자고 손짓하고 있다. 우린 본디 "노래하러 온 인생"[21]이라고, 모든 생명을 깊이 그리워하면 삶은 노래가 된다고, 깊은 고요 가운데 읊조리는 우리의 노래는 곧 하나님의 노래가 된다고….

---

21 같은 글, 25.

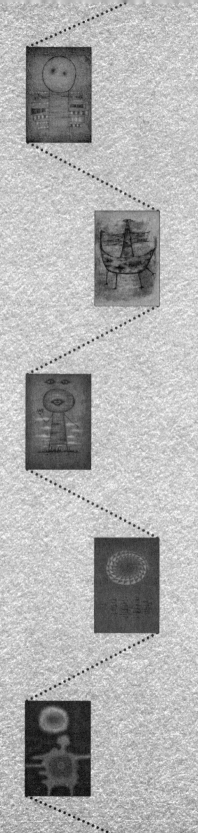

4부

이신의
그림과 예술 신학

# 한국 초현실주의 미술사에서의 이신

심은록

동국대 겸임교수, 리좀-심은록 미술연구소 소장

## 시작하는 말: 한국 초현실주의 미술의 문제화

### 1. 연구 배경: 한국 미술사에서 초현실주의의 위상

한국을 대표할 수 있는 초현실주의 화가는 누구일까? 화가도 아닌 시인 이상은 바로 떠오르는데, 곧바로 머리를 스치는 화가가 없다. 미로, 달리, 르네 마그리트, 막스 에른스트 등 서구 초현실주의자의 명단은 끊어지지 않고 나오고, 하물며 후지타 쓰구하루(藤田嗣治), 도고 세이지(東鄕靑兒), 아베 곤고(阿部金剛) 등의 작가들이 건립한 일본 추상 미술의 요람이었던 '아방가르드 양화연구소'도 머리를 스쳐 간다. 뒤늦게야 머뭇머뭇 문학수, 이중섭 등의 그림이 오버랩된다. 화업 내내 초현실주의 작업만을 했던 이신, 백수남 작가는 개인적인 이유로 알게 되었고, 그 외 신영헌, 박광호 등의 화가는 몇 권의 미술사 책을 훑어보고서야 알았다. 불행하게도 다수의 미술관계자도 필자와 같은 반응이다.

"한국근대미술에 초현실주의는 존재하지 않는다"라는 말이 새삼 상기
된다. 하지만, 평생을 바쳐 초현실주의 작업을 한 화가들이 있고, 다른
어느 스타일의 화풍보다 시공간에 맞춰 토착화가 잘 된 작업들도 발견
된다. 다만, 이들이 비주류였거나, 주류였다고 할지라도 이들의 초현실
주의 작업은 다음 단계로 가는 전이 기간처럼 여겨졌다. 무엇보다 후세
들의 연구가 거의 없었다는 사실에 부끄러움이 앞선다.

이러한 가운데, 제14회 베니스 건축비엔날레에서 이상의 시를 주제
로 한 한국관 전시 〈한반도 오감도〉가 황금사자상을 수상했다는 것은
건축뿐만 아니라 한국 예술사, 특히 초현실주의 예술에서의 쾌거이자
앞으로의 발전과 희망을 보여준다. 세계무대에서 초현실주의 문학의
재발견과 함께, 초현실주의가 오늘날 새롭게 재해석될 수 있는 가능성
을 제시했다. 그래서 먼저 한국 미술사에서 이신의 초현실주의 위상을
살펴보고, 다음으로 오늘날 어떻게 재해석 될 수 있는지 살펴본다.

## 2. 목적과 방법론: 한국 초현실주의 미술사에서와 현시대에서 이신의 위치

처음 이 글의 집필을 구상할 때는 자신 있게 한국 초현실주의 미술
사에서 이신의 위치와 위상을 살펴보고 정립시키려 했다. 그런데, 여러
한국 미술사 서적을 뒤져봐도 초현실주의 미술사가 거의 정리되지 않
았다. 이러한 상황에서 이신의 미술을 정립한다는 것은 어불성설이다.
하여, 후자에 중점을 두면서 전자는 큰 맥락만 스쳐 가기로 조정했다.
올바른 평을 위하여, 한국 초현실주의 구성 조건이나 상황과 관련하여,
간략하게나마, 초현실주의 한국 작가들, 일본, 서구 작가들의 작업과

비교한다. 사명감 있는 후배가 이 글을 비판하며, 한국 초현실주의 미술사에 대한 총체적이고 비교미술사적인 엄밀한 글을 써주기를 바란다. 이 글의 마지막 장에서는 Covid-19가 앞당긴 제 4차 산업혁명 시대에, 왜 이신의 작품이 다시 요청되는지에 대해서"상상력의 부패"와 연관해서 생각해 본다.

## 3. 범위와 시대구분

이신의 작업을 크게 '도미 전', '도미 기간'(1966~1971), '귀국 후'로 나누어 비교 분석한다. 대부분 작가들이 외국에서 활동할 때 시공간의 변화와 문화 충격으로 괄목할 만한 발전을 한다. 이신도 마찬가지로 규칙적인 작업, 전시, 예술 활동을 할 수 있었던 곳이 미국이었다. 그럼에도 불구하고, 원작은 전해지지 않아 미국에서의 작업은 슬라이드, 전시리스트, 신문 기사, 작가 노트, 등 아카이브를 통해 분석해야 했다. 이 글에 게재(揭載)된 이신과 관련된 모든 이미지와 자료는 '한국信연구소'에서 제공받았다.

## I. 한국, 도미 이전: 기하학적 초현실주의의 태동

### 1. 한국, 초현실주의 도입과 반응

초현실주의는 서구에서도 한국에서도 문단에서 먼저 시작되었다.[1]

---

1 다다(Dada) 또는 다다이즘(Dadaism)은 1916년, 취리히의 카바레 볼테르에서 태동했다. 제

한국에서는 시인이자 비교 문학가인 이하윤이 1929년 처음으로 초현실주의를 소개했다. 화단에서는 1930년대 후반에 화가들의 캔버스 위에 초현실주의가 시도됐다. 하지만, 일제강점기라는 한국적인 상황에서 '현실'을 벗어나 '초현실'로 간다는 것은 일종의 회피로 간주됐고 테크닉적으로 퇴폐적인 스타일로 여겼다. 이러한 이유로, 일본과 달리 한국에서는 초현실주의가 존재감을 드러내지 못했다.

### 1) 이신, 도미 전 예술활동

| 이신(aka. 이만수) 작가 C.V. | |
|---|---|
| 1955. 10. 1. | 한국미술협회 전람회 입선, 회원 자격 인정됨 |
| 1966. 11. 1. | 미국 네브라스카주 백주년 기념 미술전(The Nebraska Centennial Art Show) 최고상 수상 |
| 1967. 4. | 미국 네브라스카주 노폭시 테일러 센터에서 미술 개인전(Taylor Center, Norfolk, Nebraska) |
| 1968. 7. | 미국 드레이크대학교(Drake University, Des Moines, Iowa) 미술관에서 개인전 |
| 1968. 11. | 미국 테네시주 내쉬빌시(Nashville, Tennessee) 감리교, 장로교 연합 학생회관에서 개인전 |
| 1969. 4. | 미국 테네시주 내쉬빌시 밴더빌트대학교 신학대학원(Divinity School, Vanderbilt University, Nashville, Tennessee)에서 개인전 |
| 1970. 1. | 미국 테네시주 내쉬빌시 파르테논 미술관(The Parthenon, Nashville, Tennessee)에서 개인전 |
| 1970. 7. | 미국 테네시주 뉴포트시(Newport, Tennessee)에서 개인전 |

---

1차 세계 대전(1914. 7. 28~1918. 11. 11.)의 참혹한 살육과 파괴에 대한 환멸과 냉소를 지니고, 다다는 당시까지 서구 정신을 지배한 플라톤주의의 거대담론 하에 형성된 모든 종류의 사회문화에 반대하고 이를 해체했다. 모든 것을 파괴하는 자가당착적인 다다에서 이를 예술적으로 실현하려는 초현실주의(surréalisme, Surrealism)는 1920년대 초 프랑스를 중심으로 전 세계에 지대한 영향을 끼친 문예 및 예술사조의 한 종류이다. 선입편과 편견없이 세상과 자아를 바라보기위해, 프로이트의 무의식과 꿈의 영역이 도입되었다. 무의식은 자아가 이성으로 통제 가능하다는 망상을 깨뜨렸으며, 작가들은 이를 재현하기위해 "순수한 심리적 자동기술"(automatisme psychique pur)을 도입했다. 하지만, 초현실주의의 무의식은 예술적 형태에서의 무의식일 뿐이었기에, 1921년 빈에서 프로이트와 브르통이 만났을 때, 두 분야의 해석적, 재현적 차이가 확연히 드러났다.

| | |
|---|---|
| 1970. 7. | 순회 미술 개인전을 가짐<br>미국 켄터키주 렉싱톤시(Lexington Kentucky) 세계미술관에서 개인전<br>인디아나폴리스(Indianapolis)에서 개인전<br>오하이오대학교(Ohio University, Ohio)에서 개인전<br>뉴욕주 그린위치시(Greenwich, New York)에서 개인전 |
| 1971. 6. 31. | 뉴욕시 문화국에서 뉴욕 미술인으로 인정됨 |

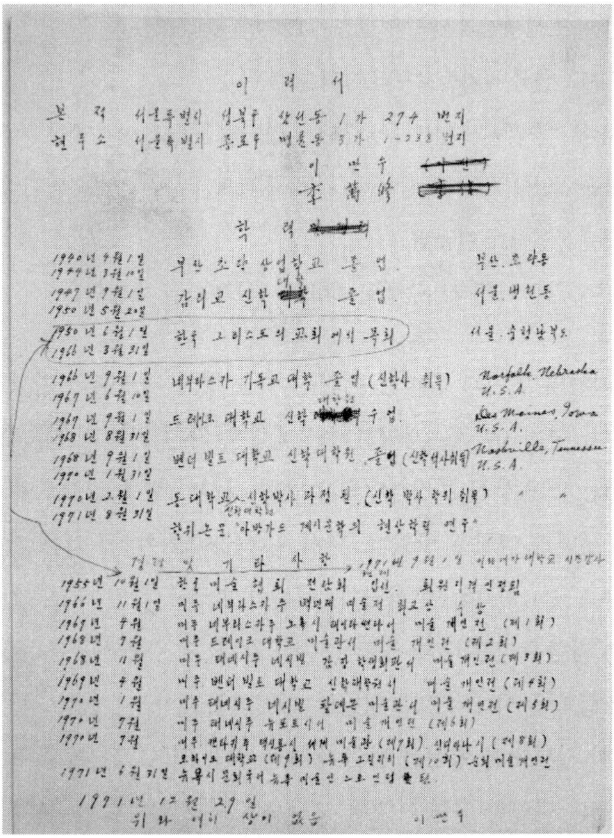

이 력 서

본 적 서울특별시 성북구 삼선동 1가 274 번지
현주소 서울특별시 종로구 명륜동 3가 1-233 번지

이 연 수
李 [illegible]

학 력

1940년 9월 1일 / 1944년 3월 10일 부산 초량 상업학교 졸업. 부산. 초량동
1947년 9월 1일 / 1950년 5월 20일 감리교 신학대학 졸업. 서울. 냉천동
1950년 6월 1일 / 1966년 3월 31일 한국 그리스도의 교회에서 목회 서울. [illegible]
1966년 9월 1일 / 1967년 6월 10일 네브라스카 기독교 대학 졸업 (신학사 취득) Norfolk, Nebraska U.S.A.
1967년 9월 1일 / 1968년 8월 31일 드레이크 대학교 신학대학원 수업. Des Moines, Iowa U.S.A.
1968년 9월 1일 / 1970년 1월 31일 밴더빌트 대학교 신학대학원 졸업 (신학석사취득) Nashville, Tennessee U.S.A.
1970년 2월 1일 / 1971년 8월 31일 동 대학교 신학대학원 신학박사 과정 필. (신학 박사 학위 취득)
학위논문 '아방가드 예술운동의 현상학적 연구'

경력 및 기타 사항 → 1971년 9월 1일 [illegible] 대학교 시간강사

1955년 10월 1일 한국 미술 협회 전람회 입선. 회원자격 인정됨
1966년 11월 1일 미국 네브라스카주 [illegible] 미술전 최고상 수상
1967년 4월 미국 네브라스카주 [illegible] 미술 개인전 (제1회)
1968년 7월 미국 드레이크 대학교 미술관서 미술 개인전 (제2회)
1968년 11월 미국 테네시주 내시빌 [illegible] 미술 개인전 (제3회)
1969년 4월 미국 밴더빌트 대학교 신학대학원서 미술 개인전 (제4회)
1970년 1월 미국 테네시주 내시빌 [illegible] 미술관서 미술 개인전 (제5회)
1970년 7월 미국 테네시주 [illegible] 미술 개인전 (제6회)
1970년 7월 미국 켄터키주 렉싱톤시 세계 미술관 (제7회) 인디아나시 (제8회) 오하이오 대학교 (제9회) 뉴욕 그린위치 (제10회) 순회 미술개인전
1971년 6월 31일 뉴욕시 문화국에서 뉴욕 미술인으로 인정됨.

1971년 12월 29일
위와 여히 상이 없음 이연수

[圖1-1] 이신의 전시 '이력서'는 도미 전과 도미 기간의 미술 활동을 알려주는 중요한 키워드이다.

[圖1-1]에서 보면, 도미 전 이신의 전시 경력 중에 우선 연구되어야
할 항목은 아래와 같다.

(1) 1940. 4. 1.~1944. 3. 10.: 부산 초량상업학교(전 부산상고) 졸업. 재학
    시 그림을 그렸으며, 부산시립도서관에서 미술 서적을 모두 탐독. 일본
    인 미술 선생님의 영향을 받음.
(2) 1942. 한국 작가들로부터 그림을 배움
(3) 1943. "중국에서 일본 중국 전에 이신도 출품하고, 여기서 아주 좋은 성
    과를 얻었다"라고 The Newport Plain Talk(1944)를 비롯한 다양한 곳
    에서 동일하게 언급됨.
(4) 1955. 10. 1. 한국미술협회 전람회 입선과 회원 자격 얻음.

1940년대 초반과 중반은 이신의 미술 형성 과정에서 가장 중요한
시기였다. 상기 언급을 제외하고 상세한 정황은 현재로서는 추측만이
가능하다. 그는 부산 초량상업학교 재학 당시 그림을 그렸으며, 일본인
미술 선생님의 영향을 받았다. 당시 일본에서 초현실주의는 다양한 이
유로 아주 중요한 미술학파였다. 이신이 한국보다 일본 초현실주의에
더 많은 영향을 받았다고 해도 놀랍지 않다. 일본에서는 초현실주의가
거의 유럽과 동시대적으로 활발히 전개되었고, 당시 한국 서양화가들
대부분이 일본에서 영향을 받았기 때문이다. 일본 작가들은 유럽 초현
실주의풍의 다양한 유형을 거의 모두 시도하고 있었다. 이신이 "부산시
립도서관의 미술 서적을 모두 탐독했다"라고 했는데, 이신의 작업에서
나타나는 기하학적 형태는 실물 작업에서 뿐만 아니라 미술 잡지의 초
현실주의 삽화에서 영향을 받았을 가능성도 배제할 수 없다. 한국에서

서양화는 일본에 커다란 빚을 졌으며, 유럽에서 활동한 한국 작가들 역시 일본과의 관계에서 설명되어야 할 부분이 많다. 한국 서양화의 태동과 관련하여 일본의 영향을 객관적인 입장에서 비교분석하는 전문적인 연구가 시행되지 않는다면, 올바르고 정확한 한국 서양미술사는 그 시작부터 기대하기 어렵다. 마찬가지로, 양국의 민족적 감정을 떠나서 객관적인 관점으로, 한국초현실주의 화가를 비롯하여 이신의 초창기 초현실주의에서 나타나는 일본 영향의 비교 분석은 필수 조건(conditio sine qua non)이다.

당시 미술계를 지배하던 주역들은 대부분 동경 유학을 다녀왔던 화가들이다. 이신은 이들의 영향을 받으면서도(무채색 위주의 작업 경향), 동시에 이들로부터 자유로웠다(기하학적 초현실주의 작업 실행). 그 이유는 그가 미술 정규교육을 받지 않아 작가들 그룹에 소속되지 않았기에, 작가들이나 비평가들의 시선에서 벗어날 수 있었기 때문이다. 따라서, 당시 주류나 초현실주의에 대한 부정적인 평판에 휩쓸리지 않을 수 있었고 기하학적 초현실주의로 진입할 수 있었다.

(3)번과 (4)번 항목도 중요한 단서로 이와 관련된 자료를 찾는 것은 매우 중요하다. 안타까운 것은 이 전시에 어떤 작품을 출품했는지, 하물며 그것이 서양화인지 서예인지도 알 수 없다. 이신의 '이력서'에 보면, "1955년 10월 1일 한국미술협회 전람회 입선과 회원 자격 인정됨"이라고 적혀 있다. 이 한 문장에 의존하여 시공간적 정치문화예술의 구성조건을 추적한다면, 당시 미술 단체로 '대한미술협회'가 있었다. 위원장은 동양화가이자 '한국 최초 서양화가'인 고희동이며, 홍익대학교 윤효중(尹孝重) 교수를 중심으로 홍대파가 구성되어 그를 지지하는 세력이 된다. 그러던 중 1955년 5월 서울대학교 미술대학 초대 학장이었

던 장발(張勃)을 중심으로 '한국미술가협회'가 결성되면서 양 단체는 서로 대립한다. 1961년 5.16 이후 모든 문화단체를 일원화하는 정책에 따라 이 두 협회가 통합되어 '한국미술협회'가 발족된다. 그렇다면 이신이 속했던 협회는 어디일까? 현재로서 유력한 것은 '대한미술협회'이고, 그는 제4회 전람회(1955. 11. 1~30. 경복궁 국립미술관)[2]에 참여했을 것으로 추측된다.

1950년대는 모든 문화예술이 3년간의 전쟁과 남북분단의 비극, 환도기와 부흥기 등 격랑의 시대였다. 50년대 한국 서양화단을 지배한 세력은 일제강점기에 유화를 전공한 동경 유학생들이었다. 이들 대부분은 동아시아 미술 아카데미 전반에 영향을 준 동경미술학교 출신들로, 작품 경향도 당시 일본의 관전에 의해 유형화된 풍경화, 인물화, 정물화가 주류였다. 그러면서도 한국 정체성에 대한 자각과 반성으로, 전통의 계승을 잇는 민족미술과, 한국현대미술의 국제화 등 새로운 변화가 모색되었다.

제4회 전람회의 수상자, 심사위원, 초대작가들의 명단을 살펴보면,

[표1] 대한미술협회 제4회 수상자 및 심사위원 초대작가 명단

| 대통령상 | 동양화 | 박노수 |
|---|---|---|
| 부통령상 | 서양화 | 변종하 |
| 문교부 장관상 | 동양화 | 조방원 |
| | 서양화 | 이종무 |
| | 조각 | 김찬식 |
| | 공예 | 최선영 |
| | 서예 | 최중길[3] |

---

2 김달진미술자료박물관 [편], 한국미술 공모전의 역사, 김달진미술자료박물관, 2014, 166-7.

| 서예(사군자) | |
|---|---|
| 심사위원 | 김용진, 손재형, 송치헌 |
| 추천작가 | 김용진, 손재형, 송치헌 |
| 초대작가 | 김용진, 김충현, 배길기, 손재형, 송치헌, 오일영, 이병직, 임청, 황용하 |
| 특선작가 | 유희강, 최현주 |

동서양화와 서예의 경향을 어느 정도 짐작할 수 있다. 아쉽게도, 현재까지 참조한 자료에는 입선자 명단은 제공되지 않아서 '이신 aka 이만수'가 어떤 분야에 어떤 작품을 출품했는지 알 수 없다. 고등학교 때 일본인 선생으로부터 그리고 "한국 작가들로부터" 그림을 배웠다는 것은 서양화를 의미하는 것 같다. 서예가에게 배웠다면, '작가'라고 하지 않고 '서예가'라고 했었을 것이다. 예나 지금이나 서예를 하는 사람은 '서예가'로 구별지어 부르기 때문이다. 그러나, 유족에 의하면 서예로 입선한 것 같다고 한다.

제4회부터는 초대작가 제도가 도입되었는데, 당시 초대작가로 선정된 서예가로는 김충현 · 배길기 · 이병직 · 손재형 · 안치헌 등이었다. 심사위원인 소전 손재형(素筌 孫在馨, 1903~1981)과 초대작가 일중(一中) 김충현의 국전에서의 만남은 한국 서예의 단면을 보여준다. 소전과 일중은 한국 서예의 양대 산맥이다. 손재형은 전서를 중심으로 실험적인 글자체인 '소전체'를 발전시켰다. 그는 중국의 서법(書法), 일본의 서도(書道)와는 다른 명칭인 '서예(書藝)'라는 용어를 확립시켜, 한국 서

---

3 최길중(崔重吉, 1917년~ )은 대한민국의 서예가이다. 호는 '어천'으로, 황해도 신천(信川) 출신이다. 8세 때 조부(祖父) 앞에서 서예를 배우기 시작하여 10여 세에 유공권(柳公權)의 서체를 익혔다. 1954년 제4회 및 5회 국전에 출품, 각각 문교부장관상을 수상했고, 1962년 이래 국전 심사위원을 역임했다. 손과정(孫過庭)의 서보(書譜)에 능하고 초당삼가(初唐三家)의 서체와 또는 육조서(六朝書), 갑골문(甲骨文) 등 중국의 고전(古典) 서체를 터득하고 있다. 작품으로 〈해서칠언대련〉(楷書七言對聯), 〈비파행〉(琵琶行)이 있다.

예의 정체성을 찾고 발전시킨 장본인이다. 그는 추사의 〈세한도〉를 찾기 위해, 태평양 전쟁으로 공습이 한창이던 일본에 가서, 삼고초려(三顧草廬)를 너머 백고초려(百顧草廬) 하며 후지쓰카 지카시(藤塚隣, 1879~1948)를 설득하여 결국 찾아왔다. 반면에 일중(一中) 김충현은 한글과 한문 서예에 모두 정통했으며, 반듯한 글씨인 해서를 바탕으로 정통을 따르는 글씨체인 '일중체'로 후세에 지대한 영향을 끼쳤다. 그는 일제 강점기에 한글 서예 교본을 만들 정도로 한글의 아름다움과 보급에 힘썼다. 그가 훈민정음과 용비어천가 등 옛 판본체를 발전시킨 고체(古體)를 보급하여 당시까지 주로 궁체를 써왔던 한글 서예의 폭을 넓혔고 미학적 깊이도 더 했다.4 동양화 특히 서예의 경우에는 누구를 사사(師事)했는지가 중요하다. 예를 들어, 국전 제1회 서예 수상자들은 대부분 소전 계열이었다. 국전 참가자의 이름을 가린다고 할지라도, 서체로서 충분히 알 수 있기 때문에 사람의 얼굴처럼 정체성을 숨길 수 없는 것이 서예다. 이러한 점에서 아무런 연고도 없는 이신이 입선을 했다면, 낭중지추(囊中之錐)이기 때문이다. 그러나, 한지에 붓으로 쓴 제대로 된 서예 작품이 한 점도 남아 있지 않기에 못내 안타깝다. 이신이 누구를 사사했는지만 알아도 수많은 의문점이 풀릴 수 있다. 현재 Covid-19

---

4 참고로 동양화, 서양화 심사위원과 초대작가 명단은 아래와 같다. 이를 통해 당시 동양화, 서양화의 주류와 경향을 알 수 있다. • 동양화 심사위원: 고희동, 김은호, 노수현, 배렴, 이상범, 허백련 • 서양화 심사위원: 김인승, 김환기, 도상봉, 박득순, 이마동, 이종우 • 서양화 추천작가: 손응성 〈미륵돌〉·〈신장〉, 유영국 〈산 있는 그림〉, 이동훈 〈농가와 소〉, 이봉상 〈산〉·〈소녀〉 • 서양화 초대작가: 김인승 〈도공〉, 김환기 〈하늘〉·〈선〉, 남관, 도상봉 〈정물〉·〈여인나부〉, 박득순 〈K양의 좌상〉, 박상옥 〈양지〉·〈유월〉, 박영선 〈나부〉, 이마동 〈창외소경〉·〈교정모일〉, 이병규, 이종우 〈바다〉·〈마산〉, 장발, 장욱진 〈오동나무 있는 풍경〉·〈소 있는 풍경〉, 조병덕 〈샘물가〉 • 서양화특선작가: 박항섭 〈포도원의 하루〉, 장리석 〈노인과 조롱〉, 정창섭 〈공방〉, (류경채 〈신촌길〉, 류영필 〈강변〉, 권옥연 〈푸른 언덕〉)

상황 때문에 국회도서관을 비롯해 자료가 있을 만한 기관은 문을 닫았고, 국립도서관은 제한 운영으로 인해 더이상 상세한 자료를 찾을 수 없는 것도 안타까운 일이다.[5]

이신이 국전에 참여했을 때의 참가 조건은 아래와 같다.

**대한민국미술대전 비구상 부문 개최 공고[6]**

분야: 한국화, 서양화, 판화, 조각, 수채화

출품 자격: 국적에 관계없이 만20세 이상의 성인이면 누구나 출품

출품수: 1인 1점 이상

출품료: 1점 - 60,000원 / 2점 - 100,000원 (1점 추가 시 50,000원 추가)

작품규격: 한국화, 서양화, 수채화(평면작품에 한함)

    - 100호(162×130cm) 이내, 틀의 폭은 한쪽이 15cm 이내

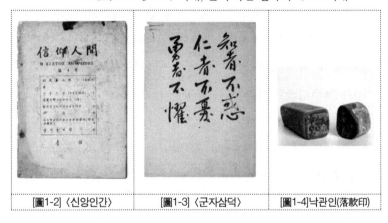

[圖1-2] 〈신앙인간〉     [圖1-3] 〈군자삼덕〉     [圖1-4]낙관인(落款印)

---

5 중요한 자료가 있는 기관이 Covid-19를 핑계로 연구자들의 자료를 볼모로 삼는 것은 상상할 수 없는 일이다. 국회도서관은 Covid-19가 발발하자마자 휴관하여, 이 글을 쓰는 2021년 9월 15일까지 계속 휴관 중이다. 국립도서관도 제한된 정책으로 자료를 찾는 것이 거의 불가능하다. 반면에, 선진국에서는 Covid-19 기간에도 중요한 자료를 보유한 기관일수록 연구가 지속될 수 있도록 다양한 방법을 모색하여, 자료에 접근이 가능하도록 하고 있다. 경제선진국과 문화예술선진국의 격차가 참으로 크다.

6 http://www.kfaa.or.kr

서예 작품을 제대로 감상하려면, 한지에 붓으로 쓴 작업이어야 필력, 필법, 발묵의 유희 등을 알 수 있다. 그나마 남아 있는 흔적은 상기 [圖1-2]와 [圖1-3] 정도이다. [圖1-2] 〈신앙인간〉은 책 제목으로 쓴 것이라 사람들이 쉽게 알아볼 수 있는 해서체로 반듯하게 썼다. 반면에 〈군자삼덕〉은 스스로의 다짐을 위해 쓴 것처럼 보이며, 해서체보다는 약간 자유로운 행서체로 썼다. 한지가 아닌 갱지에 썼기에 아쉽게도 발묵의 효과는 알 수 없으나, 운필의 자유로움은 어느 정도 느낄 수 있다. 서예를 했던 덕에 운필에 자신이 있었던 그는 대부분의 작업에서 선이 돋보이며, [圖2-2], [圖2-5], [圖3-6] 등과 같이 선의 중복이 주제가 되기도 한다. 세 번의 같은 者자와 不자가 있어도 전후 글자의 크기와 중요성에 따라서 知者不惑의 첫 번째 者자와 不자는 크게 써고, 勇者不懼의 세 번째 者자와 不자는 작게 썼다. 따라서, 같은 者자와 不자를 각각 세 번이나 썼음에도 불구하고 반복되는 지루함을 피하며, 첫 글자와 네 번째 글자의 연결을 자연스럽게 돕고 있다.

〈군자삼덕〉이라고 불리는 이 문장은 다음과 같이 해석된다.

지자불혹(知者不惑), 인자불우(仁者不憂), 용자불구(勇者不懼)
지혜로운 사람은 곤란함이 없고, 어진 사람은 근심이 없으며, 용감한 사람
은 두려움이 없다.
_ 논어(論語) 헌문편(憲問篇) 30장

이신은 惑, 憂, 懼와 같은 글자를 좀 더 크게 쓰면서, '곤란함, 근심, 두려움'과 맞부딪혀 싸우려는 듯 스스로 다지는 듯하다. 이는 그가 이미 '지자, 인자, 용자'이기에 '곤란함, 근심, 두려움'이 없다는 것이 아니라,

오히려 이러한 어려움을 겪으면서 '지자, 인자, 용자'가 되어간다는 의미다. 매번 새로운 얼굴로 다가오는 점점 더 큰 어려움을 감당해 내면서 '지자, 인자, 용자'가 되어간다는 의미이다. 상기 어구와 연관된 또 다른 문장이 논어에 다음과 같이 적혀 있다.

> 不仁者(불인자) 不可以處約(불가이처약)
> 어질지 아니한 자는 가난을 오래 견디지 못한다
> _ 논어(論語) 리인편(里仁篇) 제2장

이신이 국전에 참가했을 때도 재정적으로 어려운 상황이었다. 그 가운데도 출품을 결정한 것에는 그만큼 자신이 있고, 작가로서 활동하고 싶은 마음도 있었을 것이다. 이 입선 덕분에 미국에서 작가로 활동할 수 있었으니, 이신에게는 커다란 행운이었다. 이신은 1955년 10월 1일 "한국미술협회 전람회에 입선하고, 회원 자격이 인정"되었으며, 그 뒤 11년 후인 1966년 11월 1일에는 "미국 네브라스카주 백주년 기념 미술전(The Nebraska Centennial Art Show)에서 최고상을 수상"한다. 두 행사의 성과로 보아 이신은 꾸준히 미술작업을 해왔음을 추측할 수 있다. 또한 1966년, 미국에 도착한 그해에 발 빠르게 아트쇼에 자신의 작품을 출품한 것은 어쩌면 그가 화가로서 살고 싶었던 마음도 컸던 것으로 여겨진다. 전업 작가들도 도미하자마자 바로 미술계에 뛰어드는 것은 쉽지 않은데, 이신은 작가로서 그만한 자신감과 용기가 있었던 것으로 짐작된다.

## 2) 이신, 도미 전 작업: 기하학적 구상에서 기하학적 초현실주의로

[圖1-5] 〈석양에 이사 가족〉
39x23.5, 1953[7]

[圖1-6] 〈부부와 나무〉 24x19.3, 1959
아이들이 사람이나 나무를 그리는 형태에서
영감을 얻은 듯. 이후 그의 작업의 기초가 됨

[圖1-7] 〈목자와 양〉 34.5x38.2, 1960

[圖1-8] 1960

[圖1-9] 〈엄마와 아이들〉 38x31.8, 1960

[圖1-10] 〈달과 별〉 34.5x38.2, 1960

| [圖1-11] 〈도시를 이고 있는 두 사람〉 34.5x38.2, 1960 | [圖1-12] 〈술 맡은 관원장의 꿈〉[8] |

[圖1-5]는 당시 초현실주의에 관심을 가졌던 화가들 가운데, 송혜수의 〈설화〉(1942, 캔버스에 유채, 50.3×60.7cm, 국립현대미술관, 제6회 자유미술가협회전 출품작)와 비슷한 주제이지만, 〈설화〉는 구상적인 형태라면, 이신의 작업은 이미 기하학적인 요소가 드러난다. [圖1-6], [圖1-7], [圖1-8]은 완벽한 형태가 아니라 다소 찌그러진 원이나 네모로 된 얼굴, 삼각형 몸이나 굵은 선으로만 된 팔다리, 몸체는 어린아이들 그림 스타일이다. 미로의 〈여자들〉(Joan Miro, Women (*Les Femmes*) 1948

7 이하, 이신의 모든 작품 제목은 유족이 필자에게 보내준 이미지 파일명에서 가져왔다.
8 <술 맡은 관원장의 꿈>이라는 드로잉이 있어서, 이와 한 쌍인 <떡 굽는 관원장의 꿈>도 있을 것이라고 예상했는데, 찾을 수 없었다. 유실되었거나 어쩌면 부정적 결과이기에 그리지 않았을 수도 있다. 이신이 성서 인물의 꿈을 작업으로 표현하는 것은 '초현실주의' 요소 가운데 중요하다. 한 화면에 기하학적, 추상적, 구상적, 등 여러 요소가 나타나는데, 이러한 스타일의 각각의 사용이유와 구성 등에 대해서도 좀 더 설명이 필요하다. 아래는 해당되는 성서구절이다. 창세기 40: 9-11. "술 맡은 관원장이 그의 꿈을 요셉에게 말하여 이르되 내가 꿈에 보니 내 앞에 포도나무가 있는데 그 나무에 세 가지가 있고 싹이 나서 꽃이 피고 포도송이가 익었고, 내 손에 바로의 잔이 있기로 내가 포도를 따서 그 즙을 바로의 잔에 짜서 그 잔을 바로의 손에 드렸노라."

Lithograph)이라는 작업을 연상케 한다. 두 작가의 공간 배치도 비슷하나, 전체적인 작업을 볼 때, 이신은 동양화적인 공간감에서 온 것으로 여겨진다. 이외의 다른 작업에서도 미로의 영향이 많이 보인다. 당시, 초현실주의 미술에서 기하학적 작업 성향을 가진 작가들은 다음과 같다. 김하건의 〈항구의 설계〉(1942, 제3회 미술문화협회전 출품작)에서는 근경에 삼각형과 원형의 하얀 석고상을 두었고, 유영국의 〈경주 오릉묘〉(1941-42, 젤라틴 실버 프린트, 10.2×15.2cm, 유영국문화재단)는 구상적이나 묘의 둥근 형태를 크게 클로즈업함으로써 기하학적인 인상을 준다. 유영국은 이처럼 구상을 베이스로 기하학적 추상미술로 발전한다.『장미 · 마술 · 학설』2:1 (1927),『삼사문학』창간호(1939, 표지화: 정현웅) 등과 같은 잡지의 표지에도 초현실주의 경향에 기하학적인 요소가 추가된다. 아베 콘고의 〈리엥 No.1〉(1929, 캔버스에 유채, 115.2×89.5cm, 후쿠오카현립미술관, 제16회 이과전 출품작), 유영국, 〈랩소디〉(1937, 제7회 독립미술협회 출품작), 주현 〈포토그램〉(1939), 이중섭 '엽서화'(1941), 김병기 〈가로수〉(1956, 캔버스에 유채) 등에서도 초현실주의적인 작업을 기하학적으로 표현하기도, 혹은 도시풍경(외면적)을 재현하거나, 도시와의 관계(내면적 구조적)를 제시하기도 한다. 이들과 이신의 작업을 좀 더 체계적으로 비교 연구하는 것이 필요하다.

## II. 도미, 1966 ~ 1971: 多色 초현실주의

| 1966. 9. 1.~1967. 5. 19. | 네브라스카 크리스챤 대학(Nebraska Christian College) 졸업 (B. of Theology) |
| --- | --- |
| 1967. 9. 1.~1968. 8. 30. | 드레이크 대학교 신학대학원(Drake University, Divinity School) 석사 과정(Master of Divinity) 수학 |
| 1968. 9. 1.~1971. 8. 13. | 밴더빌트 대학교 신학대학원(Vanderbilt University, Divinity School) 석사 과정(M. Div.), 박사 과정(Doctor of Divinity) 졸업 |

### 1. 미국에서 전시

이신은 박사 논문을 준비하면서도 미술관계 서적, 특히 초현실주의 미술과 관련된 잡지, 서적 등을 탐독했다. 미국에서도 이신은 미로 스타일의 작업을 지속했다. 그가 "미국에서 열 차례의 개인 전람회"(이신 이력서 참조)를 개최했고, 본인 생활비뿐만 아니라 한국에 있는 가족들의 생활비까지도 작품 판매로 충당할 수 있었다는 것은 놀라운 일이다. 당시 미국이 미술 경기가 좋았던 때이기는 하나, 어느 나라에서든 작가

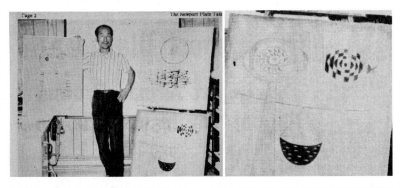

[圖 2-1]과 [圖 2-1 detail] 상기 사진은 The Newport Plain Talk에서, 그의 네 번째 개인전과 30여 명의 그의 지체 장애 제자들과의 전시가 8월 4일부터 개최될 것이라는 기사와 함께 게재되었다. 기사 마지막 부분에 이전에 있었던 세 번의 개인전에 대한 소개도 간단히 언급되었다.

가 작품 판매로 생활할 수 있다는 것은 그때나 지금이나 극히 소수만이 누릴 수 있는 행운이다. 당시 미국에서 유학했던 한국 작가들은 이미 한국에서 인정을 받은 경우가 대부분이었고 한국에 귀국해서도 미술계를 이끈 주류 작가들이었다. 이러한 작가들도 체류 초기에는 전시를 통해 생활비를 충당하기보다는 아르바이트하거나 장학금으로 버티는 경우가 대부분이었다. 그런데, 이신이 배포 있게 전시하고 생활비를 한국에 보낼 수 있을 정도까지 그림이 판매됐다는 것은 다시 반복해서 말할 만큼 놀라운 일이다. 그의 미국 체류 초기에는, 한국에서 국전에 입선하여 작가 자격을 인정받았다는 사실과 장애 아동을 돕고, 교회의 협력을 얻어서 전시가 좀 더 수월하게 이뤄지고, 차후에는(그사이에 전시 가능한 루트를 알게 되고 인맥도 생겼던 것 같다) 이러한 배경 없이도 전시할 수 있게 된 것 같다.

이신의 [圖2-1 detail]은 왼쪽의 기하학적 인물이 바구니를 들고 가는 모습이면서 동시에 전체적으로 사람 얼굴(눈과 입)의 모습으로 하나의 형상으로 두 가지를 동시에 의미하는 초현실주의(cf. 꿈의 해석, 달리의 '편집광적 비평적 방법', 등) 유형이다. 마그리트의 〈좋은 관계〉(1967)에서 보면, 허공에 눈, 코, 잎, 에드벌룬 등이 전체적으로 보면 사람 얼굴이 되는데, 이러한 방식이 이신의 미국 시대 작업에서부터 중요해진다.

## 1) 이신의 미국에서의 작업들

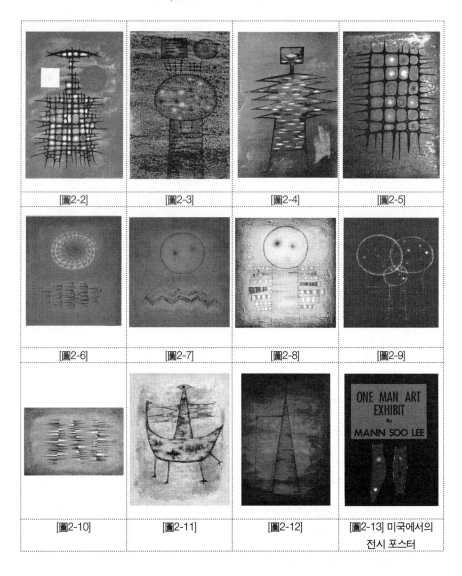

[圖2-2]  [圖2-3]  [圖2-4]  [圖2-5]

[圖2-6]  [圖2-7]  [圖2-8]  [圖2-9]

[圖2-10]  [圖2-11]  [圖2-12]  [圖2-13] 미국에서의 전시 포스터

### (1) 이신의 장애아들 미술교육

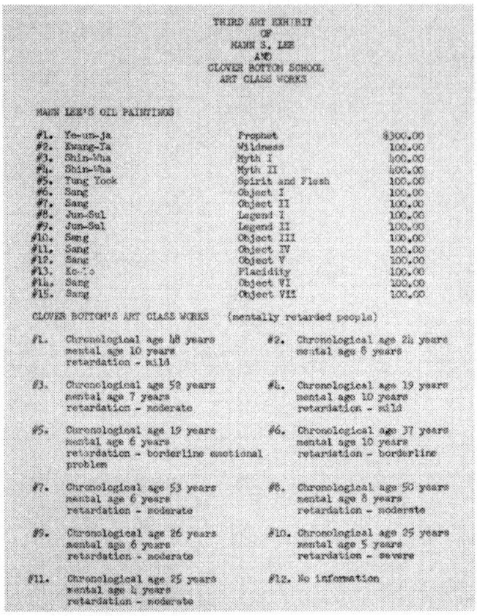

THIRD ART EXHIBIT
OF
MANN S. LEE
AND
CLOVER BOTTOM SCHOOL
ART CLASS WORKS

MANN LEE'S OIL PAINTINGS

| | | | |
|---|---|---|---|
| #1. | Ye-un-ja | Prophet | $300.00 |
| #2. | Kwang-Ya | Wildness | 100.00 |
| #3. | Shin-Wha | Myth I | 400.00 |
| #4. | Shin-Wha | Myth II | 400.00 |
| #5. | Tung Yook | Spirit and Flesh | 100.00 |
| #6. | Sang | Object I | 100.00 |
| #7. | Sang | Object II | 100.00 |
| #8. | Jun-Sul | Legend I | 100.00 |
| #9. | Jun-Sul | Legend II | 100.00 |
| #10. | Sang | Object III | 100.00 |
| #11. | Sang | Object IV | 100.00 |
| #12. | Sang | Object V | 100.00 |
| #13. | Ko-Jo | Placidity | 100.00 |
| #14. | Sang | Object VI | 100.00 |
| #15. | Sang | Object VII | 100.00 |

CLOVER BOTTOM'S ART CLASS WORKS (mentally retarded people)

#1. Chronological age 48 years
mental age 10 years
retardation - mild

#2. Chronological age 24 years
mental age 8 years

#3. Chronological age 52 years
mental age 7 years
retardation - moderate

#4. Chronological age 19 years
mental age 10 years
retardation - mild

#5. Chronological age 19 years
mental age 6 years
retardation - borderline emotional problem

#6. Chronological age 37 years
mental age 10 years
retardation - borderline

#7. Chronological age 53 years
mental age 6 years
retardation - moderate

#8. Chronological age 50 years
mental age 8 years
retardation - moderate

#9. Chronological age 26 years
mental age 6 years
retardation - moderate

#10. Chronological age 25 years
mental age 5 years
retardation - severe

#11. Chronological age 25 years
mental age 4 years
retardation - moderate

#12. No information

[圖2-14] 이신의 세 번째 개인전과 그의
뇌성마비 학생들의 단체전 리스트

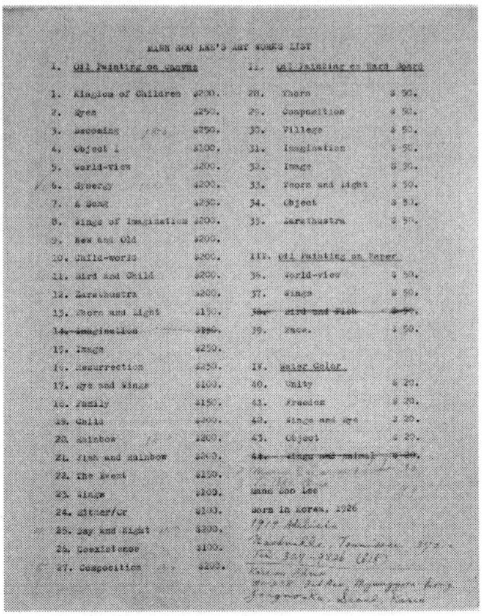

MANN SOO LEE'S ART WORKS LIST

I. Oil Painting on Canvas

| | | |
|---|---|---|
| 1. | Kingdom of Children | $200. |
| 2. | Eyes | $250. |
| 3. | Becoming | $250. |
| 4. | Object I | $100. |
| 5. | World-view | $200. |
| 6. | Synergy | $200. |
| 7. | A Bond | $250. |
| 8. | Wings of Imagination | $200. |
| 9. | New and Old | $200. |
| 10. | Child-world | $200. |
| 11. | Bird and Child | $200. |
| 12. | Zarathustra | $200. |
| 13. | Thorn and Light | $150. |
| ~~14.~~ | ~~Imagination~~ | ~~$100.~~ |
| 15. | Image | $250. |
| 16. | Resurrection | $250. |
| 17. | Eye and Wings | $100. |
| 18. | Family | $150. |
| 19. | Child | $200. |
| 20. | Rainbow | $200. |
| 21. | Fish and Rainbow | $200. |
| 22. | The Event | $150. |
| 23. | Wings | $200. |
| 24. | [illegible] | $100. |
| 25. | Day and Night | $200. |
| 26. | Coexistence | $100. |
| 27. | Composition | $200. |

II. Oil Painting on Hard Board

| | | |
|---|---|---|
| 28. | Thorn | $ 50. |
| 29. | Composition | $ 50. |
| 30. | Village | $ 50. |
| 31. | Imagination | $ 50. |
| 32. | Image | $ 50. |
| 33. | Thorn and Light | $ 50. |
| 34. | Object | $ 50. |
| 35. | Zarathustra | $ 50. |

III. Oil Painting on Paper

| | | |
|---|---|---|
| 36. | World-view | $ 50. |
| 37. | Wings | $ 50. |
| ~~38.~~ | ~~Bird and Fish~~ | ~~$ 50.~~ |
| 39. | Face. | $ 50. |

IV. Water Color.

| | | |
|---|---|---|
| 40. | Unity | $ 20. |
| 41. | Freedom | $ 20. |
| 42. | Wings and Eye | $ 20. |
| 43. | Object | $ 20. |
| ~~44.~~ | ~~Wings and Animal~~ | ~~$ 20.~~ |

Mann Soo Lee
Born in Korea, 1926

[圖2-15] 이신의 전시 작품 리스트

[圖2-14]의 상반부는 이신의 작품 리스트와 가격을 병기했고, 하반부는 그가 미술을 가르쳤던 12명의 뇌성마비 환우들의 정보이다. 이 정보에 따르면, 이들의 물리적 연령은 19세에서 53세나, 정신연령은 4세에서 10세이다.

### (2) 60년대 후반 미국 뇌성마비 아동들 작업

필자는 5대륙 9개국에서 온 36명의 장애 아동들의 전시 '들꽃처럼 별들처럼'을 기획하여, 스위스 UNOG 전시(2017.12.4.~8.), 평창 동계 패럴림픽 기념 전시(강릉올림픽파크 라이브사이트 전시관. 2018.3.9.~18.), 파리 유네스코 본부 전시(2018.4.9.~18.) 등의 순회전을 개최한 바 있다. 모두 뇌성마비(cerebral palsy) 아동들이었는데, 작업은 대부분 밝

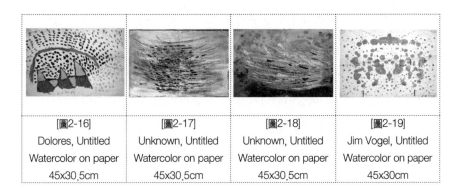

| [圖2-16] | [圖2-17] | [圖2-18] | [圖2-19] |
|---|---|---|---|
| Dolores, Untitled | Unknown, Untitled | Unknown, Untitled | Jim Vogel, Untitled |
| Watercolor on paper | Watercolor on paper | Watercolor on paper | Watercolor on paper |
| 45x30,5cm | 45x30,5cm | 45x30,5cm | 45x30cm |

고 긍정적이었다. 이들은 다만 뇌성마비였지 감성마비는 아니었다. 30
세 청년의 지적 나이는 5, 6세에 머물러 있지만, 감성은 계속 자라는
것을 그의 그림을 통해 볼 수 있었다.9 각국에서 온 36명의 장애 아동들
이 참여한 가운데, 거의 유일하게 이신이 가르친 아이들 작업만이 추상
화이거나 초현실주의자들이 즐겨 사용한 데칼코마니 작업이어서, 그
이유가 궁금했다. 이 의문은 4년 만에 풀렸다. 이신이 미국 체류 시에
했던 작업을 흔적조차 찾을 수 없이 완전히 소실된 것으로 여겼었다.
그런데, 작품 사진을 찍은 오래된 슬라이드 수십 장이 발견됐고, 이신의
막내아들인 이경이 이 가운데 일부를 드럼 스캔과 색 보정을 통해 재현
해 냈다. 그 작업이 [圖2-2]에서 [圖2-13]까지이다. 이 이미지를 보는
순간, 필자는 순회전에 출품된 장애 아동들의 그림이 떠올랐다. 이신이

---

9 "이번 전시에 참여하는 많은 아동이 지적 장애를 겪고 있다. 하지만 놀라운 것은 그들의 그
림은 이러한 장애와 상관없이 꾸준히 발전되고 오히려 비장애인보다 뛰어날 때가 많다.
반면에 비장애인들 가운데는 지성은 어른이지만, 감성은 어린이 수준에 머물러 주변에 심
각한 피해를 초래하는 '감성장애'의 경우가 많다. 감성장애자들의 멀쩡해 보이는 겉모습
으로 인해, 오히려 그 피해가 심각하다. 아동들의 예술이, 감성이 메말라버려 더 이상 타인
의 아픔을 공감할 수 감성장애를 치유할 수 있기를 바란다." – 심은록, 상기 순회전 도록의
소개글 중에서.

장애 아동들을 가르치면서 그 순수한 빛과 순진한 원색의 향연에 영향을 받은 것 같고 아동들은 이신의 추상 작업에 영향을 받은 듯 하다. 이신의 작업 [圖2-10]과 장애 아동들의 작업 [圖2-17] [圖2-18]을 비교하면, 핑크 빛 색감이라던가 짧은 선들의 사용 및 전체적인 분위기가 많이 닮았다. 이들의 작업을 보면, 이신이 자신의 그림을 모델로 보여주면서 마음속에 일어나는 행복의 움직임을 그려보라고 하지 않았을까 라는 상상을 하게 될 정도로 이들의 그림은 밝고 환하다. 장애아동 작업 [圖2-16]은 고슴도치 같은 동물 혹은 빛을 발하는 풍경이 오버랩된다. 이 작업들은 이신의 미국 체류 기간 작업에서 종종 보이는 빛을 닮은 점 혹은 선을 닮아있다. 초현실주의자들이 많이 사용한 데칼코마니 기법[10]을 이용한 작업 [圖2-19]은 좌우동형이다. 이신의 미국 작업 대부분도 약간의 고의적인 불균형을 제외하고는 좌우동형의 형태이다. 이신의 작업에는 구체적인 형태가 있는데, 아이들의 눈에는 형태보다 반짝이는 점과 선이 더 인상적으로 다가온 듯 하다. 비록 4명의 장애아동들의 작품을 보았지만, 여기에는 이신이 미국에서 작업한 중요 특징들이 잘 드러나고 있다. 박사과정의 연구, 타국에서의 생활, 한국에 있는 가족에 대한 책임감 등 여러 어려움에도 불구하고 이신의 작업은 안정되고 밝고 행복하다. 하고 싶었던 학업과 미술을 한다는 것이 모든 어려움을 극복하게 한 듯하다. 무엇보다 이신의 가르침이 그대로 드러나는 듯한 아동들의 밝고 맑은 작업을 보면, 이러한 추측이 더욱 신빙성 있게 다가온다.

---

10 데칼코마니 기법은 무의식, 우연의 효과를 존중하는 비합리적인 표현으로, 여러 가지 환상을 불러일으킨다는 점에서 초현실주의 작가들이 즐겨 사용했다.

## III. 키국 후: 개념적 초현실주의[11]

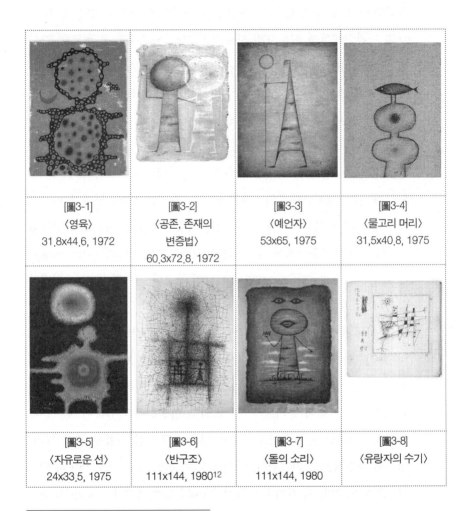

| | | | |
|---|---|---|---|
| [圖3-1]<br>〈영육〉<br>31.8x44.6, 1972 | [圖3-2]<br>〈공존, 존재의<br>변증법〉<br>60.3x72.8, 1972 | [圖3-3]<br>〈예언자〉<br>53x65, 1975 | [圖3-4]<br>〈물고기 머리〉<br>31,5x40.8, 1975 |
| [圖3-5]<br>〈자유로운 선〉<br>24x33.5, 1975 | [圖3-6]<br>〈반구조〉<br>111x144, 1980[12] | [圖3-7]<br>〈돌의 소리〉<br>111x144, 1980 | [圖3-8]<br>〈유랑자의 수기〉 |

---

11 이신의 귀국 이후 작업에 대해서는 아래 책에서 상세히 설명되어 있기에 참조하기 바란
   다. 심은록, 이경, 이은선, 이정배 외/현장아카데미 엮음,『환상과 저항의 신학. 이신(李信)
   의 슐리얼리즘 연구』(서울: 도서출판 동연), 2017; 이은선, "초현실주의 신학자 李信의 삶
   과 그림" [연재], in「성서와 신학」.
12 거의 마지막 작업에서, 이신은 그의 가족들에게 이 작품 안에 선을 그리게 했다. 작품 제목
   과 관련해서 많은 사유를 불러일으키는 동시에 감동을 준다.

박사학위를 취득하고 한국에 귀국한 후, 이신은 목회에 전념하며 미술작업은 꼭 필요한 경우가 아니면 할 수 없었던 상황이었던 것 같다. 그래도 관람객들에게는 그의 사유가 배어있는 제대로 된 원본을 감상할 수 있는 유일한 시기이기도 하다. [圖3-1]에서는 마그리트 〈세헤라자데〉 연작에서 보이는 구슬 모양의 형태가 사람 형상을 이루고 있다. [圖3-4]는 머리 부분에 있는 물고기가 마그리트의 〈공동의 발명〉(Collective Invention, 1935)을 연상시킨다. [圖3-5]에서는 바깥의 태양(혹은 신, 이데아)과 내부의 태양(혹은 신, 이데아, 등)이 과녁처럼 구성되었다. [圖3-6]과 미로의 〈태양을 먹는 자〉의 형태와 구조가 비슷한데, [圖3-6]에서는 큰 사람 안에 작은 사람들이 있는 것으로 표현되었다. [圖 3-8] 〈유랑자의 수기〉는 미로의 〈비상사다리〉(The Escape Ladder, 1940, oil on canvas)에서 사다리 구조와 기하학적 인물 형태가 유사하다.

이신에게서 명료하고 개념적으로 초현실주의가 잘 나타나는 것은 [圖3-7] 〈돌의 소리〉이다. 이 작업은 1979년 4월 20일 발간된 '한국쉬르리얼리즘 연구소'(이신 2012, 180)[13]의 간행물 이름이 「돌의 소리」인데, 그 표지 그림과 같다.[14] 그림 속의 초현실주의적 인물이 오른손에 들고 있는'VVV'는 미국 초현실주의 미술에 중요한 역할을 했던 'VVV' 잡지와 직접적으로 연관된다. 여기서 V는 승리(Victory)도 의미하지만, 브르통에 의하며, 세 개의 V는 각각 "퇴보의 힘에 대항하여 승리(Victory/

---

13 이신/이경 엮음,『돌의 소리』(서울: 도서출판 동연, 2012). 이하 [이신 2012]로 표기.
14 [圖3-7] <돌의 소리>와 관련된 상세한 작품 도해는 심은록, "이신의 그림과 돌 소리의 미학," 현장아카데미 엮음,『환상과 저항의 신학. 이신(李信)의 슐리얼리즘 연구』(서울: 도서출판 동연, 2017)에 설명되어 있다.

victoire), 우리 주변 보기(View/vue)와 우리 내면 보기(View/ vue), 어떤 일이 일어나고 있는 베일(Veil/voile) 밑의 형성 과정에서 신화"15라고 설명한다. 미국에서 발행된 잡지 'VVV'는 데이비드 헤어(David Hare, 화가)가 마르셀 뒤샹, 앙드레 브르통, 막스 에른스트 등 중요 초현실주의자들과 협력하여 1942년부터 1944년까지 네 번 발간했다. 1942년 창간호에는 이신이 그의 박사 논문에서 언급했던 브르통의 "제3차 초현실주의 선언을 위한 서문 혹은 아닌"(Prolegomena to a Third Manifesto of Surrealism or Else, 1942)도 발표되었다. 이신은 V자 세 개는 정신해방을 가로막는 모든 것에 대한 세 번의 승리로 쉬르리얼리즘의 키포인트는 '인간의 전면적인 해방'이라고 말한다. 이신의 VVV 로고는 미국 초현실주의 잡지의 로고와 약간 다르다. 미국의 로고는 이 세 개의 V를 펜을 떼지 않고 한 번에 쭉 쓸 수 있도록 연결되어 있으나, 이신의 로고는 세 개의 V가 겹쳐있어서, 두 번 펜을 띠었다가 써야 한다.16 이외 상기 작업들과 또다른 작업들은 이미 『환상과 저항의 신학. 이신(李信)의 슐리얼리즘 연구』에서 상세히 언급했기에 반복하지 않고, 그 대신 한국의 가장 대표적인 초현실주의 문학가 이상과 화가 이신에 대해 비교한다. 이상과 이신을 비교하면 할수록, 처음에는 반대되는 언어를 사용하는 듯하면서도, 그 어떤 초현실주의자들보다도 공통되는 감성적 부분이 점점 발견되기 때문이다. 마치 이신의 [圖3-2] 〈공존〉에서처럼, 두 사람의 색깔은 하얀색과 검정색으로 극과 극으로 다르고, 바라보

---

15 앙드레 브르통의 VVV선언에서 — "La victoire sur les forces de la régression, la vue autour de nous, la vue en nous [...] le mythe dans le processus de formation sous le voile de ce qui se passe."

16 심은록, "이신의 그림과 돌 소리의 미학," 현장아카데미 엮음, 『환상과 저항의 신학. 이신(李信)의 슐리얼리즘 연구』(서울: 도서출판 동연), 2017.

고 표현하는 관점도 '초록 빨강', '흰색 파랑'처럼 달라도, 그 형태가 똑같다. 이들은 서로 등을 토닥이며 같은 방향으로 가고 있다.

내 꿈을 지배하는 자는 내가 아니다

20세기 후반은 다원주의 시대이다. 21세기 전반인 오늘날은 디지털 세계까지의 확장으로 다원주의가 배가되었다. 그럴수록 자신의 정체성을 잘 알아야 타자와의 소통이 원활해지며, 자기소멸이 되지 않는다. 어려울 때일수록 자신을 성찰하고 실존에 대해 고민하는 작업들이 많이 보이는데 이상과 이신의 경우도 그러하다.

1 나는 지금 거울 속의 나를 무서워하며 떨고 있다. 거울 속의 나는 어디 가서 나를 어떻게 하려고 음모하는 중일까
_ 이상 〈오감도〉 중에서

이상(李箱, 1910~1937)의 시에서 나오는 시대는 "악수할 수조차 없는 두 사람을 봉쇄한 거대한 죄 "[17]의 시기였다. 이신 그림 [圖3-2]의 시대적 배경은 40여 년이 지나 한국이 일제로부터는 해방되었지만, 분단 상황 하에 정치적 사상적 문화적으로 두 자아가 대립되고 있다(이신의 두 자아는 화해 후의 공존 상태이다). 이상의 상기 시에서는 자아를 마주

---

17 "모형 심장에서 붉은 잉크가 엎질러졌다. 내가 지각한 내 꿈에서 나는 극형을 받았다. 내 꿈을 지배하는 자는 내가 아니다. 악수할 수조차 없는 두 사람을 봉쇄한 거대한 죄가 있다." 이상, "烏瞰圖 詩第十五號(오감도 시제 15호," 6. 「조선중앙일보」, 1934년 8월 8일 조간, 4면.

치는 것에 대한 두려움, 더 나아가 무의식 속에 있는 더 커다란 자아에 대한 공포가 표현되어 있다. 오늘날, 디지털 원주민이 아닌 예술가들이 가상세계에서 펼쳐지는 미술 경향을 바라보며 느끼는 감성이 선취적으로 표현되었다.

> 5 나는 거울 속의 내 왼편 가슴을 겨누어 권총을 발사하였다. 탄환은 그의 왼편 가슴을 관통하였으나 그의 심장은 바른 편에 있다
> _ 이상 〈오감도〉 중에서

나는 심장이 왼편에 있는데 거울 속의 나의 심장은 바른편에 있다. 그만큼 나와 또 다른 나는 생김새는 같으나 중요한 심장이 반대편에 있을 정도로 그 차이가 극명하다. 자아를 인식해 가는 과정에서, 이성과 감성이 대립되고, 자아가 세포분열처럼 끝없이 분열된다. 오늘날 늘 셀카를 통해서 바라보는 현대인의 자화상이자, 우리 아바타의 모습으로 바른편에 심장을 가지고 있다. 디지털 원주민인 C세대의 경우는 오히려 현실에서 자신들의 모습을 거추장스러워하며, 자유롭고 제약 없는 아바타를 부러워한다. 아무런 사유 없이, 점점 더 거울(가상세계) 속의 아바타와 동일화되면서, 현실의 자아는 바르지 않은 편(언어유희: '바른' 편이 아닌 왼편을 의미)에서 심장이 뛴다. 〈오감도〉의 마지막에서 이상은 다음과 같이 적고 있다.

> 6 내가 지각한 내 꿈에서 나는 극형을 받았다. 내 꿈을 지배하는 자는 내가 아니다.

분열된 자아, 다원적인 나, 무의식적인 통제 불가능한 나를 받아들일 수 없는 나는 결국 나를 살해한다. 이 살인죄로 내가 죽는 극형을 받는다. 이상의 시를 읽기 전까지는 메타버스의 내 아바타는 귀여운 분신이자 아직은 매우 어설프며, 컴퓨터 버튼을 끄면 언제든지 사라지는 힘없는 존재였다. 하지만, 가상과 현실의 구분이 빠른 속도로 희미해지면서, 아바타가 현실의 자아를, 꿈을 지배하는 현상을 보게 된다. 메타버스에서 사람들이 자신들의 아바타를 만드는 이유 중의 하나는 현실에서 이룰 수 없는 '욕망'을 실현하기 위해서다. 쟈크 라캉, 질 들뢰즈를 비롯한 현대 사상가들에 의하면, 이미 현실에서조차도 욕망은 자신이 원하는 것이 아니라 타자의 욕망, 사회적 욕망을 따르고 있다. 따라서 이들은 '욕망' 그 자체보다는, 이를 구성하는 조건과 방향성을 연구한다.

이상의 대립의 적나라함이 이신의 [圖3-2] 〈공존, 존재의 변증법〉에서는 '초현실주의적'으로 다시 재현된다. 이신의 초현실주의 캔버스 위에는 살인도, 분쟁도 없는 화해의 상태이다. 이것이 상기에서 언급한 「돌의 소리」의 간행 목적이었다.

'이리가 어린 양과 함께 거하며 표범이 어린 염소와 함께 누우며 […] 젖 먹는 아이가 독사의 구멍에서 장난하며 젖 뗀 어린아이가 독사의 굴에 손을 넣을 것이라' 라는 소리는 사실 말이지 요즘 현명하다는 사람들에게는 얼토당토 않은 소리로 들릴 것이다. 그러나 그들의 이론으로는 더욱더 전쟁과 다툼만 자아내기 때문에 '돌의 소리'와 같은 소리가 필요하다(이신 2012, 150).

[圖3-2]의 제목에 근거한다면, 자아(自我), 타아(他我), 피아(被我)

의 존재의 변증법이 다시 문제화된다. 또한 '육'을 죽이려는 '영', '영'을 죽이려는 '육' 등 '영'과 '육', 남과 여 등의 변증법적 전개 가운데 공존의 가능성이 모색되고 있다. 해석에 있어서 주의할 것은 이 화해의 장이 '현실'이 아니라, 아직은 '초현실주의 세계'에 머물러 있다는 사실이다. 그는 '상상'이 현실 세계로 확장(XR)되기를 바라며 캔버스 위에 시각화했다. 이상은 현실 세계의 깊은 단면을 너무나 적나라하고 비극적이며 충격적인 시적 언어로 재현했다면, 이신은 올바른 상상으로 갈 수 있도록 시각화했다. 이상과 이신, 이 두 사람의 상상력은 현재의 질병을 정확하게 진단하고 있으며, 이를 각각의 방식으로 치유하고 있다. 우리는 시적인 극단적인 사유와 회화적인 초현실 세계 가운데 어느 한쪽만을 취할 수 없으며, 양쪽 모두 필요하다.

　이상은 시인 이전에 건축가였다. 경성고등공업학교 건축과를 졸업하고 조선총독부 건축 기사가 되었다. 그가 오감도를 발표했을 때 조감도를 잘못 쓴 것이라는 비판과 비아냥도 함께 받았다.[18] 그런데, 오랜 시간이 지나, 제14회 베니스 비엔날레의 〈한반도 오감도〉는 한국관에 처음으로 최고 영예인 황금사자상을 선사했다. 이처럼, 이신의 예술도 미술, 문학, 연극, 음악, 등 또 다른 분야에서 재해석되고 발전되어 나타날 수 있다. 두 작가 모두 그들이 묘사했던 것과 더 가까운 가상 세계에서 더 근사한 현실을 펼칠 수 있지 않을까 '꿈'꿔 본다. 이러한 가능성을

---

18 "오감도라는 단어가 전시 제목으로 쓰인 이유는 이 단어의 어원이 건축용어인 조감도에서 비롯되었기 때문이다. 새가 공중에서 아래를 굽어본 그림이라는 뜻의 조감도는 한눈에 사물이나 공간을 볼 수 있다. 오감도의 '오'는 '새 조(鳥)'에서 한 획이 빠진 '까마귀 오(烏)'를 사용하여 이 전시가 한반도의 건축을 완전하게 보여주지 못하고 불완전한 채 전시되었다는 의미이기도 하다." — 2014년 5월 19일 대학로 아르코미술관에서 가진 기자간담회에서 조민석 커미셔너의 전시 제목에 대한 설명.

현실화하기 위해, 전시 '이신, SR@XR'(2021, 10.16-22, 도화아트)가 개최된다. 언젠가 이신과 이상의 2인전도 충분히 생각해 볼 만하다.


## 마무리하는 말: 또 다른 과제 – "상상력의 부패"@ XR

상기에서 본 것처럼 한국미술계에서는 초현실주의를 퇴폐적이고 회피적인 경향으로 보았는데, 이신은 반대로 [圖3-7], [圖3-8] 등에서 보듯이, 고양되고 성숙한 상상을 사용하여 "상상력의 부패"를 막을 수 있는 도구로 사용했다. 또한, 한국 격변기의 묵시적 상황을 니체적 초인이 필요한 시공간으로 보았다. '상상력'은 고대부터 중요한 주제로 취급되며 현재까지 논쟁을 거듭해 오고 있다. 플라톤은 상상력을 이데아를 왜곡하고 기만하는 허상으로서 인간의 부정적인 능력으로 보았으며, 질 들뢰즈도 "거의 확정되지 않은 개념"으로 보고 불신했다. 이처럼 과소평가된 상상력에 대해 가스통 바슐라르(Gaston Bachelard)는 시대를 앞선 통찰력으로 "물질적 상상력"을 "역동적 상상력"과 원형적 상상력" 등으로 구분하면서 심도 있는 연구를 했다.[19] 제4차 산업혁명기에 접어들면서, 바슐라르의 '객관적 과학으로서 시적 상상력'은 이제 오히려 과학에서 가장 중요한 인간 능력 중의 하나로 격상되며 핵심어가 되었다.

디지털 시대로 접어들면서 '상상력'에 대한 재정의가 필요하나, 우선은 현재 통용되는 사전적 정의를 살펴본다.

---

19 Bachelard, Gaston, *L'Eau Et les Reves: Essai Sur L'Imagination de la Matière* (Le Livre de Poche, 1942).

상상력(想像力, imagination)은 눈앞에 없는 사물의 이미지를 만드는 정
신 능력이다.[20]

상상력은 경험하지 않은 것, 현재에 없는 대상을 직관하고 머릿속으로 그려
보는 능력이다. 눈에 보이는 것이 없고 귀나 다른 감각기관에서 느낄 수 있
는 것이 없을 때, 정신적인 이미지와 감각과 개념을 형성하는 능력이라고
할 수 있다.[21]

상기의 '상상력'에 대한 사전적 정의의 특징 중 하나는 눈에 보이지
않는 것을 정신적인 이미지나 개념으로 형성한다는 것이다. 비시각적
인 상상력이 고대부터 영혼, 신, 등 예술을 통해 시각화되었다. 당시에
는 상상(력)이 시각화된다고 할지라도 조각과 회화로 표현되며, 물질과
시공간의 제한으로 인해 "상상력의 부패"가 있었을지라도 국부적이고
지역적이었기에 경각심이 크지 않았다. 그런데 현재 Covid-19로 제4
차 산업혁명이 가속화되고, 많은 상상력이 검증 없이 다양한 메타버스
에서 실현되고 있다. 2000년대 초반, 도토리를 재화로 사용했던 싸이
월드가 실패한 단점을 보완한데다 세계적으로 구축된 인프라를 바탕으
로, 현재 메타버스 내에서 시각화된 상상력이 보편화 글로벌화, 특히
자본화되고 있다. 이러한 상황과 조건에서도 자신의 '꿈'을 구축하고자
온 전력을 쏟는 자들이 예술가들이며, 그들의 가장 값진 마티에르는
창조력[22]과 상상력이다. 시각적 상상력의 부패를 효과적으로 처방하고

---

20 한국브리테니커 편, 『브리테니커 세계 대백과사전』 vol.11 (서울: 한국브리테니커회사,
   1993), 359.
21 위키백과, "상상력"
22 여기서 '창조'라는 개념은 '어떤 새로운 것을 만든다'는 고전적인 의미가 결코 아니라, "생
   의 새로운 가치들을 발명하는 것". 질 들뢰즈/박찬국 옮김, 『들뢰즈의 니체』(철학과현실

막을 수 있는 자들도 바로 이들이다. 그래서 "요제프 보이스는 "미술은 현재의 상처가 무엇인지 살펴보고, 이를 치유하는 것"이라고 했다. 그는 1985년 뒤셀도르프 미술학교에서 한 강연에서, "우리의 중요 현안인 자본주의에 심각한 영향을 끼칠 수 없다면, 그것은 미술이 아니다"[23]라고 단호히 말했다. 발터 벤야민은 교육과 관련하여, "수업을 예술작품과 연관하려는 어떤 진지한 시도도 보이지 않았으며, 현대 예술에 대한 관심을 기대한다는 것은 거의 절망적이었다"라고 말하며, "이 학교는 자신들이 살고 있는 시대에 대한 책임감이 없다"(〈수업과 평가〉)고 질책했다. 보이스와 벤야민이 이처럼 말하는 이유는 무엇인가? 현대미술은 '현재의 진단학 le diagnostique du présent'으로, 세상에 대한 '문제화' 과정이다. '문제화' 과정 자체가 치유의 시작으로, 상처를 정확히 알아야 진단이 가능하고 올바른 치료가 가능하기 때문이다."[24] 바로 이러한 점에서 이신은 그가 속해 있는 시대를 진단했고, "상상력의 부패"를 중요한 질병으로 여겼다.

MZ세대의 상상력은 오픈씨(OpenSea)와 같은 마켓플레이스에서 구체적이고 다양한 양태로 시각화되어 있다. 오픈씨는 전문적인 아트페어가 아니라, 벼룩시장처럼 '마켓플레이스'로, P2P방식으로 간편하게 NFT를 거래할 수 있다. NFT관련 마켓은 현실 세계에 없는 상품을 만들고, 실체가 없는 무형 콘텐츠를 민팅(minting)하고, 소유자 역시 코드만 소유한다. 게임 아이템부터 잭 도시의 '최초의 트위터', 하물며 '방

---

사, 2007), 34이다. 그래서 이 글에서는 '창조력'이 '능력'이라기 보다 '마티에르'로 상징된다.

23 Kim Levin, "Joseph Beuys: The New Order," Arts Magazine, April 1980.

  Cf. Kim Levin, *Beyond Modernism: Essays on Art from the 70's and 80's.* New edition (HarperCollins, 1989), 175.

24 심은록, 『미래아트와 트아링힐, 다시 카오스로부터』(서울: 교육과학사, 2021).

귀 소리'25까지 거래되고 있다. 다양하게 시각화된 상상력 상품이 여과 없이 판매된다. 필자는 '방귀 소리'가 혹시나 피에로 만초니의 〈예술가의 똥〉(Merda d'artista, 1961)을 패러디한 것이 아닌가 생각했다. 만초니는 마르셀 뒤샹의 레디메이드 영향하에, 인간의 산물과 예술의 산물(예술품) 관계를 모색하며, 당시 미술경향에 반항하고 조롱하며 비판했다면, 전자는 "미술을 거래하는 방식"에 대한 전통적 방식과 디지털 방식 모두 비판했다. 많은 전문가들이 "제4차 산업혁명 시대는 인문학적 상상력을 가진 과학기술인이 주도한다"라고 말하지만, NFT아트마켓에서는 전문인(혹은 그룹, 미술관, 갤러리 등)이 아니라 비전문인이, 거대 컬렉터들이 아니라 일반구매자들이, 성인들보다는 학생들과 청년들이 '아직까지는' 주도하고 있다. 지금까지 전문인이 주도했던 이유는 마티에르가 비싸고, 이를 활용하는 기술을 배우는 데 오랜 훈련과정이 필요했기 때문이다.26 종교미술을 제외하고는 대부분의 미술이 시각화 및 물질화되어도 '상상력의 연장'에 머물렀다. 그러나, NFT아트의 마티에르는 무형화되고, 홍보(광고)를 위해서 이기도 하지만, 무엇보다 인공지

---

25 영화감독 라미네즈말리스(Alexander M. Ramirez-Mallis)는 코로나 확산으로 셧다운이 적용되자 2020년 3월부터 그와 친구 네 명의 1년 동안의 방귀 소리를 모아 52분짜리 '마스터 컬렉션'(One Calendar Year of Recorded Farts)을 NFT마켓에 내놓고, 약 426달러(0.2415 이더리움)에 판매했다. 그는 "NFT는 방귀조차 뀌지 않고 단지 소유권을 나타내는 디지털 문자와 숫자의 나열일 뿐"이라고 뉴욕포스트에 밝혔다. 그는 "값비싼 작품을 구입한 후, 창고에 보관하고 소유권 증명서만 보여주며 더 많은 이익을 받고 판매하는 수세기 동안 가치 저장 용도로서의 미술 거래방식 a commodity to store value"이, 디지털화된 것이 NFT임을 비판하며, 디지털 예술 애호가들이 아니라 투기꾼들만 있다고 했다. 출처: NYC man sells fart for $85, cashing in on NFT craze, March 18, 2021. 뉴욕포스트.

26 오스카 와일드는 "예술은 모방이 끝나는 곳에서 시작한다"고 했다. 긴 시간을 요하는 '모방'을 이제 프로그램이 대신하고, 비싼 마티에르도 디지털화 되고, 캔버스 대신 Layer의 무한사용이 가능해졌다. 아트나 일러스트레이션 프로그램의 보급화로 '모방'을 하는 훈련기간이 단축되었고, 디지털 원주민 세대는 게임하듯 손쉽게 제작한다.

능의 비지도학습(Unsupervised Learning)과 더불어 빅데이터가 필요
해 짐에 따라 기업은 무료로 비싼 프로그램을 제공하고, 일반인들이
쉽게 사용할 수 있도록 사용법은 더욱 단순화했다. 현재 XR[27]은 그대로
확장된 현실, 연장된 실재'이다 상상력은 상상력의 세계에 머물러 있는
것이 아니라, 현실로 확장되고 실재, 혹은 "실재보다 더욱 실재적인 하
이퍼 리얼리티 hyper reality"(보드리야르)이다. 상상력이 현실에 직접
적으로 미치는 영향이 점점 지대해지고 있다. 이신이 강조한 "상상력의
부패"가 당시보다 오늘날 더 시급하다. 그렇다면 어떻게 이 부패를 막
을 수 있을까?

    M, Z, C세대의 상상력의 부패를 예방하기 위해 이신의 SR (Surrealism
의 약어) 작업이 XR(eXtended Reality 확장 현실의 약자)에서 요청된다.
세계적인 경향과 달리 한국에서는 초현실주의가 크게 발전하지 못했다.
반면에 인프라가 잘 구축된 한국에서 XR은 다른 나라보다 빨리 확장되
고 있다. 오늘날, 현실과 동떨어진 초창기 VR과 달리, AR, MR, XR에서
는 현실이 가상으로 연장되고, 가상이 현실로 확장되기 때문에, 가상세
계에서 상상력의 부패는 바로 현실에 직접적인 영향을 준다. 춘추전국
시대 같은 디지털 미술 세계, 특히 NFT마켓에서 미술전문가들의 무관
심, No comment, 판단보류 하에, "상상력의 부패"가 시작되고 있다.

    메타버스 내에서의 art[28] 혹은 NFT art에서는 우선 세 가지 현상이
염려스럽다. 첫 번째, 이더리움(ERC-721) 기반의 블록체인을 적용한

---

27 XR은 eXtendedReality(확장 현실)의 약자로, VR, AR, MR(혹은 복합현실 Hybrid Reality)을
  통칭한다.
28 art의 어원은 라틴어 ars로 '예술'과 '기술, 기교'를 의미한다. 이는 고대 그리스어 techne에
  서 유래했는데, 이 역시 같은 의미를 지니고 있다.

스마트 컨트랙트 기술을 이용한 NFT가 모든 것이 복사 가능한 디지털 시대에 원본(고유 식별 코드)이라는 상징성과 그 기술(콘텐츠에 고유 아이디와 메타데이터 정보할당)을 의미한다고 해도, '달러'나 '원'과 같은 일종의 새로운 재화의 역할을 하고 있다. 그런데, 블록체인 그 자체처럼 지나치게 강조됨으로써 미래아트에 더 강력한 자본주의를 정착시키고 있다는 것이다. 두 번째는 '미술이라는 좁은 의미의 아트'와 '기술'이 구분되지 않고 있다. 아트마켓을 보면 미술가가 아니라, 기술자들이 '기술'을 보여주고 있는데, M, Z, C세대는 이를 새로운 아트로 여기고 있다. 세 번째는 '오픈씨 OpenSea'를 비롯한 NFT마켓이 오픈씨의 이름처럼 열려있는 바다처럼 모든 것을 받아들인다(P2P방식으로)고 해서, OpenSea가 열린 관점인 OpenSee가 되는 것은 아니다. 구별할 수 없는 능력이 없을 때는 오히려 더 많은 혼란을 가져올 수 있다. 어린아이나 동물이 처음 눈을 떴을 때, 전적으로 신뢰할 수 있는 부모를 보는 것처럼, 미술입문자일수록 신뢰할 수 있는 좋은 작업을 봐야 한다. 그것이 입문자에게 오랜 시간의 검증과정을 거친 고전 작업을 먼저 보여주는 이유이다. 하지만, 이 고전 작품이 현재와의 시차 때문에 입문자들은 좋은 점을 느끼기도 전에 식상한다. 지금까지 미술이나 문화개혁을 주도한 자들은 그 분야의 깊고 넓은 인식을 가진 전문가들이었다. 앞장서서 이에 대해 비판하거나 반대 혹은 찬성을 하며 문제화해야 한다. 그러나, 중요한 작가들 가운데 데이비드 호크니, 데미안 허스트 등의 몇몇 작가들을 제외하고는 침묵하고 있다. 고양되지 않고, 시간의 검증도 받지 않은 상상력은 부패되기 쉽다. '상상력의 저질화'를 이끌어 줄 수 있는 반대급부가 있어야 하는데, 신학, 철학에 철저히 근거한 이신의 작업은 좋은 모델이 될 수 있다.

우선, 그는 다양한 시공간과 관점을 비교함으로써 자신이 어떤 컨텍스트와 조건하에 위치해 있고 어떤 관점으로 세상을 보고 있는지 정확히 알았다. 그는 미술사적으로 사회주의 사실주의(Socialist realism), 누보레알리즘(신사실주의 新寫實主義 Nouveau Realisme)[29] 등의 시대를 살았으나, 그가 선택한 것은 SR이었다. 여러 종류의 사실주의 가운데, SR적인 시공간, 관점, 논리를 택했다. 타 분야의 예술도 그렇지만, 시각을 베이스로 하는 미술 유형의 놀라운 점은 바로 각 유형마다 거기에 따른 시공간이 구성된다. 고대 미술에서 신비함을 느끼는 것은 바로 미술가가 속해 있는 시공간이라는 조건 하에서, 자신 혹은 그 당시 시대의 미술 유형의 새로운 시공간을 화면 위에 구축했기에, 오늘날의 관람자들은 현재와 다른 그 당시 시공간에서 산책할 수 있기 때문이다. 칸트(1724~1804)나 하물며 괴테(1749~1832)도 당시의 물리적 시공간으로서 뉴턴(1643~1727)이 부여한 성격들을 받아들일 수밖에 없었다. 그러면서도 칸트는 시공간을 인식주체가 갖춘 틀인 감성의 선험적 형식으로 보았으며, 괴테는 뉴턴의 과학을 비롯하여, 모든 것이 지나치게 양화되고, 산업화, 과학화되는 것에 저항했다. 이신도 당시 시공간에서 살았지만, 초현실주의라는 다른 세계(시공간, 관전 등)를 도입함으로써 현실과 초현실의 격차 사이에서 그의 사유와 미학을 전개했다. 우리가 어떤

---

29 누보레알리즘은 1960년대 초에 프랑스를 중심으로 일어나 유럽과 아메리카로 이어진 전위 미술 운동. 당시 유럽과 미국의 지배적인 회화 조류였던 일련의 추상미술의 지나친 주관에 반발하여 일어났으며, 공업 제품의 일부나 일상적인 소재를 거의 그대로 전시하기도 하였다. 프랑스 비평가 레스타니(Restany, P.)에 의하여 조직되었으며, 클랭(Klein, Y.)·아르망(Arman) 등이 중심이 되었다. 사실과는 거리가 멀어져 가는 현대미술에 대응하여, 사실주의로의 복귀를 주장한다. 내면적 진리를 파악하려고 하는 예술상의 태도는 베르그송과 루돌프 크리스토프 오이켄(Rudolf Christoph Eucken, 독일의 철학자 1846~1926) 철학에서 영향을 받았다.

작업을 보고 '초현실주의'라고 하는 것은 현실과는 다르지만, 초현실주의적 시공간과 논리가 있기 때문이다. 디지털세계도 마찬가지다. 1초도 영상 종류에 따라 30 frames, 60 frames 등 오히려 더욱 잘게 나누어 움직임의 어색함과 자연스러움을 구분하기도 한다. 또한 게임 종료나 시간제한과 같은 종말이 체험되는 곳도 가상세계이다. 인터넷의 거의 무한한 공간을 굳이 제한하는 이유가 여기에 있다. 자본주의 논리가 앞서기는 했지만, 인간은 시공간이라는 틀을 만들어 줘야 그 안에서 활동할 욕망을 욕구하기 때문이다. 예를 들어, 가상 부동산 게임 'Earth2.io'는 가로, 세로 10m 크기에 해당하는 타일(땅)을 현실에서 부동산 거래하듯 사고판다. 이와 같은 시공간의 윤곽이 잡히면, 여기에 따른 관점과 논리가 발생한다. 그래서 푸코, 들뢰즈를 비롯한 많은 사상가는 일찍이 칸트의 체계에서 내용보다 그 형식에 이에 따른 한계를 구분하는 그 방식에 더 관심을 가졌다. 즉, 어떤 컨텍스트하에서 주체, 오브제, 진리가 구성되는지 알아야, 여기서부터 비교를 통한 사유와 적합한 행동이 가능하기 때문이다(cf. 푸코, 문제화 3요소: 주체화, 대상화, 인식론화). 다원주의 시대가 디지털세대로 확장되면서, 배가된 다원 시대에서 소멸하지 않고 사유하기 위한 필요불가결한 조건이다. 이신의 미술은 초현실주의라는 시공간적 프레임을 선택하고, 거기에 묵시론적 관점을 적용하고 니체의 초인 혹은 짜라투스트라라는 아바타를 그 세계의 원주민으로 정착시켰다. 이처럼 그는 최고로 고양된 상상력을 실현했다. 그는 후안 미로나 장욱진처럼 기하학적인 재현방식에 어린아이 같은 표현을 주로 이용했다. 그가 미국에서 전시한 작품 제목([圖 2-15] 이신의 전시 작품 리스트)을 보면, 관점과 연관된 〈Eyes〉, 〈World-View〉(2회)가 있고, 어린이와 관련된 제목은 〈Kingdom of Children〉,

〈Child-world〉, 〈Child〉와 같이 다수이다. 가벼워 보이는 어린아이 같은 작품 경향과 반대로 〈Zarathustra〉라는 상징적이고 함축적인 제목이 2회에 걸쳐 나타난다. 여기에는 신학적인 의미도 있겠지만, 〈Zarathustra〉라는 제목은 우리를 바로 '낙타'에서 '사자'로 그리고 '어린이'로의 "세 가지 변화"로 인도한다.

어린아이는 천진무구 그 자체이며 망각이다.
하나의 새로운 시작이며, 쾌락이다.
스스로 굴러가는 바위이며, 시원의 운동이고, 신성한 긍정이다.
_ 니체, 『차라투스트라는 이렇게 말했다』

짜라투스트라의 이 함축적인 문장은 이신 미술이 핵심이자, 오늘날 디지털세계의 특징("새로운 시작이며, 쾌락")을 표현하는 동시에, 등대처럼 방향("스스로 굴러가는 바위이며, 시원의 운동이고, 신성한 긍정")을 알려준다. 많은 대중이 창조적인 것을 시도하는 것은 좋은 일이나, open sea와 같은 모든 NFT마켓처럼 시각화되고 자본주의화 된 카오스의 바다에는 등대가 필요하다. 이신의 작업, 특히 미국 시대의 작업은 현 시대적인 상상력, 구조, 색깔로 표현된 동시에, 그의 신학, 문학, 철학에 철저히 근거한 미학적 작업이다. 그의 이러한 작업은 XR세계에 고양되고 숭고한 상상력을 제공한다. 여기에 그치지 않고, 그가 선택한 시공간과 관점하에서 중요한 신학이나 사상을 적용하여 현실에서는 실천양식으로 삼고, 미술에서는 재현방식으로 삼았다. 그의 작업은 여전히 깨어 있어서 '현시대에 대한 책임'을 지고 있다.

# '하나'로 솟난 감흥의 신명
## ― 이신(李信)의 '님' 회화론

김종길
미술평론가

## 시작하는 말

흰 구름이 떠 온다.

그리고 흰 구름이 점점 가까워지더니

하늘에 한 SENTENCE를 계시한다.

_ 〈계시I〉 중에서, 이신, 『돌의 소리』

그림의 역사는 글보다 오래다. 잠잠히 가라앉은 고요한 침묵에서 그림이 피어올랐고, 그런 그림에 말의 상상이 더해져 그림은 제 꼴을 입었을 터. 첫 사람의 얼굴은 그 그림들 사이에서 잉태되었다. 아담카드몬의 얼굴이다. 그는 생명의 나무로 그려졌다. 옛사람들이 동굴벽화와 암각화로 새긴 얼굴은 날 것이어서 지금도 맑고 산뜻하다. 그러나 얼굴의 선들은 단순하고 소박해서 그 주인이 머리에 잘 그려지지 않는다.

이신의 회화에서 원시미술의 어떤 흔적들을 발견하는 것은 아주 흥미로운 일이다. 그의 회화는 현실의 그늘로 파고들어 말씀의 상징을 세우는 작업이었다. 어두운 동굴에서 생명의 굿짓으로 그린 벽화가 부족의 안녕과 생존을 염원하는 것과 다르지 않아 보인다. 그는 회화의 상징 기둥을 높이 세워 여기 이 현실의 어두운 부조리와 모순과 욕망에 밝은 생명의 빛을 밝히고자 했으리라. 그 빛은 동굴벽화의 첫 사람 얼굴과 닮았다.

그림이 말씀의 힘으로 글씨가 되면서 그림은 제 꼴의 주인들을 드러냈다. 해는 해, 달은 달, 새는 새, 산은 산, 바람은 바람, 물은 물, 사람은 사람, 님은 님을 입었다. 그 꼴의 상징과 은유로 그림과 글은 깊어졌다. 수천 년, 글은 말씀으로 이어져 바로 섰고, 그림은 그 말씀의 꼴로 드러난 하늘 얼님이었다. '말씀의 꼴'과 '하늘 얼님'은 늘 쪼개질 수 없는 하나였다. 그러나 근대에 이르러 그 '꼴'과 '님'이 말씀과 결별하면서 그림은 서서히 홀로 섰고 이른바 '예술가'의 이름이 그림에 앞섰다.

이신의 회화에서 '꼴'과 '님'은 구분되지 않는다. 그에게 하늘 얼님의 '하나'는 말씀의 꼴로 드러나는 찬란한 얼빛의 신성(神性)이다. 그의 이름은 예술가이기 전에 하나님의 말씀이 얼줄로 이어지는 바탈태우의 심지라 할 것이다. '하늘 받아서 할'의 '받할/바탈'을 사람이 본디부터 가진 본성(本性)이라 생각한 다석 류영모는 바탈을 태우는 '바탈태우'야말로 사람이 얼나(靈我)로 거듭나는 핵심이라 보았다. 그러므로 이신의 회화는 때때로 어떤 특정한 시대의 미술사적 조류를 뛰어넘는다.

20세기로 넘어와 펼쳐진 표현주의에서 극사실주의는 물론, 초현실주의와 개념적인 추상에 이르기까지 예술가들의 그림은 이제 한계가 없다. 그림의 꼴과 그림의 님은 예술가의 상상계가 펼쳐지는 '끝없'(無

限)의 영토에 다름 아니다. 이신의 그림도 그 '끝없'의 '계'를 타면서 그려지고 이어졌다. 그에게 그 '끝없'과 '계'는 근대와 탈근대의 미학주의가 아닌 하나의 말씀이며, 하나의 성령이며, 또한 없이 계시는 님이다.

그는 그 님의 꼴을 피어 올리고 드러내고 표현하기 위해 초현실주의 문으로 들어가 믿음을 높이 세웠다. 그에게 님의 꼴은 늘 그 믿음이 들고 나는 초현실주의에서 그려졌다. 초현실주의는 마치 '흰 구름' 같아서 뭉게뭉게 솟았다가 흩어지면서 불현듯 생각의 뿔을 틔워 올리는 말씀 줄 이기도 했다. 말씀은 그의 미학의 오롯한 '가온찍기'(ㄹ)였고 그 가온의 한 점이 님의 꼴로 드러났다. 그 꼴이 이신 회화의 실체일 것이다.


## I. 응; 님의 '얼숨'을 받아 응하는

이신의 회화는 '응'(應)의 믿음을 일으켜(起信) 하늘땅 위아래를 '으뜸 하나'(一元)로 솟구친 감응의 세계를 보여준다. 감응(感應)은 마음을 움직여 크게 느끼고 하늘 하실 님을 받아 응하는 하늘땅 모심의 조화라 할 수 있다. 그것은 그의 신학적 의제이기도 했던 '묵시'와 '계시'의 실천적 행동주의였다. 그는 "전위 묵시문학의 신학" 서문의 첫 문장에서 "모든 저문학 혹은 지하 문서는 그 속에 읽은 이의 내적 경험을 추동하는 파토스(pathos)와 역동성(dynamism)을 지니고 있다"라고 강조하였다.[1] 이 첫 문장은 그의 신학과 미학이 지극한 현실주의에 가닿고 있음을 보여준다.

---

[1] 이신/이은선 · 이경 엮음, 『슐리얼리즘과 영의 신학』 (서울: 동연, 2011), 41.

1969년 오윤, 오경환, 임세택이 참여한 현실 동인은 4.19혁명 10주년 전시를 준비했으나 불발되었다. 당시 스물아홉의 청년 시인 김지하는 이들을 위해 선언문을 작성했다. 1장 〈예술은 현실의 반영이다〉의 첫 문장은 "참된 예술은 생동하는 현실의 구체적인 반영태로서 결실되고, 모순에 찬 현실의 도전을 맞받아 대결하는 탄력성 있는 응전능력에 의해서만 수확되는 열매다"이고, 두 번째 문단의 첫 문장은 "우리의 테제는 현실로부터 소외된 조형의 사회적 효력성을 회복하는 일이다."로 시작된다.2 그 사이에 이런 문장이 끼어 있다.

"우리는 이제 미술사 발전의 필연적 방향과 현실의 줄기찬 요청에 따라 새롭고 힘찬 현실주의 깃발을 올린다. 우리는 미학적 불모와 현실에 대한 무기력, 외래 신형식에의 몰지각한 맹종과 조형질서의 무정부 상태, 그리고 순수의 미신이 지배하는 이 척박한 조형풍토에 그것들의 극복을 위해 마땅히 도래해야 할 치열한 현실주의 바람의 필연성과 그 정당성을 확신한다."3

이 현실주의 선언문은 이후 민중미술의 첫 불씨가 되었다. 이신은 "전위 묵시문학의 신학"의 서론에서 프로스트(Stanly Frost)의 말을 빌려 "묵시문학은 본질적으로 권위에 대한 일종의 저항문학"이라며, "그 사유 방식의 고유한 급진적인 성격 때문에 묵시문학에는 분명히 역동성이 있었다. 역동성을 나타낸 역사상의 구체적 사례들은 일부 학자들이 묵시문학적 공동체라고 기술하는 에세네(Essene) 공동체와 열심당(Zealots) 운동 등에서 찾아볼 수 있다"라고 말하고 있다. 이러한 신학

---

2 김지하,「현실동인 제1선언문」,『현실동인 제1선언-현실동인전에 즈음하여』(현실동인, 1969), 1쪽.
3 위의 책,『현실동인 제1선언』, 1쪽.

적 인식은 그의 작품세께가 '저항'과 '역동성'을 가진 현실주의 미학과도 연결될 수 있음을 은연 중 제시한다.

이신의 논문을 엮은 『슐리얼리즘과 영靈의 신학』은 표제어의 세 열쇳말 '슐리얼리즘', '영', '신학'이 어떤 절대 세계의 저편을 다룬 듯 느껴지지만, 그가 꾹꾹 눌러쓴 논문 속 실상은 전위, 저항, 열심, 현실이다. 그의 눈은 부조리한 현실, 끊임없이 들끓는 현실, 모순에 찬 현실로 파고든다. 믿음을 일으킨 그의 마음이 하늘땅 위아래를 이어 님의 말씀을 이루려는 신학적 태도는 그즈음 태동한 민중신학의 결과 닮았고, 또 1980년대 시대령을 넘어 들불처럼 번져간 민중미술과도 이어진다고 볼 수 있다. 전혀 만날 수 없을 것 같은 초현실주의와 민중적 현실주의의 미학이 이신의 회화에서 중첩되는 것은 참으로 놀라운 일이다.

하늘이 땅을 그리워 내리고, 땅이 하늘을 그리워 높이는 그 회돌이의 한 가운데, 한 점으로 있는 빈 몸 하나가 어쩌면 이신 그 자신이었을지도 모른다. "내가 내 속알을 그려보고 내가 참나를 만나보는 끝끝내"의 한 자리라했다. 그 자리에 얼숨이 깃들어 얼빛으로 환하게 밝은 참나의 한 존재로 서 있는 그 모습은 그대로 〈물고기 머리〉(1975), 〈자유로운 선〉(1975), 〈예언자〉(1975)의 꼴에서 찾아볼 수 있다. 사실 그의 거의 모든 작품은 그런 한 존재의 초상이 여울지는 우물 그림자의 장면들로 가득가득하다. 현실이 우물 속으로 잠긴 것이 우물 그림자다. 그러니 그 한 존재의 꼴은 현실 풍경이 마음 우물의 깊은 심연(深淵)에 잠겼다가 믿음 하나로 솟구칠 때 하늘 교감의 사건으로 그려진 것이 아니고 무엇일까!

'웅'은 서로서로 솟아나고 서로서로 이어지는 교감의 흥취다. 감흥(感興)이다. 그 흥의 초감각적 열림이 신명이요, 그 신명의 현실이 초현실이며, 그것의 미학이 초현실주의다. 그의 작품들은 '옹'이 '홍'으로 열리면서 말씀의 소리 울림(音聲)이 기묘한 무늬 결로 새겨진 초현실주의 암각화라 할 것이다. 그 음성은 바람 같고 물무늬 같아서 볼 수도 들을 수도 없다. 하지만 회돌이의 빈 몸 하나가 관객인 '나'에게로 몰아쳐 '홍'의 사건으로 돌변하는 감흥이 일어나기도 할 것이다. 그것은 충돌의 갈등과 차이를 우주적 교감의 공간에서 '서로-주체'의 감응이 일어나 회통하도록 이끄는 초언어적 사건이 아닐 수 없다. 그의 작품들은 그런 '사건'의 이적을 유발시키는 상징 기표(ICON) 이기도 하다.

　1980년에 그린 〈돌의 소리〉를 보라. 하늘땅 사이에 서 있는 존재는 말씀의 얼줄이다. 님의 실체는 두 눈이다. 존재는 님의 눈으로 세계를 본다. 둥근 머리와 푸른 입은 님을 모신 가온(中心)과 그 가온에서 쏟아지는 생명의 '말숨'을 상징한다. 손에 들고 있는 ∨∨∨는 미국의 초현실주의 잡지 뷰(View, 1942년 4월호)를 빗댄 것이다. 이 그림은 "정신해방을 가로막는 모든 것에 대한 '세 번의 승리'를 의미"하는 것이기도 하겠으나, 뒤집힌 세 개의 ∧∧∧가 하나로 붙어있어 '승리와 극복'만이 아닌, '심판과 초월'의 도전을 떠올리게 한다. 초현실주의가 〈∨∨∨선언〉으로 '인간의 전면적 해방'을 주장한 것이라면, 이신은 그 해방의 한 축에 산업화, 도시화, 근대화의 폭력성을 성찰하며 '자기 초극'의 감응과 우주적 자유 공동체를 상상하고 있는 것이다.[4]

　'옹'의 다른 홀림은 하나의 작품이 서로 다른 상황 속으로 낮게 넓게 확장될 수 있는 상상력을 불러일으키는 데 있다. '옹'의 이옹(ㅇ) 두 개가 땅(ㅡ)을 사이에 두고 위아래로 마주 보고 있는 꼴이지 않은가. 그의

---

4 이에 대해서는 심은록, "이신(李信), 묵시적 미술과 돌 소리의 미학," 『슐리얼리즘과 영의 신학』 (서울: 동연, 2011), 204-208을 참조하기 바람.

회화 속 존재 형상들은 하늘 그리워 솟은 꼴이거나(〈목자와 양〉,〈도시를 이고 있는 두 사람〉,〈예언자〉 등), 하늘 숨으로 가득한 빈탕, 얼빛 하늘 모심의 조화를 보여주지만(〈흑녹추상〉,〈영육〉,〈물고기 머리〉 등), 대지 와의 관계성이 깊어서 작품이 놓이거나(장소성), 연결되거나(상호접속 성), 스스로 표상되는(표상성) 경우를 종종 확인할 수 있다. 그림의 바탕 은 대지이자 하늘이며, 숲이고, 도시처럼 읽힌다. 이러한 하늘땅의 위아 래 대칭성은 존재가 대지 위에서 무언가 우월한(수직적) 기념비로 존재 하려고 하는 미학적 위계 욕망을 해체하는 것이다. 그에게 있어 '표상' (表象)은 외부 세계가 아니라 '마음'에서 현현되는 그 무엇이어서 그것 조차도 수직적이지 않다. 그러니 그의 심리적 표상은 하나의 상징에 가까울 뿐이다.

『천부경(天符經)』의 "일시무시"(一始無始)를 다석은 "하실. 너나없: 비롯"(다석 류영모)이라 했다. '너나'는 '너와 나'가 아니다. 둘이 아닌 하 나로 그냥 '너나'다. 음양이 하나이듯, '있없'이 하나이듯, 쪼개지기 전의 하나로 너나! 옹의 이응(ㅇ)도 위아래 '맞둘'일 뿐, 하나다. 그 하나는 결코 나눠지지 않는다. 하늘땅도 말로 가름하는 것일 뿐 오롯한 하나로 완전한 '가온찍기'다. 그의 그림은 이렇듯 하늘 하나 하실로서의 가온찍 기 장면들이다. 하늘로 하시고, 하나로 하시고, 없이 하시는 님! 그래서 위아래가 하나로 '옹'인 것이다. ∨∨∨∧∧∧이 붙어서 ×××로 표현 된 이유다.

궁궁을을(弓弓乙乙)의 한 동그라미(一圓), '없꼭대기'(無極)의 빈탕. 그래서 '없'(無)이라 한 것이며, '없'이어서 하늘땅의 비롯(天地之始)이 라 한 것이다. 그렇지만 그 '비롯'의 존재(없이 계시는 님)는 이신 회화의 선명한 실체다. 이신은 그 실체적 존재의 '드러난' 실존이 아닌, 스스로를 태우고 살라서 시나브로 '사라지는' '완전한 비움'(空)을 추구했다. 〈흑녹추상〉(1978)은 그 비움의 환빛이다. 그 환빛의 심지가 바로 '나'를 태우는 영(靈)의 불꽃이리라.

그의 회화는 스스로를 태워서 그린 그림인 것이다. '나를 사른다'는 것은 무엇을 어떻게 그리겠다는 회화적 의지로서의 '인위'(人爲)가 없는 것을 의미한다. 그러므로 '나'는, 없이 있는 하나의 붓이며 색이며 번개이고 천둥일 것이다. 한순간의 창조미학으로 빅뱅하는 온통의 '몸각'이 '님'의 혼신(魂神)으로 활활 거리며 타오르는 불이리라. 하늘땅이 위아래로 뚫려 미적 감응의 '하나(님)'가 솟나 감흥으로 터지는 신명이리라. 그러니 그의 회화를 '님의 회화'라 하면 어떨까!


## II. 숨; 산숨으로 살아 움 틔우는

'숨'은 휘감아 돌고 도는 산숨(生氣)의 오롯한 큰숨(一氣)이다. 산목숨에 내리는 하늘 일름(生命)이다. 산숨의 큰숨은 들숨날숨으로 싱싱하게 휘감아 돌아가는 것이다. 돌지 않고 멈추면 죽은 목숨이다. 돌아가는 싱싱의 살아있는 무늬가 '숨-결'이다. 이신의 회화는 숨/숨의 숨돌이 숨을 틔우는 하늘 일름의 결로 그려진 것이다. 〈영육〉(1972)은 영(靈)과 육(肉)이 하나의 숨돌로 돌돌 돌아가는 얼나의 초상이다. 제나가 참나로 솟나서 환빛의 얼나가 된 꼴이다. 그 꼴이 참의 형상이며 존재일 것이다.

'숨-결'의 형상들은 심장을 둥글게 싸고 있는 신경세포처럼 카오스모스적인 프랙탈 구조로 보인다. 그래서 그 모습은 생명나무를 닮았다.

제 꼴의 모습을 반복하면서 자라는 꼴의 꼴짓. 밑동이 낳고, 낳은 것이
또 낳아서 되고 이루는, 그 낳고 되고 이루는 모든 과정은 다분히 건축
적이다. 그림은 상상의 '짓기'를 따라 드로잉 하듯 연속적으로 지어질
뿐이다. 그 상상의 지음과 세움이 미학적 설계이다. 그것을 우리는 숨돌
(氣運)의 움틔움(氣化)이라고 할 수 있을 것이다. 우주는 쉬지 않고 돌
고 돌면서 끊임없이 변화하고 있잖은가! 서로가 서로를 낳고 되고 이루
는 생생화화(生生化化)다. 스스로 저절로 있는 그대로 그러함이다. 서
로가 서로를 의지해 함께 존재를 일으키는 연기론(緣起論)이다. 1960
년에 그린 〈짜라투스트라〉의 꼴은 이어지고 이어지는 하나의 선이다.
그것은 마치 산 같고, 강 같고, 나무 같다. 한쪽으로 기울어서 보면 ∨∨
∨와 ∧∧∧가 하나의 꼴로 연결되어 보인다. 바로 이 형상이 자기 초
극의 '초인'일지 모른다.

그는 논리적 이성의 과학적 체계 따위를 작품의 제작과정에 투입시
키지 않는다. 그의 깊은 사유와 행동은 차라리 심재좌망(心齋坐忘)의
만유(漫遊)에 가깝다. 작품으로서의 '숨'은 안팎을 나누지 않는 여유에
있고, '결'은 그 여유를 공진화하는 공간에 있다. 그의 작품들에서 '숨'의
형상들은 우주배꼽을 연상시킨다. 어떤 작품이 대지에 눕거나 기대거
나 섰을 때, 그 장소는 애초의 장소성과 다른 성질의 장소로 바뀌기
때문이다.

수메르어 테멘(temen)은 하늘과 땅이 하나가 되는 우주배꼽으로
'주춧돌'을 의미했다. '테멘'은 고대 그리스어 '테메노스'(temenos)의 어
원으로 '(델피 신전의) 거룩한 경내'라는 의미를 갖게 되었다. 신전이 놓
인 자리는 주변과 구분될 수밖에 없다. 그곳에 주춧돌이 존재한다. 그곳
은 거룩하다. 그의 드로잉 중에는 머리에서 세 개의 포도 열매가 자란

그림이 있다. 둥근 머리에는 씨알이 하나 있고, 두 손으로 무언가를 들고 있다. 이 무언가는 어딘가에 놓일 주춧돌과 다르지 않아 보인다. 이 드로잉은 숨결 가득한 '거룩한 님'의 아우라를 내보이기도 한다. 수메르인들에게 '건축'의 의미는 "마땅히 있어야 할 자리를 찾아 그 원형을 회복하는 작업"이다. 이신의 '움틔움'도 그와 다르지 않아서 늘 마땅히 있어야 할 자리를 찾고, 이미지의 어떤 원형이 회복되는 작업을 펼친다.


## III. 님; 무늬의 참 얼굴

'님'을 회화로 온전히 모시기 위해서는 지극히 묘사하되(形似) 정신을 파고들어야 한다(神似). 정신이 드러나지 않는 회화는 아무것도 아니다. 정신이 드러났을 때 회화가 오롯해진다(傳神寫照). 옛사람들은 얼굴의 사실적 묘사로 정신을 드러냈으나, 이신은 그 어떤 것도 묘사하지 않았다. 마치 그의 회화는 길들여진 적이 없는 야생의 상태와 같다. 붓을 든 순간 그의 회화는 하늘땅을 이어 얼줄을 타는 순수의 바탈(本性)로 치닫기 때문이다.

수시로 변화하는 얼굴 뒤의 어떤 근본적인 내적 형상은 '잘 그리기' [익힌 것]에 있지 않고, 오히려 '표현하기'[날 것]에 있다. 그래서 그의 집요한 그리기는 순수의 회화이고, 바탈의 회화이며, 야생의 구조로 드러난 '정신의 실체'라 할 것이다. 앞에서 잠깐 살폈듯이 그의 회화에서 어떤 프리미티비즘적인 이미지가 엿보이거나 거친 붓의 소란을 엿보는 것은 그런 이유일 테다. 그것이 이신 회화에서 엿보는 창조성의 발현이다. 현대미술이 모방에 뿌리를 두고 있다면 원시미술은 은유에 뿌리에 두고 있지 않은가! 그는 초상의 동일한 주체인 하늘 하나 하실의 '님'을 반복적으로 그리는 동안에도 그 스스로를 모방하지 않았다. 그의 회화에서 '님'은 기념비적인 고정적 꼴이 아니다.

나르키소스는 물면[거울]에 되비친 얼굴에 빠졌으나, 이신의 초상은 마음 우물에서 솟났다. 물에 어려서 되비친 초상은 껍데기다. 마음 우물에서 솟난 얼굴은 '속알'(眞我)이다. 몸속의 씨알이다. 씨알을 똑바로 보는 것이 중요하다.

윤동주는 〈자화상〉에서 "산모퉁이를 돌아 논가 외딴 우물을 홀로 찾아가선 가만히 들여다봅니다"라고 했다. 또 "우물 속에는 달이 밝고 구름이 흐르고 하늘이 펼치고 파아란 바람이 불고 가을이 있고 추억처럼 사나이가 있습니다"라고 말한다. 이신은 〈침묵(沈默)〉에서 "당신의 미소 짓는 입처럼/ 자유스러운 결단의 골짜기에서 솟는/ 우물을/ 이 말을 함으로/ 흐려놓을까 봐서입니다/ 그래서 나는/ 밤새도록 이 우물가 주변을/ 가슴 태우며/ 서성거립니다." 그는 되비치고 맑게 솟난 '님'의 얼굴을 그리며 성찰한다. 초상이란 그렇게 되비치고 솟난 두 개의 이미지가 하나로 숨돌이 되었을 때 온전해진다. 내유신령(內有神靈)이요, 외유기화(外有氣化)이리라.

얼을 담은 골(骨), 얼골, 얼굴. 그는 얼에 기대어 숱한 형(形)의 모양을 따졌다. '얼나'를 좇아 본성의 그릇인 얼굴에 가닿는 '그리기'의 여정을 해 온 것이다. 그러므로 그의 그림은 '얼나'를 회화로 모시는 과정이었다. 시간은 몸에 무늬/결을 새긴다. 얼굴은 가장 진실한 몸의 나이테다. 초상화는 얼굴에 새긴 시간의 무늬를 몽타주 하는 것이며, 수십 개 가면에 가린 '무늬의 진면목'을 불러내는 것이다. 그는 '님' 초상에 집중했다. 스스로 그리는 스스로의 형상은 카오스다. 미궁이다. 하늘땅 사이의 간격이 없어서 무늬를 확인하기 어렵고 어딘가에 되비친 모습은 좌우가 달라서 뒤틀리기 십상이다.

그가 선택한 것은 눈을 감고 마음을 뜨는 것이었다. 밖으로 뜬 눈이 아니라 안으로 뜬 속눈이다. 보지 않아야 잘 보였으므로. 마음눈/속눈은 뜨기 어려우나 한 번 깨워서 뜨면 안팎이 다 환하다. 우리 안에 잠재된 생명과 영혼, 우주 에너지는 똘똘 감겨있다. 위아래로 쉼 없이 회오리치면서 생기를 불어넣고 있는 것이다. 그것이 멈추면 죽는다. 무늬로 새긴 그의 초상들이 붓춤을 추듯 현란한 것은 바로 그 회오리일지 모른다.

영혼이 가난한 자는 복이 있다. 영혼이 가난한 자의 미학은 풍요롭다. 우리 얼굴에 깃든 아버지의, 아버지의, 아버지의 얼굴로 우리는 가난하지 못하다. 얼굴에 깃든 뭇 사람들로 가난하지 못하다. 육체의 가난은 굶주림일 터.

예수는 광야에서 굶주렸고, 싯다르타는 보리수나무 밑에서 굶주렸다. 굶주림 끝에서 그들은 진리를 깨달았다. 그들의 굶주림은 육체의 굶주림이 아니었다. 싯다르타는 숱한 마귀들을 잠재우고 선정에 들었다. 예수도 숱한 유혹을 물리쳤다. 그 숱한 마귀와 유혹은 내 안의 여러 얼굴들일 것이다. 내 안의 괴물들이요, 유령들일 것이다. 그것을 비우고 잠재워야 진리에 가 닿지 않겠는가. 비우고 잠재우는 것이 영혼의 가난이다.

남편의 얼굴로, 아버지의 얼굴로, 아내의 얼굴로, 스승의 얼굴로, 딸의 얼굴로 새겨진 얼굴의 무늬는 사실이고 한 삶의 역사이나, 오롯한 '나' 자신은 아니었을 것이다. 이신은 헤아릴 수 없는 얼굴의 얼굴들 속에서 하나님을 찾고자 했고 그려내고자 했다. 그리고 또 그려서 비워내고자 했다. 비우고 비우고 또 비워서 참의 얼나만을 남기고자 했다. 역설적이게도 이러한 그의 '비움의 미학'은 초현실주의나 민중적 현실주의가 아닌 치열한 실존주의로 비친다.


## IV. 한 번 그음; 크게 일렁이고 출렁이는

'닦아 힘씀'의 '길공부'(道學)는 신유학(新儒學)으로 합류하면서 얼닦음, 마음 닦음, 몸 닦음의 세 공부를 일름(命)-바탈(性)-알짬(精), 김/숨(氣)-맘(心)-몸(身), 숨(息)-느낌(感)-닿음(觸)으로 씨줄을 짰고, 그것의 올바른 성취로 참사람/큰이(聖人)가 되는 '늘길'(常道)을 궁리했다. 이것이 성리학적 인간학의 틀이다. 이 틀의 그물코 날줄에서 인간을 이루는 본체로서의 올바름(理)은 바탈(性)-맘(心)-느낌(感)이다. 그것의 감응은 알짬(精)-몸(身)-닿음(觸)이고, 감흥은 오롯이 살아서 거슬러 움직이는 하나의 김/숨(命-氣-息)에 있다. 씨줄과 날줄의 그물코가 올바름으로 다 온전해지는 것, 바로 그것이 공부 수행의 마지막이다. 이신의 회화는 이 수행의 큰길 위에 있었던 듯 보인다.

이신의 신학적 삶과 미학적 실천은 엄정했고 그런 엄정한 삶과 실천이 뒷 하늘을 여는 새로운 신호탄이 되고 있다. 몸맘얼을 하나로 이어서 님의 꼴과 말씀을 이 땅에 세우려 했던 그의 수행은 그 스스로의 '한 번 그음'과 다르지 않다. 그림도 한 번 그음으로 시작되고, 신학도 한 번 행동으로 시작된다. 그 한 번 그음이야말로 크게 일렁이고 출렁이는 이신의 세계다. 그러나 그 세계는 님의 세계여서 비어 맑고 시원하다. 말씀 줄의 올을 세운 자리는 환하다.

올(바름)을 다 비우고 몸의 감응을 일으켜 숨의 감흥으로 짓는 회화가 또한 그의 초현실주의 회화라 할 수 있을 것이다. 수운 사상으로 바꾸어 말하면, 하늘이라는 한 기운의 신비로운 '님'이 몸에 깃들어 몸짓 손짓의 숨돌림 붓짓으로 붓바람이 크게 일렁이고 출렁이는 조화의 흔적이 그의 회화인 것이다. 하늘땅우주의 지극한 하나의 숨, 즉 혼원지일기(混元之一氣)의 멋진 어울림!

혼원은 천지(天地)로서 하늘땅인데, 그저 하늘땅을 가리키는 이름과 풍경이 아니라 "삶(生)을 지향하는 우주적 의지"로서의 산뜻(生意)이라고 할 수 있다. 이 개념을 부각시킨 조선 후기의 임성주는 율곡 이이의 '님숨론'(主氣論)을 따랐다. 그는 당시 성리학자들이 바탈(性)과 맘(心)을 올(理)과 김/숨(氣)으로 각각 분리해서 해석하는 것에 반대했다. 그의 회화도 다르지 않아 보인다. 화면에 그어진 선들은 올숨(理氣)이 하나로 조화를 이뤘을 때 그어질 수 있는 일획으로 보이기 때문이다.

또 하나. 그의 예술은 동아시아의 전통적 공부 방식인 수행이 하나의 바탕이요 태도라는 것이다. 모든 사람이 올바름을 규명하고 바탈을 다하여 참사람을 이루는 실천윤리의 방법론을 궁리하는 것이 그의 회화적 수행일지도 모른다. 또 그의 수행은 하나의 기운, 지극한 기운, 그 기운의 조화, 하늘 모심의 조화, 몸맘얼(身心氣)의 활동운화(活動雲化)를 회화로 자연스럽게 드러내는 데 있었다.

혜강 최한기는 우주를 가득 채우고 있는 것을 김/숨으로 보았다. 우주에 가득 찬 바로 그 김/숨이 끊임없이 활동운화, 즉 운동하고 변화하는 것이라고 생각했다. 그래서 김/숨을 '천지지기'(天地之氣), '운화지기'(雲化之氣)라고도 불렀다. 그리고 또 그 김/숨은 모든 존재의 형체와 질료를 이루고 있는 것이어서 '형질지기'(形質之氣)라고도 했다. 기학(氣學)의 핵심은 만물의 근원적 존재이자 인간과 만물 속에 들어 있는 생명의 기운인 운화기의 활동운화에 있다. 살아 있는 김/숨이 항상 움직이고 두루 돌아 크게 변화하는 그것.

이신의 미학적 수행은 『논어』술이편(述而篇)의 술이부작(述而不作)을 술이창작(述而創作)으로 뒤바꾸는 미(美)의 새 멋 지음에도 있다. 새로운 멋을 짓고 일으키기 위해서 그가 주목한 것이 하늘땅우주의 김/숨이란 생각이다. 올(理)은 김/숨과 더불어 주재하는 것이니 결코 나눌 수 없을 터. 몸은 올숨의 조화를 이뤄야 몸과 붓이 하나로 휘돌아 갈 수 있다. 휘돌아 가면서 솟구치는 먹빛이 석도(石濤)가 말한 화론(畫論)의 한 번 그음(一劃)이다.


## V. 숨 한 번 크게 쉬고; '님'이 되는

숨을 고른다. 날숨과 들숨이 깊고 느리게 몸으로 스며서 생각이 하나로 타올랐다가 삽시간에 텅 비어서 흩어진다. 아무것도 없는 그 사이, 빈탕의 한 자리. 숨이 잠깐 멈춘다. 몸맘얼이 한바탕으로 크게 휘돌아 솟는다. 숨을 고른다.

선이 간다.

없긋(無極)과 큰긋(太極)이 붓바람으로 불어서 숨 하나 그어진다. 나아가고 맴돌고 사귀며 여기저기에 뚝 끊겨서 이른다. 숨이 잠깐씩 멈추었다가 크게 쉬면서 정신이 뛰어노는 산숨(活氣). 숨을 고른다. 숨이 솟는다. 숨이 멎는다.

선이 흐른다.

그의 붓이 바람으로 흘러서 새겨지는 어떤 장면들이 탄생한다. 이때는 없굿이 큰굿을 낳는 따위의 뒤집히는 사건이 아니다. 여기저기가 없굿이고 큰굿이어서 없큰굿(無太極)이 서로서로 이어지고 쌓이는 꼴이다. 끝없이 이어지는 중중무진(重重無盡)의 세계다. 숨을 쉰다. 한껏 들이켰다가 빠르게 내 쉰다. 숨을 고른다.

붓이 선다.

서로서로 일어서고, 서로서로 이어지니(相卽相入) 하나하나가 다 꽃잎이고 뿌리고 줄기다. 그것들은 서로 맞서지 않았고 싸우지 않으며, 밀어내거나 감추지도 않았다. 있는 그대로의 신명이 꿈틀거린다. 그래서 어떤 것들은 힘찬 날숨의 활기로 폭발하듯 가 닿았고, 또 어떤 것들은 하나하나로 전체를 이루며 서 있다. 한 쪽이 비었다고 다른 쪽이 비어있지 않았다. 있음과 없음이 동시에 균형을 이루며 달려왔고, 없이 있는 여백이 살아서 전체를 이룬 곳들도 많다. 서로 얽힌 그 많은 붓질의 흔적들이 이신 회화의 연기론적 인드라 그물이다. 곳곳에 머물러 있는 붓질의 미감들!

붓을 들어 올린다.

그는 붓을 그어 끊어서 마음을 새긴다. 붓질이 마음에 여울졌다가 한 번 훅 터져서 그어지는 붓은 여유롭다. 몸에서 팔로 마음이 그리려는

'님'의 형상을 잇다가 손목에서 툭 끊어지는 무위(無爲)가 손끝에서 자유를 얻는다. 발끝에서 머리까지 온몸으로 솟아오른 한 생각이 흰 구름으로 피어서 까마득해지는 순간, 색이 번진다. 말로 다 할 수 없는 풍경이 마음의 현존을 뜨겁게 확인시킨다. 붓을 떼는 순간이다. 붓은 마음을 궁굴리면서 서로 맞대고 기립하며, 비우고 채운다. 숨이 멎고 숨이 차고 숨이 돈다.

붓의 발끝, 붓의 자국들.

그는 수많은 날의 풍경을 덧붙여 이어붙인 마음 풍경의 한 자락을 펼쳐 놓는다. 붓의 발끝이 남긴 다만 몇 개의 자국들은 그 모든 풍경의 속살들이다. 붓 자국 뒤에서 하얗게 드러내는 빛의 속살들은 발 디딜 틈이 없다. 눈부시게 환한 빛의 황홀에 눈앞이 캄캄해진다. 그러니 누가 이 풍경을 추상이라 말할 수 있겠는가. 누가 이 속살의 흔적을 보이지 않는다고 말할 수 있는가. 붓을 그어 새기는 일은 '빛그늘'의 풍경을 채우는 일이다.

숨을 심는다.
님이 오신다.

# "묵시적 초현실에 비친 자화상"
## ― 이신의 미술작품에 대한 묵상

하태혁
단해교회 담임목사

## I. 이신의 그림, 화두가 되다

한 사람이 막대기 끝 쪽에 깃털을 올려놓는다. 떨어지지 않도록 깃털의 중심을 정확히 찾아 막대기로 받친다. 이어 바닥에 널린 막대기 중 하나를 고른다. 깃털을 올려둔 막대기를 두 번째 막대기 끝 쪽에 올린다. 역시 균형을 유지할 중심에 막대기를 받친 것이다. 숨죽인 집중 속에서 다른 막대기들로 중심을 잡아 올리고 또 올린다. 갈지(之)자 모양으로 이어지는 균형의 연속, 마지막으로 가장 큰 막대기를 바닥에서 수직으로 세워 그 꼭대기에 전체를 올린다. 완벽하게 균형을 잡고 수직 막대 끝에 안착한 조형물, 사람들은 그제야 침묵을 깨고 손뼉 치며 환호한다. 그러나 놀라운 균형을 완성한 사람은 환호의 여운이 채 가시기도 전에, 마지막 몸짓을 보여준다. 조심스레 다가가 처음의 그 깃털을 살며시 내린 것이다. 바로 그 순간, 모든 균형이 무너지며 바닥으로 쏟아져 내린다.

Miyoko Shida의 공연(유튜브에서 캡쳐)

맨 처음에 놓인 깃털, 저리도 가벼운 중심이 사라졌건만, 모든 균형이 깨졌다. 균형에 균형을 이어가는 고도의 집중이 기예였다면, 마지막 한 동작에서 예술로 도약한다. 말로 다 표현하기 힘든 의미를 그 한 동작으로 보여줬기 때문이다. 모든 것을 이루게 한 첫 중심은 무시해도 될 만큼 작고 가볍다. 그러나 깃털처럼 작고 가벼운 첫 중심이 사라질 때, 어떤 일이 벌어지는지 드러났다. 미미해 보인 첫 중심에 전체의 존폐가 달린 것이다.

기독교가 기독교 되게 한 첫 깃털은 무엇인가? 교회가 교회 되게 한 첫 번째 중심은 무엇인가? 여전히 교회를 교회 되게 하는 중심을 지키고 있을까? 혹시 첫 중심은 오래전에 사라졌고, 교회는 이미 무너진 게 아닐까. 겉모습만 닮았을 뿐, 속은 욕망과 두려움에 뿌리를 둔 괴물이 아닌가. 아프게 찔러오는 이 화두로 이신을 만난다. 그가 이 절박한 화두에 온 삶을 다해 답했기 때문이다.

이신은 초대교회의 원형을 회복해 교회의 일치를 회복하려는 한국 그리스도의교회 환원운동에 헌신했다. 안정적인 교단에서 목회할 수 있는 넓은 길을 등지고 좁은 길로 향한 것이다. 밴더빌트대학원에서 받은 박사학위 논문도 "전위 묵시문학 현상 — 묵시문학 해석을 위한 현상학적 고찰"이다. 묵시문학은 기독교 신앙의 모체다. 이신은 그런 묵시문학의 근원을 찾아 오늘에 되살리려 했다. 뿌리를 되살릴 때 기독교 본래의 역동성이 회복되기 때문이다. 초현실주의 미술작품도 묵시문학적 의식을 오늘에 되살리는 창조적 시도였다. 브르통은 꿈과 현실처럼 서로 모순된 상태가 해소된 절대적 현실을 초현실로 이름한다.[1] 초현실주의 작품은 바로 그 초현실을 지향한다. 현실의 절망을 넘어서는 초현실에 가닿고자 저항하고 전복시키는 예술이다. 묵시문학과 공명하는 지점이다. 묵시문학도 종말을 넘어서는 새 희망을 지향하기 때문이다. 종말에 이를 수밖에 없는 한계상황 속에서 하나님이 시작하는 새로움에 눈을 뜨고 참여하기 때문이다.

이신은 "마음속에 있는 노래를 여러모로 표현한 것"[2]이 예술이라 했다. 마음속 노래를 글로 쓰면 시가 되고, 음률을 붙이면 노래가 된다. 몸으로 표현하면 무용이 되고, 캔버스 위에 선과 색으로 표현하면 그림이 된다. 그는 목사, 시인, 화가, 학자로서 영혼의 노래를 표현했다. 기독교의 첫 중심을 되살리고자 온 삶을 불태운 영혼의 예술가였다. 그림, 시, 설교, 논문 모두가 그에게는 기독교의 뿌리를 되살리는 예술이었다. 그래서 이신의 작품을 음미할 때 화두를 만난다. 그의 삶과 작품이 기독교를 고통치게 할 근원적 질문을 일깨운다. 교회를 교회 되게 한 뿌리, 교회를 두근거리게 하는 심장은 무엇인가? 그 첫 중심을 어떻게 오늘에 되살릴 수 있는가?

---

1 앙드레 브르통/황현산, 『초현실주의 선언』 (서울: 미메시스, 2012), 75, 76.
2 이신, 『산다는 것, 믿는다는 것』 (서울: 기독교문사, 1980), 24.

교회의 존재 이유에 대한 심각한 반문이 휘몰아치고 있다. 예언자의 날선 비판이 무용해진 벼랑 끝에서 묵시는 피어난다. 그렇다면 지금이 바로 묵시가 요청되는 그때가 아닐까. 수정하고 교정해서 다시 돌이킬 수 있는 임계점을 넘어선 게 아닌가. 그렇다면 바로 그때다. 묵시가 피어날 때다. 현실의 한계상황 속에서 하나님께서 새로운 차원을 시작하실 때다. 이렇게 묵시가 요청되는 현실은 이신의 미술작품을 도드라지게 한다. 그의 초현실주의 작품이 묵시적 초현실의 풍경을 보여주기 때문이다. 잔혹한 현실 속에서 뜻밖에 드러나는 환상적 초현실을 자극하기 때문이다. 그렇다면 이신의 미술작품에서 우리는 무엇을 볼 수 있을까? 눈 앞에 펼쳐진 한계상황 속에서 이신의 미술작품은 어떤 풍경을 알아보게 할까? 결국 그 전경은 교회를 되살릴 첫 중심을 알아보게 할까? 이신의 작품을 음미하며 이 물음에 답하려 한다. '이신의 미술작품에 대한 묵상'은 이런 화두를 붙든 묵상이다.

이때 묵상은 무엇보다 '보는 묵상'[3]이다. 묵상은 하나님과 함께 하는 마음 짓이다. 말씀 묵상이 하나님과 함께 듣는 경청이라면 미술작품에 대한 묵상은 하나님과 함께 보는 음미다. 이것은 개신교가 잃어버린 중요한 전통을 회복하는 과정이다. 구약은 주로 듣는 묵상의 전통이다. 하나님을 보는 자는 죽는다는 두려움이 그 속에 있다. 그러나 신약에서는 예수님을 보는 사람이 하나님을 본다. 게다가 예수 그리스도의 가르

---

3 '보는 묵상'에서 묵상은 관상contemplation에 가깝지만, 그에 갇히지 않는다. 본다는 것 역시 초현실주의와 관상에서 일치하지 않는다. 게다가 이신의 초현실주의 신학에서는 본다는 의미가 또 다른 차원을 지닌다. 이런 미묘한 차이는 긴 논의를 필요로 한다. 그러나 그렇다고 그것을 해명하는 곁길로 멀리 돌아가지는 않을 것이다. 그보다는 그 결과물 자체를 나누려 한다. 보는 묵상이라는 뿌리를 그 결과물인 꽃과 열매로 보여주려는 것이다. 이신의 작품을 '보는 묵상'으로 음미했을 때, 어떤 이야기가 펼쳐지는지에 집중하려는 것이다.

침도 경전을 들려주는 쉐마 전통보다는 일상의 사물을 통한 비유가 중심이다. 겨자씨, 꽃, 새, 동전, 등불… 이런 비유로 하나님의 뜻을 보여줬다. 비유의 말씀으로 깨달은 이들은 일상 속에서 '보는 묵상'에 눈뜬다. 일상의 사물을 볼 때마다 그것에서 하나님의 뜻을 보게 된다. 모든 것에서 하나님을 보는 일상이 펼쳐지기 시작한다.

개신교회는 종교개혁을 거치며 이콘 전통을 터부시하게 되었다. 우상숭배에 대한 지나친 경계가 모든 것에서 하나님을 보는 영적 시각까지 눈멀게 한 것이다. 지금도 예배와 목사의 설교 안에 하나님의 말씀이 갇혀버린 현실이 아닌가. '오직 말씀'을 강조하다가 그 말씀이 설교에 묶인 형국이다. 그러나 보는 묵상의 흐름은 기독교 안에 면면히 흘러온다. 이신의 미술작품을 묵상하는 과정이 '보는 묵상'의 씨앗이 되길 바란다. 하나님의 모습과 목소리가 형식적 예배와 목사의 설교에 갇혀서야 되겠는가. 아니 그 안에 갇힌 적이 있기나 한가.

하나님과 함께 '보는 묵상'은 또한 초현실주의의 길과도 공명한다. 초현실주의는 소위 합리적이라는 이성의 길을 넘어서려는 몸부림이다. 합리적 이성이 보여준 세계대전의 잔혹한 폭력과 부조리는 예술가들이 다른 길을 모색하도록 내몰았다. 초현실주의 작가는 무의식, 꿈, 우연 등에서 새로운 가능성을 발견했다. 그 대표적인 방식이 자동기술이다. 브르통이 초현실주의를 정의할 때도 그 중심에 자동기술이 자리 잡았다. 어떤 이성적 통제나 검열, 미학적, 도덕적 관심에서 벗어나 순수한 정신이 자동적으로 표현해낸 것을 초현실주의로 정의했기 때문이다.[4] 초현실주의에서 자동기술은 이성의 통제에서 벗어나 순수한 정신 그대

---

4 앙드레 브르통, 앞의 책, 89, 90.

로가 말하도록 하는 대표적인 방법인 것이다. '보는 묵상' 역시 편견과 가치관의 틀을 내려놓고 하나님의 영에게 맡기고 따른다. 이처럼 기존의 틀을 넘어서는 초월성에 자신을 맡긴다는 점에서 두 길은 서로 멀지 않다.

자동기술을 '보는 묵상'으로 온전히 구현하기는 물론 어렵다. 둘은 공명할 뿐 일치하지 않기 때문이다. 그러나 초현실주의 미술작품을 묵상할 때, 이성의 통제와 검열에서 가능한 벗어나려 한다. 이는 묵상의 근본적인 맥락이기도 하다. 초현실주의가 무의식, 꿈, 우연에 기댔다면, 보는 묵상은 하나님의 영에 의지하기 때문이다. 작품을 바라보며, 하나님의 임재에 자신을 열고 흐르는 대로 맡기는 이유다. 보는 묵상의 대상을 선택하는 방식도 마찬가지다. 〈흑과 백/공존〉, 〈물고기 머리〉, 〈예언자〉와 〈반구조〉(反構造), 〈자유로운 선(善)〉 이렇게 다섯 작품을 음미할 것이다. 이 역시 어떤 합리적 기준에 근거한 선택은 아니다. 이신의 작품을 하나님과 함께 음미하면서 이끌린 작품이고 마음속에 남은 작품들이다.

이신의 작품을 통해 어떤 풍경을 만나고 어떤 노래를 듣게 될지 아직 모른다. 그러나 그 모든 풍경에는 분명 자화상이 비칠 것이다. 그래서 '묵시적 초현실에 비친 자화상'이다. 작가가 어떤 의미로 표현했는지를 분석하는 여러 방식이 있다. 그러나 제일 선호하는 것은 자신을 비춰보고 그 이야기를 함께 나누는 담소다. 그 작품에서 무엇이 느껴지고 무엇이 보이는지, 왜 자신에게는 그렇게 보이는지 스스로에게 묻고 답한다. 그리고 그 이야기를 벗과 나눌 때, 미술작품은 벗과 마음을 나누는 통로가 된다. 이번에는 하나님, 이신, 벗과 함께 나누는 담소가 되겠다. 그 묵상으로 이신이라는 놀라운 영혼이 미술작품에 담아낸 노래를 벗들과 나누고 싶다. 이리도 놀랍고 아름다운 영혼이 우리 곁에 있었음을, 그가 고독과 저항으로 열어놓은 길이 우리 곁에 있음을 전하고 싶다.


## II. 이신의 초현실주의 작품을 '보는 묵상'

### 1. 〈흑과 백/공존〉: 묵시적 공존의 위로와 초대

〈흑과 백/공존〉 이신, 1972, 60.3×72.8 in.

〈흑과 백〉 또는 〈공존〉이라 이름 붙은 이 작품에 처음 마음이 끌렸던 이유는 묵시 의식의 전위적 풍경을 그대로 보여주는 것 같았기 때문이다. 흑과 백, 어둠과 빛, 밤과 낮, 절망과 희망이 함께 공존하는 대비가 묵시적 풍경으로 다가왔다. 묵시적 풍경에는 종말과 새로움이 중첩되기 때문이다. 검은 인물과 하얀 인물이 그런 묵시적 대극의 공존으로 다가왔다. 그러나 그런 계산적인 이유가 생각지도 못한 울림을 이 작품에서 마주쳤고, 그 순간 차오르는 눈물을 삼켜야 했다. 이 글을 쓰기 위한 첫 번째 콜로키움에서 다른 발제를 듣고 있을 때였다. 갑자기 마음속에 이 작품이 떠올랐고, 동시에 생각지도 못한 장면이 겹쳐왔다.

초록 새를 받쳐 든 검게 빛나는 인물에게서 문득 꽃님 씨가 보였다. 중증장애인으로 손가락 하나 움직일 수 없는 그녀는 40년 동안 방에 갇혀 살다가 마흔 살에 장애인 시설로 들어갔다. 가족에게 더 이상 짐이 되지 않으려는 결단이었다. 그러나 그곳에서 보낸 3년은 3백 년 같을 만큼 고통스러웠다. 결국 인권활동가에게 요청해 시설 밖에서 홀로 살아가는 자유를 택했다. 생계비지원과 활동보조 서비스를 통해 자립생활을 할 수 있는 권리가 법에 보장돼 있었던 것이다. 시설로 배당된 지원비를 장애인 개인에게로 돌리는 방식이다. 그러나 그 권리는 탈시설 운동을 통해 어렵게 성취한 저항의 열매였다.

꽃님 씨가 택한 자유는 찬란한 만큼 혹독했다. 집에 갇혀 꼼짝 못할 때도 있었고 하루 한 끼밖에 못 먹을 때도 있었다. 함께 살며 의지했던 룸메이트가 세상을 떠나 더 외롭고 공포스러웠던 때도 있었다. 그럼에도 그 혹독한 자유를 사랑하며 행복으로 여겼다. 그런 꽃님 씨가 수급비 50만 원에서 매달 20만 원씩을 10년간 모아 2천만 원을 탈시설 활동가에게 전했다.5 그 돈에는 그녀의 의지가 담겼다.

> 어서 가서 한 사람이라도 더 데려와. 차비는 내가 줄 테니까. … 너희는 거리에서 싸웠잖아. 그 싸움 덕분에 내가 살 수 있었는데 집에 누워 있는 게 항상 미안했어. 나는 내가 할 수 있는 방법으로 싸운 거다.6

〈흑과 백〉이라는 작품과 꽃님 씨의 삶, 예기치 못한 겹침이다. 우연한 병치(竝置), 그것은 초현실주의 미술이 발견한 예술의 가능성이다.

---

5 홍은전, 『그냥, 사람』 (서울: 봄날의책, 2020), 53-55.
6 홍은전, 위의 책, 55,244.

로트레아몽은 "수술대 위에서의 재봉틀과 우산의 우연한 만남처럼 아름다운"이라는 강렬한 직유법을 사용했다.7 이처럼 전혀 연관성이 없어 보이는 두 실재가 우연히 만날 때, 그 만남이 드러내는 놀라움과 경이로움이 있다. 둘 사이의 관계성이 멀어 보일수록 그 안에서 뜻밖에 마주치는 아름다움은 더 강렬하다. 합리적 이성이 가닿기 힘든 단절을 뛰어넘은 예술성이다. 그래서 초현실주의는 뜻밖의 병치를 예술적, 시적 수단으로 삼곤 한다. 〈흑과 백/공존〉에 꽃님 씨의 혹독하며 찬란한 자유가 겹쳐오자 눈시울이 뜨거워졌다. 꽃님 씨와 작품의 예기치 못한 병치, 이 역시 초현실적 도약이 아닐지. 어찌 우연한 조응의 초현실성이 작품 안에만 갇히겠는가. 그 작품과 누군가의 실존도 우연히 만나 시(時)가 되고 예술이 된다.

꽃님 씨는 시설에서 겪던 지옥을 스스로 끝냈다. 그러나 그것은 두려운 현실과 맞닥뜨리는 싸움이었다. 지옥을 받아들일 만큼 두려웠던 현실로 뛰어드는 저항이었다. 손가락 하나 까딱할 수 없는 몸으로 홀로 살아가는 삶이기 때문이다. 그럼에도 지옥보다 두려웠던 그 어둠으로 향했다. 그러나 스스로 택한 어둠 속에서 그녀는 자유롭게 빛났다. 〈흑과 백〉에 그려진 검은 빛처럼 타오른다. 빛날 뿐만 아니라 그 속에서 자신의 싸움을 포기하지 않는다. 그녀는 단순히 돈을 모은 것이 아니다. 그것은 자신이 누린 행복을 타자에게 전하려는 고독한 저항이자 고마움의 표현이다. 그녀는 말한다. "나는 행복해. 그런데 나만 이렇게 행복하면 너무 미안하잖여."8 꽃님 씨로 인해 누군가는 지옥을 등지고, 지옥

---

7 매슈 게일, *Dada & Surrealism*, 오진경 역, 『다다와 초현실주의』 (서울: 한길아트, 2001), 221.
8 홍은전, 앞의 책, 55.

보다 무서웠던 자유를 향해 나아갈 용기를 얻는다. 또한 탈시설 활동가도 그녀로 인해 그 길을 계속 걸어갈 이유와 힘을 선물 받는다.

이신은 주변보다 더 어두운 사각의 틀 안에 흑이 백과 함께 공존하는 모습을 그렸다. 어둠 속에 검게 빛나는 존재가 하얗게 빛나는 존재와 함께한다. 그러나 그저 함께 할 뿐만 아니라 앞서 나아가는 움직임이 보인다. 이신의 작품에 등장하는 인물 대부분은 감상자 편에서 볼 때, 발의 방향이 왼쪽으로 향한다. 이 작품 역시 발의 방향을 보면 왼쪽으로 향하고 있다. 이것을 왼쪽으로 이동하는 동선으로 본다면 어떨까? 오른쪽에서 왼쪽은 글씨를 쓰는 방향과 반대다. 즉, 일상적 질서를 역행하는 저항의 방향이다. 그렇게 본다면 단순한 공존이 아니다. 일상을 거스르는 저항의 방향으로 검은 인물이 흰 인물과 함께 나아가는 모습이다. 어둠 속에서 고통받는 자가, 홀로 저항하는 그이가 검게 빛나며 하얀 인물의 길을 열어간다.9 그것이 왼쪽으로 향하는 움직임이 아니라 해도, 검은 인물은 흰 인물보다 앞에 서 있다. 두 인물이 겹치는 머리와 팔을 보면, 검은 인물이 앞쪽에 서 있도록 그린 것을 알 수 있다. 검은 인물이 앞서 나아가며 흰 인물과 동행한다는 점은 변함이 없다.

검은 빛이 되어 하얀 빛의 길을 열어가는 삶, 그 모습에서 이신을 발견한다. 그는 주변의 만류에도 은행원 자리를 그만두고 신학의 길로 나아갔다. 기성 교단에서 안수를 받고 안정되게 목회할 수 있는 길을

---

9 서양화 기법으로 표현한 유화 작품이지만, 작가가 한국화를 모르지 않았고, 위에서 아래로, 오른쪽에서 왼쪽으로 써나가는 동양적 흐름으로 쓴 글도 있다. 즉, 서양화에서 왼쪽에서 오른쪽으로 그려나가는 일반적인 의식 흐름을 의도적으로 역행한 것이 아닐 수도 있다는 뜻이다. 작가가 특별한 의미를 담아 왼쪽을 향하도록 그렸다고 확증할 근거도 없다. 다만 그렇게 보였다는 의미다. 작가의 표현에서 우측에서 좌측으로 향하는 일반적인 흐름을 역행하는 저항성이 떠올랐다는 뜻이다.

등지고 한국그리스도의교회 환원운동을 펼친다. 1951년 한국그리스도
의교회에서 안수를 받고 목사가 되지만, 후에 미국 그리스도의 교회
선교사들과 갈등을 겪는다. 미국적 환원운동이 지닌 지나친 합리주의
를 받아들일 수 없었다. 이신은 성령 중심의 토착적 환원운동의 길로
나아간 것이다. 이후 당시로는 드물게 1971년 미국 밴더빌트대학원에
서 박사학위를 받고 돌아왔다. 그러나 그리스도의 교회 소속이 문제가
되어 군소교단 신학교의 시간강사로 강의할 수밖에 없었다. 그럼에도
이신은 시골 작은 교회에서, 가난한 이들에게, 변방 작은 교단의 신학생
들에게 영혼을 다해 가르치고 설교하는 삶을 살았고, 논문을 쓰는 학자
이자 시를 쓰고 그림을 그리는 예술가로 살았다.[10] 끊임없이 시류를 거
슬러 나아가는 고독한 저항의 자취가 이신의 인생길에 선명하다. 〈흑과
백/공존〉에서 오른쪽에서 왼쪽으로 역행해 나가는 발걸음 그대로다.

　창조는 혼돈과 공허의 땅, 깊음 위에 깃든 어둠에서 움텄다. 구약에
서 하루는 저녁에서 시작해 아침으로 갈무리된다. 창조도, 하루도 그
시작은 어둠이다. 부활 역시 십자가와 무덤의 어둠에서 잉태되었다. 삶
을 돌아볼 때, 자신을 이끌어 온 것도 빛뿐이던가. 깊은 어둠이 갈망하
게 하고 깨어나게 했다. 사랑하는 이가 어둠 속에서 자신을 위해 흘린
눈물을 의지해 일어섰다. 누군가 홀로 견딘 어둠이, 누군가 어둠 속에서
지켜낸 뼈저린 사랑이 자신을 자신 되게 했다. 그렇게 우리는 어둠을
징검다리 삼아 빛으로 나아간다. 이신의 삶이 어둠 자체를 빛나게 한
흔적이자, 빛이 밟고 건너온 징검다리가 아닐까.

　지금의 교회는 능력과 성공에 눈이 멀지 않았는가. 그래서 교회는

---

10 이은선, "나는 왜 오늘도 이신(李信)에 대해서 계속 말하려고 하는가?," 김성리 외 공저,
　『환상과 저항의 신학: 이신(李信)의 슐리얼리즘 연구』(서울: 도서출판 동연, 2017), 21-39.

지나친 성공으로 실패하고 있다. 그들의 눈에 이신은 실패자다. 그러나 예수 그리스도 역시 끊임없이 실패를 끌어안았다. 그들의 눈에 예수는 전능한 하나님일 뿐이다. 예수 그리스도의 기적적인 실패가 전혀 보이지 않는다. 기적을 보고 쫓아오는 이들에게 십자가를 지고 죽는 길을 선포한 예수 그리스도, 그는 자기 고향에서 기적을 행할 수 없어 의아해하며 발길을 돌렸다. 열두 제자의 양육에도 실패해 십자가라는 마지막 시험에서 버림받은 스승이었다. 새로운 공동체로 이 땅에서 하나님 나라를 구현하려 한 수많은 시도 역시 십자가 앞에서 무너졌다. 자신이 왜 십자가를 지고 죽어 가야 하는지 주변 누구도 이해시키지 못했다. 물 위를 걷고 옷깃만 스쳐도 병이 낫고 죽은 사람도 살려내는 능력치를 감안할 때 너무 무기력한 실패가 아닌가. 그러나 이 모든 실패의 절정인 십자가의 어둠을 통해서 부활의 빛이 이 땅에 깃든다. 배신당할 것을 알면서, 아무 소용없을 것을 알면서 기꺼이 실패를 끌어안은 사랑에서 부활이 잉태된다. 실패의 검은 빛이 부활의 환한 빛에게 길이 되어주는 모습이 아닌가. 이신의 작품, 〈흑과 백〉의 모습 그대로, 또한 이신의 삶 그대로.

어떻게 그렇게 살아가고 죽어갈 수 있었을까? 기꺼이 실패할 수 있었을까? 〈흑과 백/공존〉에서 그 대답이 될 한 가지 열쇠를 발견한다. 검은 빛과 하얀 빛의 인물이 지닌 시선이다. 두 눈이 각기 다른 색을 지녔다. 검은 인물은 초록과 주황의 눈빛을, 하얀 인물은 흰색과 파랑의 눈빛을 지녔다. 검은 인물의 초록 눈은 새와 같은 색이다. 주황 눈은 물고기 색깔과 같다. 또 하얀 인물의 백색 눈과 청색 눈은 자기 몸속에 있는 두 색깔의 무늬와 같다. 서로 다른 색의 눈, 이 낯선 눈빛과 가만히 시선을 맞출 때, 어떤 이야기가 들려올까?

하얀 인물은 자기 속에 있는 두 빛깔로 밖을 바라본다. 백색과 청색의 시선은 보는 눈이 아니라 밝히는 눈빛이다. 화폭의 어둠 속 어디에도 백색과 청색이 존재하지 않기 때문이다. 어둠 속에서 그 시선 자체가 두 빛깔로 세상을 밝혀주고 있다. 그러나 검은 인물은 다르다. 자기 속에 배경보다 더 짙은 어둠이 가득 찼다. 집 안에 불을 꺼야 창밖 밤하늘의 별이 보이듯, 자기 속에 어둠을 받아들일 때, 자기 밖의 빛이 보인다. 높이 들어 올린 초록빛 새도 보이고, 곁에 있는 이의 손에 주홍빛 물고기도 보인다. 그래서 그의 눈은 새의 초록빛과 물고기의 주홍빛이 아닐까. 주변이 온통 어두워도 보인다.

검은 인물이 짙은 어둠을 온몸으로 느끼면서 초록빛 새와 주홍빛 물고기를 목격하듯이, 묵시문학자도 두 극단에 직면했다. 이신에게 "묵시문학자는 과거, 현재, 미래와 관련한 환상들의 고찰자로서 혹은 보는 자(seer)"[11]로 다가왔다. 묵시문학가는 특히 한계상황을 절감하는 소외자이면서 초월 세계를 목격한 환상가였다. 그는 역사의 절망적 한계를 느끼면서도 그 속에서 하나님 이루실 초월을 생생하게 목격한다. 현실을 부정하는 역사의식과 새로운 미래로 전환하는 초월의식의 분열된 두 극단을 동시에 알아보는 목격자가 묵시문학자다.

월터 브루그만은 『예언자적 상상력』에서 예언자가 미래를 예측하는 점술가나 비판적 사회개혁가라는 오해를 벗겨낸다. 정죄하거나 비판하기보다 감수성을 일깨워 애통하게 하는 존재가 예언자라는 의미이다. 예언자는 얼마나 절망적인 상황인지, 그 한계상황에 무감각해진 인간에게 애통의 언어로 말을 걸고 돌이키게 한다.[12] 예언자가 그렇다면,

---

11 이신, 이은선·이경 엮음, 『슐리얼리즘과 靈의 신학』(서울: 도서출판 동연, 2011), 90.
12 월터 브루그만, *The Prophetic Imagination*, 김기철 역, 『예언자적 상상력』(서울: 복 있는

묵시문학가는 더욱 그렇다. 예언자에게는 돌이켜 회개할 가능성이 남아 있지만, 묵시문학가에게는 더 이상 희망이 보이지 않기 때문이다. 오직 하나님의 초월적 개입만이 희망이다. 그래서 전위적 묵시 의식은 더 절망적이면서 더 희망적이다.

이신이 표현한 방식을 살펴보면, 검은 인물의 몸은 자기 주변의 네모진 그늘보다 더 짙은 어둠으로 물들어 있다. 절망적인 현실을 온몸으로 느끼는 감수성은 절망보다 더 절망적이기 때문이다. 그러나 역설적이게도 그래서 자기 밖이 보인다. 자신 속의 어둠이 깊기 때문에 자기 밖이 보인다. 어둠 속에서는 옅은 빛도 더 밝게 보이지 않던가. 그래서 하나님께서 시작하실 새로운 빛이 더 분명히 보인다. 이 작품에서는 그 빛이 곁에 선 하얀 인물이 아닐까. 그 빛나는 생명과 함께, 그 생명보다 앞서 길이 되어준다.

길이 되어줄 수 있는 이유는 새와 물고기가 보이기 때문이다. 자신이 하늘을 향해 들어 올린 간절한 손에 초록빛 새가 내려앉은 것이 보이고, 동행하는 하얀 인물의 손에 주홍빛 물고기가 보인다. 새는 노아의 방주에 초록 잎사귀를 물어온 희망의 상징이고, 예수에게 임한 성령의 상징이다. 왼쪽 눈은 성령의 비둘기 곧 희망을 바라보면서 그 초록빛에 물든다. 물고기는 가난한 약자를 먹인 오병이어의 양식이면서 초대교회에서는 부활하신 그리스도와 기독교를 상징하는 암호였다. 하얀 인물이 다가오는 초월 세계를 상징한다면, 그 손에 들고 오는 물고기는 부활한 그리스도이자 새로운 신앙공동체를 떠오르게 한다.[13] 오른쪽 눈

---

사람, 2009), 108-109.

13 테르툴리아누스는 『세례론』(De Baptismo) 1장에서 "작은 물고기들인 우리들은 우리의 익투스(ΙΧΘΥΣ)이신 예수 그리스도를 따라 물속에서 태어났다"라고 쓴다. 물고기를 예수

은 바로 그 생명의 양식과 그리스도의 교회를 목격해 물고기의 주홍빛으로 물든다. 그렇게 이미 시작된 하나님 나라의 희망들이 선명하게 보이기 때문에 길이 되어줄 수 있었다.

주목할 점은 새와 물고기 둘 다 육지에 묶이지 않는다는 공통점이다. 하늘과 물도 땅에 묶여있다. 그러나 새는 땅을 박차고 날아오르고 물고기는 물속을 유영한다. 땅의 삶에서 완전히 벗어날 수는 없지만, 그럼에도 초월을 살아낸다. 육지라는 현실에서 완전히 벗어날 수 없지만 그럼에도 그 한계를 초월하는 상징이다. 그러므로 새와 물고기를 바라보는 시선은 어둠 속에서 초월을 알아보고 그 빛에 물든다.

절망적 어둠을 느끼며 애통하는 묵시문학가, 그러나 그는 그 어둠을 외면하지 않고 직시했기 때문에 다가오는 초월을 목격한다. 하나님께 들어 올린 손에 초록 새가 깃든다. 그 새를 통해 희망과 성령을 본다. 또한 곁에 있는 빛나는 인물에게서 하나님 시작하신 새 세상과 새 공동체를 본다. 그래서 아프지만 일어설 수 있다. 앞서 나아가며 길을 열고 길이 될 수 있다. 묵시문학가가 그랬고 이신이 그랬다. 누구보다 예수 그리스도가 그랬다.

〈흑과 백/공존〉은 위로를 전해준다. 앞서간 이들, 그들이 감당한 아픔과 절망이 어떻게 은총이 되었는지 일깨우기 때문이다. 그들이 징검다리가 되어 여기까지 올 수 있었기 때문이다. 이신, 알아주는 이 없고 이해해 주는 이 없어도 목사로, 학자로, 화가로, 시인으로 창조하고 표현하고 선포했다. 묵시문학가의 전위적 실존을 목회와 논문으로, 그림과 시로 표현했다. 무엇보다 온 삶과 죽음으로 살아냈다. 하나님 주신

---

그리스도와 초대교회 성도를 의미하는 상징으로 사용한 것이다. 남성현, 『고대 기독교 예술사』(서울: 이담북스, 2011), 115.

부르심을 따라 오늘 여기에 기독교의 심장을 되살리는 사명에 응답했다. 이 위로는 다시 초대가 된다. 검은 인물로 묘사된 삶으로 초대한다. 시대의 아픔과 절규를 자신 안에 가득 채우고, 희망이 보이지 않는 세상과 교회를 살려내는 길로 초대한다.

## 2. 〈물고기 머리〉: 익숙한 낯섦의 아름다움

〈물고기 머리〉 무엇을 표현한 것일까? 물고기를 올려놓은 탑인가? 아니면 머리가 물고기인 사람인가? 사람이라기에는 몸이 이상하다. 그러나 이신은 삼각형이나 원형 같은 단순한 형태로 사람을 그리곤 했다. 물고기 머리라는 제목이 상상력을 자극하는 대로 물고기 인간으로, 인어로 보는 데 무리가 없는 이유다. 그렇다면 머리는 물고기이고 가슴에는 검붉은 기운이, 복부에는

〈물고기 머리〉 이신, 1975, 31.5×40.8 in.

노란 기운이 감도는 초현실주의적 인물로 볼 수 있겠다.

물고기가 부활한 그리스도를 상징한다는 점을 생각하면, 머리 되신 그리스도가 떠오른다. 한 사람의 실존을 인도해주는 그리스도, 뿐만 아니라 교회의 머리가 되어 인도해주는 그리스도 역시 가능하다. 그리스도로 거듭난 인간과 그리스도를 따르는 새 공동체를 상상하게 한다. 심은록도 이 인물을 사람일 수도 있다고 봤지만, 그보다는 그 이상의

상징 곧 초현실주의적 초인이라는 해석을 제시한다. 물고기 머리는 그리스도의 상징으로, 가슴의 붉은 기운은 태양의 정열과 창조력으로, 복부의 노란 기운은 달빛의 차가운 이성으로 해석했다. 물고기와 태양과 달빛에 비유한 초인의 상징이라는 것이다.[14]

심은록의 관점처럼 물고기와 가슴과 복부의 상징을 해석하는 여러 방식이 가능하다. 작품의 해석은 작가의 의도와 상관없이 늘 열려있기 때문이다. 그러나 그런 해석보다는 기이함 자체에 즉, 언캐니(uncanny)에 마음이 머문다. 합리적이라 여겨지는 해석보다는 기이함이 암시하는 진실이 궁금하다. 사실 초현실주의 작품은 언캐니를 통해 경이를 일깨우곤 한다. 언캐니처럼 '익숙한 낯섦'이 억압된 아름다움과 상실된 놀라움을 되살리기 때문이다. 초현실주의적 경이는 실재 속에 보이지 않던 모순이 드러날 때 분출된다. 이 경이를 위해서 초현실주의는 합리적이라 믿던 것을 부정하고 전복시킨다. 익숙한 가치를 부정하여 실재의 억압된 측면이 분출되도록 하는 것이다.[15] 그래서 불편하게 느껴지는 작품을 깊이 음미하면, 그 불편함 속에서 억압된 진실이 드러날 수 있다. 그처럼 〈물고기 머리〉가 왜 기이하고 불편하게 느껴지는지, 그 언캐니가 암시하는 억압된 아름다움이 무엇인지 궁금한 것이다.

〈물고기 머리〉가 언캐니하게 다가오는 이유로 우선 '낯선 병치'를 생각해 볼 수 있다. 사람의 머리가 물고기로 바뀐 뜻밖의 조합 자체가 기이하기 때문이다. 몸의 일부가 물고기로 표현된 초현실주의 작품은 드물지 않다. 대표적인 작품이 르네 마그리트의 〈공동의 발명〉(Collective

---

14 심은록, "이신(李信), 묵시적 미술과 돌 소리의 미학," 김성리 외 공저, 앞의 책, 210-212.
15 핼 포스터, *Compulsive Beauty*, 조주연 역, 『강박적 아름다움』(파주: 아트북스, 2018), 57-60.

Invention, 1934)과 〈사랑의 노래〉(Song of Love, 1948) 등이다. 이들 작품에 상체가 물고기, 하체가 사람인 인물이 등장한다. 상체가 사람이고 하체가 물고기인 인어가 역전되었다. 그 기이함 때문에 사뭇 다른 느낌이다.

동화 속 인어는 표정을 알 수 있고 소통도 가능하다. 육지에서 사람과 어울리기 위해 물고기인 하반신을 포기하기도 한다. 사람을 향해 다가오는 이런 인어는 매혹적이고 아름답게 느껴질 수 있다. 그러나 마그리트의 인어는 기이하다 못해 기괴하게 보인다. 상반신이 물고기이기 때문에 표정을 알 수가 없다. 아가미 호흡 때문에 육지에서는 살수도 없다. 육지가 아니라 바다가 필요한데, 하반신인 다리가 장애물이다. 팔 대신 짧은 지느러미만 있어 육지에서는 무기력하다. 그 때문인지 〈공동의 발명〉에서 인어가 육지와 바다의 경계, 파도의 끝자락에 힘없이 쓰러져있다. 육지에서 살 수도 없고 바다로 가기도 힘든 슬픔과 우울, 무력감이 느껴진다.

영화감독 권오광도 〈공동의 발명〉에서 영감을 받아 영화 〈돌연변이〉(Collective Invention, 2015)를 만들었다. 주인공 박구가 제약회사의 실험에 참여했다가 생선 인간으로 변해가는 내용이다. 역시 상체가 물고기로 변한다. 이 시대 청춘의 무력감과 우울, 웃음거리가 되는 슬픔을 생선 인간의 모습으로 표현했다.

이신도 이 작품에 그런 슬픔을 담았을까? 〈물고기 머리〉의 기묘함은 작품 제작 시기와 무관해 보이지 않는다. 이 작품을 그린 1975년은 이신이 '한국그리스도의교회 선언'(1974년)을 발표한 1년 뒤의 시기다. 그때 이신은 환원운동으로 개혁의 길을 향해 나아갔지만, 교회는 그 뜻을 이해하지 못했다. 게다가 집이 헐려 자식들을 서울에 남겨둔 채

시골로 내려가야 했다. 하나님 부르심을 따라 나아갔지만, 더 어려운 현실에 직면한 것이다.[16]

세상이 유혹하고 사람들이 침 흘리는 삶을 원했다면 이신에게도 기회가 적지 않았다. 신학의 길을 가지 않고 처음 취직한 은행원으로 계속 살았다면? 한국그리스도의교회 환원운동을 위해 감리교단을 떠나지 않았다면 어땠을까? 성령 중심의 토착적 환원운동을 포기하고 미국 그리스도의 교회 선교사들을 따랐다면? 그리스도의 교회 목사가 아니었다면, 당시에 극히 드물었던 신학박사 학위(Doctor of Divinity)로 유명 신학대학의 정교수가 될 수도 있었다. 성령의 사회참여적 역사를 포기하고 개인주의적이고 열광주의적인 성령 운동에 편승했다면, 한국 개신교회의 부흥기에 대형교회를 이룰 수도 있지 않았을까? 미국에서 개인 전시회로 유학비용과 고국의 가족 생활비를 벌 수 있을 만큼 화가로 인정받았는데, 그 길을 이어 갔다면 또 어땠을까?

모두 덧없는 가정이지만, 그가 인생의 갈림길마다 어떤 길을 택했는지는 명확하다. 사람들이 몰려드는 길을 늘 역류해나갔다. 명예와 성공, 안락한 삶의 길목마다 좁고 험한 길을 택했다. 아니 역경을 택한 것이 아니라 하나님의 부르심을 택한 것이다. 시류를 거슬러 오르던 이신은 주변의 몰이해, 배척, 배신으로 고독했고 가난은 깊어갔다. 집이 헐리고 자녀들을 서울에 남겨 둔 채 시골로 내려와 살면서 〈물고기 머리〉를 그리던 마음은 어땠을까? 그리스도가 머리가 되어 이끄는 대로 산다. 가족들조차 이해하기 어려운 그 길을 걸어가는 가슴은 어땠을까? 〈물고기 머리〉의 가슴처럼 붉게 피멍이 들지 않았을까?

---

16 이은선, "불이 어디 있습니까," 「기독교세계」 2017년 10월(1038호) (서울: 도서출판kmc), 67.

주변 사람들에게 이신의 삶은 기이해 보였을 것이다. 물고기가 머리인 생선 인간처럼 무기력하고 이상한 모습으로 보이기 쉽다. 그런 시선 앞에서 이 작품은 이신의 자화상이다. 그러나 놀라운 점이 있다. 르네 마그리트의 작품이나 영화 〈돌연변이〉의 생선 인간과 분위기가 전혀 다르다. 우울하고 불안하고 무기력한 모습이 아니다. 차분하고 평화로우며 무엇보다 단호하다. 어떤 어색함이나 흔들림이 보이지 않는다.

어떻게 보이는지보다 무엇이 보이는지에 몰입한 얼굴이다. 타인의 시선은 개의치 않는다. 오직 자신의 눈에 보이는 것만을 향하는 자화상이다. 가슴에 고독의 피멍이 번져도 굽히지 않기 때문에 배에는 저항의 노란 기운이 감돈다. 노란색은 봄꽃의 설렘이면서 가을 들녘의 풍성함이다. 봄꽃은 시들어서 가을 열매가 되어 씨앗을 낳는 생명의 저항이다. 봄에 뿌리는 씨앗만으로 가을의 추수를 믿는 이유다. 그래서 물고기 머리를 한 인물의 배는 봄과 가을의 노란 기운으로 벌써 든든하다. 그리스도가 머리 되어 이끄는 삶을 믿기 때문이다.

초현실주의에서 물고기와 인간의 조합이 기이해 보이는 것은 무력감과 무능력에 대한 두려움 때문이다. 머리가 물고기로 대체된 존재는 합리적 통제력의 상실을 비유하기 때문이다. 반면에 심해를 유영하며 살아가는 물고기처럼 무의식의 심연을 자유롭게 노니는 초현실의 복권도 암시한다. 그렇게 초현실주의는 합리적 이성의 위선을 폭로하고 억압된 초현실의 복권을 기획한다. 그런데 핼 포스터는 『강박적 아름다움』에서 언캐니의 관점에서 초현실주의에 삐딱한 시선을 던진다.[17] 초현실주의가 추구한 경이가 실은 죽음의 충동에서 비롯되었다는 것이다.

---

17 핼 포스터, 앞의 책, 61-63.

헬 포스터는 인간과 비인간이 뒤섞인 혼란이 언캐니한 이유를 이렇게 정리한다. "욕동들의 보수적 성격, 즉 삶 속에 내재하는 죽음을 상기시키기 때문"[18]이라고. 브르통이 경이의 예로 든 마네킹도 인간과 비인간의 결합이다. 사람과 물고기의 낯선 조합에서도 뜻밖의 경이가 드러난다. 그 순간 분출하는 진실은 아름답지만 동시에 두렵다. 기괴하게 느껴지는 거부감 이면에 두려움이 숨어 있다. 인간과 비인간, 생물과 무생물의 뒤섞임은 죽음으로의 욕동을 일깨우기 때문이다.

초현실주의가 추구한 경이의 근원에 자리 잡은 죽음의 충동, 그것이 경이로우면서도 두려웠던 이유다. 그런데 이신의 〈물고기 머리〉에서도 언캐니의 의미가 같을까? 이 작품에서도 죽음의 충동을 감지하고 기이하고 불편하게 느꼈을 수 있다. 죽음의 욕동에 저항하며 죽지 않으려는 집착에 사로잡힌 것이다. 그 거부감이 그리스도를 머리로 삼지 않으려는 자기 집착에서 추동되었다면 어떨까?

이신의 〈물고기 머리〉가 마그리트의 〈공동의 발명〉처럼 무기력하고 우울해 보이지 않는 이유는 무엇일까? 안정과 성공에 침 흘리는 시선에게 이 작품은 기괴하고 불편할 수밖에 없다. 그런데 오히려 평화롭고 단호해 보인다. 자신은 죽고 그리스도가 머리가 된 실존의 표현이라면 가능하다. 살려고 발버둥 치는 집착에서 벗어났기 때문이다. 죽어서 사는 묵시적 실존의 자화상이기에 가능하다. 그러므로 이 작품이 드러내는 억압된 아름다움은 '죽어서 사는 신비'다. 그것은 실패와 고독으로 가슴에 피멍이 들지만 배는 소망으로 든든한 역설이다. 죽음이 삶이고 무능력이 능력이며 약함이 강함이고 실패가 성공인 역설이다. 이 역설

---

18 같은 책, 61.

이 쾌락의 충동과 죽음의 충동을 가로질러 익숙한 낯섦(ancanny)을 경이로 부활시킨다.

생명와 죽음 사이의 아찔한 낙차는 소멸의 두려움을 자극한다. 그러나 추락을 받아들여 비상(飛上)의 추동력으로 전환시키면 낙차의 아찔함 만큼 더 큰 상승의 원동력이 된다. 묵시문학적 실존은 추락에 올라타 그 너머로 비상한다. 죽음에서 부활을, 종말에서 창조를, 끝에서 시작을 목격한다. 보이는가? 묵시묵학가가 목격한 그 너머가, 그의 시선을 사로잡은 환상이 보이는가? 묵시문학가의 때부터 공개된 비밀이었던 천국의 현실19이 보이는가? 그 억압된 아름다움이 보이는가? 다시 〈물고기 머리〉를 바라본다. 고요하게 그러나 한시도 눈을 감지 않고 바라보는 시선과 눈을 맞춘다. 그 시선이 가닿는 곳을 엿본다. 묵시문학가가, 그리스도가, 이신이 바라봤던 그 환상, 그리고 오늘의 신앙도 알아봐야만 하는 초현실을.

〈물고기 머리〉가 그저 돌연변이 생선 인간으로 보일 수 있다. 무기력하고 우울하고 불안한 웃음거리로 볼 수도 있다. 사람들에게 이신도 생선 인간처럼 보였을까? 성공할 수 있는 길을 역행해 나가는 이해할 수 없는 별종으로, 세상이 강요하는 성공의 관점에서 보면 무능력자로 볼 수 있다. 예수 그리스도도 그렇게 보이지 않았겠나. 그러나 이제 이신은 하나님 영에 사로잡힌 묵시적 전위예술가로 보인다. 그의 생애, 작품, 글을 음미하면 할수록 그 가늠하기 힘든 깊이와 너비에 매혹되기 때문이다. 그의 무능이 실은 저항과 자유였고 그의 실패가 실은 믿음과 사랑이었기 때문이다.

---

19 이신, 앞의 책, 202.

이신을 알수록 그의 작품 〈물고기 머리〉도 다르게 보인다. 작품을 음미할수록 이신이 다르게 보인다. 뜻밖의 아름다움에 사로잡힌다. 물고기 머리의 기이함이 아름다운 신비로 보인다. 묵시적 전위예술을 신앙의 실존으로 살아간 자취에서 하나님의 흔적이 보인 것이다. 이신은 인류의 유일한 소망이 '하나님을 보는 것'이라고 했다.[20] 교회는 하나님을 어디에서 알아보는가? 성공과 소원성취와 문제해결에서? 십자가의 기이함이 경이로 새롭게 보이는 눈뜸이 필요하다. 십자가에서 드러난 뜻밖의 아름다움에 사로잡혀야 한다. 묵시적 초현실을 알아보고 묵시적 실존에 참여하는 삶이 절실하기 때문이다.

## 3. 〈예언자〉: 수직적 믿음의 발걸음

물고기와 사람의 기이한 조합, 그러나 이신의 〈물고기 머리〉는 평화롭고 단호한 묵시적 실존의 자화상이었다. 사람들이 〈물고기 머리〉를 불편하고 이상하다고 느껴도, 물고기 머리 자신은 고요하고 굳건하다. 타자의 시선에 어떻게 비치는지는 상관없다. 자신의 시선에 보이는 세계가 궁극적이기 때문이다. 현실보다 더 실재적인 초현실의 환상이 보이기 때문이다. 그래서일까? 물고기 머리의 눈은 텅 비어있다. 눈동자가 없다. 눈동자가 없어서 어디를 보는지 알 수 없다. 그 초점이 사물이나 현실에 있다면 눈동자가 무엇을 보는지 가늠할 수가 있다. 그러나 묵시적 환상, 곧 초현실적 묵시를 보고 있다면, 눈동자의 초점으로 가늠할 수가 없다. 그러니 눈동자가 없는 게 자연스러울 수밖에….

물고기 머리의 텅 빈 눈동자가 문득 가면의 눈구멍처럼 보인다. 물

---

20 이신, 앞의 책, 280.

고기 가면을 쓰고 세상을 바라보면 무엇이 보일까? 물고기가 상징하는 그리스도의 얼굴을 하고 세상을 바라보면 무엇이 보일까? 불편해하고 비웃는 듯, 의심스러워하는 눈빛을 만날 것이다. 그러나 마음을 사로잡는 대상을 발견하면, 그런 시선이 무슨 상관이겠나. 그렇다면 '물고기 머리'의 시선을 사로잡은 대상은 무엇일까? 무엇이 보였기에 저리도 평온하면서 단호한가?

이 물음은 묵시문학가의 시선을 사로잡은 대상을 묻는 물음이기도 하다. 묵시문학가와 그리스도와 신앙인은 유기적으로 연결돼 있다. 한 나무의 뿌리에서 가지와 꽃과 열매로 뻗어나간 것처럼 전위적 묵시 의식이 기독교를 잉태한 뿌리이기 때문이다. 그러므로 이 물음은 그들 모두에게 해당한다. 무엇을 봤기에 종말을 선포하며 초현실을 살아갈 수 있었을까? 무엇이 보였기에 머리 되신 그리스도의 몸이 되었는가?

〈예언자〉와 〈반구조〉(反構造)라는 두 작품으로 대답이 가능하다. 이 두 작품에 제일 먼저 마음을 빼앗기기도 했지만, 그보다는 묵시적 환상의 두 가지 원형을 떠올리게 하는 작품이기 때문이다. 이신은 묵시 문학적 의식을 '환상에 대한 의식'으로 봤다. 그 환상은 현실에 대한 부정과 새로운 미래로의 전환을 지향한다. 이때 역사 변환의 지향점에 두 가지 원형적 환상이 비친다. 바로 메시아와 메시아 왕국의 환상이다. 묵시문학가는 이 두 환상을 목격했고, 그것을 통해 새로운 인간과 새로운 공동체를 알아본 것이다.[21] 그리고 그 두 환상이 삶을 입은 자리에 예수 그리스도와 하나님 나라가 드러났다.

새로운 인간의 원형, 메시아는 〈예언자〉를 통해서 만났다. 이신의

---

21 이신, 앞의 책, 125, 131-143.

작품 중 제일 먼저 그리고 가장 오래 마음을 사로잡은 작품이 〈예언자〉
다. 처음 이 작품을 만났을 때 그 앞을 떠나지 못하고 보고 또 봤다.
배경을 가득 채운 빛깔과 질감이 광야의 바람과 열기를 전해줬다. 삼각
형으로 단순화한 인물은 걷는 사람이다. 인간의 본질은 길을 걷는 존재
라고 강변하는 듯했다. 그것은 소리 없는 목소리였다. 광야를 걷는 몸의
언어로 들려주는 침묵의 외침이었다. 예언자의 얼굴은 날카로운 콧날
과 턱선이 단호한 인상을 전해줬다. 그 단호함이 향하는 정면에는 붉은
원이 보인다. 사막의 빛깔로 가득 찬 붉은 태양을 정면으로 응시하며
얄팍한 지팡이 하나 붙잡고 한 걸음 내디딘다.

이신의 〈예언자〉는 알베르토
자코메티(Alberto Giacometti,
1901~1966)의 조각 〈걸어가는
사람〉(Walking Man)을 떠오르
게 한다. 한 걸음을 내딛는 조각
상의 모습이 2차 세계대전을 통
해 폐허가 된 인간의 실존을 상
징적으로 보여준다. 온몸이 찢
겨 앙상하게 뼈만 남은 발걸음
이기 때문이다. 작가의 말이 그
발걸음의 의미를 엿보게 한다.

〈예언자〉 이신, 1975, 53×65 in.

마침내 나는 일어섰다. 그리고 한 발을 내디뎌 걷는다. 어디로 가야 하는지
그리고 그 끝이 어딘지 알 수는 없지만, 그러나 나는 걷는다. 그렇다. 나는
걸어야만 한다. … 우리는 실패하였는가? 성공에 가까워지는 것이다. 모든

것을 잃었을 때, 그 모든 걸 포기하는 대신에 계속 걸어 나아가야 한다. 그렇다면 우리는 좀 더 멀리 나아갈 수 있는 가능성의 순간을 경험하게 될 것이다. 만약 이것이 하나의 환상 같은 감정일지라도 무언가 새로운 것이 또다시 시작될 것이다. 당신과 나, 그리고 우리는 계속 걸어 나가야 한다.[22]

어디로 가야 할지 모른다. 계속 걷는다고 어디에 가닿을지 알 수도 없다. 모든 것을 잃었지만 포기하지 않고 걷는다. 부조리와 무의미로 뒤덮인 실존, 그러나 그는 포기하지 않고 한 걸음을 내디딘다. 새로움을 향해 나아갈 가능성만이라도 붙잡는다. 불안과 허무를 뚫고 더 멀리 나아가는 자유만은 포기하지 않는다.

〈예언자〉 앞에 섰을 때, 불가능을 향해 나아가던 발걸음들이 떠올랐다. 결국 실패한다 해도 끝까지 포기하지 않던 삶들이 떠올랐다. 그들은 이 작품처럼 뼈만 앙상하게 남아도 끝까지 걷는다. 그들은 마지막 순간까지 죽어가지 않았다. 목표에 가닿을 수 없어도 마지막까지 목적을 살아냈다. 그들에게는 죽음 앞에서도 포기할 수 없는 목적이 있었다. 아니 그 뜻에 붙잡혔다. 그 지점이 자코메티의 〈걸어가는 사람〉과는 다르게 느껴진다. 자코메티는 더 멀리 나아가는 가능성과 자유를 향해 걷기 때문이다. 어떤 구체적인 목적이나 뜻은 보이지 않는다. 그 차이가 이신의 〈예언자〉에서 더욱 분명하게 드러난다.

〈예언자〉에서도 길은 보이지 않는다. 그러나 그 시선은 〈걸어가는 사람〉처럼 허공이 아니라 태양을 향한다. 묵시문학가에게 태양은 하나님을 상징할 수 있다. 또 역사의 전환, 새로운 미래를 보여주는 환상을

---

22 알베르토 자코메티 전(展) 도록, *Alberto Giacometti* (서울: 코바나컨텐츠, 2017), 5, 405.

의미할 수 있다. 그 태양이 멀리 하늘 위가 아니라 눈앞에 있다. 눈앞에 선명하게 보이는 초현실이다. 초현실의 환상은 메시아와 메시아의 왕국을 보여준다. 새로운 인간과 새로운 공동체를 보여준다. 그 환상을 믿고 발걸음을 내디딘다. 한 걸음 한 걸음 그 환상의 초현실에 참여한다.

〈걸어가는 사람〉처럼 앞으로 기울어진 몸의 관성에 의지해 나아가지도 않는다. 〈걸어가는 사람〉처럼 박차고 전진해 나갈 지면을 의지하지도 않는다. 이 조각과 달리 〈예언자〉에는 한걸음 폭의 수평조차 존재하지 않는다. 오직 수직만을 의지해 나아간다. 수직으로 태양을 향하는 지팡이만 잡고 나아간다. 의지한 것은 지팡이의 두께나 강도가 아니다. 실처럼 가늘게 표현된 지팡이는 수직성만을 상징한다. 태양을 향한 수직성, 곧 신앙의 상징이다. 수직성만을 의지해 태양 곧 하나님만을 바라보며 나아가는 실존이다. 하나님과 초현실을 향한 믿음의 수직성, 하나님을 사랑하는 수직성만 붙잡고 나아가는 것이다. 수평이 역사의 연속을 의미한다면, 〈예언자〉에는 어떤 연속도 없다. 역사에 대한 철저한 부정과 전면적 전환을 위해 오직 수직만을 붙잡는다. 어떤 희망도 남지 않은 역사를 부정하고 그 속에서 하나님 시작하는 새로움만을 붙잡은 것이다. 그래서 〈예언자〉에 표현된 발걸음은 묵시문학가와 메시야와 새로운 인간의 발걸음이다.

〈예언자〉 앞에 섰을 때, 화폭을 가득 채운 질감이 광야에 대한 기억을 불러일으켰다. 처음으로 이스라엘 광야를 밟고 섰던 기억이다. 그것은 은은하지만 깊은 충격이었다. 광야는 이미지로만 보던 사막과는 달랐다. 사막은 부드러운 곡선으로 일렁이는 음영이 매력적이다. 그러나 광야는 불규칙하게 갈라진 땅의 메마름, 뜨거운 바람에 뒹구는 넝쿨, 여기저기 널브러진 돌과 바위뿐이었다. 한 조각의 낭만도 아름다운 감성도 허락하지 않았다. 그런데 오히려 더 바라보게 되었다. 시선을 빼앗겼다는 표현 그대로다. 광야를 뒤로하고 유럽 도시를 여행할 때도 문득문득 광야가 떠올랐다.

당시에는 이유를 이해하지 못했다. 왜 시선을 빼앗겼는지, 왜 유럽 도시보다 더 생각이 나는지. 시간이 지나자 그 이유가 어렴풋이 보이기 시작했다. 편리한 도시 문명과 푸른 숲에 가려진 진실이 그곳에 날 것으로 드러나 있었던 것이다. 허무와 죽음, 결국에는 직면해야 하는 삶의 진실이 그곳에 알몸으로 누워 있었다. 그것도 메마르고 갈라진 알몸으로. 일상의 미적 가치로는 분명 아름답지 않은데, 뭔가 불편하고 불안한데, 마음을 끄는 무엇인가가 그곳에 있었다.

브르통은 낭만주의적 폐허를 경이의 예로 든다. 역사와 문명이 자연에 함락되어가는 모습에서 경이를 느낀다는 것이다. 숲속으로 허물어져 가는 폐허에서 언캐니가 깨어난 것이다. 문명이 자연 속으로 무너지는 교차점에서 죽음의 욕동이 깨어나기 때문이다.[23] 원점으로 되돌아가고픈 그리움, 무생물로의 환원이 두려우면서도 매혹적으로 느껴지는 욕동이다. 광야를 마주하던 그 시절에 자신에 대한 실망과 자괴감에 가득 차 어찌할 바를 몰랐다. 광야의 몰골에서 흉측한 자기 얼굴을 목격했던 것인지, 아니면 죽음의 욕동 때문이었는지 살아야 할 이유가 손에 잘 잡히지 않았다.

관광버스를 타고 창밖의 광야에 자괴감 어린 시선을 던지던 어느 날, 가이드의 이야기가 영혼을 두드렸다. 이스라엘에서 수년 동안 살았던 그는 창밖의 광야가 우기를 지나면 기적처럼 달라진다고 했다. 광야가

---

23 핼 포스터, 앞의 책, 61-64.

숲이 되고 갈라진 고랑은 강이 되고 어디에 있었는지 동물이 뛰논다는 것이다. 흔들리는 차에서 들려온 그 이야기가 영혼을 흔들어 놓았다. 하나님의 목소리처럼 들려왔다. 이렇게 속삭이는 세미한 음성 같았다.

저 광야가 너 자신처럼 보이느냐? 아무런 희망이 보이지 않는 흉측한 자화상으로 보이느냐? 저 광야가 나의 우기만 지나면 숲이 된다. 죽은 것만 같았던 광야에 강이 흐르고 숲이 춤춘다. 내가 너의 광야도 강이 흐르는 숲으로 춤추게 하리라. 나의 우기를 기다려라. 나를 기다려라. 나만을 바라거라.

눈물이 흘렀던가. 그것은 분명치 않지만, 삶의 전환이 일어난 것만은 명확하다. 폐허에서 경이를 보는 눈이 열렸다. 이신의 〈예언자〉가 그 사건을 함축하고 있는 것 같았다. 예언자는 광야를 걷는다. 길도, 쉴 곳도, 동행도 보이지 않는 외로운 길이다. 지치고 지쳐 목적지가 어디였는지조차 희미해지는 길, 목적지에 대한 갈망조차 메마르게 하는 길이다. 그러나 그는 정면의 태양에서 눈을 떼지 않는다. 그 빛을 응시하며 그 빛이 이끄는 곳으로만 향한다. 태양처럼 빛나는 하나님의 우기를, 그 수직을 믿고 나아간다. 하나님의 우기가 분명 물길을 내고 숲을 일굴 것이기 때문이다. 약속하신 말씀 그대로다. "너희는 지나간 일을 기억하려고 하지 말며, 옛일을 생각하지 말아라. 내가 이제 새 일을 하려고 한다. 이 일이 이미 드러나고 있는데, 너희가 그것을 알지 못하겠느냐? 내가 광야에 길을 내겠으며, 사막에 강을 내겠다"(이사야 43:18-19, 새번역). 그렇게 이 작품은 하나님만을 바라며 광야를 걷는 실존의 상징으로 다가왔다.

묵시문학가도 그 길을 걸었다. 한계상황이라는 광야를 걸었다. 어떻게 해야 달라질지 어떻게 해야 희망이 움터올지 보이지 않지만, 걷는다. 하나님만 바라보며 걷는다. 하나님 보여주시는 환상, 태양처럼 빛나는 초현실을 보며 걷는다. 그 환상이 메시아와 메시아의 왕국을 확신케 했기 때문이다. 어떻게 가능한지 알 수 없지만, 끓어오르는 저 광야보다 더 실재적인 환상이었다. 예수도 그 길을 걸었다. 메시아의 왕국 곧 하나님 나라를 봤기 때문이다. 식민치하 한복판에서 시작된 하나님 나라의 현존을 목격했다. 그래서 그에 합당한 삶을 살 수밖에 없었다. 그 길을 걷는 존재로서 새로운 인간, 메시아가 되었다. 이신도 그 길을 간 것이 아닌가. 〈예언자〉의 구도는 이신이 자신의 작품들에 남긴 서명과 닮았다. 그의 서명, 'ㅇㅅ'과 믿음의 수직성을 상징하는 'ㅣ'로 구성된 작품이다. 서명이 작품이 된, 자화상으로 보인다. 묵시적 실존을 살아온 흔적과 그 길을 계속 나아가겠다는 결의가 담긴 자화상으로 보인다. 예언자의 자화상이자, 신앙인의 자화상, 그 길을 이어가야 할 누군가의 자화상이다.

## 4. 〈반구조〉(反構造): 우발적 창조성의 사건

예언자가 걸어간 발걸음은 흔적을 남긴다. 바람에 지워져도 그 길을 걷는 다른 누군가가 다시 이어간다. 발자국이 지워져도 단단하게 다져진 길은 남는다. 홀로 걷기도 하지만 길벗이 생기기도 하고 공동체가 함께 가기도 한다. 공동체가 함께 갈 때, 메시아 공동체, 하나님 나라는 몸을 입는다. 묵시문학가가 보고 믿고 향했던 새로운 공동체의 환상이 삶으로 몸을 입는다. 그렇게 몸을 입은 메시야의 왕국, 하나님 나라는 어떤 모습이었을까? 이신의 〈반구조〉는 새로운 공동체의 환상을 엿보게 한다.

〈반구조〉는 이신의 작품 중에서 가장 큰 그림이자 마지막 작품이다. 캔버스 전체는 빛 바란 하얀 벽처럼 보인다. 그 벽에 불규칙한 균열이 복잡하게 이어진다. 거미줄이 얽히고설킨 모습으로도 보인다. 그 불규칙한 연결은 거대한 사람의 형상을 이룬다. 자신 안에 여자와 남자를 품고 있는 사람이다. 이 작품에서 두 번째 원형, 메시아의 왕국이

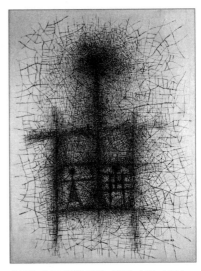

〈반구조〉(反構造) 이신, 1980, 111×144 in.

떠오른 이유는 새로운 공동체의 면면을 보여주기 때문이다. 이 작품이 보여주는 새로운 공동체, 하나님 나라는 어떤 모습일까? 작품을 그린 과정에서부터 그 의미를 음미할 수 있다.

이신은 별도의 화실이 없던 시절, 방 한켠 책꽂이 앞에 캔버스를 세워놓고 이 작품을 그렸다. 자녀들이 돌아오면 마음대로 선을 잇도록 하여 함께 그린 작품이다.[24] 자녀들의 눈에는 어떻게 보였을까? 낙서처럼 장난처럼 서로 다르게 그은 선들이 어느 날 사람의 모습으로 드러났을 것이다. 거대한 사람, 그 안에 여자와 남자가 서로 연결된 공동체가 갑자기 출현한다. 함께 참여한 우연성에서 우발적으로 등장한다. 자녀들의 인생에서 이 경험은 어떤 의미로 자리 잡았을까? 이신은 무엇을

---

24 이은선, "새 그리스도로지," 「기독교세계」 2017년 4월(1032호) (서울: 도서출판kmc), 54.

경험케 해주고 싶었을까?

삶의 여정에서 누구나 벽을 만난다. 두드리고 두드려도 무너지지 않는 벽, 한계상황, 넘어갈 수도, 돌아갈 수도 없는 벽 앞에 주저앉을 때가 있다. 그 벽은 전진하려는 의지를 꺾는 좌절이자 실패이기 쉽다. 그러나 의지의 방향을 바꾸면 의미도 달라진다. 그 벽을 화폭으로 삼는다면 어떨까? 무너뜨리려고 두드려서 생긴 균열을 화폭의 밑그림으로 삼고 색을 칠한다면, 그 균열은 실패가 아닌 창조의 씨앗으로 도약한다.

실패와 한계조차 화가에게는 예술적 창조의 한 부분이 될 수 있다. 이를 위해 무작위로 발생한 균열을 예술의 일부로 도약시키는 우발적 사건이 필요할 뿐이다. 특히나 우연성을 중시하는 초현실주의에서는 더 그렇다. 초현실주의는 합리와 필연에 억눌린 실재의 총체성을 우연을 통해서 복권시키려고 하기 때문이다. 그래서 초현실주의 예술가는 우연을 뜻밖의 의미로 재탄생시키는 우발성의 창조자다. 이신의 표현에 기대면 '창조적 이벤트 메이커'다.

우발성의 창조, 창조적 이벤트는 기존 구조의 의미를 전환시키는 반구조(反構造)의 사건이다. 구조주의는 모든 사건과 관계의 의미가 이미 존재하는 의미구조의 그물에 묶여있다고 본다. 앞서 존재하는 관계구조가 의미의 계열을 엮어놨기 때문이다. 그 전체적인 구조를 뒤틀거나 변경하기 전에 새로운 의미를 낳기는 어렵다. 그러나 후기 구조주의는 고정된 관계구조를 흔드는 역동적인 가능성을 발견한다. 우발적으로 발생한 사건이 기존의 의미체계를 바꿔 놓는다는 점에 주목한 것이다. 한 사건이 이미 엮어진 의미체계의 전체 맥락을 바꿔 놓을 수 있기 때문이다. 그리스도의 부활도 십자가가 자리 잡고 있던 의미의 계열을 전혀 다르게 바꿔버린 창조적 사건이다. 이처럼 어떤 사건이 기존의 의미구

조를 변화시켜 새로운 의미 계열이 생겨날 수 있다.[25]

이신이 어떤 의도로 선을 그리게 했는지 자녀들은 모를 수 있다. 자녀들 각자는 각기 다른 생각으로 선을 그려 넣었을 것이다. 별생각 없이, 때론 귀찮아하며 때론 궁금해하며 여기저기 선을 이어 그린다. 그런데 어느 날 그 복잡한 선이 거대한 사람으로 보인다. 어떻게 된 일인가? 여기에는 이신의 창조적 개입이 작용한다. 사람 모습으로 전환시킨 의도적 개입의 결과다. 하나님 나라도 이렇게 드러날 수 있지 않을까.

사람은 의식적, 무의식적으로 관계의 선을 이어간다. 여기에는 이미 존재하는 지배적인 관계구조가 있어서 그 의미체계를 벗어나기는 어렵다. 그런데 누군가 이 전체 구조가 하나님 뜻 안에 있다고 믿는다. 그 믿음으로 하나님 뜻에 합당하다 여기는 선을 긋기 시작한다. 그 작은 선들이 미미한 균열, 무의미한 낙서처럼 보일 수 있다. 그런데 예수 그리스도의 십자가처럼 특별한 사건이 구조 전체의 의미를 뒤흔든다. 처음에는 그것이 어떤 의미인지 잘 보이지 않지만, 그 이후 더 많은 사람이 그 길을 이어간다. 그러면 복잡하게 이어진 낙서가 어느 날 거대한 사람이 되듯이, 이 땅을 뒤덮은 하나님 나라도 드러난다. 거대한 사람 속에 남자와 여자가 들어 있듯이, 그 나라에서 수많은 사람이 제 자리를 찾아 자유롭게 된다. 그렇다면 하나님 나라는 죽어서 가는 어딘가가 아니라 살아서 엮어가는 여기다. 그 나라는 지금 여기에서 하나님 뜻에 참여한 창조적 이벤트의 파장이다.

이신은 자녀들에게 우연한 사건이 창조적 이벤트가 되는 길을 일러 주고 싶었던 게 아닐까? 하나님 나라는 어떻게 펼쳐지고 꽃피는지 경험

---

25 이정우, 『시뮬라크르의 시대』 (서울: 기획출판 거름, 1999), 108-118.

케 해주고 싶었던 게 아닐까? 의도적인 가르침이 아니라 그저 재미있는 놀이였다 해도, 그 과정이 창조적 이벤트 메이커의 씨앗을 자녀의 가슴에 뿌려 놓았을 것이다. 그 씨앗은 세월이 흐르고 때가 차면 움트고 자라날 것이다. 예술적 경험도 답안지를 펼쳐 당장에 답을 알아내는 지적 인식이 아니다. 그 역시 세월이 흐르고 결정적인 순간에 깨달음으로 꽃피는 씨앗과 같다.

화폭에 선을 그었던 자녀들은 부친 이신과 함께 그린 그림을 삶으로 이어가지 않았을까? 이 작품을 함께 그린 이은선도 세월이 흐른 어느 날 그 상상과 창조의 선을 이렇게 이어 그렸다.

> 나는 이 그림을 보면서 여러 상상을 한다. 천지창조처럼 아무것도 없던 흰 캔버스에 작은 점과 선들이 모여 거대한 생명망이 생기고, 그 창조와 탄생의 과정이 더욱 세밀하고 내밀해지면서 거기서 인간이 탄생하고, 다시 그 핵이 점점 튼튼해지면서 마침내 그리스도의 형상이 떠오른다. 그 모두를 품고 있는 커다란 생명망의 우주적 마음![26]

〈반구조〉가 보여주는 하나님 나라는 겨자씨와 같다. 자녀들과 함께 그리며 함께 심은 씨앗이 계속 자라나고 퍼져가듯이 하나님 나라의 씨앗도 번져간다. 현실의 의미체계를 흔든다. 구석에 보일 듯 말 듯 그은 선들이 이어져 어느 날 갑자기 하나님이 되었듯이 메시아 왕국의 환상도 현실에 속에 번져간다. 그러던 어느 날 하나님 나라, 새로운 공동체의 현존이 드러난다. 묵시문학가가 목격하고 따라간 초현실의 환상, 그

---

26 이은선, 앞의 책, 54.

것을 향한 고독한 저항의 발자취가 보여준 현존이다. 그 발걸음이 하나님 나라를 현실의 광야에 구현한 결과다.

이신이 자녀들과 함께 그린 하나님 나라는 하나로 이어진 그물망이다. 그 나라는 온 존재의 신비적 연결성을 보여준다. 한 영혼의 작은 행위가 하나님 나라를 이뤄가는 창조적 사건이 될 수 있음을 보여준다. 결국 묵시문학가만이 아니라 신앙인 모두가 이미 시작된 하나님 나라를 드러내고 엮어가는 창조적 이벤트 메이커다. 그러므로 〈반구조〉는 새로운 공동체의 자화상이고, 또한 오늘 우리 교회의 자화상이어야 한다. 이를 위해 절실한 것이 초현실에 대한 전위적 환상이다. 하나님 주신 환상을 알아보는 눈뜸이 중요하고, 겨울에서 봄을 보는 영적 상상력이 필요하기 때문이다.

하나님 영이 해방시킨 상상력은 역사의 전환을 알아본다. 절망의 역사를 미래로 전환시키는 현재를 알아본다. 분명하게 알아보고 참여하게 한다. 그래서 환상은 허상이나 망상이 아니다. 묵시문학가는 하나님 주신 환상의 목격자다. "환상을 보았다", "나에게 보여 준다", "나는 보았다"[27] 등의 고백이 묵시문학에서 반복되는 이유다. 그의 의식은 하나님께 사로잡힌 환상의 의식이다. 허상이나 망상은 현실로부터 도망하는 도피처다. 그러나 하나님 영의 환상은 부정되어야 할 현실과 완성되어야 할 미래의 중간에서 해방의 전환점이 된다. 그 환상이 현실의 부조리한 얽힘을 하나님 나라의 현현으로 엮어가게 한다. 한계 의식을 절감하면서도 동시에 초월의식으로 상승하게 하는 도약대가 환상이기 때문이다.

이신은 그래서 이매지네이션의 부패에서 치명적인 병, 죽음에 이르

---

27 이신, 앞의 책, 90.

는 병을 봤고, 의식의 둔화에서 죄를 봤다. 환상이 하나님 나라의 현존을 알아보고 참여하게 하는 계시라면 당연하다. 환상이 역사를 부정하고 하나님의 미래를 펼쳐가게 하는 전환점이라면 당연하다. 그의 말처럼 모든 악한 일과 모든 선한 일이 상상력의 산물이고 모든 파괴적인 일과 창조적인 일도 상상력의 산물이다. 되는 일도 없고 안 되는 일도 없는 상상력의 차원에서 길이 갈린다.[28] 천국과 지옥의 갈림길이 상상력에 놓였다.

〈반구조〉는 이신이 역설하는 상상력의 부패를 일깨운다. 단단한 현실의 벽이 환상적인 화폭으로 보이게 눈을 열어주기 때문이다. 그 위에 뒤엉킨 불규칙한 균열을 창조적으로 전환시켜 새로운 공동체로 보여주기 때문이다. 이 작품은 그렇게 둔화된 지도 모르던 영의 둔화를 흔들어 깨운다. 욕망과 두려움의 그물망에 기생하던 신앙을 뒤집어엎는다. 묵시적 초현실을 목격하고 그 실존에 참여했던 새로운 공동체의 아름다움을 보여준다. 그것이 영적 상상력이 회복된 눈에 보인 하나님 나라다. 실패와 부조리를 하나님 나라의 현현으로 전환시키는 창조적 이벤트를 목격하게 한다. 무엇보다 상상하게 하고 참여하게 한다.

그것은 기이하면서도 아름다운 경이이자 불편하지만, 매혹적인 물음이다. '지금 무엇을 상상하고 있느냐, 그 상상이 무엇을 보여주느냐? 그 상상이 무엇을 창조하느냐?' 교회는 상상대로 다 이뤄지는 천국을 들어 유혹한다. 구체적인 상상으로 간구하고 굳게 믿으라고 가르친다. 그러나 그것이 정말 천국이고 축복인가. 욕망과 두려움으로 가득한 자의 상상은 결국 지옥을 낳을 뿐이다. 그런 실상은 상상도 못하는 상상력

---

28 같은 책, 204-211.

의 퇴락이다. 상상하는 대로 다 이뤄지는 나라가 아니라 하나님 보여준 환상대로 살아가는 나라가 천국이다.

## 5. 〈자유로운 선(善)〉: 묵시 의식의 전경과 동시성

해가 지고 땅거미가 내린 후, 하늘은 어스름에서 시작해 헤아 릴 수 없이 많은 검정의 향연을 펼친다. 밤하늘의 검정은 무한히 변주되는 빛의 떨림이다. 이신의 1975년도 작품 〈자유로운 선〉에 서도 하얀빛을 둘러싼 어둠이 단 색 평면이 아니라 일렁이는 무늬 다. 여백을 가득 채운 그 어둠이 다양한 깊이로 꿈틀거리고 있다. 그 차이가 보이기 시작하면 어둠 도 더 이상 단색 흑암으로 지루하

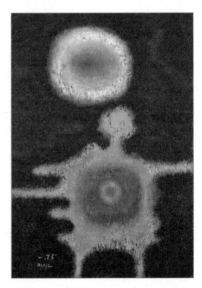

〈자유로운 선(善)〉, 이신, 1975, 24×33.5 in

지 않다. 각기 다른 무늬와 결이 각자의 이야기를 들려주기 때문이다.

사물의 모양을 본떠서 의미와 글자를 엮어가는 한자는 존재를 읽는 상상력의 눈을 열어준다. 그런 한자에서 검정은 무엇을 상형하여 표현 했을까? 한자에 검정은 두 글자가 있다. 검을 현(玄)과 검을 흑(黑). 그러나 현과 흑은 다르다.

흑(黑)은 아궁이 아래 불이 타는 모습에서 따온 글자다. 다 타고 남 은 재의 검은 색을 의미한다. 이와 달리 현(玄)은 활시위를 형상화한

글자로 본다. 옻이나 송진을 발라 활시위가 검은색을 띠게 된 탓에 현(玄)이 검다는 뜻이 되었다. 이와 달리 누에고치를 상형했다는 관점도 있다. 누에고치 속 어둠에서 검다는 의미가 생겼다는 것이다. 현(玄)을 누에고치 속 어둠으로 볼 때, 새로운 생명이 자라나는 어둠이 바로 현의 검정이 된다. 천지현황으로 시작하는 천자문도 하늘빛을 현(玄)으로 본다. 밤하늘의 그 어둠이 바로 누에고치 속 어둠이라는 의미다. 새로운 세상으로 거듭나게 할 태중의 어둠이 현인 것이다.

누에고치 속 어둠을 현의 검은 색으로 볼 때, 어머니 자(慈), 사랑 자(慈)도 그 의미가 새롭게 드러난다. 자(慈)는 두 개의 현(玄) 아래 마음 심(心)이 있다. 누에고치 두 개를 받들고 있는 마음(心)의 형상이다. 현(玄)이 새로운 생명을 품어 키워내는 어둠이라면 어미 태중의 어두움 역시 현(玄)이다. 현의 어두움을 받들어 품는 마음, 생명을 길러내는 어둠을 겹겹이 짊어진 마음, 그것이 바로 자비이자 어머니의 사랑이라는 의미다.

흑(黑)과 현(玄)의 대비는 어둠을 바라보는 전혀 다른 시선을 드러낸다. 짙게 드리운 어둠을 다 타버린 재의 허무한 검정으로 보느냐, 활시위의 검정이자 누에고치 속 검정으로 보느냐. 화살을 날릴 수 있는 기운을 머금은 검정이자 새 생명을 품어 기르는 어둠이라면, 나쁘고 사악하다는 의미도 지닌 흑(黑)과는 전혀 다를 수밖에. 현묘지도가 흑묘지도가 아닌 이유도 알만 하다. 현묘지도처럼 깊고 오

| 黑 | 黑 | 黑 |
|---|---|---|
| 금문 | 소전 | 해서 |
| ⟊ | 玄 | 玄 |
| 금문 | 소전 | 해서 |

출처: 네이버 한자 사전

묘한 신비를 머금은 검정빛이 현(玄)이기 때문이다. 새벽 미명, 빛이 밝아오기 직전의 어두움도 현이라 할 수밖에 없다. 새벽의 어둠은 그 속에 이미 낮의 빛을 한껏 머금고 있기 때문이다. 그래서 성경은 저녁이 되고 아침이 되는 순서로 하루를 헤아렸나 보다.

어머니 태중에서 마주하는 어둠 역시 현이 어울린다. 아직 무슨 소리인지, 어떤 빛깔인지 알 수 없는 그 어둠을 뱃속에서 만난다. 현(玄)은 그 모든 신비를 함께 머금고 있는 검은 깊이이다. 별빛 빛나는 밤하늘도 흑일 수 없다. 별빛은 어둠 속에 이미 빛이 깃들어 있음을 보여준다. 우주 공간을 가득 채운 빛이 별에 부딪혀 드러났기 때문이다. 그러니 밤하늘 그 어둠도 빛을 함께 머금은 현(玄)이다.

이신의 〈자유로운 선〉도 그 배경에 어둠이 현묘지도로 일렁이고 있다. 모든 희망이 불타고 남은 재의 검은 색(黑)이 아니다. 죽어있는 검정이 아니라 무엇인가 꿈틀거리며 고동치는 현(玄)의 검정이다. 묵시문학가가 직면한 한계상황 역시 모든 것이 끝난 절대 종결의 어둠이 아니다. 인간의 의지와 노력에서는 그 끝에 가닿은 한계상황이지만 하나님은 그 벼랑 끝에서 새로움을 창조한다. 그러므로 하나님의 초월, 그 새로움을 잉태한 현(玄)의 어둠이다. 하나님이 쏘아 날릴 새 창조의 화살이 당겨진 현(玄)이다.

현의 어둠 속에서 시작되는 새로움이 이신의 작품에서는 하얀빛으로 묘사되었다. 위쪽에 둥근 빛 하나, 아래쪽에 주홍빛 원을 품고 있는 하얀 형상이 또 하나. 아래쪽 불규칙한 하얀 빛의 형상은 사람 같아 보인다. 사람의 모양이 풀어져 일렁이고 있다고 할까, 그렇다면 내면의 빛이 그 사람을 자유롭게 하는 형상이겠다. 반대로 빛이 사람의 모양으로 변하고 있다고 할까, 그렇다면 빛이 육신을 입는 성육신의 형상이겠다. 〈자유로운 선〉이라는 제목의 암시를 따른다면, 어떤 구속으로부터 자유로워진 사람으로 볼 수도 있다.

저 높이 자리 잡은 하얀 원과 사람 속의 하얀 중심이 동시에 빛난다. 현(玄)의 어둠 속에 잉태된 두 빛의 동시성이다. 그것은 이신이 추구했던 동시성을 떠오르게 한다. 그는 지금 여기에서 주님을 실존적으로 만나는 동시성이 신앙을 숨 쉬게 한다고 봤다.[29] 그 동시성이 곧 신앙의 심장이기 때문이다. 그래서 그가 살아간 삶의 궤적에는 신앙의 실존적 동시성을 추구한 흔적이 선명하다. 묵시문학의 본질을 탐구한 것도, 그리스도의 교회 환원운동에 참여한 것도, 초현실주의 작품으로 전위예술의 묵시적 상상력을 펼친 것도, 다 동시성과 연관된다. 이신에게서 묵시문학 연구는 기독교의 모태가 된 전위적 묵시 의식을 오늘에 되살리는 동시성의 추구였다. 환원운동도 초대교회의 하나 됨을 오늘에 되살리는 동시성의 추구다. 초현실주의 예술의 전위적 표현도 묵시 의식을 오늘에 재창조하는 동시성의 추구다.

그리스도를 직접 만나 함께 살아가는 신앙의 실존을 지금 여기에 어떻게 되살릴 것인가? 이천 년 전 주님과의 만남, 묵시사상가가 경험한 환상을 어떻게 다시 숨 쉬게 할까? 이것이 그때와 지금의 동시성을 향한 간절한 물음이다. 하나님을 직접 만나고 동행하는 신앙의 실존을 동시성이 살려내기 때문이다.

〈자유로운 선〉은 신앙의 실존적 동시성을 어떻게 보여주는가? 현묘한 어둠에 둘러싸인 하얀 빛이 저 높이, 저 앞에 보인다. 그것이 하나님이 절망 속에서 시작한 하나님 나라의 빛이라면, 아래쪽 사람 형상이

---

29 이신, 앞의 책, 176-180, 289.

그 신성을 우러러보고 있다. 다가오는 빛을 목격하며 자신도 밝게 빛난다. 뿐만 아니라 자기중심에 자리 잡은 둥근 빛이 내면을 주홍빛으로 타오르게 한다. 저 앞에 빛나는 신성이 자신 안에도 동시에 타오른다. 이 모습은 묵시문학가가 목격한 묵시적 초현실의 전경을 그대로 보여준다.

묵시문학가가 직면한 현실은 모든 희망이 사라진 한계상황이다. 그러나 아무것도 기대할 수 없는 현실의 어둠 속에 뜻밖에 하나님 나라가 밝아온다. 부정되어야 할 역사를 하나님이 새로운 미래로 전환하기 때문이다. 그 빛나는 환상을 목격하자, 자신 안에도 하나님 영의 임재가 환희 밝아온다. 이정배는 이 동시성을 하나님과 인간의 감응이자 공명으로 봤다. "인간의 마음속에는 하늘과 소통할 수 있는 상상력, 곧 초의식이 있으며 그것으로 인간은 자신을 뛰어넘어 하늘과 연합"[30]하는 모습이라는 의미다.

〈자유로운 선(善)〉으로 전위적 묵시 의식의 전경을 발견할 때, 그것은 두 차원의 동시성을 보여준다. 우선 오래전 묵시문학가에게 일어난 동시성이다. 그것은 하나님 시작한 초월의 빛에 감응하여 묵시문학가의 내면도 환해진 동시성이다. 하나님 영에 공명한 동시성이다. 이런 묵시문학가의 동시성에서 기독교는 잉태되었다. 예수 그리스도도 하나님 시작한 하나님 나라를 목격하고 선포하며 그 실존을 살다가 죽었다. 묵시문학적 삶의 절정을 살다가 죽어 부활한 것이다.

그 첫 번째 동시성을 표현하거나 또 그 표현을 감상할 때, 다른 차원이 열린다. 화가나 감상자의 내면에도 묵시적 실존이 깨어날 수 있기

---

30 이정배, "초현실주의 해석학으로서의 이신(李信)의 예술 신학," 김성리 외 공저, 『환상과 저항의 신학: 이신(李信)의 슐리얼리즘 연구』(서울: 동연, 2017), 126.

때문이다. 하나님 영이 묵시적 현실을 알아보게 한 결과다. 성령에 의해 깨어난 묵시적 상상력이 현실의 한계성과 부정성을 직시하게 한다. 동시에 자신의 안팎에서 신적 가능성의 빛도 보여준다. 묵시문학가와 그리스도가 목격한 종말의 전경을 자신의 실존에서도 생생하게 알아보는 것이다. 이것이 두 번째 동시성 곧 신앙의 실존적 동시성이다.

궁극적인 질문은 바로 이 지점에서 깨어난다. '그렇다면 나 자신은 흑암 속에서 무엇을 보고 자신 안에는 무엇이 타오르는가? 묵시문학가의 전위의식이 자신 안에도 동시적인가? 예수 그리스도가 선포하며 참여한 하나님 나라의 실존이 자신 안에도 동시적인가?' 묵시문학적 의식이 기독교 신앙의 뿌리라면, 이 질문은 신앙의 생명력을 묻는 질문이다. 살아있는 신앙인지 아닌지.

믿음이 어느새 교리에 대한 동의로 굳어버린 현실이다. 고개를 끄덕이면 천국, 고개를 저으면 지옥이다. 가난하고 힘없는 이들의 절규, 멸망을 향해 치닫는 부조리한 현실이 아프지 않아도 된다. 부정해야 할 현실에는 눈 감아도 된다. 그 속에서 하나님 시작하는 전환을 기대하며 참여하지 않아도 된다. 절망적인 어둠의 깊이를 아파하고, 그래서 오히려 하나님 보여주는 빛이 자신 안에서 환하게 빛나지 않아도 된다. 다만 교리에 고개를 끄덕이면서 부정해야 할 현실에 타협해도 구원은 보장된다. 아니 부정해야 할 부조리에 의지해 성공하면 축복 받은 구원이다. 묵시문학가의 의식, 예수 그리스도의 마음이 자신 안에 동시적일 필요는 없다. 믿기만 하면 되니까. 그러나 신앙의 심장이 실존적 동시성이라면 그런 믿음과 구원은 주검의 허상일 뿐이다.

마이스터 에크하르트는 그 실존적 동시성을 파격적인 언어로 전해준다. 그는 하나님으로부터 자유롭게 해달라고 기도하며 하나님을 위해 하나님을 놓아 버린다고 고백한다. 심지어 자신에게서 하나님을 없애달라고[31] 간구한다. 한국 개신교의 신앙에게는 이해될 수도 용납될 수도 없는 망언이자 불경이다. 원죄의 뿌리를 타고난 인간이기에 자신의 가능성을 철저히 부정하고 오직 하나님만을 의지해, 그의 영광을 위해 살아야 한다고 강조하기 때문이다. 그러나 에크하르트는 밖으로부터 압도하고 강제하는 하나님을 망상으로 봤다. 또한 하나님으로부터 받는 무엇이든 우리를 종이 되게 한다며 영생에 있어서는 이를 거부해야 한다고까지 한다.

> 만약 내가 하느님으로부터 무엇이든 받게 된다면, 나는 하느님 밑에서 종처럼 될 것이며 주는 그는 주인처럼 될 것이기 때문이다. 그러나 영생에 있어서는 이래서는 안 된다.
>
> 우리가 우리 자신 밖에서 무엇을 얻거나 받으면 이는 옳지 않다. 우리는 하느님을 자기 자신 밖에 있는 것으로 파악하거나 간주해서는 안 되고, 자기자신의 것으로 그리고 자신 안에 있는 것으로 간주해야 한다. 우리는 하느님을 위해서든 자신의 명예를 위해서든 혹은 자기 밖의 그 어떤 것을 위해서든, 어떤 목적을 위해 봉사하거나 일해서는 안 된다. 오직 자기 자신 안에 있는 자신의 존재와 자신의 생명을 위해서 일해야 한다. 어떤 순진한 사람들은 하느님은 저기 계시고 자기들은 여기 있는 것처럼 생각해야 한다고 망상한다. 그렇지 않다. 하느님과 나, 우리는 하나다.[32]

---

31 매튜 폭스 해제·주석, *Passion for Creation*, 김순현 역,『마이스터 엑카르트는 이렇게 말했다』(왜관: 분도출판사, 2006), 325.

32 Josef Quint, hrsg. und übersetzt, *Meister Eckhart: Deutsche Predigten und Traktate* (München: Carl Hanser, 1963), 186; 길희성,『마이스터 엑카르트의 영성 사상』(왜관: 분도출판사, 2003), 271, 272쪽 재인용.

그도 자신의 뜻이 아니라 하나님의 뜻을 위해 힘써야 한다는 것을 부정하지는 않는다. 그러나 영원한 진리의 차원, 영생의 차원에서는 다르다고 본다. 하나님과 우리가 하나이기 때문이다. 이를 놓칠 때, 신앙은 맹종하는 노예 상태로 전락할 수 있다. 노예의 맹종은 그 자체가 무서운 죄다. 그래서 그는 하나님의 영광이나 하나님을 위해, 천국이나 영원한 행복을 위해서 사는 삶을 경계한다. 자기 밖에 존재하는 동기에 끌려다니면 열심히 살아도 제대로 사는 게 아니라는 뜻이다. 그래서 가장 내밀한 근저로부터 아무 이유도 없이 모든 일에 임해야 한다고 역설한다.[33]

교회는 하나님만을 붙잡으라고 하나님께만 순종하라고 강조해왔다. 그 거대한 흐름을 외로이 역류하는 이 충격적 언어는 그저 이단적 교설일 뿐인가. 그러나 에크하르트의 파격적인 표현들, 그것은 철저한 자기부정과 하나님에 대한 절대적 긍정으로 도약하는 영성의 궁극적 차원을 향한다. '하나님 없이', '이유 없이', '목적도 없이' 등의 표현은 하나님과 나, 안과 밖의 모든 간격이 해체된 철저한 하나 됨의 경지를 보여준다. 하나님이 없다는 것은 밖으로부터 나를 압도해오는 외적 권위의 하나님을 부정함으로써 영혼의 뿌리로부터 샘솟아, 하나님이 아닌 영역이 남아 있지 않은 하나님에 대한 절대긍정이다. 모든 것이 하나님이 될 때 어디에도 하나님은 없다. 자기 밖으로부터 강제되는 어떤 목적도 부정함으로써 하나님과 오롯이 하나가 되는 절대긍정의 세계이니 목적도 이유도 없을 수밖에. 신비주의적 무신론, 신비주의적 휴머니즘이다. 이신의 작품에서 만난 신앙의 실존적 동시성, 바로 그것이 지향하는

---

33 디트미르 미트 풀어 엮음, *Meister Eckhart-Einheit Mit Gott*, 김순현 역, 『하느님과 하나 되어』(왜관: 분도출판사, 2014), 137.

절정의 경지다.

하나님과 분리되지 않은 영은 내면과 실천, 믿음과 행위, 종교적 삶과 일상, 성과 속의 어느 한쪽으로 기울지 않고 그 사이로 비껴가며 하나로 아우른다. 어느 한쪽에 얽매이지 않고 영혼의 근저로부터 샘솟는 신적 생명을 따라 자유롭게 살아간다. 바로 묵시문학가의 의식, 예수 그리스도의 마음이 자신 안에 되살아난 삶이다. 이 작품 〈자유로운 선〉에서도 사람처럼 보이는 형상 안팎에서 하얀 원이 동시에 빛난다. 위쪽의 하얀 원처럼 아래쪽 사람의 중심에도 하얀 빛이 동시에 자리 잡고 가슴을 붉게 물들인다. 그러자 그 사람의 경계가 부드럽게 풀어지면서 자유롭게 춤추는 모습이다. 자기 안팎에서 하나님을 보고 예수의 믿음이 자신 안에서 환하게 빛날 때, 그때 마음껏 사랑하는 자유가 깨어난 것이다. 그때 사랑은 의무가 아니라 자유이기 때문이다. 이신은 이 작품과 같은 제목의 시 〈자유로운 선(善)〉에서도 노예적 맹종에서 풀려난 신앙의 자유를 노래한다.

우리가 하고 있는 무슨 도덕률의 기준이 그러니 거기 따라서 행하는 것도 아니요 하나님이 강요하시니 그렇게 하는 것도 아니다. 하나님은 우리에게 그렇게 노예의 입장에서 섬기기를 원하지 않으시고 자원하는 마음으로 그를 섬기기를 원하시는 것이다. 착하고 아름답고 참된 마음을 우리에게 주셔서 그것을 스스로 원하는 마음으로 행하기를 즐겨하시는 것이다. … 세상에 가장 즐거운 좋은 일은 원하는 마음으로 해나가는 일이다.…
그 마음이 있는 곳에 하늘의 문이 열린다. 새 하늘과 새 땅이 열리게 된다.…[34]

---

34 이신, 이경 엮음, 『이신 시집 돌의 소리』(서울: 동연, 2012), 145.

하나님의 강요도, 노예의 억지도 아니다. 자신 안에 숨 쉬는 하나님 영의 전위적 실존은 어떤 외적 강제에서도 자유롭다. 복종하고 순종할 이유가 없다. 어떤 외적 이유도 없이, 마음이 절로 선(善)을 향할 때, 새 하늘과 새 땅이 열린다. 파멸 속에서 새 세상이 보이고, 하나님의 새 창조에 자유로이 참여한다. 자신 안에 숨 쉬는 하나님의 영이 자유를 준다. 자신 안에 실존적 동시성으로 되살아난 하나님의 영이 마음껏 사랑하게 한다. 그러니 이신이 묘사한 그대로, 주홍빛 가슴 속에 빛이 깨어난 사람은 자유로운 선(善)으로 춤추는 형상일 수밖에. 그 춤이 물어온다. 언제까지 자기 밖의 하나님만을 믿을 것인지, 언제쯤이나 자신 안의 하나님을 살 것인지. 언제까지 강제된 윤리에 묶일 것이지, 언제쯤이나 자유롭게 사랑할 것인지. 사랑의 동시적 실존을 물어오는 자유로운 춤사위다.

## III. 하늘씨앗 아주심기

결론을 앞두고 이처럼 떨렸던 글이 있었던가? 이신의 작품으로 글쓰기를 시작할 때는 막연해서 떨렸다. 첫눈에 반한 작품도 있었지만 왜 끌리는지 알 수 없는 작품이 더 많았다. 보는 묵상으로 나누는 담소가 어떻게 펼쳐질지도 몰랐다. 필요한 분량만큼 글을 쓸 수 있을지 불안했다. 그런데 예상치 못한 이야기들이 솟아났고 작품 모두에 반하고 말았다. 이렇게까지 빠져들지 몰랐다. 힘들어서 빼려고 고민했던 작품에는 더 반하고 말았다. 덕분에 넘치는 분량이 문젯거리가 되었다. 마지막 부분을 쓰고 나면, 설렜던 담소가 끝나는 것만 같아서 또 떨린다.

이제 작품 하나하나를 바라보면, 서로의 속내를 나눈 여정이 한 장의 사진에 담긴 듯 아련하게 느껴진다. 벗들이, 더 많은 이들이 이신의 작품에서 이런 떨림과 아련함을 맛볼 수 있기를 바란다.

이 떨림을 뒤로하고 첫 화두의 대답을 갈무리해야겠다. 이 담소에서 깨달은 하늘 씨앗과 이신이 키운 묘목을 잘 갈무리해야 일상 속 아주심기가 가능하기 때문이다. 묘목이나 모종처럼 임시로 심는 데 그쳐서야 되겠는가. 열매를 거둘 자리에 완전히 심는 아주심기가 한국교회에 절실하다. 삶에 뿌리 내려 열매 맺지 못하면 감동이 큰 만큼 허무도 크지 않겠나. 다시 물음 앞에 선다. 첫 깃털은 무엇인가? 기독교를 싹트게 한 뿌리, 기독교를 살아 고동치게 한 심장은 무엇인가? 그것을 어떻게 되살릴 것인가? 이신의 질문이었고 또한 우리의 화두여야 했다.

〈흑과 백/공존〉은 꽃님 씨의 삶을 통해 입체적으로 만날 수 있었다. 그녀는 중증장애인으로 손가락 하나 움직이지 못하면서 홀로 살아가는 자유를 택한다. 지옥보다 두려웠던 혹독한 자유를 살아내며 누구라도 지옥을 탈출해 살아갈 수 있도록 돕는다. 그녀의 삶은 이 작품 속 검은 인물처럼 빛났다. 그 우연한 병치가 묵시문학가와 이신의 삶을 더 깊게 전해줬다. 묵시문학가의 삶을 일깨웠다. 그 삶은 시대의 절망을 깊이 절감하는 감수성으로 타자의 아픔에 공감하며, 어둠 속에 밝아오는 빛에 민감한 삶이다. 아파하는 타자와 어깨동무하고 하나님 시작하신 빛을 따라 나아가는 삶이다.

한병철은 "우리가 고통과 맺고 있는 관계는 우리가 어떤 사회에서 살고 있는지를 폭로"[35]한다고 봤다. 행복을 강요하는 진통사회에서 고

---

35 한병철, *Palliativgesellschaft*, 이병재 역, 『고통 없는 사회』(파주: 김영사, 2021), 9.

통이 바로 진실을 폭로하는 암호이기 때문이다. 묵시문학가도, 이신도, 예수도 고통을 회피하지 않았다. 타자의 아픔을 누구보다 깊이 느끼며 그것을 통해 하나님 나라를 알아봤다. 기독교 신앙은 어둠의 깊이를 돌파하는 감수성으로 하나님 나라의 빛을 알아본다. 교회는 고통과 어떤 관계를 맺게 하는가? 타자의 고통, 하나님의 아픔과 교회는 어떤 관계를 맺고 있는가? 고통과의 관계가 교회의 진실도 폭로한다. 고통에 대한 영적 감수성을 회복하지 못하면 교회는 하나님 나라의 빛을 알아볼 수 없다. 빛으로 인도할 수도 없다.

하나님 잘 믿으면 현세에서 밝은 빛 꽃길만 걸으리라 기대하는 신앙, 교회에 가득한 이런 믿음으로 〈흑과 백/공존〉은 어떻게 보일까? 그들은 묵시문학가나 이신을 실패자이자 기이한 존재로 본다. 〈물고기 머리〉는 그런 기이함을 비춰준다. 상체가 물고기이고 하체가 사람인 기이함, 그것은 무능력, 소외, 웃음거리의 대상이다. 초현주의에서도 생선 인간은 경이를 불러일으키면서도 죽음의 욕동을 자극하는 언캐니다.

그럼에도 이신의 작품은 달랐다. 물고기 머리가 고요하고 단호한 시선으로 바라본다. 어떻게 보이느냐가 아니라 무엇이 보이느냐에 몰입한 시선이다. 사람들이 무능력한 웃음거리로 봐도 상관없다. 타자의 욕망을 욕망하지 않는다. 다만 온 영혼을 사로잡은 것만을 지향하는 자화상이다. 이신의 삶이 〈물고기 머리〉를 그의 자화상으로 보이게 했다. 성공과 안락의 길을 끊임없이 역행하는 삶, 그리스도가 머리인 삶을 보여주기 때문이다. 이처럼 기독교 신앙은 기이함에 감춰진 아름다움을 알아본다. 십자가의 기이함에서 경이로운 신비를 알아보고 그것에 흠뻑 빠진 눈멂이 신앙의 뿌리다.

하나님께 눈먼 신앙이 광야의 현실을 어떻게 살아가는지는 〈예언자〉에서 엿볼 수 있었다. 그것은 기독교 환상의 원형 중 하나인 메시아의 삶이기도 하다. 허무와 부조리의 실존이 그대로 드러난 광야, 길이 보이지 않지만, 예언자는 걷는다. 태양만 바라보며 수직으로 선 지팡이를 의지해 나아간다. 그 모습은 묵시문학적 실존을 보여준다. 묵시적 환상이 보여주는 하나님의 나라만을 바라보며 믿음의 수직성만을 의지해 나아가기 때문이다. 그것은 광야의 메마름 속에서도 우기를 믿고 나아가는 유목의 삶, 하나님의 우기를 믿고 나아가는 삶이다. 광야에 길이 나고 사막에 강이 열리는 환상을 믿는 삶이다. 그러므로 부정되어야 할 역사의 부조리와 불의를 방관하거나 심지어 그것을 의지여 이어간다면 기독교의 뿌리에서 끊어진 것이다. 하나님 새롭게 시작하는 창조적 이벤트에 동참하지 않아도 역시 끊어진 것이다.

〈반구조〉에서는 묵시적 환상의 또 다른 원형인 메시아의 왕국을 만났다. 이 작품에서 새로운 공동체인 하나님 나라가 어떻게 펼쳐지는지 목격했다. 특히 현실을 옥죄고 있는 지배구조를 어떻게 전환하는지 발견했다. 이신은 자녀들이 그은 선들을 하나님 나라 공동체의 모습으로 전환시켰다. 그 예술적 창조성이 하나님 나라의 비밀을 보여준 것이다. 현실 속에 뒤엉킨 무수한 관계의 구조는 고정된 것이 아니었다. 세상을 뒤덮은 의미체계를 새롭게 바꿔 놓을 창조적 이벤트가 가능하기 때문이다. 작은 사건으로도 그물처럼 연결된 의미체계 전체가 바뀔 수 있다. 하나님 나라는 결국 창조적 이벤트로 지금 여기를 새롭게 전환시킨 반구조의 결과였다. 그러니 신앙인 모두는 하나님 나라에 참여하는 반구조의 이벤트 메이커일 수밖에 없다. 하나님 나라의 창조적 이벤트를 믿고 이벤트 메이커로 사는 삶이 구원이다.

신앙인이 창조적 이벤트 메이커라면 광야의 정적 주검에서 동적 죽음을 볼 것이다. 생명으로 변화해 나아가는 죽음을 본다. 한계상황의 처절한 고통을 회피하지 않는다. 절절히 느끼며 하나님의 아픔에 참여한다. 그러나 생명은 죽음과의 단절이 아니다. 겨울을 통과해 피어나는 봄의 꽃처럼 생명은 죽음을 통해서 끊임없이 새로워진다. 창조적 이벤트 메이커는 겨울에서 봄을 보고 씨앗을 뿌린다. 죽음에서 생명의 환상을 목격하고 죽음 속에 생명이 움틀 텃밭을 준비한다. 부정되어야 할 과거에서 새로운 미래로의 전환을 목격하고 미래를 살아간다. 이미 시작된 하나님 나라를 목격하고 하나님의 사람으로 살아간다. 그래서 전환의 이벤트를 창조하는 삶으로 고독한 저항의 길을 걸을 수밖에 없다. 이 길에서 벗어난 기독교는 없다.

묵시적 환상을 알아보는 눈뜸은 그 길에서 자연스럽게 요청되었다. 이미 시작된 하나님 나라를 알아보고 참여하는 새로운 인간이 창조적 이벤트 메이커이기 때문이다. 그래서 상상력의 부패를 치명적인 병, 죽음에 이르는 병으로 주목했다. 상상하는 모든 일을 이루어 주겠다는 유혹은 강렬하다. 과학 문명과 자본주의의 이런 유혹이 교회에서는 다른가. 기적을 보고 따라오는 무리에게 자기를 부인하고 자기 십자가를 지라고 한 그리스도의 가르침은 어디로 갔는지. 더 구체적으로 상상하고 의심 없이 믿으면 하나님 다 들어준다고 유혹한다. 반면에 하나님의 현존을 상상하도록 돕지는 않는다. 하나님이 아파하는 눈물을 상상하며 느끼게 하지도 않는다. 하나님과 함께 울지도 웃지도 않는다. 인간의 상상에 무한한 능력이 주어질 때 얼마나 끔찍한 지옥이 펼쳐질지는 상상도 못 한 채. 그러니 교회는 커지는데 하나님 나라는 가물어 수밖에….

마지막 작품 〈자유로운 선(善)〉에서 만난 신앙의 실존적 동시성이 절실해지는 지점이다. 지금까지 네 개의 작품에서 발견한 기독교 신앙의 뿌리를 지금 여기에 되살려야 하기 때문이다. 이신의 작품은 파종해야 할 신앙의 씨알들을 끊임없이 보여준다. 하나님과 타자의 고통에 대한 영적 감수성, 묵시적 환상을 알아보는 상상력의 회복, 십자가의 기이함으로 경이를 살아내는 자유, 광야를 살아가는 믿음의 수직성, 뒤엉킨 우연으로 하나님 나라를 이뤄가는 반구조의 창조적 이벤트…. 기독교 신앙의 밭에 뿌리 내리게 해야 할 씨알들이다.

그러나 한국 개신교회의 현실은 어떤가? 교리로 굳어진 구원의 공식에 갇혀있다. 살아내지 않아도 전혀 상관없는 구원에게 실존적 동시성은 낯설 뿐이다. 한계상황에 치달은 불의한 현실에 가슴 치며 통곡하는 묵시적 감수성은 불필요다. 하나님이 절망 속에서 시작한 창조적 사건을 알아보고 그것을 통해 희망을 발견할 필요도 없다. 일상에서 하나님 나라를 창조하는 저항적 참여는 부담스럽다. 오히려 부조리한 현실에 저항하기보다는 잘 타협해 성공해야 한다. 그것이 하나님이 축복한 삶이다. 그러나 키에르케고르는 "동시성이야말로 신앙의 상태이고 더 정확히는 바로 동시성 그것이 신앙"[36]이라고 역설한다.

하나님과 하나 되는 동시성은 결국 형식이나 교리를 강조하는 제도적 신앙에 대한 근본적인 해체와 급진적인 전복의 기운을 머금고 있다. 묵시문학가의 전위의식이, 예수 그리스도의 영이 자신 안에 숨 쉴 때, 하나님과 자신 사이에는 아무것도 없다. 그 사이에 어떤 매개도 남지 않는다. 하나님과의 직접성을 가로막고 하나님의 현존성에 눈멀게 하는 어떤 것도 우상이며 구원의 걸림돌일 뿐이다. '예수를 믿는 믿음'에

---

36 Søren Kierkegaard, *A Keirkegaard Anthology, edited by Robert Brettall* (New York: Modern Library), 375; 이신, 앞의 책 179에서 재인용.

갇히지 않고 '예수의 믿음'이 자신 안에도 두근거리는 실존인가, 묵시적 실존의 믿음을 창조적으로 살아가고 있는가? 그 동시성이 중요할 뿐이다. 기독교 신앙은, 하나님 나라는, 구원은 그 동시성의 상태이자 전개이며 결실이기 때문이다. 실존적 동시성이 지금 여기에 하나님 나라가 고동치게 하는 기독교 신앙의 아주심기다. 지금이 밭을 갈아엎고 이신을 통해 발견한 씨알을 한 알만이라도 파종해야 할 바로 그때다.

# 참고문헌

## 1부 ┃ 이신 신학의 새 차원 ― 묵시의식의 토착화

이정배 ┃ 토착화, 기독교사회주의, 그리스도환원운동, 이들 통섭의 토대로서
이신의 슐리얼리즘 신학 ― 한국 신학 광맥 다시 캐기

강수미.『아이스테시스 ― 발터 벤야민과 사유하는 미학』. 글항아리, 2011.

고운 최치원 교류 사업회.『고운 최치원의 철학, 종교사상』최치원 연구총서 12. 문사철, 2012.

김건우.『대한민국의 설계자들』. 느티나무 책방, 2017.

김익진. "덩석기와 한국 그리스도교회."「한국 기독교와 역사」1998. 8.

김홍수.『손정도, 애국적 생애』. 한국 기독교 문화원, 2020.

니콜라스 A. 베르댜예프/이신 옮김.『노예냐 자유냐』. 늘봄, 2018.

박일준. "저항과 탈주의 몸짓으로서 종교해방신학."변선환 아키브 편.『올꾼이 선생님』. 신앙과지
성사, 2010.

박순경.『민족통일과 여성신학의 과제』. 대한 기독교서회, 1988.

_____.『통일신학의 고통과 승리』. 한울출판사, 1992.

박정심.『단재 신채호, 조선의 아, 비아와 마주서다』. 도서출판 문사철, 2019.

반병률.『성재 이동휘 일대기』. 범우사, 1998.

변선환 아키브 편.『변선환 전집 3권 ― 한국적 신학의 모색』. 한국신학연구소, 1997.

변종호 편저.『이용도 연구사 반세기 ― 전집 9권』. 초석출판사, 1986.

볼세스 디트리히/안기순 옮김.『성장의 종말』. 더 퀘스트, 2021.

스미스 D. 안소니/이재석 옮김.『민족의 인종적 기원』. 그린비, 2018.

스탠딩 가이/안효상 옮김.『공유지의 약탈』. 창비, 2021.

슬로터다이크 페터/문순표 옮김.『너는 너의 삶을 바꿔야한다 ― 인간 공학에 대하여』. 오월의 봄,
2020.

신익상. "이신의 꿈, 초현실주의 신학."『환상과 저항의 신학 ― 이신의 슐리얼리즘 연구』. 서울: 동
연, 2017.

안세진. "한국 기독교사회주의 형성과 분류."「통일 이후 신학 연구」제4집. 감신대 한반도 통일신
학 연구회 편, 2012.

오수강 외.『성낙소 목사 자서전 ― 기독의 교회와 성낙소와의 관계』. 한국그리스도의교회연구소
편, 1999.

유동식.『소금 유동식 전집 4권 ― 한국 신학의 광맥』. 한들 출판사, 2009.

_____.『소금 유동식 전집 8권 ─ 풍류신학』. 한들 출판사, 2009.

유영렬. "기독교 민족 사회주의자 김창준에 대한 고찰 ─ 김창준 회고록을 중심으로"『한국 독립운동사 연구』. 한국 독립기념관 독립운동 연구소, 2005.

윤남옥 편저.『성의 신학자 ─ 해천 윤성범 박사의 삶과 신학』. 한들 출판사, 2017.

이덕주. "손정도 목사의 생애와 기독교 사상."『손정도 목사의 생애와 사상』. 감리교신학대학교 출판부, 2004.

이신. "최제우의 사상." 미간행 논문, 1972.

_____/이경 엮음.『이신 시집, 돌의 소리』. 서울: 동연 2012.

_____/이은선·이경 엮음.『슐리얼리즘과 영의 신학』. 서울: 동연 2011.

이은선. "3.1 운동 정신에서의 대종교와 기독교 ─ 21세기 동북아 평화를 위한 의미와 서사."『3.1 정신과 '이후' 기독교』. 모시는 사람들, 2019.

이정배. "한국전쟁 발단 논쟁에서 본 통일과 그 신학적 의미."『한국전쟁 70년과 이후 교회』. 모시는 사람들, 2021.

_____. "몽양 여운형의 좌우 합작론 속의 토착적 기독교성." 변선환 아키브편.『3.1정신과 '이후' 기독교』. 2019.

_____. "종교개혁 이후 신학으로서의 역사유비의 신학." 변선환아키브편.『종교개혁 500년 '이후' 신학』. 모시는 사람들, 2017.

_____.『두 번째 종교개혁과 작은교회 운동』. 서울: 동연, 2017.

_____. "한류와 K-Christianity, 한류와 한국적 기독교, 그 상관성을 묻다."『한류로 신학하기: K-Christianity』. 서울: 동연, 2016.

_____.『고독하라, 저항하라 그리고 상상하라』. 서울: 동연, 2013.

_____. "이용도 연구사의 비판적 분석과 묵시문학적 한 조명."「신학과 세계」2000 봄. 감리교신학대학교

_____.『한국 개신교 전위신학 연구』. 기독교서회, 1992.

정혁현. "유대, 기독교적인 것 ─ 벤야민과 이신."『환상과 저항의 신학 ─ 이신의 슐리얼리즘 연구』. 서울: 동연, 2017.

조동호.『한국 그리스도교회 이야기』수정증보판. 그리스도의 교회 연구 편, 2016.

최광진.『한국의 미학 ─ 서양과 중국, 일본과의 다름을 논하라』. 예술문화, 2013.

카우츠키 카를/이승무 옮김.『새로운 사회주의 선구자들』. 서울: 동연, 2018.

커밍스 부루스/조행복 옮김.『한국의 전쟁, 기억의 분단과 분단의 미래』. 현실문학, 2010.

한규무. "일제 강점기 사회주의와 손정도 목사."『손정도 목사 생애와 사상』. 감리교신학대학교 출판부, 2004.

현장아카데미 편.『환상과 저항의 신학 ─ 이신의 슐리얼리즘 연구』. 서울: 동연, 2017.

이은선 ┃ 참된 인류세(Anthropocene) 시대를 위한 이신(李信)의 영(靈)의 신
학 ─ N. 베르댜예프와 한국 신학(信學)과 인학(仁學)과의 대화 속에서

곽신환. "학산 이정호의 역학과《正易》." 학산 이정호 연구 간행위원회 엮음.『학산 이정호 연구』.
　　서울: 지식과교양, 2021.

그레고리 라일리/김준우 옮김.『하느님의 강 ─ 그리스도교 신앙의 원류를 찾아서』. 일산: 한국기독
　　교연구소, 2005.

김상준.『붕새의 날개, 문명의 진로 ─ 팽창문명에서 내장문명으로』. 서울: 아카넷 2021.

김선하.『아브젝시옹과 성스러움 ─ 줄리아 크리스테바와 폴 리쾨르로 프로이트 넘어서기』. 서울:
　　늘봄, 2021.

김용옥.『동경대전 1 ─ 나는 코리안이다』. 서울: 통나무, 2021.

_____.『동경대전 2 ─ 우리가 하느님이다』. 서울: 통나무, 2021.

_____·박맹수·백낙청. "특별좌담 다시 동학을 찾아 오늘의 길을 묻다."「창작과 비평」193(제49권
　　제3호 가을). 서울: 창비, 2021.

金鐘錫.『퇴계학의 이해』. 서울: 일송미디어, 2001.

김홍철. "한국그리스도의교회 성장사." 한국목회대학원 석사학위 논문, 1986.

니콜라스 A. 베르댜예프/이신 옮김.『노예냐 자유냐』. 서울: 늘봄, 2015.

담사동/임형석 옮김.『인학仁學』. 서울: 산지니, 2016.

류승국. "한국사상의 본질과 평화의 이념."『한국사상의 연원과 역사적 전망』. 서울: 유교문화연구
　　소, 2008.

심은록. "이신(李信), 묵시적 미술과 돌소리의 미학." 현장(顯藏)아카데미 편.『환상과 저항의 신학:
　　이신(李信)의 슐리얼리즘 연구』. 서울: 동연, 2017.

양재학.『김일부의 생애와 사상』. 서울: 상생출판, 2020.

이경 엮음.『이신 목사 유고 목록』. 미간행, 2021.

이규성.『중국현대철학사론-획득과 상실의 역사』. 서울: 이화여자대학교출판문화원, 2020.

이신.『산다는 것·믿는다는 것』. 서울: 교문사, 1979.

_____/이경 엮음.『李信 詩集, 돌의 소리』. 서울: 동연 2012.

_____/이은선·이경 엮음.『슐리얼리즘과 영靈의 신학』. 서울: 동연 2011.

_____. "'사유와 信學' 3, 인격(人格)이란 무엇인가?" 에큐메니안, 2021. 03.
　　http://www.ecumenian.com/news/articleView.

_____. "'사유와 信學' 5, 참된 인격주의와 휴머니즘의 차이는 무엇인가?" 에큐메니안, 2021.04.
　　http://www.ecumenian.com/news/articleView.

_____. "'사유와 信學' 8, 자연과 자유-우주의매혹과자연에대한인간의노예성." 에큐메니안,
　　2021. 07. 04. http://www.ecumenian.com/news/articleView.

_____. "코로나 팬데믹 이후 종교와 교육-한국 信學과 仁學의 관점에서."「종교교육학연구」.

2021. 07.

_____. 『사유하는 집사람의 논어 읽기』. 서울: 도서출판 모시는사람들, 2020.

_____. 『동북아 평화와 聖·性·誠의 여성신학』. 서울: 동연, 2020.

_____. "해학 이기의 신인(神人/眞君)의식과 동북아 평화." 「儒學硏究」 제50집(2020. 2).

_____. "21세기 인류 문명의 보편적 토대로서의 誠과 孝 ─ 오늘 우리 삶을 정의롭게 만들기 위한 토대로서의 孝." 곽진상·한민택 편.『빛은 동방에서 ─ 심상태 몬시뇰 팔순기념 논총』. 수원 가톨릭대학교출판부, 2019.

_____. "초현실주의 신학자 李信의 삶과 그림 ─ 자유로운 선善." 「기독교세계」 2018년 3월호.

_____. 『통합학문으로서의 한국교육철학』. 서울: 동연, 2018.

_____. "'어떻게' '행위'할 수 있고, '희락'할 수 있는 인간을 기를 것인가? ─ 퇴계 '敬의 心學과 양명 '致良知'의 현대교육철학적 비교연구." 「退溪學論集」 제6호. 대구: 영남퇴계학연구원, 2010.

_____. "한국 페미니스트 신학자의 동학 읽기." 변선환 아키브·동서종교신학연구소 편.『동서 종교의 만남과 그 미래』. 서울: 도서출판 모시는사람들, 2010.

_____. 『한국 여성조직신학 탐구 ─ 聖·性·誠의 여성신학』. 서울: 대한기독교서회, 2004.

이정배. "기독교적 입장에서 본 유교적 孝 ─ 다석 유영모의 시각에서 그 의미와 한계 그리고 재구성." 임종수 외.『효孝와 경敬의 뜻을 찾아서』. 서울: 도서출판 문사철, 2019.

이정호.『원문대조 국역주해 정역』. 서울: 아세아문화사, 1996.

이호재. "선(僊)이란 무엇인가? ─ 변찬린의 선맥신학과 유동식의 풍류신학(1)." 에큐메니안, 2020. 02. 18.

이황/이광호 옮김.『성학십도』. 서울: 홍익출판사, 2001.

_____.『퇴계집 ─ 사람됨의 학문을 세우다』. 서울: 한국고전번역원, 2017.

조성환·허남진. "인류세 시대의 새로운 존재론 모색 ─ 애니미즘의 재해석과 이규보의 사물인식을 중심으로." 「宗敎敎育學硏究」 제66호(2021. 07).

차정식. "생성기 기독교의 '부활' 신앙 모티브와 그 전개 과정 ─ 신약성서 자료에 대한 '발전론적' 분석을 중심으로." 「신학과 사회」 33⁴(2019).

최봉근. "退溪의 '天命圖說'에 비친 理의 全一的 生命性." 한국양명학회.「陽明學」 11(2004. 2).

한나 아렌트/이진우·태정호 공역.『인간 조건』. 서울: 한길사, 2001

황상희. "退溪의 太極論 연구." 「退溪學論集」 제16호(2015), 대구: 영남퇴계학연구원.

현장(顯藏)아카데미 편.『환상과 저항의 신학: 이신(李信)의 슐리얼리즘 연구』. 서울: 동연, 2017.

「해월신사법설海月神師法說」. 이규성.『최시형의 철학』. 서울: 이화여자대학교출판부, 2011.

邊燦麟 述.『聖經의 原理』. 서울: 文岩社.

王晚霞. "퇴계의 주돈이 사상 계승적 측면.「退溪學報」 제149집(2021), 서울: 사단법인 퇴계학연구원.

A.R.Peacocke. *Creation and the World of Science-The Bampton Lectures 1978.* Clarendon Press,

Oxford, 1979.

Hans Jonas. *The Gnostic Religion.* Boston: Beacon Press, 1967.

Mann Soo Lee. *"The Phenomenon of Avant-Garde-Apocalyptic: Phenomenological Resources for the Interpretation of Apocalyptic."* submitted to the Faculty of the Divinity School of Vanderbilt University, 1971.

Mircea Eliade. *The Quest, History and Meaning in Religion.* Chicago: University of Chicago Press, 1969.

## 2부 | 이신의 슐리얼리즘 신학의 전개

### 조재형 | 묵시문학과 영지주의 — 이신(李信)의 전위 묵시문학 현상 이해를 중심으로

김광식. "한국토착화신학 형성사." 「기독교사상」 35/6 (1991), 7-17.

손원영. "이신의 신학 사상과 한국교회의 위기 극복 방향에 관한 연구." 「신학논단」 71 (2013), 99-134.

송혜경. 『영지주의-그 민낯과의 만남』. 의정부: 한님성서연구소, 2014.

_____. 『영지주의자들의 성서』. 의정부: 한님성서연구소, 2014.

윤남옥 편집. 『윤성범의 삶과 신학: 성의 신학자』. 서울: 한들, 2017.

이신/이경 엮음. 『돌의 소리』. 서울: 동연, 2012.

_____. 『산다는 것·믿는다는 것-지성인을 위한 크리스찬 메시지-』. 서울: 기독교문사, 1980.

_____. 『슐리얼리즘과 靈의 신학』. 서울: 동연, 2011.

이은선. "머리말." 『슐리얼리즘과 靈의 신학』. 이은선·이경 편. 서울: 동연, 2011.

이정배. "이신의 예술 신학연구-묵시문학적 상상력과 슐리얼리즘의 해석학." 「신학과 세계」 44 (2002), 346-89.

조재형. 『그리스-로마종교와 신약성서-그리스도교의 기원에 대한 사상사』. 개정증보판. 서울: 감은사, 2021.

_____. "묵시문학과 영지주의—이신(李信)의 전위 묵시문학 현상 이해를 중심으로." 「기독교신학논총」 122 (2021), 191-214.

_____. "그리스 종교와 철학의 관점에서 살펴 본 신약성서의 영혼의 여행." *Canon & Culture* 15/1 (2021), 219-49.

_____. 『초기 그리스도교와 영지주의』. 서울: 동연, 2020.

_____. 『그리스-로마종교와 신약성서-그리스도교의 기원에 대한 사상사』. 서울: 부크크, 2018.

조현. "[기독교 영성가, 그 흔적과 자취를 찾아서(11)] 한국적 그리스도교회를 꿈꾸던 창조적 삶—이신 목사." 「기독교사상」 624 (2010), 157-63.

쿡, 스티븐L/이윤경 옮김. 『예언과 묵시-포로기 이후 묵시 사상에 대한 사회학적 연구』. 한국구약학

연구소 총서. 서울: 새물결플러스, 2016.

포스터, 더그라스A., 폴 M. 블로워즈, 안토니 L. 두나번트, 뉴웰 윌리엄스 편집.『그리스도의 교회들 운동 대사전』. 서울: 대한기독교서회, 2015.

현장아카데미 편집.『환상과 저항의 신학 — 이신(李信)의 슐리얼리즘 연구』. 서울: 동연, 2017.

호슬리, 리처드A./박경미 옮김.『서기관들의 반란: 저항과 "묵시문학"의 기원』. 고양: 한국기독교연 구소, 2020.

Bauer, Walter. *Orthodoxy & Heresy in Earliest Christianity*. 2 ed. Mifflintown: Sigler Press, 1996.

Collins, John J. "Apocalypse: An Overview." In *Encyclopedia of Religion*. Edited by Lindsay Jones, 409-14. Detroit: Macmillan Reference USA, 2005.

_____. "Apocalypse: Jewish Apocalypticism to the Rabbinic Period." In *Encyclopedia of Religion*. Edited by Lindsay Jones, 414-19. Detroit: Macmillan Reference USA, 2005.

Enslin, Morton Scott. "Apocalypticism." In *An Encyclopedia of Religion*. Edited by Vergilius Ferm. Patterson: Littlefield, Adams & co., 1964.

Foster, Douglas A., Paul M. Blowers, Anthony L. Dunnavant, and D. Newell Williams, eds. *The Encyclopedia of the Stone-Campbell Movement*. Grand Rapids: William B. Eerdmans, 2004.

Jonas, Hans. T*he Gnostic Religion: The Message of the Alien God & the Beginnings of Christianity*. 3rd ed. Beacon Press: Boston, 2001.

Käsemann, Ernst. *New Testament Questions of Today*. Tr. by W. J. Montague. Philadelphia: Fortress Press, 1969.

_____. "On the Topic of Primitive Christian Apocalyptic." *Journal for Theology and the Church* 6 (1969), 99-133.

Keller, Catherine. *Apocalypse Now and Then: A Feminist Guide to the End of the World*. Boston: Beacon, 1996.

Lee, Mann Soo. "The Phenomenon of Avant-Garde-Apocalyptic: Phenomenological Resources for the Interpretation of Apocalyptic." D.Div. Diss. Vanderbilt University Divinity School, 1971.

Pearson, Birger A. *Ancient Gnosticism: Traditions and Literature*. Minneapolis: Fortress Press, 2007.

Rudolph, Kurt. *Gnosis: The Nature and History of Gnostic*ism. Tr. by R. McLachlan Wilson. San Francisco: Harper & Row, 1987.

Schüssler Fiorenza, Elisabeth. "Apocalyptic and Gnosis in the Book of Revelation and Paul." *Journal of Biblical Literature* 92/4 (1973), 565-81.

최대광 ㅣ 벤야민과 이신의 해방과 영성을 향한 신학적 구조
　　　　— 이신과 벤야민의 초현실주의 신학 프로젝트를 중심으로

윤성범. 『誠의 신학』. 서울문화사, 1975.
이기상. "비움의 차원과 한국인의 상상력." m.blog.naver.com.
이명권. 『노자왈 예수 가라사대』. 서울: 열린서원, 2017.
이신/이경 엮음. 『돌의 소리』. 서울: 동연, 2012.
_____/이은선·이경 엮음. 『슐리얼리즘과 영의 신학』. 서울: 동연, 2011.
현장아카데미 편. 『환상과 저항의 신학』. 서울: 동연, 2017.
[晉] 郭象 注/[唐] 成玄英 疏. 『莊子注疏』. 北京: 中華書局, 2011.
白平 註譯. 『孟子』. 北京: 人文文學出版社, 2013.
劉學智. 『中國哲學的歷程』. 桂林: 廣西師範大學出版社, 2011.
(戰國) 莊周. 『庄子·逍遥游』. 北京: 北京燕山出版社, 2009.
(漢) 河上公/(唐) 杜光庭等 注. 『道德經集釋』. 北京: 中國書店, 2015.

이명권 ㅣ 동양 미학의 관점에서 본 이신의 슐리얼리즘 신학
　　　　— '망(望, 網, 忘)의 신학'적 관점에서

고지현. 『꿈과 깨어나기』. 서울: 유로서적, 2002.
마이스터 엑카르트, 매튜 폭스 해제, 김순현 옮김. 『마이스터 엑카르트는 이렇게 말했다』. 서울: 분도
　　　출판사, 2006.
발터 벤야민. 『역사의 개념에 대하여 폭력비판을 위하여 초현실주의 외』. 서울: 도서출판 길, 2009
발터 벤야민/조형준 옮김. 『아케이드프로젝트의 탄생』. 서울: 새물결, 2008
수잔 벅모스/ 김정아 옮김. 『발터 벤야민의 아케이드 프로젝트』. 파주: 문학동네, 2004
앙드레 브루퉁/ 황현산 옮김. 『초현실주의 선언』. 서울: 미메시스, 2018
이신/이은선, 이경 엮음. 『슐리얼리즘과 영의 신학』. 서울: 동연, 2011
최성만. 『발터벤야민 기억의 정치학』. 서울: 도서출판 길, 2014
켄 윌버/조효남 옮김. 『아이 투 아이』. 서울: 대원출판, 2004
Charles Hartshorne. *A Natural Theology for Our Time.* La Salle, Illinois: Opencourt, 1967.

3부 ㅣ 이신의 시와 신학

김성리 ㅣ 이신의 묵시 해석에 대한 현상학적 연구 — 시를 중심으로

김영철. 『현대시론』. 건국대학교 출판부, 2006.

김형효.『하이데거와 마음의 철학』. 청계, 2020.

로지 잭슨, 서강여성문학연구회 옮김,『환상성-전복의 문학』. 문학동네, 2007.

마르틴 하이데거/전양범 옮김,『존재와 시간』. 시간과 공간사, 1989.

미하일 바흐친/김근식 옮김,『도스토엡스키 시학』. 정음사, 1988.

빌헬름 딜타이/이한우 옮김,『체험·표현·이해』. 책세상, 2002.

이신/이경 엮음,『돌의 소리』. 동연, 2012.

이종하.『아도르노 고통의 해석학』. 살림, 2007.

에드문트 후설/이종훈 옮김.『유럽학문의 위기와 선험적 현상학』. 한길사, 2007.

이본느 뒤플렌시스/조한경 옮김.『초현실주의』. 탐구당, 1983.

조광제.『의식의 85가지 얼굴』. 글항아리, 2008.

피에르 테브나즈/김동규 옮김.『현상학이란 무엇인가 – 후설에서 메를로 퐁티까지』. 그린비, 2012.

현장아카데미 편.『환상과 저항의 신학:이신(李信)의 슐리얼리즘 연구』. 동연, 2017.

## 최자웅 ㅣ 이신의 내면세계 — 그의 시(詩) 작품으로 본 예술적 파토스와 구도적 누미노제(Numinose) 지향(志向)의 고찰

김동명.『시전집』. 강릉시 편, 2017.

_____.『김동명 시선』. 지식을 만드는 지식, 2012.

김수영.『김수영 전집 1, 2』. 민음사, 2003.

김우창.『궁핍한 시대의 시인』김우창 전집1. 민음사, 2015.

김윤식.『한국현대문학사』. 현대문학, 2014.

노자/박관현 역해.『도덕경』. 홍문관, 2016.

_____/소준섭 옮김.『도덕경』. 현대지성, 2019.

『道敎大辭典』. (臺灣) 浙江考籍出版社 , 1988.

박두진.『박두진 시전집』. 1-7권. 홍성사, 2017.

_____.『박두진 전집』. 범조사, 1982.

_____.『거미와 성좌』. 박두진의 제5 시집. 대한기독교서회, 1962.

백철.『신문학사조사』. 신구문화사, 1989.

변희욱. "대혜의 문자공부 비판과 언어 중도(中道)."「불교학연구」10, 2005.

『佛敎學大辭典』1-2. 홍법원, 1998.

오토, 루돌프/길희성 옮김.『성스러움의 의미』(Das Heilige). 분도출판사, 2009.

윤동주.『하늘과 바람과 별의 시』. 정음사, 1948.

이기상.『존재는 생명의 강물』이기상교수 정년기념논문집, 2012.

_____.『하이데거의 말놀이 사건』. 한국하이데거학회, 2013.

이육사.『육사시집』. 서울출판사, 1946.

_____.『이육사 시집』. 범우문고, 2019.

이신/이은선, 이경 엮음.『슐리얼리즘과 영의 신학』. 서울: 동연, 2011

_____/이경 엮음.『돌의 소리』. 서울: 동연, 2012.

이은선. "나는 왜 오늘도 이신에 대해서 계속 말하려고 하는가?"『환상과 저항의 신학』. 서울: 동연, 2017.

이정배. "초현실주의 해석학으로서의 이신의 예술 신학."『환상과 저항의 신학』. 서울: 동연, 2017.

장자/김학주 옮김.『장자(莊子)』. 연암서가, 2010.

_____/오강남 편역.『장자』. 현암사. 1991.

莊周(戰國).『庄子·逍遥游』. (北京) 北京燕山出版社, 2009,

최인훈.『최인훈 전집』(전15권), 2010.

_____.『화두1, 2』. 문학과지성사, 2008.

하이데거, 마틴/신상희 옮김.『사유의 경험으로부터』(Aus der Erfahrung des Denkens). 나남, 2012.

_____.『언어로의 도상에서』(Unterwegs zur Sprache). 나남, 2012.

_____.『횔덜린 시의 해명』(Erlauterungen zu Hoelderlins Dichtung). 아카넷, 2009.

서울대학교 철학사상연구소. http://philinst.snu.ac.kr.

## 이혁 ׀ 짙은 그리움이 깊은 고요를 만나 — 이신의 시(詩)가 노래(歌)가 되다

김성리, 박일준, 손원영, 신익상, 심은록, 이정, 이은선, 이정배.『환상과 저항의 신학- 이신의 슐리어리즘 연구』. 동연, 2017

이신.『산다는 것, 믿는다는 것』. 기독교문사, 1980

_____/이경 엮음,『이신 시집 돌의 소리』. 동연, 2012

_____/이은선, 이경 엮음.『슐리얼리즘과 영의 신학』. 서울: 동연, 2011

## 4부 ׀ 이신의 그림과 예술 신학

## 심은록 ׀ 한국 초현실주의 미술사에서의 이신

심은록.『미래아트와 트아링힐, 다시 카오스로부터』. 서울: 교육과학사, 2021.

_____.「들꽃처럼 별들처럼, 김근태와 5대륙 장애아동들」도록. 파리 UNESCO, 2018. 4.

_____.「2018 평창 동계패럴림픽전시」도록. 강릉 올림픽 공원, 2018. 3.

_____.「들꽃처럼 별들처럼, 김근태와5대륙 장애아동들」도록. UNOG유엔제네바사무소, 2017. 12.

_____·이은선·이정배 외/현장아카데미 엮음.『환상과 저항의 신학. 이신(李信)의 슐리얼리즘 연구』. 서울: 도서출판 동연, 2017.

이신/이경 엮음.『돌의 소리』. 서울: 도서출판 동연, 2012.

_____/이은선·이경 엮음.『슐리얼리즘과 영靈의 신학』. 서울: 도서출판 동연, 2011.

이은선. "초현실주의 신학자 李信의 삶과 그림."「월간 기독교세계」2018.1-12.

이정배. "이신의 예술 신학연구 – 묵시문학적 상상력과 슐리얼리즘의 해석학."「신학과 세계」2002
    년 봄호(통권 44호).

장 보드리야르/하태환 옮김.『시뮬라시옹』. 민음사, 2013.

_____.『소비의 사회 : 그 신화와 구조』. 文藝出版社, 1999.

Bachelard, Gaston. *L'Eau Et les Reves: Essai Sur L'Imagination de la Matière.* Le Livre de Poche,
    1942.

Kim Levin. "Joseph Beuys: The New Order." *Arts Magazine*, April 1980.

_____. *Beyond Modernism: Essays on Art from the 70's and 80's.* HarperCollins.

## 김종길 ı '하나'로 솟난 감흥의 신명 — 이신(李信)의 '님' 회화론

김부찬.『동양의 몸철학.1: 한국편』. 전남대학교출판부, 2016.

김용옥.『석도화론』. 통나무, 2001.

김형효.『물학 심학 실학: 맹자와 순자를 통해 본 유학의 사유』. 청계, 2003.

김흥호.『다석일지 공부1-7』. 솔, 2001.

다석 류영모.『다석일지-다석 류영모 일지(제1-4권)』. 홍익재, 1990.

_____/박영호 엮음,『제나에서 얼나로: 다석 류영모 어록』. 올리브나무, 2019.

대종교 종경 편수위원회.『대종교경전』. 대종교출판사, 2002.

미란다 브루스 미트포트, 필립 윌킨스/주민아 옮김.『기호와 상징 그 기원과 의미를 찾아서』. 21세기
    북스, 2010.

박영호.『다석 유영모 어록』. 두레, 2002.

배철현.『인간의 위대한 여정-빅뱅부터 호모 사피엔스까지 우리가 살아남은 단 하나의 이유』. 21세
    기북스, 2017.

서경덕, 김교빈.『화담집-종달새의 날개짓에서 이끌어낸 기의 철학』. 풀빛, 2019.

윤석산 주해.『동경대전』. 동학사, 2001.

이만열, 최재목, 이정배, 김영호, 김대식.『생각과 실천. 2 함석헌의 비교사상적 조명』. 한길사.

이신/이은선·이경 엮음.『슐리얼리즘과 영(靈)의 신학』. 동연, 2011.

_____/이경 엮음.『돌의 소리 – 이신 시집』. 동연, 2012.

이우성, 손병욱, 허남진, 백민정, 권오영, 전용훈.『혜강 최한기 연구-실시학사 실학연구총서 12』.
    사람의무늬, 2016.

이정배.『켄 윌버와 신학 – 홀아키적 우주론과 기독교의 만남』. 시와진실, 2008.

_____/현장아카데미 기획.『유영모의 귀일신학: 팬데믹 이후 시대를 위한 다석강의 다시 읽기』.
    밀알북스, 2020.

_____.『없이 계신 하느님 덜 없는 인간: 다석신학의 얼과 틀 그리고 쓰임』. 모시는사람들, 2014.
전호근.『한국 철학사: 원효부터 장일순까지 한국 지성사의 거장들을 만나다』. 메멘토, 2018.
최민자.『천부경』. 모시는 사람들, 2006.
한국철학사연구회.『한국철학사상사』. 심산문학, 2003.
현실동인 기획.『현실동인 제1선언-현실동인전에 즈음하여』. 현실동인, 1969.
현장아카데미 엮음.『환상과 저항의 신학-이신의 슐리어리즘 연구』. 동연, 2017.
황광욱.『선비, 철학자 그리고 화담 서경덕』. 심산, 2020.
D.R. 매켈로이/최다인 옮김,『세계의 기호와 상징 사전』. 한스미디어, 2021.

하태혁 ｜ "묵시적 초현실에 비친 자화상" — 이신의 미술작품에 대한 묵상

길희성.『마이스터 엑카르트의 영성 사상』. 왜관: 분도출판사, 2003.
남성현.『고대 기독교 예술사』. 서울: 이담북스, 2011.
디트마르 미트 풀어 엮음/김순현 옮김.『하느님과 하나 되어』. 왜관: 분도출판사, 2014.
매슈 게일/오진경 옮김.『다다와 초현실주의』. 서울: 한길아트, 2001,
매튜 폭스 해제, 주석/김순현 옮김.『마이스터 엑카르트는 이렇게 말했다』. 왜관: 분도출판사, 2006.
현장아카데미 엮음. "이신(李信), 묵시적 미술과 돌 소리의 미학."『환상과 저항의 신학: 이신(李信)의 슐리얼리즘 연구』. 서울: 도서출판 동연, 2017.
앙드레 브르통/황현산 옮김.『초현실주의 선언』. 서울: 미메시스, 2012.
월터 브루그만/김기철 옮김.『예언자적 상상력』. 서울: 복 있는 사람, 2009.
이신.『산다는 것, 믿는다는 것』. 서울: 기독교문사, 1980.
_____/이경 엮음.『이신 시집 돌의 소리』. 서울: 도서출판 동연, 2012.
_____/이은선·이경 엮음.『슐리얼리즘과 영의 신학』. 서울: 도서출판 동연, 2011.
이은선. "나는 왜 오늘도 이신(李信)에 대해서 계속 말하려고 하는가?" 김성리 외 공저.『환상과 저항의 신학: 이신(李信)의 슐리얼리즘 연구』. 서울: 도서출판 동연, 2017.
_____. "불이 어디 있습니까."『기독교세계』. 2017년 10월(1038호), 서울: 도서출판kmc.
_____. 새 그리스도로지.『기독교세계』 2017년 4월(1032호), 서울: 도서출판kmc.
이정배. "초현실주의 해석학으로서의 이신(李信)의 예술 신학." 김성리 외 공저.『환상과 저항의 신학: 이신(李信)의 슐리얼리즘 연구』. 서울: 도서출판 동연, 2017.
이정우.『시뮬라크르의 시대』. 서울: 기획출판 거름, 1999.
한병철. Palliativgesellschaft. 이병재.『고통 없는 사회』. 파주: 김영사, 2021.
핼 포스터. Compulsive Beauty. 조주연.『강박적 아름다움』. 파주: 아트북스, 2018.
홍은전.『그냥, 사람』. 서울: 봄날의 책, 2020.

# 저자소개(가나다 순)

## 김성리

문학박사. 인제대학교 의과대학 인문사회의학교실 교수, 〈인문의학연구소 겸임연구원〉. 간호대학을 졸업하고 인제대학교 부산백병원에서 7년 동안 간호사로 살았다. 이후 시학을 전공하여 간호학과 시학을 융합하는 치유시학을 한국연구재단의 지원을 받아 연구했으며, 현재는 인제의대에서 의료인문학 교육에 작은 부분을 맡아 강의하며 연구 중이다. 삶, 행복 등에 관심을 가지고 연구 영역을 '온전한 삶'으로 넓히고 있다. 첫 번째 시도로 시골에서 한국연구재단의 인문도시지원사업을 6년 동안 진행했다. 저서로『김춘수 시를 읽는 방법』,『꽃보다 붉은 울음』,『다시 봄이 온다, 우리들의 봄이』,『환상과 저항의 신학 : 이신의 슐리얼리즘 연구(공저)』,『산청의 정신문화를 찾아(공저)』등이 있으며 한센인들과 함께 두 권의 시집을 엮었다. 연구 논문으로는「시치유에 대한 인문의학적 접근-한센인의 시를 중심으로」,「시와 의학교육의 만남에 대한 인문의학적 고찰」,「시와 삶의 치유에 대한 연구」등 다수가 있다.

## 김종길

국민대 대학원에서 미술이론 박사과정을 수료했다. 1989년 문화패 갯돌 산하 미술패 대반동에 들어가 활동했고, 해원 씻김굿 형식의 실험극 〈숲〉을 쓰고 연출했다. 이후 큐레이터와 미술평론가로 살면서 우리 근현대사의 옹이진 사건들과 생태미학에 주목하며 민중미술, 제주4 · 3미술, 자연미술, 바깥미술 그리고 다석철학을 연구하고 있다. 〈경기천년도큐페스타: 경기 아카이브_지금〉, 〈시점(時點) · 시점(視點)-1980년대 소집단 미술운동 아카이브〉 등을 기획했고, 저서로『포스트 민중미술 샤먼 리얼리즘』(2013),『한국현대미술연대기 1987~2017』(2018) 등이 있다.

## 심은록

現, 동국대 겸임교수, 리좀-심은록 미술연구소 소장. 1998년 도불 이후, 현재까지 프랑스를 거점으로 활동하고 있다. 그는 평창패럴림픽 전시, 광주 디자인 비엔날레 &FINA 특별전, 유네스코(파리), 등과 같이 수십 회 국제전을 기획했다. 연구업적과 관련하여, 프랑스정부의 고급 인력자격으로 체류(carte de séjour scientifique, 2008-9)하였으며, 프랑스국립과학연구센터(CNRS)의 CEIFR(UMR CNRS 8034)의 포닥 연구원으로 일하고, 이후 여러 대학에서 근무했다. 『이우환, 양의의 예술』을 비롯한 수십 권의 책을 출판했으며, 현재는 제4차산업혁명 시대에 발맞춰, 외국 작가들과도 실시간 교류를 통한 전시 및 영상 미술평론(영상, 3D, AR, 등)을 시도하고 있다.

## 이명권

연세대 신학대학을 졸업하고 감리교신학대학원과 동국대 대학원 인도철학 석사학위를 마친 후, 서강대에서 종교학 박사학위를 취득했다. 그 후 중국 길림대학교에서 노자 전공으로 중국철학 박사학위를 받았다. 길림사범대학교 교환교수 및 동대학교 동아시아연구소 소장(2007-2013)을 역임 했고, 2014년 이후 서울신학대학 초빙교수를 역임한 이후 현재까지 동양사상을 강의하고 있다. 현재 코리안아쉬람 대표로서 종교간의 대화와 협력을 위한 공동체를 이끌며, 코리안아쉬람TV 유튜브로 〈이명권의 동양철학 강의〉를 진행하고 있다. 계간지 〈산넘고물건너〉생명 · 평화 · 통일 발행인이기도 하다.

## 이은선

한국信연구소 대표, 세종대 명예교수
이화여대에서 불문학을 공부하고, 스위스 바젤대학에서 조직신학으로 신학박사(Dr. Theol), 성균관대에서 한국철학으로 철학박사(Ph.D.)를 받았다.
주요 저서로『생물권 정치학 시대에서의 정치와 교육 —한나 아렌트와 유교와의 대화에서』(2014),『다른 유교, 다른 기독교』(2016),『세월호와 한국 여성신학』(2018),『동북아 평화와 聖 · 性 · 誠의 여성신학』(2020),『사유하는 집사람의 논어읽기』(2020) 외 다수가 있다. 공저로『21세기 보편 영성으로서의 誠과 孝』, 2016, *Korean Religions in Relation*, edited by K. Min(SUNY 2016), *Dao Companion to Korean Confucian Philosophy*, edited by Young-chan Ro(Springer 2019),『한국전쟁 70년과 '以後'교회, 2020』외 다수가 있다.

## 이정배

감리교신학대학과 동 대학원 졸업, 스위스 바젤대학교 신학부에서 조직신학 전공 (Dr. Theol). 1986년부터 30년간 모교 교수 역임. 한국조직신학회, 한국 문화신학회, 한국 기독자 교수협의회 회장역임. NCCK 신학위원장, KCRP(한국종교인 평화회의) 종교간 대화위원장 역임, 현재 현장아카데미 원장, ICE(국제 기후종교 시민 네트워크) 상임대표.

주요 저서로는 『토착화와 생명문화』(종로서적), 『한국 개신교 전위 토착신학연구』(기독교서회), 『신학, 타자의 텍스트를 읽다』(모시는 사람들), 『빈탕한데 맞혀놀이』(동연), 『두 번째 종교개혁과 작은교회 운동』(동연), 『유영모의 귀일신학』(밀알 북스). 그 외 편저로 『한류로 신학하기- K-Christianity』(동연), 『종교개혁 500년 '이후' 신학』, 『3.1정신과 '이후' 기독교』, 『한국전쟁 70년과 '이후' 교회』(모시는 사람들) 등이 있다.

## 이혁

감리교신학대학교와 신학대학원을 졸업하고, 농촌목회에 뜻을 두어 지금껏 감리교 농촌목회자회 회원으로 생명목회를 해오고 있다. 현재 의성서문교회 담임하며 녹색교회를 일구고 있다.

감리교 농촌선교훈련원의 농촌교회를 위한 찬양집과 예수살기 찬양집을 만들었고, 시 노래를 지어 부르며 시가 삶이 되는 착한 세상을 꿈꾸고 있다.

## 조재형

현재 케이씨(그리스도)대학교의 강사로 신약성서를 가르치면서 연구재단 연구과제로 영지주의와 나그함마디 서고에 대한 연구를 하고 있다. 그리스도대학교를 졸업하고, 연세대 연합신학대학원에서 신약전공으로 석사(Th.M)를, 미국 하딩신학대학원에서 문학석사(M.A)와 시카코 신학대학원에서 목회학 석사(M.Div)를 마쳤으며, 클레어몬트 대학원대학교(CGU) 종교학과에서 신약성서 전공으로 박사학위(Ph.D)를 받았다.

주요 저서로 『초기 그리스도교와 영지주의』(동연)와 『그리스-로마종교와 신약성서 -그리스도교 기원에 대한 사상사』. 개정증보판(감은사)가 있고, 공저로는 『요한복음연구』(이레서원)과 *An Asian Introduction to the New Testament*(Fortress) 등이 있

다. 이메일: disciples.cho@gmail.com

**최대광**

감리교신학대학교를 졸업하고, 미국의 Pacific School of Religion에서 M.Div와
M.A를 마쳤고, 영국 Lancaster 대학교 종교학과에서 Ph.D를 받았다. 현재 마포의
공덕감리교회 목사이며 감리교신학대학교 객원교수이다.

주요 공저로는 『종교 근본주의』, 『우리에게 귀신은 무엇인가』, 『제3세대 토착화 신
학』, 『종교개혁 500년 이후의 신학』, 『한국전쟁과 기독교』(이상 모시는사람들 출
간), 『올꾼이 선생님 변선환』(밀학출판사) 등 다수가 있다.

**최자웅**

신부, 시인, 사회사상 종교철학 전공 종교사회학자. 성공회대 강사, 우석대 동아시아
평화연구소 연구원 역임. 우리 시대의 시인들 공동대표 역임. 현재 시와 영성 모임
대표. 코리아아쉬람 인문예술원장 및 인문계간지 〈산넘고 물건너〉 편집인.

한국신학대를 거쳐 서강대 대학원 철학과 졸업 후 독일 Bocum대학에서 신학박사
과정 수료. 성공회대 사회사상, 종교사회학 박사. 젊은날로 부터 민족통일을 위한
종교적 진리와 이데올로기적 구원의 관계에 천착해옴.

주요 논문: "손문주의와 마오이즘의 인간이해와 실천전략 연구", "동학의 세계사상
적 의미에 관한 고찰", "수운 최제우의 시천주 개념과 변천 및 전개", "한민족 통일에
있어서의 정치사상(종교)적 과제와 전망", "마오이즘의 세계인식과 평화관" 등.

시집은 신경림 시인에게서 절찬을 받은 『그대여. 이 슬프고 어두운 예토에서』
(1983), 『겨울늑대 — 어네스토 체 게바라의 추상』(1990), 『깊은강 블루스』(2020)
등이 있고 한국작가회의 시인으로 활동.

**하태혁**

추풍령 산자락에 자리잡은 단해교회에서는 목사로, U.H.M. Gallery 단해기념관에
서는 마을주민과 방문객들에게 예술작품을 소개하는 큐레이터로, 갤러리 카페에서
는 바리스타로, 숲에서는 정원사로, 그 모든 일상 속 영성과 예술의 경계에서 '보는
묵상'을 통해 하나님과 동행을 추구하고 있다.

저서로는 공저인 『신학의 저항과 탈주』(모시는 사람들) 등이 있다.

**표지 그림 해제**

이신, 1970년 작, 제목 미상


표지 그림은 이신이 미국 유학 시에 테네시주 뉴포트시(Newport, Tennessee)에서 가진 개인 미술전시회에서 출품한 대표작들 가운데 하나이다. 캔버스 상의 오일 페인팅 원작은 현재 소재 불명이지만, 다행히도 그 필름이 유족에게 남아 올해 2021년에 드럼스캔과 보정 작업을 거쳐 판화로 제작되었다. 당시 전시회를 홍보하면서 작가를 소개하는 지역 신문 *The Newport Plain Talk*의 인터뷰 기사 "Korean Artist: Newport To Have One-Man Art Exhibit"에서 이신은 "미술에 관한 한, 사람들은 그들의 인성, 문화적 배경, 경험에서 오는 관점의 문제를 가지고 있습니다. 많은 이들이 세계를 다양한 측면에서 보는데, 때때로 사람들은 편파성을 가지고 자신의 관점에서 한 측면만 보고 이 때문에 세계에 문제들이 생기곤 합니다. 미술은 관습적인 관점으로부터 해방시키고 새로운 지평을 열어젖혀서 사람들로 하여금 자유인으로 이 세계에서 살 수 있게 하는 출구입니다"라고 말한다. 모래와 유화 물감을 섞어서 바른 화가 이신의 전형적인 바탕 화면 질감이 느껴지고 이신 특유의 조형감각이 엿보이는 이 그림은 이신이 그의 묵시문학 연구 박사학위 논문에서 지향하는, 질적으로 전혀 새로운 인간형인, 자유인의 상을 상상하게 한다.